ホモ・コントリビューエンス

滝久雄・貢献する気持ちの研究

加藤尚武◆編著

未來社

本書に寄せて

「貢献心」を本能として、自分を他者のために役立てたいと思う気持ちを「自然から授けられたもの」と見るのが、私が主張するところです。それは知性からのものではなく、人間に生まれながらに備わっている本能に起因していて、自然に湧き出してくるもの。つまり「貢献心」とは、けっして後天的なものではなく、むしろ先天的な欲求なのです。

私がはじめて哲学的な出来事に直面したのは中学二年生の時でした。きっかけとなったのは、友人の兄の死です。まだ高校生だった彼は、がんの告知の直後から残された数か月の生命を一心不乱に遊び始めました。ところが、死の三カ月ほど前になると、思い立ったように勉強をはじめ、もう二度と遊ぶこともなく死の淵まで続けたのです。

迫り来る死の影を、まだ十代だった彼がどう受け止めていたかについては今でも定かではありません。しかし、あまりに早すぎた生命の終末間際に、たった一人ではじめた短い生への取り組みが、静かな学習であったことは、なにか特別な意味を秘めながら、当時まだ中学生だった私の心に迫ってきました。おそらくそれは、私がはじめて遭遇した哲学的な出来事であり、その背景に、死にゆく彼に対する「メメント・モリ」のイメージがあったかもしれません。また、死を直前に控えた危機的な状況のもと、「なぜ彼は学習をはじめたのか」といった問いかけは、おぼろげながら何か人生の意味を私に抱かせるものでした。それは「どんなにがんばっても、人は死に、そして何もなくなってしまう」といった、いわゆるニヒリズム（虚無主義）や無常観に近いものだったのかもしれません。

おそらく彼ががんの告知の直後、一心不乱に遊んだ気持ちの背後には、ニヒリズムの感覚があったのではないかと思われます。しかし彼がそのような生活から一転して、一心不乱に学習をはじめた理由を、けっしてニヒリズム的な見地から考えることはできません。享楽を捨て、学習をはじめた彼の観念の本質的な面がにわかに浮かび出てきて、これこそ人間に生まれつき備わっている観念（生得観念）に起因するものではないかと直感しました。すると、それまで意味の無いものだと思っていた彼の学習が、私の心のなかでいかにも崇高で、気高い闘いであるかのように一変しました。生命の危機的な状況のもとで、静かに文字を追う彼の後ろ姿が、むしろ「人間の本質」にかかわる何ものかを暗示しているように感じられたのです。

この本質とはいったい何だったのか。二五歳の時に偶然めぐり会った言葉が考察を進展させてくれました。「人は後世に対しては義務こそあれ権利はない。また前世に対しては権利こそあれ義務はない」という一行です。私は、「後世」を妻や子ども、会社の部下など、自分の意見により影響を及ぼされてしまう立場の人たち、「前世」は親や目上の人、会社の上司、恩人など、その人たちの意見で自分の生活に影響が及んでしまう立場の人たちと考えました。つまり、「人は自分が影響を及ぼす相手に対しては義務こそあれ権利はない。また自分に影響を及ぼす相手に対しては権利こそあれ義務はない」と読んだのです。

私は、この言葉を自らの使命として生きていこうと心に刻みました。その使命感に目覚めると、不思議なことに、友人の兄の死以来ずっと抱いてきた無常観がすっかり消滅していました。人一倍負けん気が強く、さまざまな欲も抱いている自分に起こったこの出来事は、どんな他者に対してであろうと惜しみなく払われる使命感は人間の本質に近い本能ではないかという暗示を私に与えてくれました。その本能に「貢献心」という言葉を照らし合わせるのはもう少し後になりますが、しかしこの時が「貢献心は人間の本能」という哲理にたどり着いた瞬間でした。

さらに約一〇年が経ち、三〇代後半に差しかかった頃、難病を発症し、自らの死をも意識しながら病床で過ごす日々がありました。その闘病生活のなかのある瞬間に、「自分に残された僅かな時間を後世のために生かしたい」という想いに襲われたのです。そして、その思いは、手術に成功して快復した後も萎えることなく私の中に残り続けました。貢献心は誰にでも在るが「在って見えないもの」であり、死に直面した時に顕在化するという、それまで考えてきたことを自ら確認する貴重な経験となりました。

著作に取りかかったのは、バブル経済が崩壊し、社会の雲行きが怪しくなる一九九五年でした。近い将来には「他人のため」を「自分のため」ととらえる哲学的思考が必要とされる社会が来るのではないか、そう思えて書き始めました。心のなかには、我が国が高度成長時代にある頃に平山郁夫画伯から聞いた「今の日本が、人間が作り得る最もいい時代かもしれませんね」という言葉が警鐘として響いており、今書いておかなければという使命感ともいえる思いが湧き上がったことを覚えています。

五年間をかけた拙著『貢献する気持ち』（紀伊國屋書店）が二〇〇一年に出版された後、二〇〇六年に『現代倫理学辞典』（弘文堂）に引用されました。そして、英国のルネッサンス・ブックス社からの依頼で執筆した英語版『HOMO CONTRIBUENS』が二〇〇八年に、翌年には中国で翻訳本『奉献心― 人之本能』（中央編訳出版社）が出版されました。

本を手にしてくださった東京大学の合原一幸教授から、「貢献心に基づく行為は義務というよりむしろ権利という考えは、目からうろこ」という手紙をいただきました。

東京工業大学の学長も務められた末松安晴博士も関心を持ってくださったお一人で、顔を合わせると「貢献心が本能というのはスペシャルソリューションか、ジェネラルソリューションか」ということでよく議論させてもらいました。そんな或る日、博士から『ヒューマン　なぜヒトは人間になれたのか』（角川書店）という本が届き、「悔しいけど、君の説は正しいかもしれない」という手紙が同封されていました。

そしてこの度、哲学界を代表する多くの方々が私の哲理をきっかけに思索した原稿を寄せた本ができると聞き、表紙を開くことを楽しみに待っているところです。

二〇一七年一一月　　滝　久雄

ホモ・コントリビューエンス——滝久雄・貢献する気持ちの研究　目次

第三部

第四部

ホモ・コントリビューエンス——滝久雄・貢献する気持ちの研究

岸顯樹郎＋ＦＬＥＸ

第一部

世界の思想動向と「貢献する気持ち」研究の位置

加藤尚武

一　自然主義的利他主義

現在、世界の思想はさまざまな方向へ向けて激しく動いているが、注目に値するのは「自然主義的利他主義」の動向である。つまり、従来、「自然状態の人間は利己主義的であるが、人間が普遍的利益の重視や利他的な行為をすることができるのは、人間に固有の精神性による。この精神性は、自然科学の方法ではとらえられない」という考え方が逆転して、「自然状態の人間は利他的であるが、人間が普遍的利益の重視や利他的な行為をすることができるのは、人間のもつ自然的本性による。この自然的本性は、自然科学の方法によってとらえることができる」と考えられるようになってきた。

「人間は自然本性上社会的動物である」というアリストテレスの言葉を、現代の文化は、その「自然本性」を限りなく自然科学に認識可能という意味で解釈する方向を追求している。

アリストテレスの研究者のあいだでは、キリスト教は捨ててもいいが、アリストテレスの徳倫理学は現代に生き残るという立場（徳倫理学）が登場してきた。（加藤尚武・児玉聡編『徳倫理学基本論文集』勁草書房、二〇一五年参照）この徳倫理学に見られる動向では、アリストテレスの立場は、現代の自然科学とも両立可能な自然主義として理解されている。徳と言えば、人間の「善さ」は「勇気」「節制」「知恵」「正義」という枢要徳にあり、これに「信仰」「希望」「慈愛」というキリスト教的な徳を加えた徳目が、個人の目標であると同時に、個人に幸福をもたらすものと見なされてきた。徳の倫理学の西欧的な原型は、アリストテレスにある。アリストテレス＋キリスト教＝トマス・アクイナスのカトリシズムという定式が一三世紀に確立されたが、二一世紀に分解して、その原型に復帰する動向が現われてきた。約七〇〇年間、西欧文化に大きな影響力をふるってきたカトリシズムのなかに分解のきざしが見えてきた。（加藤尚武「ヘレニズムとヘブライズムの地平分離」『井上忠先生追悼集』二〇一四年参照）

「貢献する気持ちは人間の本能である」という言葉も、一種の自然主義的利他主義を表わしている。「貢献する気持ち」は、一種の「徳」であると考えられるから、「貢献する気持ちは人間の本能である」という立場は、自然主義的な徳倫理学のなかに包括されるはずである。しかし、自然主義的利他主義の波はあまりにも大きすぎて、そのなかに含まれる「貢献心」という重大な項目に目を向けるにはいたっていない。

当面、日本の人文科学の領域では、イギリスを中心とする徳倫理学の動向を紹介し、自然主義的利他主義の立場が、西欧の正統的な思想として復権しつつある状況を多くの研究者に知らしめるという姿勢が必要であると思われる。

そして将来は「さまざまな徳」の具体相の研究に歩みを進めなければならない。西洋の徳倫理学では、「勇気」「節制」「知恵」「正義」が重視されてきたが、たとえば東洋の徳倫理学では「仁」という徳に重点が置かれていた。徳の東西比較論から、徳の具体相にまで、議論が進んでいけば、「貢献心」という主題も扱われることになる。

二　幸津國生『貢献人と言う人間像』（花伝社、二〇一二）

筆者の幸津國生氏は一九四三年生まれ、日本女子大学の名誉教授である。ヘーゲル研究と時代劇の研究とを数多く公刊している。加藤尚武の長年の友人でもある。加藤が贈った瀧久雄『貢献する気持ち、ホモ・コントリビューエンス』（紀伊国屋書店）を受け止めて東日本大震災に対して人間のとるべき態度を問うという姿勢のなかから「貢献心」という答えを見出している。

「そこで筆者としては、その問いの一つとして人間の態度をめぐって『むかし』からある一つの問いと同じ問い、つまり、人間というものは人間相互の関係においてどのような態度を取るべきなのかという問いをあらためて立てたい。そしてこの問いに対して、これも『むかし』からの答えと同じく次のように答えたい。すなわち、一般に社会に生きるわれわれ一人ひとりの人間には他の人間に対して一つの態度を取ることが求められる、と。その態度とは、他の人間のために〈貢献〉する態度である。」（同一五頁）

東日本大震災に対して「自分はどういう態度をとるべきか」という問いを立てて、「貢献」という言葉に、その答えを見出した人は、筆者・幸津國生がボランティア活動、社会貢献活動の例をあげているように、瀧久雄氏の著作をまったく知らない人びとにまで及んでいるが、幸津氏はそうした気持ちの「立て直し」が瀧久雄氏の著作の影響のもとでおこない、自ら「貢献心」をさらに広い視野のなかから見直そうとする。

「そこには〈貢献〉の心、つまり『貢献心』が『本能』として〈人間〉には備わっているとする原理的な立場が成立することになるであろう。この立場は、人間が〈人間〉として生きるということについて、それは一人ひとりの人間が他の人間に〈貢献〉する態度を取るという『本能』において実現されるとするのである。これは、『人間』概念による〈人間〉についての認識の新しい段階を示すものであるかもしれない。そこで、われわれはこの立場による根拠づけが妥当であるのかどうかについて吟味しなければならない。この原理的な立場に関連して、思想史上直接的には『貢献』という語は用いられないにせよ、同様の立場が別の語によって表現されてきた。本書ではそのうち、二つの伝統について触れたい。すなわち、一つはキリスト教的伝統における『隣人愛』であり、他方では儒教的伝統における『愛』である。」（同三五頁）

この書物には、「隣人愛」の伝統を示す、ルター、ロック、ルソー、ヘーゲルなどの引用文があるが、「隣人愛」とは他者への貢献が自然的な自発性であるということを裏書きしているということができる。

儒教の日本的な展開として伊藤仁斎の「仁即愛」の思想が、取り上げられるが、そこには藤沢周平の時代劇なんかの「人情」と通ずるものがあると、幸津氏はいう。本書は貢献という概念の思想史的な展望を考えるときに、不可欠となるような拠点を東西にわたって追求しているという点で、重要な業績である。

三　自然の動機　natural inducement

幸津氏が引用したロックの言葉に「他人を愛することは自分を愛することと同様に人間の義務であるということを教えたのは万人の等しくもっている自然の動機 natural inducement である」（幸津同書一三八頁）というのがある。「利他主義は利己主義と同様に自然の本能である」と解釈することができる。この意味での自然主義は、創造説にもとづく自然主義と呼ぶことができる。つまり、「そのような自然をもつものとして神は人間を創造した」という考え方が背後にある。

「自然界に存在するあらゆる合目的性は、神による創造の証である」という自然主義である。これに対して「自然界には人知のおよびもつかない合目的性が存在するが、それを説明するのに〈神による創造〉という仮定は必要がない。進化の結果であるという自然主義的な説明が可能だからである」というのが、進化論という自然主義である。

おそらく『沈黙の春』を書いたレイチェル・カーソン（一九〇七―一九六四）が創造説と進化論を両立可能だと信じる最後の人であるかもしれない。

DNAの塩基配列の解読が、進化論の正しさの証拠と見なされるようになると、創造説にもとづく自然主義を信じていた人びとが、無神論としての進化論を信じるようになる。これが現代において、自然主義が大きな影響力を発揮するようなっているひとつの理由である。
K. Sterelny, R.Joice, B. Calcott,B. Fraser (ed.), Cooperation and its Evolution 2013 MIT は、生物学の全領域にわたって視野をひろげた「協力と進化」の総合的な研究書である。
多方面にわたる二六本の論文を集めているが「進化と協力の結びつきが進化生物学のいたるところにあるubiquitous」（一一頁）という実感がする書物である。
この書物のなかでF. Warneken:Altruistic Behaviors from a Developmental and Comparative Perspective は、次のような要点Conclusion を掲げている。「私は人間の個体発生と発生学に生起するものとして幼児期の子どもの発達とチンパンジーやボノボとの比較研究に焦点をあてつつ、人間の利他的な行為の多様なありかたの包括的な概要を作ろうと試みた。最近の研究から導かれる帰結はヒトおよび他の霊長類は、利他的な行為、とりわけ手段の援助に必要ななんらかの基軸となる能力を分かち合っている（that humans and other apes share some of the core capacities required for altruistic behaviors, especially in the form of instrumental helping）というものである。利他主義の現われはなんらかの行為の領域に依存する。他者を助ける、資源を分かち合う、情報を分かち合うというような行為である。

このことは、さまざまな先行するメカニズムが働いているであろうということ、またそのようなメカニズムはヒトとその他の霊長類に不可欠であるとは限らないということを示唆している。利他的な行為に必要な基礎的な認識能力、行為能力はヒトの個体発生の初期の段階ですでに発生している。それはおそらく、ヒトがもっとも近接した進化的類縁と分かち合っていることを反映しているであろう。将来、研究がすすめば、ヒトのこのような利他主義の初期の形態が、より成熟した形態へと転化していくことがわかるだろう。利他的な行為を進化論的に維持していくのに役立つような決定的な先行メカニズムに特別の注意が向けられるだろう。ヒトはもしかしたら、乳幼児や他の霊長類に見られる基礎的な利他的な傾向性を維持し、助長するユニークな社会的メカニズムを創造している。その結果、ヒト以外では見られないような利他的な行為という結果が生じたのかもしれない。（同書四一七頁）

このようなヒトの倫理性を進化論的に研究するという作業についての日本語で読める著作は英語圏で発表されている文献の数にくらべて非常に少ない。

内井惣七『進化論と倫理』（世界思想社、一九九六年）
J・パラディス、G・C・ウィリアムズ『進化と倫理』（小林傳司、小川眞里子、吉岡英二訳、産業図書、一九九五年）
大槻久『協力と罰の生物学』（岩波書店、二〇一四年）
E・ソーバー『進化論の射程』（松本俊吉他訳、春秋社、二〇〇九年）

「貢献心は、ヒトの本能である」という命題を、もしも「貢献心は利他心 altruism である。利他心は、ヒトの本能である」という命題に置き換えることが許されるなら、現代の進化論によって、ほぼ認められているということができる。

四　心性と言葉

同じ言葉だと思っていると、意外につかい方がずれていることに気づくことがある。たとえば英語の red と日本語の「赤」とは、重なる領域が広いが、英語で red とは言っても、日本語なら「茶色」とは言っても「赤」とは言わないという場合もある。

英語の rice が、日本語では「コメ」、「モミ」、「イネ」、「ゴハン」、「メシ」に対応する。牛肉の部位についてだと、英語で細かく分けているものが、日本語ではすべて「牛肉」ですんでしまうということもある。生活の必要のうえで区別した方が好都合なものには、別の言葉が対応づけられる。

心性を表わす言葉の場合には、適用される範囲の違いを確定することがほとんどできない場合がある。喜怒哀楽、知情意、真善美などさまざまな言葉の地図を描くことは、色名の地図を描くことよりもはるかに困難である。

「貢献する気持ち」と瀧久雄氏が表現したものを、英訳本では「HOMO CONTRIBUENS」The need to give and seach for fulfilment」と表現しているが、副題を「与えようとする欲求と達成の追求」と翻訳すると、ここから日本語の「貢献する気持ち」を連想することは、非常にむずかしい。私が、多くの研究者に「貢献する気持ち」について論文を書いてくださいと委頼したところ、キリスト教に親しんでいる人は、ほとんど例外なしに「自己犠牲の精神」について執筆してくれた。

「貢献する気持ちは、利他心に含まれる」という命題に異議を唱える人がいるかもしれない。野球の選手が、「自分の打ったヒットがチームに勝利をもたらしたことがうれしい」と述べるとき、それは自分の功績にたいする謙虚な表現であって、その心にあるのは「功績を誇る気持ち」であり、これは「承認を求める気持ち」に属するという解釈をする人もいるかもしれない。

アーサー・ラブジョイ『人間本性考』（鈴木信雄、市岡義章、佐々木光俊訳、名古屋大学出版会、一九九八年）の第四章に「人間に固有な願望としての承認願望」という論文が掲載されている。

その「ある情念」には、適切な名前がまだない。一七・八世紀の思想家があれほど関心をよせた「情念」のことを考え直したいと、この筆者はいう。

「これから、一七・八世紀の著述家たちが、人間に固有な特徴であり、とりわけ外的行動の動機づけとして有力なものであるとしていた、ある「情念」についての考察を検討していくことにいたします。これらの情念は、私が先の講義で次のような三つの名で呼んだものに対応しております。

a 「承認願望」自分自身や自分の行為や自分の成功に対しての自分の仲間による承認または称讃への欲望、またこの感情を彼らが表明してくれることへの欲望（「称讃への愛」）。

b 「自己称讃」自分自身や自分の資質、行為、成功についての「よい評価」への欲望ないし性向。

c 「競争心」様々な側面において自分自身が他者に優越しているという信念への願望、そして周りの者たちによってこの優越性が認知されることの欲望、また彼らによってそれを容認する発言がなされることへの欲望。

これらすべての欲望や「情念」について、一七・八世紀の著述家たちは、莫大な紙幅を費やして議論しておりました。」（同書一四三頁）

同時に、この筆者は、心性と言語についても、言及している。「一七・八世紀の著述家たちは、史的淵源に関して心理学的用語を定義しているNED（NED=New English Dictionary=Oxford English Dictionary）のような権威ある辞書を手にしていませんでしたので、これらのテーマを叙述する際の彼らの用語は、残念ながら極度に変動し混乱しておりました。同じ『情念』に対して、様々に異な・た名前が、それぞれの著述家によって与えられておりました。私が、これから、他者から与えられる称讃、感嘆、喝采への欲望を意味させるものとして用いようとしている『承認願望』apporovativenessという語は、考察の対象としている一七・八世紀においては、あまり知られてはいなかったものであると思います。とは申せ、当時、『名声への愛』『栄光への情念』『名誉の追求』などといった言い回しで表現されていた欲望が、承認願望を意味していたことは文脈から読み取れることも多いのであります。高慢さ（pride）という名詞（これは当然のことして自己称讃を指しておりますが）もまた、他者によるある種の、あるいはある程度の是認に対する欲望を含意しております承認願望を示すのにしばしば用いられておりました。では、（通常、称讃や栄誉への欲望の意味での）『高慢さ』というものが、人類にとって、如何に普遍性を持つものであり、最も強力な人間の動機として如何に抑制不能で主要なものであるかを指摘している多くの文章を引用したいと思います。（同一四五頁）

貢献を評価してもらいたいという願望が、人間に非常に広く認められるということは、一七・八世紀の思想家の言辞によって、明らかになっていると言ってよいだろう。

五　社会科学的アプローチ

これと部分的に重なり合う心性に「承認」（Anerkennung ドイツ語）がある。

ナンシー・フレイザー、アクセル・ホネット『再配分か承認か』（加藤泰史監訳、法政大学出版局、二〇一二年）、この書名の「再配分（再分配）」（Umverteilung）は英語の redistribution をドイツ語に訳したもので、国民の総収益をいったん累進課税制によって徴収し弱者救済のために再分配することである。経済学上の自由主義とは「再分配政策に反対すること」ともいえる。たとえばサッチャーの失脚の原因は、累進課税を人頭税に転換しようとしたことにあると言われている。すると「再分配か承認か」という選択肢は、「貧者救済か貢献に応じた配分か」という選択肢を含意することになる。

「再分配というカテゴリーは、資本主義がフォード方式時代を迎えた頃の道徳哲学と社会闘争にとって重要であった。配分的正義のパラダイムは第二次世界大戦後の平等志向のリベラリズムが大いに構想される中で体系的に展開されて、当時の労働運動や下層階級の目標設定を定式化するのに最も適しているように思われた。国民に支持されていることが明らかだった民主的な福祉国家ではコンフリクトは主に資源の配分に関係し、普遍的な規範に関連づけて配分のカテゴリーを用いて展開された。差異の問題が等閑に付されるなかで、平等志向の配分政治の目標設定によって正義の意味は汲み尽されているように思われた。簡潔に言えば、再分配と社会的承認の問題の関係を詳しく吟味する必要性はなかったのである。」(同書二頁)

ここから展開されてくる議論は、かなり難解であるが、労働問題が最低所得の保証を達成すれば解決されるというような「インセンティヴ」理論に対して、承認の独自性を強調している。

「今日では承認に対する要求が、世界中で起こっている多くの社会的コンフリクトの原動力である。つまり、承認の要求は、マルチカルチュラリズムをめぐる争いからジェンダーやセクシュアリティをめぐる闘争に至るまで、あるいは国家主権に対するキャンペーンやサブナショナルな集団の自律に対するキャンペーンから、いま再び活性化している国際的人権に対する運動に至るまで関わっている。もちろん、これらの闘争は種類が異なり、明らかに解放に関わる領域から非難されてしかるべき領域にまで及んでいる。それだからこそ私は、規範的な基準が必要だと主張しているのである。それにもかかわらず、承認という共通の文法に対してこのように広く依拠する傾向は著しく、政治動向

において、地位をめぐる政治を再燃させるといったような画期的な変革を示している。」（同書一〇九頁）

所得の大小ではなくて、プライド、アイデンティティ、経営参加などが、社会問題の下地になっているという認識を、この書物は伝えている。

貢献心という赤ん坊を載せた盥が、激流によって動かされている。もっとも大きな流れは自然主義的な利他主義という流れで、「人間は利己的な生物ではなく、高度の協力、利他的態度の能力を生まれつきもっている」という認識が、生物学、行動心理学などの領域に広がっている。狭い意味での倫理学のなかでは、もともとカトリシズムの復権をめざして、エリザベス・アンスコムによって切り開かれた、「徳倫理学」が、キリスト教をすててアリストテレスの倫理学を復権させるという方向となって現われたのは、自然主義の動向があまりにも強烈だからである。

世界は、イエスの福音と世界の終末との「中間時」にあり、終末とともにすべての死者の肉体も復活して、神の審判を迎えるという教義を信じているという告白をすることは、多くの信者にとって不可能になってきている。

徳の倫理の伝統的な形態には「貢献心のすすめ」は含まれていないが、徳が、「一定の正しい行為を、その機会が与えられたときには、かならず自発的に行なう心性」と定義されるなら、「貢献心は徳」であるということに誤りはない。しかし、徳の倫理学の研究者は、まだ徳目のひとつひとつについて検討するにはいたっていない。たとえば西欧文化ではもっとも代表的な徳は「勇気」であったが、勇気が現代でどのように意義づけられるかは、まだ検討されていない。徳倫理学のゆるやかな流れのなかで、貢献心という赤ん坊を載せた盥は、吟味と再評価をうける行列に並んでいるが、ほとんど放置されているようにも見える。

なぜ現代で自然主義の流れが強くなったかと言えば、まず第一に挙げられるのは、ＤＮＡの分析によって進化の過程が具体的に示されるようになり、「進化論か、神による創造か」という選択肢が、進化論の方に傾いて、元には戻らないということが受け入れられるようになったことである。

第二にCTやMRIの影響も指摘しなくてはならない。最初の商業的なCT（Computed Tomography）は、Thorn EMI中央研究所で英国人のゴッドフリー・ハウンズフィールドによって発明された。これは、コンピュータによる装置の制御や画像処理をおこなうことができるものであった。ハウンズフィールドは一九六七年に考案し、一九七二年に発表した。また、マサチューセッツ州のタフス大学のアラン・コーマックは独自に同様の装置を発明した。彼らは一九七九年のノーベル医学生理学賞を受賞した。

二〇〇三年にはMRI（magnetic resonance imaging）の医学におけるその重要性と応用性が認められ、〝核磁気共鳴画像法に関する発見〟に対して、ポール・ラウターバーとピーター・マンスフィールドにノーベル生理学・医学賞が与えられた。

これらの装置によって、活動中の脳の状態を知ることができるようになったので、肉体（脳）が分解しても霊魂は分解されずに残り、死後の世界を経験するという信念が維持不可能になってきた。

第三に、冷戦という対立の崩壊という要因がある。冷戦時代には、ソ連側の支持するマルクス主義が「唯物論と弁証法」という哲学上の立場を強力に主張していたために、「なんとかして唯物論の立場を否定したい」という気持ちを抱く哲学者が多かった。一九八九年ベルリンの壁の崩壊とともにマルクス主義そのものが崩壊してしまった。したがって、自然主義＝唯物論を主張することが、マルクス主義にコミットすることになるという恐れがなくなった。

以上が、世界の思想動向と「貢献する気持ち」研究の位置である。盥のなかの赤ちゃんを激流のなかに見失うことがないように、世界のあらゆる思想的な動向をたえず検討し、「貢献する気持ち」研究が定着することを期待して、努力を積み重ねたいと思う。

「ホモ・コントリビューエンス」
――「貢献人」という人間像への問いに対する原理的な答え

幸津國生

近年〈貢献〉する態度を原理的に探究する立場として、人間の「貢献する気持ち」のうちに「ホモ・コントリビューエンス」としての人間像を見る立場（滝久雄『貢献する気持ち　ホモ・コントリビューエンス』後述参照）が提唱されている。この立場は、一つの希望をわれわれに抱かせる。すなわち、〈人間〉というものには本来この人間像の示すような在り方（本稿では「貢献人」と呼ぶ）をする可能性があるかもしれないという希望である。

一般に人間を全体として描こうとするとき、どこに焦点を当てるのかという点については『貢献する気持ち』の著者による一人ひとりの人間の人生の「人生のモード」の把握とその中での「貢献心」の位置づけが参考になる。著者によれば、「人生のモード」は一般に「遊び」・「学習」・「仕事」・「暮らし」の四つの「モード」から形づくられているのであるが、さらに第五のものとして「貢献」を挙げることができるという（滝二〇〇一年、七五―七八参照）。そこで著者が「人間に固有な本能」であると考える「貢献心」に着目すると浮き彫りにされてくるという「新しい人間の全体像」は「ホモ・コントリビューエンス」（Homo contribuens）と名づけられ、「貢献仲間」を意味するものであるとされる（同一〇、七七参照）。

このラテン語名を日本語に直訳すれば、著者自身は用いていないが、「貢献人」となろう。本稿としては、著者による命名の文脈からは一応離れて、〈貢献〉する〈人間〉という本稿の文脈によって、また著者の挙げている従来の他の人間像の名称（「ホモ・ルーデンス」＝「遊戯人」、「ホモ・サピエンス」＝「知性人」、「ホモ・ファーベル」＝「工作人」〔同七七参照〕）との対比をも考慮して、本稿の主題である人間像の名称を日本語で表現して、「貢献人」と名づけるとしよう。ただし、これに対応するものとしての外国語名については、著者によるラテン語名に従うことにしたい。

著者によれば（滝二〇〇一年、七八―七九参照、以下同ページ）、四つの「モード」と第五の「貢献」という「モード」とには次の違いがあるという。前者で説明されるものが「人生の個人的な側面」であるという。

事実、「遊び」、「学習」、「仕事」、「暮らし」といった四つのモードだけで説明されるものは、人生の個人的な側面だ。もしそれを自分の現実にあてはめようとしても、どこか自分の存在感を欠くものにならざるをえない。なぜならそれは、あたかも個人の人生を分析的にとらえて、他者との関係を考慮することがないからである。その考え方は一見客観的に思われるかもしれないが、人生が総合的なスペクトルを放ち、しかもとどまるところがない変化を教えてくれはしない。

これに対して著者は、後者の「貢献」という「第五のモード」について言う。

先の四つのモードに、新しい「貢献」という第五のモードを加えると、人生の展望がずっと明るくなってくる。しかもそこから人と人との結びつきが滲み出し、ある拡がりをもって感じられ、「自分」が一層鮮明に浮き彫りにされることがわかる。

これは、興味深い指摘である。つまり、「人生の個人的な側面」を示すものが「自分」の輪郭を示すのではなくて、かえって「他者との関係」において「自分」が浮き彫りにされるというのである。こうして「他者との関係」が「自分」の内容を支えることになるわけである。著者は、それを「人生の地図」としている。すなわち、

第五の「貢献」モードを他の四つに加えることで、前途に何が起こるかもしれない人生について、今からおおよその地図が描けるようになる。このモードを頭の片隅に置いておくかぎり、人生への充実感が拡がって、節目々々で迷ったとき不足しがちな決断力を補い、自分が進むべき道を選択するためのいわば補助線になるのである。

他の四つの「モード」では「カバーし切れない人生の領域」として、ボランティア、地域社会での公共的活動、他人のための自発的な行動、親子の関係などが挙げられている。そこでこそ「ホモ・コントリビューエンス」の概念が働くとして、そのことを感得するようにと勧められている。

また「貢献」モードは、他の四つのモードではカバーし切れない人生の領域を明確に縁どる。たとえばボランティアというような「仕事」とも「暮らし」ともつかない、かといって「遊び」でも「学習」でもない行為の領域が挙げられる。また「仕事モード」と関係しながら、経済行為とは判断しがたい地域社会での公共的活動や、他人のための自発的な行動や、さらには親子の関係などあらゆる人間関係に起きる事柄の本質が、「ホモ・コントリビューエンス」の概念を通して明瞭に見えはじめるのを実感して欲しい。自分にもまた他人にも、貢献心があると観ずることをさまざまなケースで自ら感得し、修得していただきたいのである。

この立場が主張されることは、われわれを取り巻く現代日本社会における状況を見るならば、非常に意味深いことであろう。そのように言うのは、次の事情からである。すなわち、この立場は〈人間〉であることとはどのようなことかという根源的な問いをめぐって新しい人間理解へと向かうようにわれわれを促すという事情である。それはとりわけ人間相互の関係をめぐって、「いま」われわれはこのような人間像とは相反する報道が日常的になされているような状況に置かれているという事情である。これに対してこの立場が主張されることによって、このような状況があるにもかかわらず、人間の生き方というものは少なくともそのような状況によって規定されたまま生きることに尽きるような生き方には限られないということがあらためて強調されるわけである。そこでこのような強調に基づいて、あらためて、ではどのような生き方が人間には求められるのかが一人ひとりの人間に問われるであろう。つまり〈人間〉であることとはどのようなことなのかが問われるのである。

ここで注目されるべきことは、この事情において〈貢献〉するという態度と〈人間〉であることとが結びつけられているということである。そこで問われるのは、この結びつきは何を意味するのかということである。これら二つのことの結びつきは、この態度をめぐってこれまでとは異なる評価の仕方が登場しているということに顕著に現われている。したがって、当の結びつきの意味をめぐって、では、そこにはどのようにこれまでとは異なる評価の仕方が生じているかが問いの焦点となるであろう。それ故、その相異について述べよう。

まず、これまで何らかの人間の態度については、次のような仕方で評価がなされたと言えよう。すなわち、〈貢献〉する態度は肯定的に評価される態度として取り上げられることが多かった。そこでは、この態度はとりわけ道徳的視点から肯定的に評価されると考えられる。この点は、前述のように、「貢献」という語の通常の用法においても、さらにこの用法を超える「社会貢献」という用語の用法においても見られるであろう。このような理解のもとでは、当の態度が一人ひとりの人間に求められているのだが、それがどのような根拠に基づいているのかは必ずしも明らかではない。この根拠が明らかにされるならば、「貢献」する一人ひとりの人間はこれまでよりも深く確信して、この態度に基づく活動をさらに進めることができるであろう。仮にそれが道徳的に評価されるという点ではこれまでの捉え方と変わらないとしても、とにかく明確に根拠づけられることによって、一人ひとりの人間はそのような活動を進めることに確信を持つことができるようになるであろう。しかし、このことに確かな答えを与えることはなるほど望ましいことであるとしても、非常に難しいことである。というのは、或る事柄について道徳的評価を与えることについて何をもってその根拠と見ることができるのかという点をめぐっては、さまざまな思想的立場からの答えがありうるからである。

これに対して別の評価の仕方が登場している。すなわち、先に触れたように、近年提唱されている立場としてこの態度を「本能」として捉え、したがってこれを特別に取り上げて道徳的評価の対象にはしないという立場からの評価の仕方である。確かにこの立場も一つの思想的立場ではある。しかし、この立場には他のもろもろの立場とは異なるところがある。というのは、この立場は〈貢献〉する態度に対する道徳的評価をめぐって、これまでの立場とは違っているからである。すなわち、ここで言うこれまでの立場とはこの態度を一人ひとりの人間が他の人間に対して取るべき態度であるとして道徳的に評価し、その道徳的評価の根拠づけをいわばその人間の外面において行なってきた立場である。これに対して当の態度を「本能」とする立場は、このように一人ひとり人間の外面において行なわれる道徳的評価の根拠づけをその人間の内面において位置づけるものである。そこには〈人間〉というものについての別の立場がある。すなわち、それはこの根拠を当の態度が〈人間〉というものの「本能」に基づくとすることによって、この態度を道徳的に評価すること自体を超えるのである。この立場に基づくならば、この態度は一人ひとりの人間がただ道徳的に取るべき態度であるのではなくて、むしろその人間が生きようとする際の〈人間〉としての一つの「本能」であることになる。すなわち、この態度はその人間の内面に備わったもの、つまり一人ひとりの人間が〈人間〉

である限り一つの「本能」としてもともと与えられたものとして捉えられるというわけである。そのことによって、これまでとは異なる立場から〈人間〉を捉えることが可能になるであろう。

では、そもそも〈人間〉にこのような「本能」があるのかどうかということをめぐっては、いろいろな議論がありえよう。

しかし、そのように「本能」とは規定しないまでも、「貢献心」に近い仕方で〈貢献〉するという態度が取られるということ、少なくともそのようなことがあるということそのこと自体については、「むかし」から気づかれてきたことであろう。

このような志向については、後に述べることにして、その前に検討されるべきことがある。すなわち、「貢献心」が「本能」とされることの意味についてである。

「貢献心」あるいはこれに近い態度を「本能」とするとき、一人ひとりの人間がこの「本能」に基づいてこそ「人間」であるとされる以上、このような態度を取るということは、一人ひとりの人間が「人間」であることの証であるということになろう。ここに、〈人間〉にとってこの態度についてどのように位置づけるのかという問いへの答えが極限的な仕方で与えられていると言えよう。というのは、「人間」とはあるがままに、あるいはもともとこの態度を取るものであるとするならば、そもそもこの態度を取るべきであるとする根拠は一人ひとりの人間にとってその人間の外面においてではなく、内面において与えられていることになるからである。このように当の根拠が内面において与えられるということは、それまでの外面において〈人間〉であることが示されること、つまりいわば一人ひとりの人間にとってはその人間を超えたもの、つまり〈人間〉であるとされるものによって命じられること、したがってその限りで超越的な意味での〈人間〉であることを内面化することを意味するであろう。

そのように内面化したとき、そこにはその人間にとって外面から内面へという方向とは逆方向に一つの事態が生じている。すなわち、その当の人間が他の人間ではないということを示す〈個人〉が登場しているという事態である。もちろんそのようなことがなくても、一人ひとりの人間はもともと〈個人〉であるはずである。しかし、この〈個人〉であるということはその人間にとっては外面において示されるに止まり、内面において受け止められてはいない。そのようなときには、そこでの〈個人〉はいわば潜在的な〈個人〉でしかないであろう。そのような〈個人〉が顕在的になるのは、〈人間〉であることが内面化されることによってである。

ここに、一人ひとりの人間にとって、それまでとは異なった生き方の可能性が開かれよう。それは、誰にとっても他の人間ではないその人間らしくあるいは〈個人〉として生きるという可能性があるということを意味するであろう。ここでの〈個人〉であることを表わすのは、当の人間が〈人間〉一般として抽象化されるのではなくて、まさに内面において生まれる〈自分〉であるということであろう。逆に言えば、このような〈自分〉であることによって当の人間が具体的な〈個人〉であるということが表わされるのであろう。そのように、その人間が他ならぬその人間であるということがその人間独自の仕方で〈自分〉の態度を取ることに基づいていることは確かであろう。ここに、〈自分〉の態度を「しなやかに」取るということが示されるであろう（ここにも日本の文化的伝統に連なるものが現われているのかもしれない）。

そのように、その人間の態度が〈自分〉であることによって特徴づけられるとき、その人間が〈人間〉であるということも十分に実現されるであろう。そのように、〈人間〉であることがその人間にとって内面化しているのである。そこには、〈人間〉であることをその生き方とする当の〈個人〉の〈自分〉が現われている。

ここに生じていることは、奇妙なことにも見えるかもしれない。というのは、この〈個人〉が〈自分〉であるということ、そのことが当のその〈自分〉とは反対の方向にあるように見える他の人間との関係、さらに〈人間〉一般あるいは〈社会〉との関係を介して生じているからである。すなわち、特定の他の人間、さらにそれを超えて〈人間〉

一般あるいは〈社会〉を対象にするとき、〈自分〉が登場するのである。

この過程を「貢献心」という原理的な立場に即して考えるならば、「他者との関係」が「自分」を明らかにすることになる。すなわち、一人ひとりの「人間」はこれまでは「人生の個人的な側面」において捉えられたのだが、それではその「個人」の内容をなしているはずの「自分」は明らかにはならない。そうではなく、その「自分」であってこそ実現される「個人」としての「人間」であることは、「貢献」の「モード」においてこそ、つまり「他者との関係」においてこそ「自分」であることによって可能になるのである。つまり「人生の個人的な側面」は「他者との関係」ともともと結びついているのである。そこに「人間」についての認識の新しい段階が見届けられているわけである。

この〈自分〉における内面化において、その人間は孟子流に言えば「人」としての態度を取ることになるであろう。そしてそのことによって、当の人間は〈人間〉であることを実現するのであり、他の人間から区別された人間が〈個人〉として形成されるのである。したがって、この態度を取ることについて、〈人間〉はもともと「本能」故にそのような態度を取るのだから、これを特別に取り上げて〈人間〉が取るべき態度として道徳的に肯定的な評価を与える必要がないことになるであろう。

※『「貢献人」という人間像』（花伝社、二〇一二年）より第四章第一節を抜粋。

第二部

貢献意欲、インセンティブそしてビジネスエシックス

宮坂純一

1 解題

本稿は、滝久雄『貢献する気持ち』紀伊國屋書店、二〇〇一年で提示された「本能としての貢献心」を経営学（近代組織論）の立場から解釈し、既存の諸概念のなかに、特にインセンティブとの関連で明確に位置づけ、そしてそれを踏まえて、ビジネスエシックスの視点から、日本企業は実態としては共同態であると把握したうえで、現代企業の存在のあり方を捉え直し、その存在意義を問いかける試みである。

本稿を貫く問題意識は、

（1）企業という組織において、本能としての貢献心はどのようなメカニズムで現象するのか、

（2）企業において本能としての貢献心が倫理的にポジティブな方向で活かされる途はあるのか、に集約される。そしてそれに付随して、本能としての貢献心が企業及び組織構成員の行動にどのように作用するのか、言葉を換えて言えば、企業は人々の貢献意欲に値する存在なのであろうか、更には、企業は、現在、倫理を求められているが、それはどのような現実を反映したものなのであろうか、逆に言えば、企業は組織を倫理的な状態で維持していけるのであろうか、等の疑問も派生してくる。

以下は、前記の問題意識に沿って、『貢献する気持ち』を、ビジネスエシックスの現在の研究成果を組み込んで、「読み解き」「解釈」したひとつの事例でもある。

2　本能としての貢献心と組織成立の要素としての貢献意欲

2―1　貢献意欲がうまれるメカニズム

企業は、バーナード(Barnard, C. I.)の『経営者の役割』にはじまる近代組織論に拠れば、物的要素(機械・設備など)、人的要素(ヒト)、社会的要素(人間関係のあり方)そして組織(二人以上の協働)から成る協働体系のひとつであり、より原理論的に言えば、企業は人間活動の協働の場である。この協働の場としての組織は、①相互に意思を伝達できる人々が存在し、②それらの人々が貢献しようという意欲をもって、③共通の目的(common purpose)の達成を目指し行動するときに、成立する。[☆1] 協働の成立及び存続には構成員の貢献意欲(willingness to contribute)が必要なのである。この場合、「貢献意欲」は「協働の場を成立させる共通の目的を受け入れてその達成に努めること」であり、その貢献意欲を喚起するために組織によって提供されるのがインセンティブ[☆2]である。

近代組織論(組織均衡論)においては、次のような理解が共有されている。「組織の本質的要素は、人々が快くそれぞれの努力を協働体系へ貢献しようという意欲である。(…)組織のエネルギーを形づくる個人的努力の貢献はインセンティブによって組織が提供するものである」。すなわち、「貢献が期待できるようなインセンティブを提供しうることが組織成立、したがって維持の前提条件をなしている」。それ故に、「あらゆる種類の組織において、適当なインセンティブを提供するということが、その存続上最も強調されなければならない任務となる[☆3]」。

そして、ここから、通常、「インセンティブ≧貢献」という方程式が導きだされ、「インセンティブの問題は貢献意欲を起こさせる動機づけの問題」として捉えられる。但し、「組織の提供するインセンティブに対して一定の貢献が期待できるかどうか」――これは当該組織にとっては未知の課題である。というのは、ヒトの欲求（動機）は多様であるだけではなく、「自己保存や自己満足というような利己的動機」が「支配的な力を持っている」からである。そのために、「一般に組織はこれらの動機を満足させる（能率性）ときにのみ、もしそれができなければ、今度はこれらの動機を変更しうるときにのみ存続しうるのである」[☆4]、という解釈が生まれ、管理上の大きな課題として浮上する。

貢献意欲をうみだす心理的メカニズムについては、既に、たとえば、期待あるいは一体化という心の動きで引き起こされることが解明されている。[☆5] しかしながら、そのメカニズムのなかで等閑視されてきた部分がある。換言すれば、貢献意欲は、適当なインセンティブが提供されるならば、当然に生まれるものとして（所与のモノとして）考えられ

☆1　Barnard, C. I., *The Functions of the Executive*, Harvard University Press, 1938.（バーナード著、山本安二郎・田杉競・飯野春樹訳『新訳　経営者の役割』ダイヤモンド社、一九六八年）。企業と自治体そして学校は協働という点で共通しているが、物的システム、人的システム、社会的システムはそれぞれ相違している。協働としての組織は協働体系の中核をなすものであり、協働体系を動かすエネルギーの場として考えられている。バーナードの解説書は数多くあるが、本稿では、山本安次郎・田杉競編『バーナードの経営理論』ダイヤモンド社、一九七二年に依拠している。

☆2　組織論関係の文献では、incentive は誘因として表記されることが多い。

☆3　Barnard, *op. cit.*, p. 139.（バーナード著、前掲書一四五―一四六ページ）。

☆4　山本安次郎・田杉競編、前掲書一三六ページ。また、バーナード自身には、現代社会では、多くの人々の協働意志は低く、むしろマイナスの側にいる、との理解があったと言われている（飯野春樹編『経営者の役割』有斐閣新書、五七ページ）。

☆5　モチベーションの期待モデルはブルームによって公式化されている（Vroom, V., *Work and Motivation*, John Wiley & Sons, 1964.）。また、一体化はマーチ＆サイモンによって組織論的に体系化されている（March, J. and Simon, H., *Organizations*, John Wiley & Sons, 1958.）。

てきたのであり、「何故に、組織として、構成員に対して貢献意欲を期待することができるのか」、という本質的な問いに応えられない状況が続いてきた。しかし、現在、我々は、前記の課題に回答を提示することができる。「本能としての貢献心があるためである」、と。本能としての貢献心は「他人のために尽くすこと」ないしは「他者のために働きかける自然な気持ち[☆6]」である。この「他人のために尽くすこと」と「共通の目的の達成に貢献する意欲」は必ずしも同一（イコール）ではない。しかし、貢献心がヒトの本能であるならば、その本能が（「他人のために尽くすこと」の変形としての）「共通の目的」達成に向けた貢献意欲に「転換」することは充分にあり得ることである。なぜならば、本能としての貢献心は「自分を満足させたいとする欲求」であり、「『社会的存在として』『他人のため』は『自分のため』である、と割り切れること[☆7]』」でもあるからである。

本能は事の善悪を超えて人間に備わっているモノである。したがって、本能としての貢献心も、それが本能である以上、自己の「生存」に繋がるモノであり、在って目に見えないものであるが、それを満たすことが自分が生きていくために不可欠な条件となる。[☆8]

本能としての貢献心は決して「美徳」ではなく、どこかで、「利己」と結びつき、自分の生存に利するような様式で発露する。これが「本能としての貢献心」の現実的な様態（解釈）である。[☆9]

ここに、本能としての貢献心が存在しているがために、共通の目的を受け入れると、インセンティブが現実に機能し（働き）、貢献意欲が引き出される、というメカニズム、を想定することができる。というのは、協働に参加した人々は、共通の目的の達成によって、自分の行動が、結果的に、他人に尽くすだけではなく自分の幸せにも繋がることとが理解できるために、他人のためは自分のためであると容易に割り切れるが故に、共通の目的の達成を目指して努力する（貢献意欲）からである。この場合、後で詳述することになるが、共通の目的が真に「共通の」目的であればあるほど、貢献心が発揮されやすくなる（他のヒトと協働しやすくなり、貢献意欲が引き出される）であろう。

したがって、貢献意欲を引きだすためには適切なインセンティブが不可欠であるが、それ以上に、協働としての場のあり方そして「共通の目的」次第で協働への意欲は大きく変化することになる。共通の目的の「共通の」あり方・内容が重要な問題となってくる所以である。

2―2　貢献意欲の結果としての企業行動

あらゆる組織は人間活動の協働の場である。この協働の成立には、すでに周知のように、一方で、構成員の貢献意欲が必要であり、他方で、構成員の継続的な貢献を獲得できるインセンティブを提供しつづける組織だけが、その活動の成果がいかなるものであるのかという問題は別として、存続する。

本稿の問題意識の一端を図解すると下記のようになる。

インセンティブ――→本能として貢献心
　　　　　　　　　　　↓
　　　　　　　　　貢献意欲――→倫理的（反倫理的）行動

☆6　滝久雄『貢献する気持ち』紀伊國屋書店、二〇〇一年、七二ページ。
☆7　滝久雄『前掲書』七三ページ。
☆8　滝久雄『前掲書』一三五ページ。
☆9　滝久雄『前掲書』一三一ページ。

貢献意欲をうみだす（貢献意欲が引き出される）メカニズムは、「本能としての貢献心」という概念を導入することによって、新しい視点から解明された。インセンティブは貢献意欲そのものに直接作用するのではなく、本能としての貢献心に訴え、その結果として、貢献意欲がうまれるのである。したがって、企業には、従業員の貢献意欲を引き出す、どのようなインセンティブメカニズムが備わっているのか――これが以下の行論にて検討する課題のひとつとなるが、その前に、もうひとつの課題に触れておくことが必要であろう。それは、「貢献意欲の発露あるいは結果として、企業内の構成員のなかにあるいは全体としての企業活動によって倫理的な結果が生まれることがあるが、逆に、反倫理的な結果が生み出されることもある」、という現実である。

この課題は、何があるいはいかなる契機が、倫理的な結果をうみだし、または反倫理的な結果をうみだすのか、倫理的行動と反倫理的行動を「分ける」ものは何か、それは、資本主義企業という制度に起因するのか、それとも、個人の資質に問題があるのか、等として問題提起されることもある。

貢献意欲が、結果的に（倫理的な観点から見て）、倫理的な行動をうみだすのか、それとも反倫理的な行動をうみだすのか――これは不明であり、それぞれの可能性がある。何故なのか？

それは、貢献心が、基本的には、本能であるためである。それ故に、方向付けが重要になってくる。本稿の文脈で言えば、「共通の目的」の「共通の」の性格（すなわち、「社会的存在としての企業」として目的が適切か否か、ということ）が、構成員個人の貢献意欲の発露の仕方を決定し、組織及び従業員の行動が倫理的になるか反倫理的になるかを決定する。そのために、共通の目的のあり方が極めて重要になってくるのであり、現在、社会規範を組み込んだ経営目標の設定（後述の言葉で表現すれば、ステイクホルダー企業としての存在）が求められているのはこのためである。

図1　協働の場と貢献心そしてインセンティブ

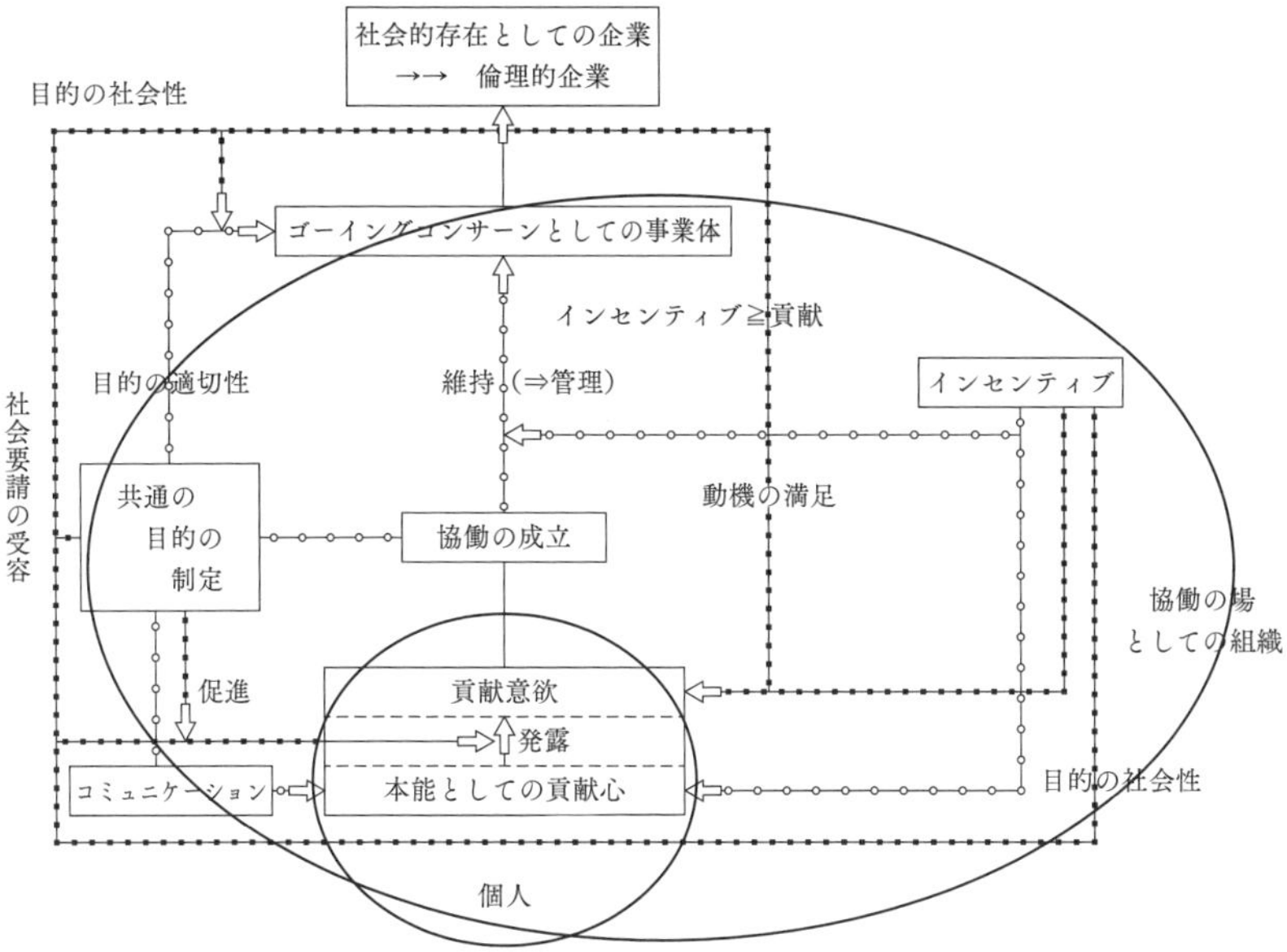

と同時に、組織人格と個人人格が葛藤（対立）するのも本能としての貢献心が備わっているためである。個人人格が勝つことがある（たとえば、勇気の発露）のは本能としての貢献心のなせる技である。本能としての貢献心を欠くならば、常に組織人格が「勝ち」、組織ぐるみの不正を防止することは不可能になろう。

前述したことを図解したのが図1である。複数の人々が意思疎通（コミュニケーション）可能な状況下におり、共通の目的が提示されそれを受け入れたとき、適切なインセンティブがあれば、本能としての貢献心が貢献意欲へと転化し、共通の目的達成に向けた協働が生まれる。これが人々の間の関係として組織（協働としての組織）である。この関係を維持するためにはより適切なインセンティブが継続的に提供されることが必要である（インセンティブ≧貢献）。ここに至って、人々の関係は構造化される。これが管理と称せられている現象に該当する。インセンティブは、まず第一に、本能としての貢献心を貢献意欲へ転化させるために、そして更には（第二に）、成立した人々の間の努力を短期間（刹那的）ではなく長期的に維持するために必要である。この流れが、図1において―○―○―○―の線で表示した箇所である。

貢献心が本能であるとすれば、それは人間の生存そのものに結びついているために美徳ではないだけではなく、常に周囲の期待通りに現象（具現化）するとは限らない。貢献心の発露にとって必要なものは「他人のために尽くすこと」が「自分のため」でもあることを納得させる契機であるが、なかでも、共通の目的を前提としたインセンティブは非常に有効であり、目指す目的が「共通のもの」であればあるほどインセンティブは有効に働く。というのは、「共通のもの」を介して、「自分」と「他人」の繋がりをより明瞭に把握できるからである。これが―●―●―●―の線の流れであり、共通の目的が「社会的要請を反映したもの」であればあるほど、貢献意欲が生まれやすく、また組織が提供するインセンティブの内容も異なってくることを示している。これは、同時に、組織（体）（企業）に反社会的な行動を思いとどまらせる（非倫理的な結果が事前に想像できるならば、それに向かって「積極的に」貢献することを躊躇させる、という意味で）「歯止め」として作用する（社会的存在としての企業）だけでなく、「所属企業＝社会的存在としての企業」という意識が多くの従業員の中で深まれば深まるほど、従業員のなかに倫理的にプラスの方向にむけた貢献意欲が生まれる可能性が高くなるでなろう。

3　自発的な貢献意欲が「強制」される日本企業

組織に参加している人々から貢献意欲を引き出すためのインセンティブは、現実には、多様であり、その実態を反映して幾つかの分類が試みられている。経営学では、人間を「完全合理的な選択行動」をする存在と見なしている経済学とは異なり、人間のもつ「限定された合理性」が前提にされている。「現実の人間個人がもつ先見性や計算能力、予知能力、選択力、判断力などの諸能力には大きな限界があり、完全に合理的な能力を発揮できるスーパーマンのような人間は、現実には存在しない」[☆10]、と。このような発想はインセンティブの解釈にも当てはまる。たとえば、バーナードのインセンティブ観として知られている左記のようなインセンティブ解釈（インセンティブの客観的側面と主観的側面への分割・整理）はそのひとつである（表1参照）[☆11]。

このようにインセンティブは金銭に限定されるものではなく実に多様な内容を含んでいる。そして更に言えば、企業という組織の「成り立ちプロセス」そのものがひとつのインセンティブとして作用することもある。日本企業はその代表的な事例であり、このことは日本企業が「疑似」ゲマインシャフトと見なされている「内実」に起因する事柄である。

人間の集団がゲマインシャフトとゲゼルシャフトに分けて論じられることは良く知られている。テンニースによれば[☆12]、人間の結合体には実在的・有機体的な生命体と観念的・機械的な形成物の二種類がある。前者がゲマインシャフトであり後者がゲゼルシャフトである。ゲマインシャフトを基礎づける人間の意志は自然意志であり、ゲゼルシャフトを支えるものは形成意志とよばれる。彼によれば、ゲマインシャフトの三形態または段階として、「血のゲマインシャフト」（家族生活＝一体性）「場所のゲマインシャフト」（村落生活＝慣習）「精神のゲマインシャフト」（町生活＝宗教）が区別されるが、これらに共通していることは人々がなんらかの形で共同生活を営み、その一体的な融合の

☆10　片岡信之他編『アドバンスト経営学理論と実践』中央経済社、二〇一〇年、七ページ。
☆11　これは、Barnard, *op. cit.*, pp. 141-153.（バーナード著、前掲書一四五―一四六ページ）及び山本安次郎・田杉競編、前掲書一三六―一四一ページを筆者（宮坂）なりに整理したものである。
☆12　テンニース著、杉之原寿一訳『ゲマインシャフトとゲゼルシャフト（上）（下）』岩波文庫、一九五七年。

表1　インセンティブの客観的側面と主観的側面

1　客観的インセンティブを提供する方法（インセンティブの方法）――インセンティブの客観的な側面

1-1　特殊的誘因 inducement（特定の個人に限定して提供されるもの）

1）物質的誘因
モノやカネの提供

2）個人的で非物質的な機会の提供
昇進の機会、作業活動における自立性、ステイタスとしての椅子

3）好ましい物的作業条件の整備

4）理想の恩恵
個人の理想を満足させる組織の能力

1-2　一般的誘因 inducement（特定個人的ではなく一般的なもの）

5）社会結合上魅力的な環境の整備
社会的調和（人種・民族・宗教等に基づく対立の撤廃）、良好な人間関係

6）慣習的な作業条件、並びに習慣的なやり方や態度に適合しやすい環境を整備すること。新参者を拒否しないこと

7）参加の感情を満たす機会を広く提供すること

8）心的交流が可能な状況をつくりだすこと
仲間意識の醸成、相互扶助の機会の創出

2　主観的態度を改変させる方法（説得の方法）――インセンティブの主観的な側面

2-1　強制力の行使
みせしめ、排除

2-2　機会の合理化

1）一般的合理化
組織目的への奉仕を理想化すること

2）特殊的合理化
特定の状況の下で特定の要求を持つ個人を説得すること。「一本釣り」

2-3　動機の教え込み
教育や宣伝によって個人の動機や目的を組織に都合の良い方向へと変えること

なかで愛しあい慈しみあって、互いに離れがたく結びあっていることである。血族愛・近隣愛・友愛による全人格的な融合・愛着・信頼こそがゲマインシャフトの本質であり、そこに打算の働く余地はみられない。

これに対して、ゲゼルシャフトの特質をなすものは、孤立であり、利益的結合であり、合理精神に基づく契約である。その根底には他人に対する不信があり、利益が得られる範囲内で他人との結合を図るにすぎない。したがってそこでは、人は自己の提供するものと同等以上の反対給付と交換するのでなければ、他人のためになにかをしようとはけっしてしない。それゆえにゲゼルシャフトに関与する人々は、その組織特有の目的に照応するかぎりでの人格部分だけ関係しあうこととなり、その結びつきは断片的でゆるく、本質的には疎遠とならざるをえない。

そしてこの場合、企業は、一般的には、その性格上ゲゼルシャフトの典型として位置づけられてきたのであり、欧米ではそのような解釈が支配的である。だがそのような位置づけは、次のような理解に代表されるように、日本の企業には妥当しないことが知られている。「さて、日本の企業、とくに大企業はどうだろうか。テンニスの分類では、それは当然、ゲゼルシャフトになる。だが、人間関係上の諸特徴をみると、ゲマインシャフトの色彩が濃くなっている。従業員の生活丸抱え式の労務管理の下では、人間関係が全人的接触に近くなる。職務中心でなく職場中心の組織運営の下では、人々の活動範囲、勢力範囲は厳格に区切られるよりも、相互依存的になる。だから、日本の企業は、テンニスの用語を借りれば、『疑似ゲマインシャフト』とよぶのが適当かもしれない」[☆13]。

なぜこのような（日本企業のゲマインシャフト化といった）主張が出てきたのであろうか。それは、ヨーロッパ的な発想にたてば、人間社会は、旧い共同体（具体的にいえば、村落共同体）が崩壊してはじめて、近代化されていくことになるが、日本ではそのような村落共同体（ムラ）が必ずしも崩壊せずに中途半端な形で残り、また企業のなか

☆13 間宏『日本的経営』日経新書、一九七一年、一八ページ。

に共同体的関係がもちこまれた（経営者によってイエの論理がもちこまれた）ためである。[☆14] ヨーロッパでは、世帯主を含む農民が一家をあげて離村し賃労働者層が形成されたが、日本では、農家の二・三男層と女子が村落から追い出されて賃労働者となった。その結果、彼らは、村落共同体の代わりに、企業に、精神的安定そしてまたさまざまな社会的欲求の充足の可能性を、言葉を換えていえば、共同体的世界をもとめたのであり、都市に住みはじめた賃労働者は、依然として、「意識の面では共同体的な関係にしがみつき、あるいは『旧き良き日』へのノスタルジアを強め」ていたために、所属企業に、従業員として、言葉を換えていえば、共同体の一員かのごとく組み入れられていった。そしてそれに対応する形で、企業家は、企業のなかに、「イエ」意識を持ち込んだ（経営家族主義）。その結果、企業は、従業員がそれに「共同体」として関与する擬似共同体へと転化した。この疑似共同体はつくり出されたものであり、大塚久雄氏の用語でいえば、[☆15] 具体的な共同体を本質的に支える共通な「集団性の外枠」としての共同態（ゲマインシャフト）を意味している。「共同態としての日本企業」の誕生である。

かくして、ゲマインシャフトには二つのタイプがある。

（1）本来のゲマインシャフト

（2）損得抜きの状況が人工的につくりだされた、ゲマインシャフト（代表的な事例が日本の企業である⇓共同態としての日本企業）

ゲマインシャフトそして共同態では、貢献意欲はどのようなメカニズムで生まれるのであろうか。これが本稿の問題意識であり、次のような課題として提示することができる。

損得抜きの、情感で結びついた、協働の場（たとえば、血、精神、土地を絆とする、協働の場⇓ゲマインシャフト）においては、利害関係で成立している協働の場と異なり、特別なインセンティブがなくとも本能としての貢献心が目覚め、貢献意欲が、忠誠心（loyalty）という形をとることになるとしても、ナチュラルに生まれる、という仮定が成立するであろうか、と。これに対しては、本稿では、つぎのような回答を用意している。貢献意欲（忠誠心）はナチュラルに生まれるものではなく、育まれるものである、と。コトバを換えて言えば、損得抜きの絆がある場合には、その協働の場の維持という共通の目的が前提にされているために、その絆を自覚し更にはそれを確認できる環境をつくりだすことが必要である、と。

このことは、本来のゲマインシャフトではなく、人工的につくりだされたゲマインシャフトである「共同態としての日本企業」にとって切実な問題として提起されたことであろう。損得抜きの絆を本来的には欠いた協働の場である日本企業では、協働意欲を引き出すために、社縁という絆を新たにつくりだしそれを日々の企業内人生の中で確認させる仕組みを意図的につくりだすことが必要だったのである。そして日本企業はその仕組み作りに「成功」した。それが制度としての終身雇用であり、年功賃金である。但し、その結果として、日本企業は、他面で、「自発的に貢献すること」が「強制される」協働（体系）へと転化してしまった。会社人間の輩出及び跋扈はその現象形態の一部である。日本的経営を見る眼は時代に応じて変化し正反対の評価が下されているが、その是非は別にして、いわゆる日本的雇用慣行は、貢献意欲が引き出され「自発的に」働かされるインセンティブシステムが日本企業のなかにビルトインされていたことを示している。

どの企業社会にも、あらゆる領域において、その企業社会に固有のシステムがある。これはインセンティブシステムについても該当することであり、現実に、欧米企業とも共通するシステムに日本企業固有のシステムが絡み合って、日本企業独自のインセンティブメカニズムが構築されている。とすれば、この場合、日本の特殊性をどこに見いだす

☆14　詳細は、宮坂純一『日本的経営への招待』晃洋書房、一九九四年、第一章「管理における日本的なもの」参照。
☆15　大塚久雄『共同体の基礎理論』岩波書店、一九五五年、三ページ。

ことが出来るのであろうか。

本稿の理解では、「インセンティブメカニズム＝綿密に計算されて構築された本来のインセンティブメカニズム＋α（アルファ）」、という方程式が成立する。「綿密に計算されて構築された本来のインセンティブ」の解釈（分類）は分かれるであろうが、それは当然であり、そのことに本稿は触れるつもりはない。これについては、たとえば、前掲のようなバーナードが分類・提示しているインセンティブもそのひとつである、と指摘しておけば十分である。もちろん、「本来のインセンティブ」の具体的内容が、細部に至れば、それぞれの企業社会毎に相違してくることは容易に想像できるが、その枠組みは多くの企業社会に妥当するであろう。それ故に、問題はα（アルファ）の具体的な内容である。本稿では、「共同態としての企業」いう言葉が示しているように、企業がゲマインシャフト（コミュニティ）として把握されることがあるという事実を踏まえて、企業（会社）の成立プロセスそのものがひとつのインセンティブシステムとして捉えられるという立場に立ち、α（アルファ）の内容を具体的に明示化してきた。

したがって、前記のα（アルファ）が日本の企業社会のみに妥当するのか、が問われるであろう。これは非常に微妙な問題である。というのは、まず第一に、欧米の企業においても、共通善を目指す企業が「コミュニティとしての企業」として把握され[☆16]、その存在が指摘されているからである。共通善を目指す企業（コミュニティとしての企業）と「共同態としての日本企業」の異同の解明が課題として浮上している。更には、後述するように、現代企業は多くの企業社会で「ステイクホルダー企業」として性格づけられるようになってきた。このような事実を、インセンティブの問題との関連で、どのように解釈するのか。これらは今後の課題である。

この共同態としての日本企業は、「たこつぼ」と形容されることがあるように、閉鎖された企業社会であり、従業員のなかに「我が社」意識が容易に醸成されていった。このような企業風土のもとでは、必ずしもすべての企業が社会的にプラスの方向で活動するわけではなく、たとえば、集団主義経営という名称で端的に示されているように、従業員の共同態（会社そして所属部署）への一体化が進み、一方で、組織への忠誠心を競う「出世競争」が展開され、他方で、身内の傷を「嘗めあい」、その結果、株主中心に行動するアングロサクソン系の企業社会とは別の意味で、従業員の貢献意欲が反社会的な行動へと帰結してしまう、という事象（いわゆる企業不祥事の発生）が出現することもあった。

いずれにしても、これは、従業員か株主かという違いはあるが、特定のステイクホルダーの利益が最優先され、全体としての社会の利益を無視した経営目標が「共通の目的」として組織構成員に提示され、従業員が「反」社会的な「共通の」目的の達成に貢献した結果である。

世紀の転換期頃から正社員時代の終焉が語られ、終身雇用は「神話としても」崩壊し、年功賃金も成果給に取って代わられたかのような状況がうまれ、日本企業は大きな変動の波に洗われている。現在の状況を考えると、たしかに「日本企業＝共同態」という「旧い」方程式で日本の企業を説明することは困難になった。しかし、従来の「従業員中心型」共同態としての企業とは異なるタイプの「共同態としての企業」（コミュニティとしての企業）は存在しうるはずである。

インセンティブシステムのあり方はその会社の目的（経営目標）によって規定されるが、後者は、他方で、経営理

☆16　たとえば、ジョージ・C・ロッジ著、水谷英二他訳『ニュー・アメリカン・イデオロギー――新時代の経営思想』サイマル出版会、一九七九年やG. Lodge, "The Ethical Implications of Ideology", in Hoffman, W.M. and Moore, J. M. (eds.), *Business Ethics: Readings and Cases in Corporate Morality*, McGraw-Hill, 1990, p. 140参照。また、ソロモン（R. Solomon）は、アリストテレスの徳理論に則って、企業をコミュニティとして位置づけている（Solomon, R. C. *Ethics and Excellence: Cooperation and Integrity in Business*, Oxford University Press, 1993, chapter 16.）

念によって規定されることになる。このことに関しては別稿を予定しており、本稿では、次節において、現代企業のもうひとつのあり方との関連で、簡単に触れるに止める。

4　倫理的企業への途——貢献心の活かし方

私たちの生活の質は企業活動のあり方に左右されている。この事実が認識されるにつれて、特に、企業不祥事が頻発するにつれて、企業に倫理を問う動きが活発化してきた。現代は、企業の社会的存在としての側面が重要視され、より踏み込んで言えば、企業に、道徳的主体として行動することが求められている、時代である。[☆17]

どのようにすれば企業は倫理的な存在になれるのか？その方途のひとつは、本稿の文脈で言えば、従業員に備わっている本能としての貢献心が倫理的な方向に沿って発揮され、そして従業員が経営目標の達成に向けて貢献しやすくなる環境をつくりだすことにある。そのためには、個々の企業が掲げる経営目標が大方の従業員にとって「共通の」目的として受け入れられることが必要である。しかもこの場合、従業員が企業という運命共同体の一人としてそれを受け入れざるを得ないというのではなく、対外的にも、「後ろめたさ」を感じることなく「胸を張って」受け入れることができるような経営目標を定立することが重要であり必要である。これは決して不可能でなく、現実に、そのような環境（流れ）が形成されつつある。

それがストックホルダー企業からステイクホルダー企業への転換である（図2参照[☆18]）。

このようなステイクホルダー企業観への流れは、一九九〇年代前半にスローン財団の援助を得て多くの研究者と実務家が参加してウェブ上で展開された「株式会社再定義プロジェクト」によって加速された。そのウェブ（http://www.

図2　ストックホルダー企業とステイクホルダー企業の対比

転　換

《市場経済のもとでは企業はストックホルダー企業である》

・概要：企業の目的を詐欺や欺瞞なしに自由な市場のもとで競争し出来るだけ多くの利潤をあげ株主に還元することにもとめる。なぜならば、それが社会に最大の幸福をもたらすからである。

・代表的な提唱者：フリードマン（Friedman, M.）

・特徴：①新自由主義（リバタリアニズム）、倫理的利己主義に立脚。
②株主価値（株価）重視経営の理論的根拠となっている。

《現代企業はステイクホルダー企業である》

・概要：企業の目的をステイクホルダーの利害を調整する媒介項として役立つことにもとめる。それぞれのステイクホルダーにはある目的達成の手段として扱われない権利がある、と主張。

・代表的な提唱者：フリーマン（Freeman, R. E.）

・特徴：①特徴：カントの「人格尊重の原則」に立脚
②21世紀の企業の有力なひとつのあり方を概念化したものとして評価されている

mgmt.utoronto.ca/~stake/）で公開された「現代企業はステイクホルダー企業である」との現状認識は、今日では、ステイクホルダー企業モデルに関するコンセンサス（Consensus Statement on the Stakeholde Model of the Corporation）として良く知られている。

企業がステイクホルダー企業へと転換したときに、その構成員に備わっている本能としての貢献心が「正しく」活かされ、企業は貢献意欲を獲得でき、社会的存在として継続的に存続する途が拓けることになろう。これは「共同態としての企業」のあり方のひとつ（コミュニティとしての企業[☆19]）でもある。

☆17　宮坂純一『道徳的主体としての現代企業』晃洋書房、二〇〇九年参照。
☆18　片岡信之編著『新版　要説経営学』文眞堂、二〇一一年、第一三章「ステイクホルダー・マネジメント型企業への転換」参照。
☆19　あえて道徳的という形容詞を付けて、「道徳的共同体としての企業」（the firm as moral community）として論じられることもある。これに関しては、N. Bowie, *Business Ethics: A Kantian perspective*, Blackwell, 1999.（ボウイ著、中谷常二・勝西良典訳『利益につながるビジネス倫理』晃洋書房、二〇〇九年）参照。

動物行動学から見た人間の貢献心

小林朋道

滝久雄氏による著書『貢献する気持ち』（二〇〇一）の中で、氏は、貢献を「自分を他者のために役立てる（こと）」、あるいは、「自己犠牲の希求」、「他人に尽くす行動」と表現し、それが「人間の本能」であると主張している。さらに氏は、自身の中の強い貢献心を意識し、人や社会に貢献することの大切さを述べている。

本論文では、これらの氏の主張を踏まえ、動物行動学の視点から、以下の二点について考察したい。

（一）人間における貢献心の生物学的正体

（二）特に貢献心が強い人物が存在する理由

人間における貢献心の生物学的正体

動物行動学は、人間も含めた生物種の形態、および、行動や心理の特性は、基本的には、各々の個体がもつ遺伝子のコピーが、自分以降の世代において、より多く増えるように形成されていると考える（Dawkins 1976）。形態は、遺伝子の情報に基づいた、各々の器官を構成する細胞の移動や分化によって形成され、行動や心理の特性は、遺伝子の情報に基づいた、脳や末梢神経系における神経細胞の配線の決定によって形成されていく。

他個体との協力も含め、自分の生存や繁殖をよりうまく行えるような形態、行動、心理などの特性をもった生物体をつくり上げた遺伝子のコピーは、その生物体の子どもなどを通し増えていき、幾世代もの生物体のなかで生存し続ける。生存や繁殖において劣る形態、行動、心理などの特性をもった生物体をつくり上げた遺伝子は、世代の経過とともに消滅する。一方、遺伝子は必ず変異するため、時間の経過の中で、一種類の遺伝子が、互いに少しずつ異なる遺伝子になり、それらの遺伝子に関して、上記のような現象が繰り返され、消滅する遺伝子と、生存し続ける遺伝子が決まっていく。したがって、生命の誕生後、約三五億年となる現在の生物体の中の遺伝子は、自分の生存や繁殖をよりうまく行えるような形態、行動、心理などの特性をもった生物体をつくり上げた遺伝子ということになる。

この現象を、視点を遺伝子から生物個体に変えると以下のように表現できる。

「現在生き残っている生物は、自分の遺伝子を、より多く増やせるような形態、行動、心理などの特性をもった生物である」

このような原理を前提として、人間の心理（感情や衝動、思考傾向なども含めて以後、心理と呼ぶ）を分析すると、基本的には、人間の心理も、自分の生存や繁殖をうまく行える特性を備えているはずだと推察され（Barkow, Cosmides & Tooby 1992）、その推察から導かれる仮説の科学的検証が、現在行われている。

それらの科学的検証研究を通してこれまでに得られている知見の多くは、人間の心理特性の生存・繁殖上の有利性を支持している（Pinker 1997）。

さて、滝氏が、著作の中で述べている貢献心に最も近い、動物行動学上の人間の心理特性は、「互恵的利他行動を発現させる心理」と考えられる。

互恵的利他行動とは、「自らの生存や繁殖を犠牲にして、他個体が、一生の間に残す子の数を増大させる行動」である（Krebs & Davis 1981）。動物行動学では、利他行動は、大きく次のような二種類に分けられる。（1）自分の遺伝子と同じ遺伝子を多く有している可能性が高い血縁個体（親子や兄弟姉妹、従兄弟姉妹などの関係になる個体）に対する利他行動。（2）血縁度が非常に低い個体（非血縁個体）に対する利他行動。

血縁個体に対する利他行動については、次のような理由で進化しうることがハミルトン（Hamilton 1964）などによって明らかにされている。

自分の遺伝子と同じ遺伝子を多く有している可能性が高い血縁個体の生存・繁殖を助け、それら血縁個体が一生の間に残す子の数を増やせば、結局は、自分が持っている遺伝子も次世代において増えることになる。これは、冒頭に述べた、動物行動学が依って立つ原理「生物の形態、および、行動や心理の特性は、基本的には、各々の個体がもつ遺伝子のコピーが、自分以降の世代において、より多く増えるように形成されている」と合致する。

一方、（2）で述べた非血縁個体に対する利他行動は、互恵的利他行動と呼ばれ、人間においてこの行動を引き起こす心理が、滝氏の「貢献心」とほぼ一致する。

互恵的利他行動は、自分の生存・繁殖を犠牲にして、自分の遺伝子と同じ遺伝子を有している確率が比較的少ない個体の生存・繁殖を助ける行為であるから、少なくとも、一回のやり取りだけから考えると、明らかに自分の遺伝子の拡散に不利である。

このような利他行動が進化する理由について最初に有力な説を発表したのは、トリバースである（Trivers 1971）。トリバースは以下の三つの条件が揃えば、互恵的利他行動は、それを行う個体にとって有利になり、進化しうると主張した。

①半ば閉鎖的な集団で、集団内の個体同士が何度も付き合いを繰り返す状況がある。

②集団内の個体が、「相手からの協力は受けるが自分は協力をしない」個体を記憶する能力がある。

③自分が犠牲を払って相手を助けた時、自分が被る損失の量と、相手が受け取る利益の量を比べると、後者のほうが前者より大きい。

　これら①〜③の条件の中で、②は特に重要な条件と考えられている。それは以下のような理由による。

　今、ある集団の中に、「困っている相手に出会うと助けを差し伸べる」ような個体と「困っている相手に出会っても助けを差し伸べない」個体とがいたとしよう（前者を協力個体、後者を非協力個体と呼ぶ）。①と③の条件のみが揃っている集団では、非協力個体同士が繰り返し出会った場合と、協力個体同士が繰り返し出会った場合とを比較すると、非協力個体達よりも協力個体達のほうが利益は大きいはずである。なぜなら、非協力個体達は、互いに助け合うことはないのだから、犠牲もゼロ、利益もゼロ、総合利益はゼロであるが、協力個体同士は、繰り返しの出会いの中で、相手を助け、相手からも助けられることがあるだろうから、「利益－犠牲」の総合利益はプラスになる。つまり、〝非協力個体同士〟と〝協力個体同士〟の出会いを考えると、協力個体が有利になり、進化的には、協力個体が広がることも可能である。ところが実際には、集団の中では、協力個体と非協力個体との出会いもあり、その場合、非協力個体は、自分は犠牲を払うことなく相手から利益のみ得ることになり、総合利益は、協力個体同士の場合よりも大きくなる。したがって、集団の中で、協力個体が増えていくことは無理ということになる。

　ここで②の条件が加わると、状況は変わってくる。非協力個体は、最初は、自分が犠牲を払うことなく利益のみを得ることができるかもしれないが、相手が、そのやり取りを通してその非協力的個体を記憶し、以後、非協力個体には協力しなくなると、非協力個体は、結局、不利になっていく。つまり、集団内に、単なる協力個体ではなく、非協力的個体を記憶し非協力個体には協力しなくなる、いわば〝見破り〟協力個体が現れてくると、非協力個体は、〝見破り〟協力個体以上の利益を得ることができなくなる。

　このように、②が①、③に加わると、協力個体が有利になり、互恵的利他行動は、進化しうるというわけである。

その後、トリバースの理論は、ゲーム理論と呼ばれる社会行動の理論研究、野生動物に見られる協力的行動や人間の認知活動の研究などの発展とも相まって、その正当性が認められるようになった。

たとえば、①と③の条件が揃い、②の条件も満たしていると推察される、中南米の洞窟で、一〇個体程度の閉鎖的な集団で暮らすチスイコウモリでは、人間以外の動物では珍しく、非血縁個体同士の間での顕著な利他的行動が行われることが明らかになった（Wilkinson 1984）。洞窟の外で血を充分に吸ってきた個体が、血を吸えなかった個体に血を分けてやるのである。また、進化心理学の研究者は、互恵的利他行動や協力行動が特に発達しているわれわれ人間においては、裏切り個体を認識し長く記憶にとどめる突出した能力をもつことを示してきた（Mealey, Daood & Krage 1996, Cosmides & Tooby 1989）。霊長類における、新皮質の大きさに関する比較研究から、人間は一五〇人程度の個体が集まった半ば閉鎖的な集団をつくって暮らしていたと考えられている（Dunbar 1996）。

一方、アクセルロッド（Alelrod 1984）は、世界中の経済学やコンピューターサイエンスの研究者から、「計算機の中で互いに対戦でき、総当りで対戦させたとき最も高い得点をあげられる戦略プログラム」を募集し、最も利益を得る戦略を明らかにしようとした。多くの戦略の中で最も高い得点をあげたプログラムは次のようなものだった。「最初の接触では相手に協力し、それ以降は、相手が直前にとった手口を繰り返す（つまり、相手が協力したのなら自分も協力し、相手が裏切ったのなら自分も裏切る）」。この戦略は、裏切った相手に対しては、その個体を記憶したうえでその後は協力をしない、という点で、②の条件に合致する。

トリバースは、人間のさまざまな感情は、結局は自分に利益をもたらす互恵的な利他行動を自分自身に遂行しやすくさせるために進化した脳活動だと主張した（Trivers 1971）。このような視点からの感情の分析はトリバース以降、多くの研究者によってなされてきた。たとえば小林（二〇〇七）は、人間の以下のような心理特性が、互恵的利他行動を促進する働きをすると推察している。

（一）裏切られた場合、その個体に対して怒りを感じ、協力してくれた相手には好意を感じるという心理特性
（二）自分が幾分かの犠牲を払っても、相手と協力して何かを成し遂げたときには大きな満足感を感じ、結局互いに協力しないままで終わった時にはむなしさを感じるという心理特性
（三）自分が裏切ることに対して、不安を感じたり、実際に裏切ってしまったときには罪意識を感じるという心理特性

山岸（一九九八）は、上記の中の、特に（二）について、社会心理学的な実験研究によって、その存在を支持する結果を得ている。

動物行動学の見地からは、滝氏の論じる貢献心の正体は、意識するかしないかにかかわらず、以上のような、本人に得をもたらす心理特性ということになる。ちなみに、このような心理特性は、それを生み出す脳の骨格的神経構造を遺伝子が作り出すという意味で、滝氏が主張する「本能」に近い特性と言える。

特に貢献心が強い人物が存在する理由

ここまで論じた内容を前提に、以下では、「本人に、最終的に利益をもたらさないような、過度の利他的心理をもつ人物がなぜか存在する理由」あるいは「特に貢献心が強い人物が存在する理由」について考えたい。それが、滝氏が、著書の中で、目指すべき人間像として描いた「貢献心の強い人物」の理解に深く関わると考えられるからである。ただし、「特に貢献心が強い人物が存在する理由」については、これまで動物行動学において、注意を払うべき問題とみなされたことはなく、したがって、実証的な研究成果を示しながらの考察は困難である。あくまで、この問題に

関係すると考えられる部分を、他の目的のためになされた研究の中に見つけ、それらをつなぎ合わせて考察を加えていく作業になる。

以下、「特に貢献心が強い人物が存在する理由」として考えられる可能性を二つあげ、各々について考察する。考察は、「〝貢献心〟発生神経回路」を想定して進める。動物行動学は、適応進化の結果として、人間の脳内には利他行動の遂行を促進する、遺伝的な基盤をもつ神経系情報処理回路が存在する可能性を示してきた。このような回路は単一の情報処理回路ではなく、相互に作用しあう複数の回路の集合体だと考えられるが、ここではその集合体を一まとめにして、〝貢献心〟発生神経回路と呼ぶ。

一、〝貢献心〟発生神経回路の形成における学習の影響

〝貢献心〟発生神経回路が、誕生して間もない新生児では、まだ完成してはいないことは明らかである。しかし、遺伝子は、誕生時までにその回路の原型というべき神経構造を作り上げていることは充分考えられる。そしてその原型がどのような性質をもっており、その後、どのようにして発達していくかを推察する上で、ウィルソン（Wilson 1998）が、後生則（epigenetic rules）と述べたカニズムが参考になる。

後生則は、それまで、動物行動学者、心理学者が、遺伝子と学習の関係についてさまざまな研究を通して発見してきた原理を整理した概念であり、その概要は次のように表現することができる。「遺伝子の発現によって形成された神経回路の原型には、さまざまな経験の中から、どのようなパターンの情報を取り込むかについての選択性が備わっており、それに合致する情報を受け取ったとき、原型の細部が決まっていく」。

回路の原型が、たとえば出生時のような〝最初から〟、細部にいたるまで決定されていないのは、さまざまな環境下で生活するという人間の特性に合わせ、それぞれ独自の環境下で、神経回路の原型が、より適応的に発現できるよ

うにするためと考えられている。つまり、幼児が生きる環境がどのような環境かは、前もって予測することはできず、実際の体験から学習しなければ、それぞれの環境下で有効に働きうる回路にはならないからである。

このような後生則を、〝貢献心〟発生神経回路にあてはめると、その発達に関して以下のような推察が可能である。

幼児の脳内の〝貢献心〟発生神経回路の原型は、神経系の解剖学的な発達も伴いながら、幼児が経験するさまざまな出来事の中で、裏切り的行動や協力的行動に敏感に反応し、それらから共通のパターンを学びとっていく。同時に、感情の発達も伴いながら、相手の裏切り行動と、不快や怒りといった感情とを結びつけ、協力的行動と、快や好意といった感情を結びつけていく。

同様に、〝貢献心〟発生神経回路の原型は、幼児と他個体とのやりとりの中で、協力する衝動を生みだし、その達成と、快やうれしさといった感情を結びつけ、他方で、自分の裏切り的行動と、不安や罪悪感といった感情を結びつけていく。

このように、回路の原型は、さまざまな体験の中から、それぞれの幼児が置かれた環境の下で、回路自体を完成に導くような体験を選択的に学習し、同時に、特定の感情を結びつけるという性質を内在しているという推察が可能である。

このような、具体的な体験も取り込みながら〝導かれる学習〟の過程で、「特に貢献心が強い人物」が生まれる、というのが、一つ目の可能性である。

後生則の例として、ウィルソン (Wilson 1998) がしばしばあげる事例として、ヘビに対する恐れの発達がある。人間のヘビに対する恐れには生得的な基盤があることは多くの研究者が認めるところであり、ヘビの検出のための脳内神経回路の存在も示唆されている (LoBue & DeLoache 2008)。ただし、その回路は、出生間もない時点ですでに完成されているような固定的な構造ではない。その後、ヘビに直接出会うといった体験や、ヘビについての話を聞くといった間接的な体験を、選択的に、強力に吸収し、それぞれの人物で、質や敏感さに関してそれぞれ異なった「ヘビに恐れを感じさせる回路」は完成していくと考えられている。ヘビに関する体験の内容によっては、ヘビに対し強い恐怖を引き起こすような回路になる可能性もある。

幼児における言語の習得も後生則の一つとみなすことができる。近年の、言語習得のメカニズムに関する有力な説は以下のようなものである。幼児は、脳内に、チョムスキー（Chomsky 1972）の主張する普遍文法構造についての情報を備えた言語回路の原型をもっている。その原型は、親をはじめとする周囲の人間が発する言語に敏感に反応し、それらを普遍文法構造に照らして、各々の言語に特有な表層的な規則を自発的に学習していく。

このような言語回路神経系については、脳内でのその原型の形成に関係すると考えられる遺伝子も見出されている（Gopnik 1997）。

対ヘビ恐怖回路も言語回路も、それ自体は、人間の生存になくてはならない適応的な形質を担う回路であるが、それらが出生の時点で完成されてた、固定的な回路であったら、それぞれの幼児が育つ、独自の自然環境や文化環境のもとで、有効には働かなかっただろう。地域によってヘビの視覚的特性（形態や体色など）も習性も異なっており、言語の表面的な特性も異なっているからである。それら地域独自の表面的な特性は学習にゆだねなければならない。

これら対ヘビ恐怖回路や言語回路が、学習によってその表層構造を変えるように、〝貢献心〟発生神経回路も、幼児の誕生後の経験によって表層的構造を変化させると考えるのは合理的である。たとえば、裏切り行動が頻繁に起る環境下で育った場合と、協力的行動が頻繁に起る環境下で育った場合とでは、回路の中で、より発達する部分は異なってくると推察される。前者の場合は、裏切り行動により敏感で、素早く対処するような構造が発達しやすいかもしれない。後者の環境下では、協力行動に速やかに反応するような構造や、他個体との協力を快と感じるような構造がより発達しやすいかもしれない。各々の環境下では、このような表面的な構造をより発達させた回路のほうが、個体の生存・繁殖に有利だからである。
子ども時代、あるいは人生のある時期に、他個体との協力を特に快と感じるような体験をした個体は、〝貢献心〟発生神経回路の構造変化に伴い、「特に貢献心が強い人物」になるのかもしれない。

二、〝貢献心〟発生神経回路の原型自体の違い

人間には、その対象を認知したとき、交感神経が強く働き、恐怖感とともに冷や汗や吐き気などの反応が起こる「特定恐怖症」と呼ばれる症状がある。特定恐怖症の対象となりやすいものは、ヘビや猛獣、高所、暗闇、水流、雷など、人類史の九割以上を占める狩猟採集生活の中で、死につながりやすかったと考えられるものであり、現代の死亡原因の上位にくるナイフや銃や感電しそうな電線などは、対象になることはまれである（Lumsden & Wilson 1983）。つまり、特定恐怖症は、本質的には、人類が進化的に誕生した環境への遺伝的な適応であり、ただし、それが、本来の度合いを超えて強く発現した状況だと推察することができる。

ある対象を見せてその後に、軽いショックなどの不快刺激を与えるという操作を繰り返すと、われわれの脳内では条件付けと呼ばれている現象が起る。そしてその対象を見ただけでも、不快感刺激への準備として、体を緊張させるようになる。アメリカの心理学者（McNally 1987, Cook, Hodes & Land 1986, Hugdahl & Karker 1981）は、ヘビの写真、ナイフや獣や感電しそうな電線の写真、幾何学的な模様を見せ、直後に不快刺激を与え、被験者にどのような変化がおこるかを調べるという実験を行い、以下のような結果を得ている。（1）ヘビの写真の場合は、他の対象の場合より、ずっと早く条件付けが成立する。またヘビに対して条件付けが成立した場合には、その写真や絵を数十ミリ秒という、意識では処理されないくらい短い間だけ提示するだけで、瞬間的に顔面筋が収縮する反応が起こることが多い。この反応は、他の対象についてては起らない反応であり、被験者本人も、自分の反応に気づかない。（2）一般に、条件付け

は、刺激を与えることをやめると急速に消えていくことが知られており、実際、ナイフや銃や感電しそうな電線の写真、幾何学的な模様の場合はそうなる。しかし、ヘビの場合は、その後の刺激をとめた後も、条件付け反応はなかなか消去されない。(3)ヘビの条件付けについては、必ずしも、ヘビの写真の提示後の不快刺激という過程を実際に体験しなくても、間接的にその情報を入れるだけで成立する。たとえば、ヘビの写真を見て怖がる顔をする人の映像とか、山道でヘビに出会って怖い思いをした人の話だけでも、ヘビに対する条件付けが成立する。他の対象の場合、このような現象はみられない。

このようなヘビに対する特別な反応性には、先に述べた対ヘビ恐怖回路が関与していると考えられるが、条件付け後のヘビに対する恐怖反応の程度は、被験者によって差があり、被験者によっては、ヘビが対象になる特定恐怖症の場合に匹敵する反応を示す場合もあるという。これは、ヘビに関して同じ体験をしても、個体によって、対ヘビ恐怖回路の原型の後生則に従った学習に差があることを示唆している。そして、この差の原因は、学習前の、つまり、出生時点でのヘビ恐怖回路の原型の構造に違いがある可能性を示している。

もし、これと同様の状況が、〝貢献心〟発生神経回路についても存在するとすれば、即ち、出生時点での本回路の原型の構造に違いがあるとすれば、その後、同様な環境で育っても、他の個体にくらべ、「特に貢献心が強い人物」が現れてくることも理解できる。その反応が、特定恐怖症の場合のように「本来の度合いを超えて強く発現した」場合、それは、「本人に、最終的に利益をもたらさないような、過度の利他的心理をもつ人物」になる場合もありうるだろう。

このような、〝貢献心〟発生神経回路の原型の構造に違いが、「特に貢献心が強い人物が存在する理由」の二つ目の可能性である。

この二つ目の理由と、先に述べた一つ目の理由とは、背反するものではなく、〝貢献心〟発生神経回路の形成に、同時に作用していると考えるほうが可能性は高いと思われる。

引用文献

Axelrod, R. (1984) *The evolution of cooperation*. Basic Books, New York
邦訳　松田裕之『つきあい方の科学　バクテリアから国際関係まで』ミネルヴァ書房、一九九八年
Barkow, J. H., Cosmides, L., & Tooby, J. (Eds) (1992) *The adapted mind: Evolutionary psychology and the generation of culture*. Oxford University Press.
Chomsky, N. A. (1972) *Language and Mind*, 2nd edition. Harcourt Brace Jaranovich. New York.
邦訳　川本茂雄訳『言語と精神』河出書房、東京一九九六年
Cook, E. W., Hodes, R. L. & Lang, P. J. (1986) Preparedness and phobias: effects of stimulus content on visual conditioning. *J. Abnormal Psychology*, 95:195-207.
Cosmeides, L. & Tooby, J. (1989) Evolutionary psychology and the generation of culture II. Case study: a computational theory of social exchange. *Ethology and Socuobiology*, 10: 51-98.
Dawkins, D. (1976) *The selfish gene*, Oxford University Press, Inc.
邦訳　日高敏隆・岸由二・羽田節子訳『生物＝生存機械論』紀伊國屋書店、東京一九八〇年
Dunbar, R. I. M. (1996) *Grooming, Gossips, and Evolution of Language*. Faber and Faber, London.
邦訳　松浦俊輔・服部清美訳『ことばの起源』青土社、一九九八年
Gopnik, M. (1997) Language deficits and genetic factors. *Trend in Cognitive Sciences* 1: 5-9.
Hamilton, W. D. The genetical evolution of social behaviour. I,II. *J. theor. Biol.* 7:1-52.
Hugdahl, K. & Karker, A. C. Biological vs. experimental factors in phobic stimuli: effect of instructed extinction. *Behavioral Research and Therapy*, 16: 315-321.
小林朋道『人間の自然認知特性とコモンズの悲劇　動物行動学から見た環境教育』ふくろう出版、岡山二〇〇七年
Krebs, D. & Davis, N. (1981) *An introduction to behavioral ecology*. Blackwell Scientific Publication Ltd. Oxford.
LoBue, V. & DeLoache, J. S. (2008) Detecting the snake in the grass attention to fear-relevant stimuli by adults and young children. *Psychological Sciences*, 19: 284-289.

Lumsden, C. J. & Wilson, E. O. (1983) *Promethean fire: Geflections on the origin of mind.* President and Fellows of Harbard College.
邦訳　松本亮三訳『精神の起源について』思索社、東京一九八五年
Mealey, L., Daood, C. & Krage, M. (1996) Enhanced memory for faces of cheaters. *Ethology and Sociobiology* 17: 119-128.
Mcnally, R. J. (1987) Preparedness and phobias: a review. Psychological Bulletin, 101: 283-303.
Pinker, S. (1997) *How the mind works.* W. W. Norton & Company, New York/London
邦訳　山下篤子訳『心の仕組み　人間関係にどう関わるか』上・中・下、日本放送出版協会、東京二〇〇三年
滝久雄『貢献する気持ち　ホモ・コントリビューエンス』紀伊國屋書店、東京二〇〇一年
山岸俊男『信頼の構造　こころと社会の進化ゲーム』東京大学出版会、東京一九九八年
Trivers, R. L. (1971) Evolution of reciprocal altruism. *Q. Rev. Biol.* 46: 35-57.
Wilkinson, G. S. (1984) Reciprocal food sharing in the vampire bat. *Nature* 308: 181-184.
Wilson E. O. (1998) *Consilience: The unity of knowledge.* Alfered a Knopt, Inc. New York
邦訳　山下篤子訳『知の挑戦――科学的知性と文化的知性の統合』角川書店、東京二〇〇二年

匿名的コミュニケーション環境での協力行動

——ウィキペディアとパソコン遠隔操作事件

大谷卓史

本稿においては、インターネットの匿名的コミュニケーション環境における協力行動について考察する。匿名的コミュニケーション環境において、人間は利己的にふるまうと考えられているものの、この常識と一見反する形で、多くの場合は協力行動が見られる。その代表的事例は、ウィキペディア（Wikipedia http://www.wikipedia.org）において、記事執筆と編集が金銭的報酬を伴わないボランティアによって行われている事実であろう。本稿においては、ウィキペディアを例として、インターネットにおける協力行動がどのようなメカニズムと人間の生得的傾向によって実現されているかを見る。一方でパソコン遠隔操作事件は、匿名的コミュニケーション環境における他者の協力行動への期待が裏切られた事例と考えられる。この事件において、被害者たちがたやすくだまされた事実から、ウィキペディアに限らず、匿名的コミュニケーション環境においても協力行動が比較的一般的にみられることを示す。

1. インターネットにおける匿名的コミュニケーション

インターネットは、一見したところユーザー同士では匿名であるかのように見える形でコミュニケーションを行うことができる。インターネットにおける匿名的コミュニケーションとは、名前を隠してのコミュニケーションではない。あるコミュニケーションの発信者・受信者と、特定の人物の結びつきとを不明にされたコミュニケーションが、インターネットにおける匿名的コミュニケーションと呼ばれるものであると考えられる。

名和（二〇一六）によると、私を私であると証明するものは、私の生活誌に関する知識と、一般的に住所と結びついた公的機関が発行した証明書類（戸籍抄本・住民票・運転免許証・旅券等）である。これらの生活誌や証明書類と結びつけられる私と、コミュニケーションにおける発信者・受信者との結びつきが不明であれば、匿名的なコミュニケーションであると言えるだろう。したがって、匿名的コミュニケーションとは、端的には、自分自身の身元を隠したコミュニケーションである。

ところが、インターネットにおいては、何らかの仮名を有しなければ、コミュニケーションが不可能である。インターネットコミュニケーションに用いるデバイスにはMACアドレスやIPアドレスが割り振られており、インターネットユーザーには、インターネット接続を提供するネットワークからログインIDを割り当てられている。☆1 インターネットにおけるコミュニケーションにおいては、何らかの形でデバイスのIPアドレスがサーバー上に残る。そして、そのデバイスのインターネットへの接続を提供するネットワークにおいては、デバイスのIPアドレスとログインIDとの結びつきが残っている。一見匿名的に見えるインターネットのコミュニケーションも、少なくともあるログインIDがどのようなコミュニケーションを行ったか追跡が可能である。

このように、仮名を用いるコミュニケーションを「仮名的コミュニケーション」と呼ぶならば、インターネットにおけるコミュニケーションは、すべて仮名的コミュニケーションである。

この仮名的コミュニケーションにおいて、ある特定の人物と、コミュニケーションの発信者と受信者との結びつきとをわかりにくくして、匿名性を高めようとするならば、大きく分けて、次の二つの方法がある。

①コミュニケーションに用いられるサーバーに残るIPアドレスと、インターネット接続に用いられるログインIDとの結びつきをわかりにくくする。Torなどの匿名化技術☆2を使用して、接続するIPアドレスを何らかの仕方で偽装する。

②ログインIDと特定の人物とのむすびつきをわかりにくくする。具体的には、他人のログインIDを詐称する（パスワードを盗むなど）、他人の身分証明書類を使ってログインIDを取得するなどの方法が考えられる。

2. 匿名的コミュニケーションにおける返報と互恵

社会心理学における研究においては、自分自身がコミュニケーション相手に対して、匿名であると信じられるとき、さまざまな自己開示が積極的に行われることが、実験的に確かめられている（佐藤・吉田 二〇〇八）。肯定的価値を有する可能性がある自己開示としては、内奥の信条・心情の吐露による感情的緊張の低減などが考えられるし、否定的価値を有する自己開示としては、侮辱や罵倒などの暴言などが考えられる。後者は、法に触れないとしても社会的逸脱行動に当たる。匿名的コミュニケーションにおいては、ある意味で、人は自分に対して正直にふるまうと言えるかもしれない。

それでは、匿名的コミュニケーションにおいて、人びとが自分に対して正直にふるまった場合、そこでは協力的行動と、非協力的行動または他人を害する行動のどちらが優位であろうか。人間は利己的であると仮定すれば、協力することが自分自身に対して利益がある場合には、人間は協力的行動をするだろうし、そうでない場合には非協力的であって、法的制裁や集団的制裁による帰責が行われないと知れば、自分に利益があるならば、他人を害すると予想されるだろう。

協力することで、自分自身に対して利益がある場合とは、どのような場合だろうか。協力した相手からお返しがあるという場合が、一つには自分にとって利益がある場合である。このように、お返しができるためには、お互いが次

☆1　インターネットにおけるコミュニケーションにおいては、何らかの仮名を用いなければならない。少なくとも、コミュニケーションに用いるデバイス同士がお互いを認識していない限り、その間で通信を行えないからである。デバイスに取り付けられたネットワーク接続を行う装置には、MACアドレスと呼ばれる、ハードウェアレベル（インターネットの階層構造では、「物理層」とよばれる）において相互認識のための番号が振られている。MACアドレスは、全世界で一意の固有のユニークな番号である。

また、インターネットにおける通信においては、自分と相手をそのときどきで一意に認識するための番号も割り振られている。これは、IPアドレスと呼ばれるもので、IPv4とよばれる32ビット（32桁の2進数）を使う体系では約四三億個、IPv6と呼ばれる128ビット（128桁の2進数）を使う体系では2128個のIPアドレスを識別できる。

MACアドレスもIPアドレスもデバイスに与えられた仮名である。MACアドレスは不変である一方で、IPアドレスは少なくともインターネットにそのデバイスの接続が開始されてから、接続が切れるまでの一回の間は、持続的に同一のものが使用される。あるデバイスに割り当てられるIPアドレスは、通信相手を間違いなく識別するには、インターネット全体でユニークでなければならない。ところが、IPv4は不足気味であるので、インターネット接続をしている間のみデバイスに固有のIPアドレスを割り当てて、そのインターネット接続が終わったら、IPアドレスを回収して、次に接続する別のデバイスに割り当てるしくみが使われることがある。これは、DHCP（Dynamic Host Configuration Protocol）と呼ばれるしくみである。

いずれにせよ、インターネットコミュニケーションにおいては、少なくとも、MACアドレスとIPアドレスという仮名がデバイスに割り振られている。

さらに、インターネットを利用するためには、インターネット接続されたネットワークシステムにログインするために発行されたユーザーIDとパスワードなどの入力によって、利用者権限を確認することとなる。これらのログインIDは、利用者権限が与えられた人物と結びつけられた仮名の一種である。ログインIDは、上記のIPアドレスやMACアドレスと結びついたデバイスとの結びつきが、ネットワークシステムには知られている。

に会った時、以前にどのような相互作用があったかを記憶していなければならない。この場合は、逆に、自分が相手に恩恵を施して、それに対する報酬があるだけでなく、自分が相手に危害や不利益を与えると、相手から次の機会に同様の危害や不利益を与えられるというお返しがある可能性もある。[☆3]

インターネットにおける匿名的コミュニケーションにおいて、ハンドル名やユーザーＩＤなどの仮名が一貫して用いられていれば、コミュニケーションの相手がかつて会った相手であるとわかる場合がある。この場合、利己的な者であっても、同一のハンドル名やユーザー名に対しては、正負の返報を予期して協力的にふるまう可能性が高いであろう。

その一方で、必ずしも特定のインターネットユーザーからの正負の返報を予期したとはいえない協力的行動が見られる場合もある。回りまわって自分にもいつか誰かから利益があると考えられる場合（これは、「情けは人のためならず」型と呼ぼう[☆4]）もあるし、きわめて短期的には自分が利益を得ないとしても、ある程度の規模にまで育てば自分や他人にとって利益があるだろうプロジェクトへの労力や金銭等の投資が行われる場合（これは、「公共財建設」型と呼ぼう）もあるだろう。後者の場合には、威信や名誉などの動機づけによって、他者への協力が行われる場合もあるが、ウィキペディアの例を見ると、公共財の特徴や性質によっては、必ずしも威信や名誉だけが動機づけになるわけではないように思われる。

3. ウィキペディアによる協力的行動[☆5]

3・1　ウィキペディアとは何か

ウィキペディアは、仮名で投稿できるオンライン百科事典で、二〇一七年一〇月現在英語版ウィキペディアは約五四九万項目を有する（日本語版は約一〇八万項目）。サーバーのハードウェアとソフトウェアの管理はウィキペディア財団が行い、その職員は有給であるものの、記事の執筆と編集は、無報酬のボランティアによって行われる。執筆

☆2　インターネットにおける匿名化技術は、基本的には、手元のデバイス（パーソナルコンピュータ［パソコン］やスマホなど。サービスを受ける側になるので、サーバーに対してクライアントと呼ばれる）から、多数の中継サーバーを仲立ちとして、目標とするサーバーにアクセスするという手法が用いられている。サーバーには、最後の中継サーバーのＩＰアドレスしか残らないので、クライアントのＩＰアドレスは隠されることとなる。もちろん中継サーバーをたどっていけば、もとのクライアントのＩＰアドレスまで、原理的にはたどれるのだが、インターネットに関する法律が異なる多数の国に中継サーバーを分散して置いたうえで、中継サーバーに残る接続記録を捨ててしまえば、クライアントまでさかのぼってＩＰアドレスをたどることは難しくなる。ならぜならば、インターネットに関する法律によってはサーバーの管理者に接続記録を提出させにくいだろうし、中継サーバーに残る接続記録が捨てられてしまえば、それ以上中継サーバーへの接続をさかのぼることができなくなるからである。さらに、Tor においては、パケット（送信者・受信者を含む通信を実現する情報と通信内容を含むインターネットコミュニケーションで用いる命令やメッセージの最小単位）を多重に暗号化して、中継サーバーを経るごとに通信内容の暗号を解き、最後の中継サーバーで暗号を完全に解いて、目標とするサーバーにパケットを伝えるという仕方で、さらに匿名性を高めている。

☆3　これは、Axelrod（1984=1998）などで示される、反復型囚人のジレンマゲームにおいて有利であるとされた「しっぺ返し戦略」と同じである。ただし、この「しっぺ返し戦略」が必ずしもあらゆる場合において有利であるとは言えない。たとえば、多数の参加者がいる反復型囚人のジレンマゲームにおいては、自分が返報する必要はなく、他者が返報する可能性があれば十分であるから、常にしっぺ返しをすることが反復型囚人のジレンマゲームで有利になる条件であるとは言えない。「情けは人の為ならず」型の協調行動に加え、他者が受けた不正に対する怒りにもとづく返報（罰）が集団内に広がっているとの信念があれば、お互いに協調する傾向が生まれるだろう。つまり、成功する戦略においては、相手が裏切ったら必ずしっぺ返しをすることが必要なわけではなく、何らかの形で報復する可能性を有していればよいということになる。Binmore（1998=n. d.）参照。

☆4　これは、文化人類学などの分野では、「一般化された互酬性（generalized reciprocity）」と呼ばれる。三隅（二〇一四）参照。

☆5　本節は、大谷（二〇一七）をもとにしている。

と編集（改訂）に参加するためには、ウィキペディアへのユーザー登録（ログインに用いられるユーザーIDとユーザー名を取得できる）が推奨されるものの、ユーザー登録をしなくても執筆・編集ができる。ただし、ユーザー登録をしない場合には、執筆・編集の権限に制限がかかる。

ユーザー登録が推奨されるのは、完全な書き捨てを防ぎ、記事の内容や表現をめぐって議論になったら、執筆者・編集者に連絡が取れるようにするためだ。とはいえ、登録を行なわず、完全な匿名で執筆を行なう人びとが、日本版にはとくに多いとも言われる（湯地 二〇一〇）[☆6]。

3・2 ウィキペディアにおける正直さと大胆さ——匿名の害と推進力

ウィキペディアのモットーは、「BeBold（大胆であれ）」である。記事を編集する際には、気兼ねせず大胆に改善をしてほしいという意図だ（Lih 2009: 244）[☆7]。匿名的コミュニケーションは、評判等を気にする必要がないので、前述したように、「正直さ」を増進させる一方で、大胆さも増進させる。

ただ、その改善を「批判」と受け取れば、元の執筆者や意見の違う編集者から再編集・改訂が入るかもしれない。あまりにも頻繁に意見の違う者同士で編集の「応酬」が行なわれることを「編集合戦」という。とくに、政治的に見解が分かれる項目やメディアヒーローの項目などでは編集合戦が多いように見える。ポーランドのある都市は「グダニスク」なのか「ダンツィヒ」なのかをめぐっても編集合戦が起きた（Lih 2009=2009: 244-249）。

編集合戦はなかなか収拾がつかず、執筆者・編集者はきわめて消耗する場合がある。編集合戦の決着がつかない場合、登録ユーザーの投票によって大きな権限を与えられた管理者（後述）によって、その記事は「凍結」される。凍結とは、記事の執筆・編集がそれ以上できなくされた状態であり、記事には、編集合戦があったことと、凍結措置が行なわれていることが明示される。

編集合戦は、匿名的コミュニケーションにおける正直さと大胆さが過激化する要因の一部であるかもしれない。匿名的コミュニケーションにおいては、結果の自己への不利益を考慮しないで、自分自身の正当性を主張することができるからである。

また、匿名的コミュニケーションにおいては、「自作自演」と呼ばれる現象もみられる。ウィキペディアに書き込み・編集が行われたＩＰアドレスを名寄せできる「ウィキスキャナ」というソフトでこの百科事典を見ると、政府・政治家や大企業から、自己に利益のあるように記事が書き換えられていたり、自己に利益のある記事が書かれていたりすることがわかった。日本の例でいえば、衆議院から政治家の項目を賛美する内容に書き換えたり、逆に省庁批判を公に繰り返す政治家の項目に悪口を書きこんだりする痕跡がはっきりと見えた。[☆8] インターネットにおいては、このように自己のアイデンティティを隠して自己を賛美したり、他者を貶めたりする行為は、

☆6　同記事では、日本版ウィキペディアの質が低いとの問題を指摘するものの、二〇一七年一〇月現在ポピュラーカルチャーに係わる項目以外でも内容が充実する分野が登場している。これは、インターネットでの知識共有を重要とみる研究者が同僚・学生などに呼びかけて、当該分野の項目の内容充実のため執筆・加筆を組織的に行うなどの草の根的な運動のおかげである。なお、二〇一六年四月一日から同月三〇日にかけては、日本版ウィキペディアが「加筆大会」と称して書きかけ（「スタブ」）となっている記事項目の加筆を呼びかけ、内容の充実を図るキャンペーンが行われた。「加筆大会」『ウィキペディア』https://ja.wikipedia.org/wiki/Wikipedia:%E5%8A%A0%E7%AD%86%E5%A4%A7%E4%BC%9A 二〇一七年一〇月一五日アクセス。

☆7　「頁の編集は大胆に」『ウィキペディア』http://ja.wikipedia.org/wiki/Wikipedia:%E3%83%9A%E3%83%BC%E3%82%B8%E3%81%AE%E7%B7%A8%E9%9B%86%E3%81%AF%E5%A4%A7%E8%83%86%E3%81%AB 二〇一七年一〇月一五日アクセス。

☆8　「WikiScanner」『ウィキペディア　日本語版』〈http://ja.wikipedia.org/wiki/WikiScanner〉、「Wikiscanner まとめ」〈http://www40.atwiki.jp/wikiscanner/〉、および「総務省や文科省も Wikipedia を編集していた「WikiScanner」日本語版で判明」『ITMedia』2007 年 8 月二九日〈http://www.itmedia.co.jp/news/articles/0708/29/news059.html〉いずれも、二〇一七年一〇月一五日アクセス。

「自作自演」と呼ばれる。

さらに、動機は不明ながら、不正確な情報が書き込まれることがある。ある米国のジャーナリストは、自分のウィキペディアの項目を見ると、身に覚えのない殺人を犯したことにされていることに気づいた（Lih 2009=2009: 356-359）。英語版ウィキペディアには、意図的に書かれたと推測される偽情報が書かれた項目（「Hoax」と呼ばれる）のまとめがあり、このまとめによると、一年以上誰も気づかなかった偽情報の項目は、二九九ある（二〇一七年一〇月一七日現在）。二〇一六年一二月二九日現在もっとも長期間気づかれなかった偽項目は、実在しない、古代アッカド帝国の死を司る魔物「Bihe」に関するものだとされる（一二年四カ月、二〇一七年八月二三日発見）[☆9]。

ウィキペディアの場合、このような匿名性の「害」を抑える仕組みが、誰でも執筆・編集できるという執筆者の多様性、公開で議論を行なってできるだけ客観的な「妥協点」を見出せるようにすることに加えて、専門知識がある管理者の存在だ。管理者はプロフィールを公開し、ネット上の信任投票で選ばれる（Lih 2009=2009: 190-193）。

とはいえ、管理者のプロフィールも信用できるとは限らない。一万六千項目もの編集を行った管理者「Essjay」は神学の博士号を有する専門家だと称していたが、実は二四歳の大学中退者だということが判明する事件が、二〇〇七年にはあった（Lih 2009=2009: 364-376; : 湯池 二〇一〇）。

誰でも編集できる「あまりに民主主義的な」運営と匿名性が悪い——という観点から、ウィキペディアの初期からの管理人だったラリー・サンガーは、信用できる実名の専門家による百科事典プロジェクト「シチズンディアム（Citizendium）」を開始した。精確で信用できる記事を載せたオンラインのフリー百科事典をつくることを大きく謳って、このプロジェクトは始まった。

しかしながら、英語版ウィキペディアが約五四九万項目に対して、現在のシチズンディアムの項目数は約一万七千項目と、伸び悩む（二〇一七年一〇月一五日現在）[☆10]。匿名ユーザーの「大胆さ」が百科事典を巨大化させていく推進力の一つであることは間違いない。

3・3 ウィキペディアの信頼性を高める生得的・制度的メカニズム

不正確だからと言ってウィキペディアが使えないわけではない。最近の出来事や存命中の人物に関する事件の経緯のまとめは、出典さえ信用が置けるものを使っていれば、多くの人びとに関心があり、検証ができることから、内容はより正確になる傾向があるから、ほぼ信用できるだろう。また、いわゆる理系・工学系の分野に関しても、その記述の水準はさまざまだとはいえ（あまりにも専門家向け過ぎて理解ができないという項目も多い）、信頼できそうな出典が明示されていれば、ある程度の検討を経て使うことができる。そもそもおおざっぱで不正確、客観性・中立性にも疑問がある記事もあるという事実を知っておけば、おおまかな事実や参考リンクを知るという知識探索の「出発点」にできる。

偽の情報は依然として残っている可能性があるとはいえ、編集者・管理者やユーザーの努力や注意によって摘発されてきた。前述のように、かなりの長期に及んで虚偽と気づかれなかった偽記事があるものの、誰も気に留めない記事だったからこそ長期にわたってウィキペディア上に虚偽のまま訂正されなかったと考えられる。前述のジャーナリストに関する偽情報は、一か月で訂正された。意図的な虚偽の項目でなくても、誤りがあるとすれば、多くの人々が目にすることで修正を加える可能性が高い。

☆9 "List of Hoaxes on Wikipedia," *Wikipedia*. https://en.wikipedia.org/wiki/Wikipedia:List_of_hoaxes_on_Wikipedia 二〇一七年一〇月一五日アクセス。

☆10 Wikipedia と Citizendium のトップページの記載から。以下を参照。Wikipedia https://www.wikipedia.org/; Citizendium http://en.citizendium.org/ 二〇一七年一〇月一五日アクセス。

多くの目があればバグは怖くないという、オープンソースソフトウェアのエヴァンジェリストであるエリック・レイモンド（Raymond 2000=2000）の説は、おそらくウィキペディアでも生きている（赤虹 二〇一四）[☆11]。ウィキペディアにおいても、多くの人びとが目を通す重要項目の偽情報や誤りは相当早く訂正されると考えてよい。

このように考えてもよいとする根拠は、人々は正しい情報を教え、虚偽の情報を訂正しようという本性的な傾向が見られるように思われるからだ。

進化心理学者のマイケル・トマセロによれば、チンパンジーと幼いヒトのどちらも状況次第では他者を援助するものの、ヒトの子どもにしか見られない特殊な形態の援助行動があるとされる。それは、「必要とされる情報を提供すること」である。ヒトの子どもは一二か月頃には、指さしによって他者に情報を提供するようになる。ホチキスで紙をとめるという大人の行動を観察していた子どもが、後から入ってきた紙の束を抱えた大人にホチキスがどの棚に入っているか教えるという援助行動が観察されている。チンパンジーにおいては、情報提供は自分自身が得をする場合においてのみ行われるものの、ヒトの子どもにおいては、自分が得をしなくても相手が必要とされる情報を提供するという行動がみられるという（Tomasello 2009=2013: 20-26）。つまり、人間は生得的に他者に正確な情報を伝えようという傾向を有しており、意図的に嘘をつくようになるのはその後だと、現代の進化心理学は教えている。トマセロは、この他者に正確な情報を教えようとする援助行動の傾向が、利他的行動の基盤の一つであるとしている。

ウィキペディアがなぜうまくいくのかについてさまざまな説明があるが、一つには、トマセロが指摘するようなヒトの生得的な援助行動への傾向性が影響している可能性があるだろう。匿名であったとしても、このような傾向が働きがちであり、この傾向が、とくに配偶者選択による性選択によって世代を通じて引き継がれるだろうという予測は、ミラー（Miller 2000=2002: II 431-434）によって与えられている。

ウィキペディアは匿名であるがゆえに、もちろん「害」もあるだろう。前述の偽情報がその一例である。とはいえ、匿名の「害」を取り除くための制度的仕組みがさまざまに作りこまれている。管理者制度や出典明示の原則もそうであるし、編集過程を透明化したうえで、必要があれば、すぐに版を戻すことができる機能も、悪意ある加筆・訂正・削除等が行われた場合への対処である。このようなしくみを支えるのは、レイモンドが指摘した多くの目玉の法則であって、それを私たちヒトの生得的な援助行動を行う心理的基盤が支えている可能性がある。おおざっぱにはウィキペディアは信頼できる。そして、その項目の内容が使えそうかどうかは、記事を支持する出典がどのようなものかよく見たうえで（たとえば、専門的で信頼できる出版社から公刊された書籍や権威ある学術雑誌の記事を参照しているか）、記事内容も自分自身のもつ知識によってチェックしたうえで、その記事を参照できるかどうか検討する必要がある。学術的訓練を一定程度受けた者にとっては、ウィキペディアのどの記事が使えて、どの記事が使えないかは相当わかるだろう。

前述のように、匿名の害は利益でもあって、匿名で大胆になれるからこそ多くの記事がウィキペディアには集まる。匿名の利益と限界を認識したうえで、その利益をうまく引き出すように、ウィキペディアを使う側も知識と知恵を活用する必要がある。そして、この知識と知恵は、ウィキペディアの執筆・編集や、学術情報の生産・編集等、自らが知識の整理や生産に携わることで鍛錬されるように思われる。

☆11　Raymond の原文は一九九七年に初版がインターネットで公開され、最新改訂は二〇〇〇年である。日本語版は、山形訳（二〇一〇）を参照。

4. パソコン遠隔操作事件における協力行動の予期の裏切り

一方、二〇一二年に発生したパソコン遠隔操作事件においては、インターネットにおいて広くみられる「情けは人のためならず」型の他者の協力行動への期待が裏切られた。[☆12]

二〇一二年一〇月、インターネットで大量殺人や幼稚園等の襲撃の予告を行ったとされ、拘留されていた大阪府大阪市と三重県津市、福岡県福岡市の男性が、それらの予告が、本人が発信したものではないとして釈放された。殺害・襲撃の予告が行われたサーバーには、彼らの所有するパーソナルコンピュータ（パソコン）のIPアドレスが残っていたことから、この3人は逮捕・拘留されていた。彼らが釈放されたのは、実のところ、彼らのパソコンにはパソコンの遠隔操作を行うマルウェア（悪意あるコンピュータプログラム）が仕込まれていて、遠隔操作の結果、これらの予告が行われていたと、判明したからである。

その後、真犯人を名乗る者が、TBSラジオとインターネット犯罪に詳しい弁護士などに対して電子メールを送り、前述の犯行に関する詳細を説明するとともに、横浜市の小学校やアイドルグループAKB48への襲撃予告も自分の仕業だと告白した。この結果、これらの予告の犯人とされた東京都の大学生や神奈川県の専門学校生が同様の被害にあっていたことが判明した。[☆13]

この真犯人を名乗る男は、雲取山や江の島に犯行の証拠品を残したと声明を出した。二〇一三年二月、江の島のネコの首輪に犯行に使ったマルウェアを収めたUSBメモリを括り付けた際に撮影されたとする防犯カメラ映像等をきっかけとして、被疑者男性が逮捕された。この男性が当初犯行を否認したうえ、裁判において提出される警察の証拠書類の不備や、被疑者を犯人と決めつけるマスメディア報道から、推定無罪原則や裁判における証拠の取り扱いに問題があるとの認識から、この男性を擁護する声があがった。

結局のところ、二〇一四年三月、保釈後に、自分自身の無罪を示す「真犯人」によるメールを送信し、メールの発信を行った「自作自演」の証拠が残るスマートフォンを河川敷に埋める様子が、尾行中の捜査員に目撃され、そのスマートフォンが押収されたことから、再び被疑者男性は逮捕された。彼はその後の裁判で犯行を認め、二〇一五年四月懲役八年の実刑判決を受けた。二〇一七年一〇月現在服役中である。☆14

この事件においては、パソコン遠隔操作で濡れ衣を着せられた被疑者は、匿名電子掲示板2ちゃんねるで、ハイパーリンクをクリックしたことによって、パソコンの遠隔操作を行うマルウェアを仕込まれたり、自分では意図せずに、犯行予告メッセージを書き込まされたりしていたことが判明した。☆15 報道によると、大阪府と三重県の男性は、それぞ

☆12 喜多（二〇一四）は、インターネットにおける協力行動への動機づけと、他者の協力行動への期待も含め、協力行動が広く観察される状況が「協力的オンライン文化」と呼ぶ。

☆13 なお、同様に遠隔操作による殺害予告のなりすましの被害にあいながら逮捕されなかった男性もいる。同一の犯人によるパソコン遠隔操作事件の被害者は、二〇一七年一〇月現在判明してる限りで、六名である。「パソコン遠隔操作事件」『Wikipedia 日本語版』https://ja.wikipedia.org/wiki/パソコン遠隔操作事件二〇一七年一〇月一五日。

☆14 前出の「パソコン遠隔操作事件」『Wikipedia 日本語版』を参照。

☆15 東京都の大学生は、CSRF（Cross Site Request Forgery）という手法で、横浜市のサーバー上の電子掲示板への犯行予告書き込みを意図せずに書き込まされた。CSRFの脆弱性があるサーバーに対しては、外部から命令を実行させることができる。これにはまず、外部のサーバーに置いたHTML文書（ウェブで閲覧される文書）に書いたハイパーリンクに、そのサーバーに実行させたい命令を仕込んでおく。そうして、誰かがそのハイパーリンクをクリックすると、サーバーに対して命令が発行される。つまり、東京都の大学生は、横浜市の小学校への襲撃予告を書きこめという命令が書かれていたハイパーリンクを知らずにクリックさせられていたわけである。

れタイマーのような機能を有するソフトウェア、画像編集を行うソフトウェアを知らないかと、2ちゃんねるで書き込んだところ、クリックすると、マルウェアがダウンロードされるハイパーリンクへと誘導された。

匿名電子掲示板の2ちゃんねるにおいても、やはり、協力的行動が観察される。2ちゃんねるにおいては、特定のハンドル名・ユーザー名を一貫して名乗らなくてもコミュニケーションに参加できるので、特定の相手からの返報は必ずしも期待されない。ところが、このような環境においても、お互いに協力し合うことで、自己が利益を受けるという「情けは人のためならず」型の協力行動は成立し得る。そのため、前出の大阪府と三重県の男性も、自分の必要とするソフトウェアについて2ちゃんねるで問いかけたと考えられる。ところが、この一連の事件においては、協力行動の予期があったにもかかわらず、その予期が裏切られることとなった。

2ちゃんねるにおいては、遠隔操作事件におけるほど大きなリスクではないとしても、誤った情報や不快な情報に誘導されることは少なくない。その意味では、2ちゃんねるでソフトウェアに関する情報を求めた人々の予期の裏切りは、彼らが匿名的コミュニケーション環境のリスクに対する考えを誤ったとみることもできる。

しかしながら、誤った情報や不快な情報に導かれる可能性は、2ちゃんねるの多くのユーザーが知ったうえで利用していて、前記の二人が2ちゃんねるで協力的行動を求めたのは、2ちゃんねるにおいてさえ、多くの場合においては協力的行動が観察・期待されていたがゆえと理解できる。2ちゃんねるにおいては、乱暴な言葉遣いでありながら、他者に対して協力的にふるまい、他者に利益を提供する者が多く観察される。情報を提供すること自体は多くのコストを有することではないから、他者に対して小さな利益を提供することに心理的・身体的な負担は小さい。また、利益を与えた相手当人からの返報はないとしても、自分自身が何らかの支援や助けを求める立場に立った場合、まわりまわって誰かから利益を受ける可能性はあるから、他人に対して利益を与えようという動機付けが働くであろう。そして、すでにみたように、正しい情報を教えようとする生得的傾向が、その動機づけを支えることとなるだろう。

遠隔操作事件においては、遠隔操作を行うマルウェアに誘導し、実際にそのマルウェアを動作させるなど、相当の労力をかけている。ところが、2ちゃんねるでソフトウェアを求めて遠隔操作の被害にあった者たちは、不特定の他人に対して危害を加えるため、ここまでコストをかける者がいるとは、想定していなかった。現在服役した男性は、過去にインターネットに脅迫等を書き込んだとの容疑で有罪判決を受け、服役した経験があり、この経験から、警察・検察に対して恨みを抱いていて、警察・検察を愚弄したかったことが、犯行告白のメール等からうかがえる。服役中の男性は、こうした特殊事情があったがゆえに、相当の労力をかけて不特定多数の者を罠にかけるだけの動機を有していたと考えられる。

5. まとめ

二つの事例から、インターネットの匿名的コミュニケーション環境においては、「情けは人のためならず」型および、「公共財建設」型の協力行動が、一般的にみられることを示した。自分自身に対して回りまわって誰かから、またはその建設された公共財からの利益が期待されることに加えて、協力行動に要するコストの低さと相手が必要とする情報を教えようとする生得的傾向が、インターネットの匿名的コミュニケーション環境における協力行動を促進している。

三隅（二〇一四）によれば、社会心理学的調査から、「情けは人のためならず」型の協力行動（一般化された互酬性）に関しては、一般的な信頼や寛容という協力行動にかかわる社会成員の信念・性質が存在するだけでなく、サンクションを伴う社会規範として成立している必要があるとの直観が示される。[☆16] 調査結果からは、実際に一般化された互酬性が社会規範として成立しているかどうかは実証されないものの、見知らぬ他者から得た助力の記憶が、一般化された互酬性に対する信念を強めるとされる。

パソコン遠隔操作事件に関して、本稿で考察した諸要素も協力行動に対する個人の動機づけに関するものであって、匿名的コミュニケーション環境における協力行動を促進するサンクションや社会規範など社会の構造やメカニズムまで考察したものではない。むしろ2ちゃんねるに関しては、とくに社会的規範や社会的メカニズムを工夫していないにもかかわらず、人びとの協力行動が見られる点が注目されるかもしれない。

一方で、ウィキペディアに関しては、記事内容の信頼性を向上させ、協力行動を促進する社会的メカニズムが組込まれている。

日下（二〇一二）によれば、ウィキペディアの信頼性は、「検証可能性」と「中立的な観点」、「独自研究は載せない」の三つの内容に関する方針だとされる。すなわち、ウィキペディアの記述は、信頼できる外部ソースに依拠しており、必要があれば出典を確認することによって検証が可能な内容である必要がある。また、対立する見解がある場合は特定の観点に偏らないようにし、必要な場合には両論併記を行う。信頼できるメディアに掲載されたわけではない未発表の事実やデータ、理論等は利用できない――これらの方針である。これらの方針は相互に補完するものとされる。

バーク（Burke 2012=2015: 276）によれば、これらの重要方針のおかげで、ウィキペディアは自己批判能力を有することとなった。これらの方針に照らして問題がある記事に関しては、実際に問題があると、それぞれの記事に記される。この点について、バークは、ウィキペディアは自己批判能力があるという。

しかし、これらの重要方針があっただけでは、ウィキペディアの執筆・編集・管理がうまく機能するわけではない。ウィキペディアにおいては、よい記事を顕彰する「秀逸な記事」（Featured Article）制度や、貢献度の高い執筆者・編集者・管理者の功績をたたえる「バーンスター」（Barnstars）制度など、名誉や評判によって、質の高い協力行動の動機づけを促進する社会的メカニズムが組み込まれている。名誉や評判による知識の集積と改良のメカニズムは、科学研究においてすでに採用されたものであって、ウィキペディアはそのメカニズムを模倣して取り入れたものと考えられる。

ウィキペディアは、匿名の正直さと大胆さを規模拡大の推進力として利用するとともに、相手の必要とする（自分の知る限りで）正確な知識・情報を教えようとする生得的傾向に加えて、質の高い記事を作成しようという動機付けをさらに促進する社会的メカニズムと、多数の目玉の法則によって、その信頼性を向上させていると、仮に結論付けることができる。

参考文献

赤虹（二〇一四）「ウィキペディアの信頼性：目玉の数と巨人の肩」『薬学図書館』五九（三）、一五九―一六三。

喜多千草（二〇一四）「コンピュータとインターネットの歴史」土屋俊監修『改訂新版　情報倫理入門』アイ・ケイコーポレーション、三三―四九。

日下久八（二〇一二）「ウィキペディア：その信頼性と社会的役割」『情報管理』五五（一）、二―一二。

佐藤広英・吉田富二雄（二〇〇八）「インターネット上における自己開示――自己-他者の匿名性の観点からの検討」『心理学研究』七八（六）、五五九―五六六。

名和小太郎（二〇一六）「情報論議　根堀り葉堀り　私は私」『情報管理』五八（一一）、八五三―八五七。

大谷卓史（二〇一七）『情報倫理―情報倫理―技術・プライバシー・倫理技術・プライバシー・倫理』みすず書房、六九―七四。

三隅一人（二〇一四）「一般化された互酬性と連帯――関係基盤論の枠組みから――」『比較社会文化』（二〇）、七七―八六。

湯地正裕（二〇一〇）「ウィキペディア『質』の壁　削除対象1割足りぬ管理者」『朝日新聞』二〇一〇年三月二日三六面。

Binmore, Ken(1998), “Book Review: Robert Axelrod, The Complexity of Cooperation: Agent-Based Models of Competition and

☆16　この点に関しては、註3で紹介した、直接不正を行った他者ではなく集団内のほかの他者による報復による行動規制の可能性という Binmore（1998=n. d.）の指摘を思い起こす必要があるだろう。

Collaboration, Princeton, New Jersey: Princeton University Press, 1997," The Journal of Artificial Societies and Social Simulation, 1(1). http://jasss.soc.surrey.ac.uk/1/1/review1.html = (n.d.) 山形浩生「アクセルロッド『対立と協調の科学』書評：「しっぺ返し」はそんなにすごいものではありません」『YAMAGATA Hiroo: The Official Page』. http://cruel.org/candybox/axelrodhype.html（二〇一七年四月七日アクセス）

Burke, Peter（2012）, *A Social History of Knowledge II: From the Encyclopedia to Wikipedia*, Polity Press. =(2015) 井山弘幸『知識の社会史2　百科全書からウィキペディアまで』新曜社。

Lih, Andrew (2009) *The Wikipedia Revolution : How a Bunch of Nobodies Created the World's Greatest Encyclopedia*, Hyperion=(2009), 千葉敏生訳『ウィキペディア・レボリューション　世界最大の百科事典はいかにして生まれたか』早川書房。

Miller, Georey F. (2000), *The Mating Mind: How Sexual Choice Shaped the Evolution of Human Nature*, Doubleday. =(2002) 長谷川真理子『恋人選びの心　性選択と人間性の進化　Ⅰ・Ⅱ』岩波書店。

Raymond, Eric S. (2000), "The Cathedral and Bazaar." http://www.catb.org/~esr/writings/cathedral-bazaar/=(2010) 山形浩生「伽藍とバザール」『伽藍とバザール』ＵＳＰ研究所、五一五八。

Tomasello, Michael(2009), *Why We Cooperate : Based on the 2008 Tanner Lectures on Human Values at Stanford*, MIT Press. =(2013) 橋彌和秀訳『ヒトはなぜ協力するのか』勁草書房。

「Human」と「貢献心」——『Human』をどう読むか

加藤尚武

『Human』は、かつてラモン・コフマン『世界人類史物語』（神近市子訳、岩波文庫）が描き出したような「人類」の成立史である。第一章「協力する人」に「協力」と「分かち合い」が人類の生存戦略であったという学説が紹介されている。第二章は攻撃的行動、第三章は農耕、第四章は金銭を扱っている。

一　チンパンジーと人間の協力の仕方の違い

もっとも重要な第一章「協力する人・アフリカからの旅立ち——分かち合う心の進化——」のサワリはチンパンジーと人間の協力の仕方の違いを指摘している点である。

「サン」（ブッシュマン）研究の権威、トロント大学名誉教授リチャード・リー博士の発言「どんな文化でも人間は、分かち合う環境で育ちます。分かち合いの精神が自然に身につき実行できます。児童心理学の研究から次のようなことが分かっています。人間の乳児の最初の行動のひとつは物を拾って口のなかに入れることです。次の行動は拾ったものをほかの人にあげることです。」（四二頁）

「私は分かち合うことが人間を人間たらしめている基本的な行動のひとつだと思います。大人になると、貯え込むこと、所有することなどを学びます。しかし、乳児たちの世界では分かち合うことが基本的なパターンです。分かち合うことは成功の秘訣だともいえます。たとえば、人口の半分が食料を分かち合い、後の半分が食料を貯め込むとします。前者の生存の可能性は後者よりも、ずっと高くなります。それゆえ、分かち合って生きることは自然淘汰の一例だと思うのです。」(四二頁)

「確かに、分かち合いの精神が生きている狩猟採集の世界でも、環境が悪くなったときには、わずかな食料源をめぐって対立が増えた可能性も見逃してはならないと思います。私は人間が進化させたもののひとつに柔軟性があると思います。人間の行動は、ほかのどんな生物の行動よりもはるかに幅が広いのです。」(四三頁)

「ひとつの方向に作用するだけではないのです。人間はほかの種と比べてもっとも協力的ですが、マイナス面もあります。人間の対立はほかの動物の対立に比べ、ずっと致命的です。二匹の犬がケンカをすると、負けそうな犬が喉を見せれば相手の犬は容赦します。そのジェスチャーで犬の攻撃心はおさまります。しかし、人間の場合には通用しないようです。人間は命乞いをしても、殺されることがあります。人間の持つ柔軟性は、協力と対立の両方向へ作用します。人間の悲劇的な定めなのです。」(四三頁)

京都大学霊長類研究所の山本真也博士の実験。

「隣り合うふたつのブースに、それぞれチンパンジーを入れる。ふたつのブースには、異なる課題が仕組まれている。片方には、ストローを使わなければジュースを飲めない容器が置いてあり、もう片方には、ステッキを使って引き寄せないとジュース容器が取れないという状況になっている。しかも、ストローが必要なチンパンジーのブースにはステッキがあり、ステッキが必要なほうにはストローがある。つまり、必要な道具が逆転しているという状況にしてあるのだ。お互いに協力しなければ、両者ともジュースを飲むことはできない。……

観察の結果、全体の五九%において、道具の受け渡しが見られた。つまり、困っている相手に対して道具を差し出したのだ。疑い深い人なら、「遊びでやっているのではないか」と突っ込むところだが、そんな突っ込みに対する反論も山本さんはきちんと調べていた。相手が道具を必要としていない場面では〇・三%しか受け渡しは見られなかったのだ。つまり、遊びで渡しているわけではなく、相手が必要としているから渡していたと推定できるのだ。

ただし、細かく観察すると、受け渡しの七四・七%は、相手の要求に応じる形で起こっていた。たとえばステッキの欲しいチンパンジーが、ステッキを持っているチンパンジーに対して、道具を要求する。穴から相手に手を差し伸べ、道具を要求する。相手がなかなか渡してくれないと、パネルや手を叩いたり、声を出したり、道具を持っている相手の注意を引こうと懸命だった。たいていはこのように要求されて初めて、道具を差し出したのだ。

山本さんはこの実験の要点をこう話してくれた。

『チンパンジーの利他行動には、相手からの要求が重要なようなんです。ヒトは他人が困っているのを見ると、頼まれなくても自ら進んで助けることがありますが、チンパンジーは相手からの要求があって初めて助けることが多い。実際、手の届かない場所に置かれたジュースの容器に必死に手を伸ばす相手を見ても、持ったステッキを自発的に差し出すことは希なんです。頼まれれば応じるが、自分から進んでお節介を焼くことはない。これがチンパンジーの利他行動の特徴かもしれないと思うんです。』

もうひとつ、大きな特徴があった。山本さんは、片方のチンパンジーしか道具を持っていない状況でも実験を行った。このケースでは、道具を渡す側には、メリットはない。自分が道具を渡す代わりに、自分が欲しい道具を貸してもらうという交換条件が成り立たないのだ。つまり、何の見返りもないという状況になる。

こうした場合でも、チンパンジーたちは要求されれば道具を渡す行動は継続した。まさに利他行動がチンパンジーにもあることを示している。

ところが、私たちから見て、もっとも大きな違和感はそのあとだった。相手に借りた道具でジュースをせしめたチンパンジーはおいしそうに自分だけで飲み干してしまったのだ。」（四九―五一頁）

京都大学霊長類研究所の松沢哲郎博士の言葉。

「われわれの言葉では、互恵性っていうんですけれども、助け合いっていうのは、〝助け合う〟でしょう。〝助ける〟じゃないんですよ。チンパンジーだって助けることはあるんです。お母さんが子どもを助ける。引っ張り上げてあげる。母子で一方的に助けることはあるけども、子どもはお母さんを助けないんです。」（五四頁）

「もし、お皿に苺が山盛りになっていたとしましょう。二歳の子どもの口にお母さんが苺を入れる。喜んで子どもは食べます。すると、必ず子どもは苺を持って『お母さんにもあげる』ってやりますよ。これは人間の本性です。人間として生まれて持ったもの。いただくと、それを返す。相手に進んで差し出す。そういう志を持って人間は生まれている。それは文化が違っても時代が違っても変わるところはないですね。人間は本性として人を助けるようにできているんだと私は思います。」（五四頁）

「チンパンジーの場合、明らかに私たちとは違うところがあって、いま目の前にある、この世界に生きているという制約が強いのです。瞬間記憶もその生き方のために必要な能力です。だから、チンパンジーはいま目の前にあるこの世界のことについては、共感を持つことはできると思うんです。しかし、目の前にないものについて共感するのは難しいと思います。たとえば、地球の裏側のチリで起こっている、その人々の苦しみを我が苦しみとするとか、生まれる以前にあった、広島、長崎、沖縄のような悲劇に遭った人々に思いをはせるとかは、人間でなければできません。」（五六頁）

「いまこの時点にだけ限ると、自分には得るものがないけれど、ステッキを渡す。渡すことによって、その人が食べ物を手に入れて幸せになる。その時点ではまだ私に幸せはないんだけど、共感する能力があれば、その時点での他者

の気持ちが、自分の気持ちになるんですよ。他者の喜びを、我が喜びとできる。それが、共感するということです。」（五六頁）

「結果的に自分のほうに幸せが戻ってくることがつづけば、助け合う関係がはじまることになります。だから、情けは人のためならず、という先人の知恵もあるわけでしょう。しかし、その関係が了解されるまでのあいだ、一方的になるかもしれない親切を施す必要があるわけです。その壁を乗り越えるためには、基本的に、想像する力が過去や未来に広がるのと同じように、他者にまで広がっていくことがカギなのです」（五七頁）

松沢哲郎の著作『想像するちから』（岩波書店、二〇一一年、七七—七九頁）にある次の文章も、重要である。

「社会的知性発達の四段階」

四段階が出そろったところで、ここまでの話をまとめよう。

①生まれながらにして、親子のあいだでやりとりするようにできている。

②一歳半頃になると同じ行動をするようになり、行動が同期する。

③行動が同期するなかで、逸脱した行動、自分がしたことのない行動があると、だいたい三歳ぐらいから真似る。明らかに新しい行動レパートリーを真似る。行動を真似ると、他者の行動の結果を自分も体験するので、その体験をもとに、他者がやっている行動を見ると、その結果どういう心の状態になっているかを理解する基盤ができる。

④模倣を基盤として、相手の心を理解することができるようになる。そこではじめて『手を差し伸べる』という利他的な行動が現れる。あるいは相手の出方がわかるので、『あざむく』というような行動もできるようになる。

サルとチンパンジーと人間とで、この四段階に含まれる、さまざまな行動が見られるかどうかを比べることができる。第一段階でいえば、目と目を見つめ合うか、新生児微笑があるか、新生児模倣があるか、といった項目について比べるのである。これまでの実験・研究結果をまとめると、サルはだいたい全部『ない』、チンパンジーはだいたい全部『ある』、人間はもちろん全部『ある』、となる。

つまり、人間が四、五歳になって他者の心を理解するまでの過程のほとんどすべてが、チンパンジーにもある。けれども一つ明確にないものがある。それが、ごっこ遊び（ロールプレイ）や、そこで見られる役割分担と互恵性だ。

八百屋さんごっこをしよう。あなたが八百屋さんで、私がお客さん。

ブランコで遊ぼう。さいしょに僕が押すから、次は君が押してね。

チンパンジーでは、こうした互恵的な役割分担をするという事実は見つかっていない。利他行動までは、チンパンジーにも色濃く認められる。誰かのために、何かをしてあげる。しかし、それが相互に交代しない。母親は子どもに利他的にふるまうが、子どもが母親のために何かをするということはまずない。せいぜい、毛づくろいのお返しをする程度だ。

家族が食卓を囲んでイチゴを食べているとしよう。母親が子どもにイチゴを食べさせる。でも、人間の子どもは、一歳をすぎる頃から、『自分でー』と言って自分で食べるようになる。それだけではない。もうすこし大きくなると、『お母さんもー』と言って、母親にイチゴを食べさせようとする。チンパンジーではけっして見られない行動だ。

人間は、進んで他者に物を与える。お互いに物を与え合う。さらに、自らの命を差し出してまで、他者に尽くす。利他性の先にある、互恵性、さらには自己犠牲。これは、人間の人間らしい知性のあり方だといえる。」

二　互恵性についてのコメント

「互恵性」（reciprocity）は、文化人類学などで使われる訳語で、「相互性」とか「双務性」と訳すこともある。西洋の倫理思想で「黄金律」(golden rule) と呼ばれるものも、相互性の倫理である。「自分にしてもらいたいことを他人にせよ」(肯定形) もしくは「自分がしてもらいたくないことを他人にするな」(否定形) という二つの形がある。新約聖書では、マタイ七：一二、ルカ六：三一に肯定形が、「論語」では顔淵篇一二：二に否定形がある。

ユダヤ教では「あなたにとって好ましくないことをあなたの隣人に対してするな。」(ダビデの末裔を称したファリサイ派のラビ、ヒルレルの言葉)、「自分が嫌なことは、ほかのだれにもしてはならない」(『トビト記』四章一五節)、ヒンドゥー教では「人が他人からしてもらいたくないと思ういかなることも他人にしてはいけない」(『マハーバーラタ』五：一五：一七) があり、イスラム教では「自分が人から危害を受けたくなければ、誰にも危害を加えないことである。」(ムハンマドの遺言) という格言がある。

近代では、ホッブス、カント、現代ではヘアの倫理学が相互性の倫理を基礎づけようとしている。研究書としてシューメーカー『愛と正義の構造』(晃洋書房)、マッキー『倫理学』(哲書房) などがある。文化人類学では、マルセル・モース『贈与論』(一九二五) が、アメリカ原住民のあいだにあったとされる「ポトラッチ」の習慣を伝えている。

ここで重要なのは、松沢氏の言葉 (五七頁) の「結果的に自分のほうに幸せが戻ってくることがつづけば、助け合う関係がはじまる。しかし、その関係が了解されるまでのあいだ、一方的になるかもしれない親切を施す必要がある。その壁を乗り越えるためには、基本的に、想像する力が過去・未来・他者にまで広がっていくことがカギ」という箇所である。

「他人に施しをすれば、自分の利益になって戻ってくる」という打算的な相互性が成り立つためには、「打算的な相互性」そのものが共同の掟となって個人に強制力を発揮していなくてはならない。出したくないが、自分が村八分にならないためには、お祭りの寄付をするという関係が成立する。しかし、この相互性が定着する以前の段階では、

「見返りがなくても他人を自発的に助ける」という動機が働かなくてはならない。この場合には、純粋に一方的な自発的な贈与の意志があって、相互性が成り立つ。相互性が成り立たなくても他人に贈与する自発性が、相互性を可能にする。

相互性が発生するためには、非相互性が、先に発生していなくてはならない。この「一方的な贈与」の倫理が成立するのは、通常は、親子関係である。親は子どもに無償の贈与をする。この立場を述べているのは、ハンス・ヨナス『責任という原理』(東信堂)である。

相互に贈り物をしておくという関係は、困ったときにはかつての送り主に助けてもらうという時間の隔たりをまたぐ相互性が成立するための条件である。そこで笑顔を交わす、挨拶をする、贈り物をするという習慣があるかないかが、重要なカギをにぎる。

三 「心の理論」(theory of mind)と瀧久雄の「心質的本能」

『Human』第一章「協力する人」の要旨は、次の文章に示されている。

「取材を進めるうちに、『協力』という言葉が番組のテーマになりつつあった。ここでざっと振り返っておこう。考古学と文化人類学の研究から見えてきたのは、人が最初に共有した心といえるのが、『分かち合う心』ということだった。その心を表現するために、私たちの祖先は装飾具を贈り合い、身にまとっていたのだ。その『分かち合う心』はチンパンジーとの比較において、人間特有のものであり、その心を生み出したのが草原での厳しい暮らしだったことも浮かび上がってきた。」(六八頁)

この「分かち合う心」と瀧久雄『貢献する気持ち』(紀伊國屋書店、二〇〇一)のなかの「貢献心は本能だ」(同書七二頁)という指摘とは、実質的に重なり合う。

「本能とは、人間が生きていくために自然から授かった生来の能力であって、目的をもって後天的に身につけるものではない。それは人間の因果律に属し、自然に湧き出してくるものであって、それゆえ人間の合目的律に属するものではない。一方、『貢献心は本能だ』といっても、それは『心』から発する本能であって、食欲や性欲など『身体』からの本能とは異なる。一般的には本能というと食欲や性欲など生理的なものを指すが、これらを『体質的本能』とし、貢献心を『心質的本能』として、一応、色分けしておくことにしよう。ただし、いずれも人間の因果律に属する本能であることに変わりはない。」(同書七二頁)

心の体質に備わった本能が、存在するならば、人間の心には、自然的な特質として、他人を意識する、率先して他人のためになることをおこなうなどの自発性が備わっていることになる。その本能は、『Human』第一章「協力する人」に描かれた、人間とチンパンジーの違いに呼応して、人間には存在するが、チンパンジーには存在しない、または、人間には顕著に存在するが、チンパンジーには顕著ではないといえるだろう。

このような心の自然的特質の差異にかんして、最近、有力になってきた学説は、「心の理論」(theory of mind)と呼ばれている。(加藤尚武『哲学原理の転換』未來社、一九〇頁参照)

「心の理論」という概念を使って、人間の神信仰の発生を説明したジェシー・ベリング『ヒトはなぜ神を信じるのか』(鈴木光太郎訳、化学同人、二〇一二年)のなかに、「心の理論」の成立事情が説明されている。

ダーウィンによって人間と霊長類との間が、シームレスの連続と考えられるようになった。多くの研究者が、このシームレスの連続を証明しようとするなかで逆に不連続の側面が浮かび上がった。それが「心の理論」である。

デイヴィッド・プレマックとガイ・ウッドラフ(David Premack and Guy Woodruff)は論文「チンパンジーは心の理論をも

つか?」"Does the chimpanzee have a theory of mind?". The Behavioral and Brain Sciences 1 (4): 515-526. (1978). を発表して、「チンパンジーは心の理論をもつ」と主張したが、さまざまな研究成果によって逆に「チンパンジーは心の理論をもたない」という結論が有力になってきた。「心の理論」という概念はつぎのような内容である。

「私たちヒトはそして多少はゴリラやチンパンジーもかもしれないが『生まれついての心理学者』になるように進化してきた。私たちの環境のなかでもっとも頼りになると同時にもっとも危険な要素とは、私たち自身の種のほかのメンバーである。私たちの祖先にとっての成功は、自分たちとともに暮らす者たちの心のなかに入り込むことができるか、彼らの意図を見抜けるか、彼らがどこに行こうとしているかを予想できるか、彼らが助けを欲している時に助けることができるか、彼らを挑発することができるか、あるいは彼らを操ることができるかにかかっていたに違いない。それをするには、ほかの人間の側から見るとどう見えるのかというストーリーをもたらす脳を発達させなければならなかった。」(ジェシー・ベリング「ヒトはなぜ神を信じるのか」鈴木光太郎訳、化学同人、二〇一二年、二八頁)

『Human』第一章「協力する人」に描かれた、人間には存在するが、チンパンジーには存在しない心の特性は、「心の理論」であると言うこともできるし、瀧久雄のいう『心質的本能』を「心の理論をもつという特徴」と言い換えることもできるだろう。

四　見えない視覚 (blind or invisible sight)

『Human』第一章「協力する人」に、脳卒中のために全盲になった人に、他人の微笑が見えるという実証例がでてくる。(七四―七九頁) 当人には、視覚的印象としては見えない。しかし、相手の顔の印象を言い当てることができる。

この現象は「盲視」（blind sight）とか「見えない視覚」（invisible sight）とか呼ばれる。（加藤尚武『かたちの哲学』岩波現代文庫、第一七章「無意識の知覚システム」を参照。）

光は目を通じて脳に達しているが、脳が損傷しているために視野欠損が起こっているという人に、その視野欠損の場所に、たとえばランプを点灯すると、言い当てることができる。自覚的には視覚は発生していないが、無自覚的には視覚が機能している。

『Human』七六—七七頁の内容を要約すると次のようになる。

「脳について、解く意識に関する分野では、私たちの理解していないことがたくさん起きている。本人が意識もしていない、自覚もしていないにもかかわらず、脳のなかでは数々のことが起きている。本人は『実際には見えていないんです。でもなんとなくイメージが浮かぶんです。そのイメージは、私が気に入っていたり、形が美しかったり、面白かったりするのです。その印象で、私は答えているのです』という。

ＭＲＩで、脳の活動場所を確かめた。目から入る情報は脳の中の視覚野へ伝達される。通常なら、ここで一次的な情報分析が行われるはずだ。しかし彼の場合は、この詳細な分析が脳卒中で視覚野の機能が損なわれているからできない。目から入った情報は視床の外側膝状体に送られ、一部は上丘と呼ばれる場所に送られている。上丘からは視床枕を経て、偏桃体へと伝達されていた。

偏桃体は恐れを感じる場所で、ここで情報を処理する。表情に関する情報は視床から別の領域へと伝達されている。第一次視覚野ではなく、視覚処理に関連する別の領域で、この情報が処理されている。上丘、視床枕、偏桃体の伝達路が重要な役割を果たしている。」

この問題は、赤ちゃんの微笑反射の問題にも関係してくる。お母さんが笑うと赤ちゃんが笑うという微笑反射は、全盲の赤ちゃんでも起こるが、やがてその反射が止む。哲学者でこの現象に着目したのは、メルロー＝ポンティであった。

最近ではミラー・ニューロンで微笑反射を説明することもあるが、完全な説明をするには、「母親の気持ちに呼応する」という関係が、生まれつき備わっている、生まれつきの反射が経験を通じて刷り込まれ定着する、「全盲」でも「見えない視覚」が働いている可能性があるといういくつかの条件が必要であるように思われる。

第三部

プラトン主義断想——滝久雄『貢献する気持ち』によせて

眞方忠道

はじめに

滝久雄氏は、中学二年のとき友人の兄ががんを告知され残された数カ月の生命をどう過ごしたか——告知直後一心不乱に遊びはじめたが間もなく勉強に打ち込み死の淵まで学習に打ち込んだ姿——を知るという経験から、死を前にしたとき「人間の本質的な心のありかが見えるようになる」のではないかと感じ、そしてここから自分の哲学的思索が始まったと述懐する。すなわち「生命の終末や愛している人と別れなければならないときに、それまでの自分の生き方がどのようであったかを、誰もが考えようとするだろう」という直感は、「人間の本質」とはいったい何かという問いに収斂し、ついに滝氏はホモ・コントリビューエンス（貢献する人間）という答えに到達する。ここでその当否を考察するのは小生の役割ではない（もちろんこれまでにホモ・サピエンス、ホモ・ファーベル、ホモ・ルーデンスなどなど人間の本質を云い現わす試みがなされてきたが、人間の本能から「貢献する気持ち」を取り出して見せる氏の独創性とその説得力、応用力に敬意を表する者である）。ただ小生が 興味をひかれるのは、滝氏がギリシアの哲学者、特にソクラテス、プラトンの示した哲学の道にひかれて進んだその「思索のパターン」である。

紀元前五世紀中頃活躍したソフィストたちは、各地を巡り歩いて民族間での慣習や法が異なることを体験した結果、各自が正しいと判断したことが正しいとされるにすぎないとする相対主義、「全ての人に共通した普遍的な基準はない」、人間を超えた普遍的真理の存在など考えられないという懐疑主義を標榜した。これに対しソクラテスは、「真理や本質は人間の《理性》でつかみ取ることができるといった考え方、つまり人間の本質は個々の人間の価値判断にゆだねられ、それなりによしとされるものではなく、理性で考察され思惟され、初めて獲得されるという考え方」に立って青年たちと対話をかわすことによって、真理探究の道を歩んだ。そのさい出発点となるのはソクラテスによる無知の告白であり、人間が無知な存在であること、この確かな事実の発見は逆説的に聞こえるが、人間の本質に関して真理が存在することを確信させることになる。ソクラテスは「いつでも、どこでも、誰にでも、絶対に正しいとされる本質」とか「真理」という「在って見えないもの」に理性によって接近することに自分の使命を見出した。その弟子プラトンはさらに一歩進めて例えば「人間」と「人間の本質（人間の理想像）」を別々の世界に分けて考えた。目に見える世界と、そこに見えるもろもろの本質が存在している理想の世界（イデア界）とを分けて考える二元論である。プラトンは、目に見える世界は人間が「経験」できる領域なのに対し、経験できない理想のイデアの世界は「理性」によって接近することができるとする。では、いつどのようにして人間に、イデアを目指して理性が発動するのか。プラトンは、魂がかつてイデア界に住んでいたが、感覚界に生まれたさいに、かつてイデアの世界で見慣れていた本質を魂は忘れてしまった、しかし感覚界で出会うさまざまな形を見ると、魂がおぼろげながら覚えている本質にめぐりあう瞬間がある、すると魂は再びイデア界という本来のすみかに、熱い想いを馳せるようになり、真理へのエロスに誘導されながらイデアに向かうのだと主張した……

以上は滝氏が自分の言葉でソクラテス、プラトンの哲学の目指した所を語ったものを筆者が勝手に要約したものである。ここで筆者としては、感覚される個々の存在や価値の「ひながた」となるそれぞれの本質、「いつでも、どこでも、誰にでも、本当に正しいとされるたった一つの本質がある」とする世界観に賭けて滝氏が「人間の本質」について思索を進めたところに興味をひかれるのである。というのは、この世界観はその当否は別にして一括して「プラトン主義」と呼ばれるものであり、プラトン哲学研究に取り組んできた者としては、「プラトン主義」の系譜から学ぶものがあるとすればそれは何かという点で興味を掻き立ててくれるからである。

なお現代、「プラトン主義」（Platonism、Platonismus、platonisme、プラトニズム）は特に数学の哲学では、数学的対象の地位をどう考えるべきかをめぐって、数学的実体が実在すると主張する一学派を指すのに用いられている。それによれば、数学的実体は抽象的であり、空間的、時間的、因果的な束縛を受けることなく、永遠不変な存在である。滝氏のプラトンから汲み取ったところと相通じるものがある。普遍的究極的実在に対し感覚によって捉えられる日常の世界はその似姿にすぎないとするこうした考え方を、プラトン主義の常識的理解としておくことにする。

以下小論では、プラトン哲学から「プラトン主義」の誕生と系譜を辿ることは筆者の力量を超えるのであきらめ、前記の常識的理解によるプラトニズムをめぐって気になる人物を選び考察を加えてみたい。従って系統的というよりは恣意的、断片的な論述——断想——になることを断わっておく。

1　ホワイトヘッド

「ヨーロッパの哲学伝統のもっとも安全な一般的性格づけは、それがプラトンについての一連の脚注からなっているということである」（山本誠作訳、以下同）との有名な一句を残したホワイトヘッドは気になる人物の一人である。この句は、すでに数理哲学と相対性理論の基礎付けで科学哲学の偉大な功績をあげていたこの哲学者が自分の「有機体の哲学」を体系化して世に問うた『過程と実在』に登場する。この書は近代の人間中心主義と科学を支配する機械論的自然観に対し、神、自然、人間の結びつきを調和ある有機体として捉える宇宙論（コスモロジー）を展開する。この中で彼は「もしわれわれが、プラトンの一般的見地を、社会組織、美的成果、科学、宗教等において（プラトンと現代の間に）介在する二千年の人間経験によって必要となった最小限の変化を加えて提出するならば、われわれは有機体の哲学の構成に着手しなければならない」（『過程と実在』第二部第一章第一節）と述べ、とくにプラトンの『ティマイオス』が二千年も時代を先取りしていると語る。ここで有機体の哲学を紹介するのは筆者の目的ではない。ただこの哲学者の眼差しに注意を払いたい。

人間を含めすべてのものとことがらを包み込むこの宇宙を「多くの現実的実質の連帯として記述する」というのがホワイトヘッドの目指すところとされる。この「現実的実質」（現実的存在、活動的存在、actual entity）は彼にとって有機体の哲学を記述するための基本的なカテゴリーの一つである。ホワイトヘッドは、プラトン的形相を永遠的客体と言い換える。この永遠的客体は潜勢態であり、これが時間的世界に「進入」することにより生成を伴う現実的事物に関与する。そのさい現実の具体的事物すべてが「現実的実質」として捉えられる。

「現実的実質」――現実的契機とも呼ばれる――は、世界が構成される究極的な実在的事物である。何かもっとリアルなものを見いだそうとして、現実的諸実質の背後を探究する由もない。それらは互いに相違している。神は一つの現実的実質である。そしてはるか彼方の空虚な空間における最も瑣末な一吹きの存在も、またそうである。重要さに段階があり、機能にさまざまあっても、現実態が例示する原理において、すべては同一レベルにある。窮極的事実は一様にみな、現実的実質である。そしてこれらの現実的実質は複合的かつ相互依存的な経験のしずくである。（『過程と実在』第一部第二章第一節）

きわめて難解であるが、乱暴な言い方をすれば、これはイデアを分有することによって感覚的個物が存在するとするプラトンのイデア論に、アリストテレスの潜勢態と現実態による生成消滅論を融合させたものとでも表現できるかもしれない。いわば永遠的客体のもつ可能性が、常に過程（プロセス）にある現実のリアルな世界において現実態となる事態をありのままに記述するカテゴリーの一つが「現実的実質」なのである。ホワイトヘッドは有機体の哲学を記述するのに必要なカテゴリーとしてこの他に「抱握」（prehension）、「結合体」（nexus）、「存在論的原理」（ontological principle）をあげるが、筆者の関心にとっては以上で充分である。

この現実世界は、われわれの直接経験の主題という形において観察されるように拡がっている。直接経験の解明は、どんな思想をも正当化する唯一のものであり、思想の出発点は、この経験の構成要素の分析的観察である。
（『過程と実在』第一部第一章第二節）

哲学が無力さの汚名から解放されるのは、それが宗教ならびに科学——自然科学ならびに社会科学と密接に関係することによってである。哲学がその重要さを達成するのは、両者つまり宗教と科学とを、一つの合理的な思考の構図に接合することによってである。（『過程と実在』第一部第一章第六節）

哲学の有益な機能は、文明思想の最も一般的な体系化を増進することである。専門と常識との間には、絶えず反作用がある。常識を修正するのが、特殊科学の領分である。哲学は想像力と常識とを溶接して、専門家を抑制し、また専門家の想像力を拡大させる。類的観念を供給することによって、哲学は、自然の母胎のなかで実現されないままになっている涯しなく変化に富んだ特殊な事例をより容易に理解しうるようにするべきである。（『過程と実これらの句はホワイトヘッド哲学の基本姿勢を示唆する。自然の営みから人間のあらゆる営み、さらに神をも含めて、具体的な生の現実を理解しようとする試みといえるであろう。そのさいプラトンとは異なり、イデアを感覚経験される世界から離存するのではなく、生成変化するまさに直接経験されるこの世界を現実化する力として捉えなおしているのである。生成流転するこの世界が在りかつ在らぬものではなく、かけがえのない有機体として現前していると観るこの宇宙論には、常識的ないし通俗的プラトン解釈に対する批判と超克が秘められている。

2　ニーチェ

反キリスト者を自認したニーチェのプラトン哲学理解も筆者としては興味をひかれる。というのは、彼は「キリスト教は《大衆》むきのプラトニズムである」（『善悪の彼岸』）と断言するからである。ツァラトゥストラはかつて自分も「背後世界論者」であったことを告白する。「背後世界論者」は自分の苦悩から目を背け、人間の彼岸に永遠の真の世界があると信じ、この大地と身体を捨て天界に至ることによって救済と幸福を獲得することができると信じる。だがしかし、神々や背後世界は無気力な人間が創造したものに過ぎず、虚無なのである。いまや「神は死んだ」のであり、人は真っ向から自己の苦悩を引き受け、身体と大地に意味を賦与する人間に生まれ変われるのだ（『ツァラトゥストラ』）。ここにはキリスト教批判が秘められていることは明らかであろう。ニーチェにとってキリスト教は、弱者が強者に対して抱くルサンチマンの生み出した弱者の道徳・弱者の宗教である。その説くところによれば、彼岸こそ真の世界である、この永遠の世界にあこがれて弱者は此岸で禁欲的生活を送る、これに対しこの世で力を誇る強者はあの世で報いを受けねばならないのである。

このキリスト教的世界観をいわば準備したのがプラトンの哲学であり、その点でこの哲学者は「背後世界論者」に入ることになろう。牢獄である肉体から魂が解放されてはじめて真実在に近づくことができる、それが完成されるのは死によってである。感覚によって私たちが捉えるのは「思い込み（ドクサ）」の世界にすぎない、「真の知識（エピステーメー）」は厳しい訓練を経て磨き抜かれた知性（ヌース）によってのみ獲得される。感覚される世界と知性によって捉えられる世界とは区別され、前者は「在る」とも「在らぬ」とも云えない世界、後者こそ「真に在る」イデアの世界である。このイデアの世界を求めることなく欲望の赴くまま放埓な生を送る人物には死後劫罰が待っている。

プラトンは全力をかたむけて……理性と本能とがおのずと一つの目標に、つまり善に、〈神〉に向かうものだということを、証明しようとした。そしてプラトン以来すべての神学者と哲学者が、これと同じ道をとってきた。――要するに、道徳のことがらにおいては、これまで本能が、キリスト教徒の呼び方でいえば〈信仰〉が、私流儀にいえば〈畜群〉が勝利をしめてきたのだ。（『善悪の彼岸』信太正三訳）

……プラトンに対する私の不信は深い。すなわち、私は彼を、古代ギリシア人の根本本能からきわめて逸脱したもの、きわめて道徳化されたもの、きわめて先在キリスト教的なものとみとめるので……私はプラトンという全現象について、《高等詐欺》という、ないしは、聞こえがよいというなら理想主義という手厳しい言葉を……使いたい。（『偶像の黄昏』原佑訳）

などなど、ニーチェのプラトン批判はきびしい。キリスト教と同様プラトニズムも、苦悩に満ちていても身体を肯定し、常に新しい明日に向けて生を選び取ってゆく、生き生きとした人間の此の世での生きざまを否定する点がこの哲学者には許しがたかったのであろう。

ただしついでながらニーチェは、その発言を額面通りに受け取ってよいのか悩ませる哲学者である。彼の激しいキリスト教批判も、実は彼なりのあるべきキリスト教が胸中にあって、現行のキリスト教会がちょうどイエスが批判した祭司やパリサイ派が力をふるっていた当時のユダヤ教と似たような過ちを犯していることを告発するものであった、とする解釈も成り立つのである。とすると彼のプラトン批判も、感覚界と叡知界を峻別し後者が真実在の世界であるとし、肉体を軽蔑し死後の報酬を目指して禁欲的な生を勧める教科書的なプラトニズムに対するものだったのかもしれない。

3 カント

カントは、理論的科学的認識の対象はあくまで現象の世界であり、その背後にあると想定されてきた「物自体」について思弁することは純粋理性の越権行為であるとしたとされる。「物自体」という語はプラトンがイデアの言い換えとして用いた「……自体」(美そのもの、美自体、正しさそのもの、正しさ自体、などなど)を連想させるので、筆者としては立ち止まりたくなる相手である。周知の通りカントは『純粋理性批判』において、学の基礎付けとその限界を明確に示そうとした。そのさいの学とは自然科学や形而上学のように思弁的理性が対象とする認識に根ざす知の体系である。この認識は、先験的な感性の直観形式である時間・空間によって提供される素材に、悟性が、純粋悟性概念すなわちカテゴリーによって整理を加えることによって普遍妥当性を獲得する。すなわち対象がわれわれの認識によって構成されるのであり、それまで当然とされていたように対象にわれわれの認識が依拠するのではない（コペルニクス的転回）。この構図によれば、知性と存在は必然的に一致するのでここに真理が成立する。その代わり、純粋理性は純粋悟性概念（カテゴリー）を経験の枠外に適用することはできない。もしこれを試みるならば物自体とか経験不可能な無制約者（霊魂、世界全体、神）などの超越論的仮象にとらえられることになる。これらを理論的認識の対象とすることは純粋思弁的理性には許されないのである。

ところでカントは、純粋理性の学的認識に対し、何をなすべきかにかかわる実践理性の対象とする世界を区別する。しかも「信仰に場所を得させるために、認識に制限を加えねばならなかった」という句が示すようにカントは、純粋理性の経験を超えた使用という越権行為をおさえることによって、人間の行為、実践の場の絶対的普遍的価値尺度の基礎付けが可能になると考える。そこで『実践理性批判』では、定言命法にみられるような人間が無条件に従うべき道徳律の存在、しかも他からの強制によるのではなく自律的に道徳律を遵守する意志の自由が導出される。と同時に、道徳律の究極の実現は本来道徳の目的ではないとはいえ幸福な生を実現する。但し人間が有限であるかぎり現実には不可能である。にもかかわらず実現可能を目指して人間は無限に進んでゆく。ここには人格ないし霊魂の不滅が前提される。さらに、徳と幸福の一致という人間に実現不可能と見える理想を可能とする全能の神が存在すると考えなければ、この理想をめざす人間の実践の努力の要求は空しいものとなるであろう。こうしてカントは、霊魂の不滅と神の存在を実践理性の「要請」として認め、実践の場では物自体について語ることが可能であるとする。

ここでカントのプラトンに対する言及を瞥見しておきたい。

軽快な鳩は、自由に飛んで空気を別け、空気の抵抗を感じるが、そこで鳩は空気のない空間ではもっとよく飛べるだろうという考えをもつかもしれない。これとおなじようにプラトンは、感性界が悟性に窮屈な枠をはめるという理由から感性界を去り、イデアの翼に乗って、感性界の彼岸へと、つまり純粋悟性の真空のうちへと飛び込んだのである。（『純粋理性批判』B9、宇都宮方芳明監訳、以下同）

この句にはプラトンが思弁的理性を、経験を超えて使用したことへの批判がこめられている。この点は、霊魂、世界、神という超越論的仮象を批判する「超越論的弁証論」においても明瞭であるが、しかしカントは、そこではプラトンの功績に敬意を表しつつ批判しているのである。仮象批判に先立ってカントはこうした仮象について理性が思弁するに至る必然性を明らかにするために、「理念（イデー）」について考察を加える。当然イデーはプラトンのイデアに由来する語であり、カントはプラトンを手掛かりにする。

プラトンにとって理念は、物そのものの原型であって、カテゴリーのように可能的経験のための鍵にとどまるものではない。プラトンの考えによれば、理念は最高の理性から流出し、そこから人間の理性に与えられたのであるが、しかし人間理性は今ではもうその原初の状態にはなく、今ではひじょうに不明瞭になってしまった古い理念を、想起（哲学と呼ばれる）によって苦労して呼び戻さなければならないのである。（『純粋理性批判』B370）

「流出」の語に見られるようにプロティノスの新プラトン派の影響が濃厚であるが、「原型」「想起」などプラトンのイデア論の常識的理解を示している。この理念についてカントは以下のように実践の場においてその意義を認める。

プラトンはかれの理念を、特にあらゆる実践的なもののうちに、すなわち自由にもとづく一切のもののうちに見出したが、この自由は、これはこれで、理性に固有な所産としての認識に従っている。……ある人物が徳の模範としてわれわれに示される場合、われわれはそれでもつねに真の原型を我々自身の知力のなかにだけ持っていて、模範と称された人物をこの原型と比較し、この原型にしたがってのみ評価するのである。……道徳的価値の有無にかんするあらゆる判断は、この理念を介してのみ可能だからである。したがってこの理念は、道徳的完全性へと接近するいずれの試みにあっても、その根底に必然的に存している……（『純粋理性批判』B 372）

……プラトンは、人間の理性が真の原因性として働き、理念が作用因（行為やその対象の）となる領域、すなわち人倫の領域においてのみならず、自然そのものに関しても、自然の起源が理念にあることの明白な証拠を見て取っているが、これはもっともである。一つ一つの植物や動物、そして規則的に整えられた世界の組織（したがっておそらくは全自然秩序もまた）は、それらが理念にしたがってのみ可能であるということを、明らかに示している。……世界秩序の自然的なものの模写的観察から出発して、目的にしたがった、すなわち理念に従った世界秩序の建築術的結合へと上昇する、この哲学者の精神の高揚は、表現の行き過ぎを別にすれば、尊敬と信従に値する努力である。だがそれは、人倫性、立法そして宗教の原理にかかわる事柄において、きわめて独特の功績なのであって、そうした事柄においては、理念が経験のうちに完全に表現されることは決してありえないにしても、理念が経験そのもの（善の）をはじめて可能にするのである。（『純粋理性批判』B375）

ここでカントはプラトンに対してアンビヴァレントである。つまり「人倫性、立法、宗教」にとって「理念」（純粋思弁的理性にとっては仮象となる）を見出した点を高く評価するが、自然に関して「自然の起源」とか「諸物の根源的な原因」などの理念を導入したことは評価できないことを、敬愛をこめて語っているのである（amicus Plato, sed magis amica veritas. プラトンは友である。しかし真理はさらに大切な友である)。

以上、少々杜撰な紹介となったが、筆者は、いわゆるプラトニズムにきわめて近い思索のパターンをとりながら、プラトンのイデアの学的認識は不可能と断定し、イデアを「要請」という形で救おうとしたカント、という解釈の可能性を示したかったのである。確かにプラトンのイデアないし善のイデアの実在を臍下丹田に力をこめて断定することは困難だとしても、「要請」とか「理想型」といわれれば納得できる人々は多いのではあるまいか。ただしプラトンの意に添うかどうかは別問題である。

4　アウグスティヌス

『告白』によれば、アウグスティヌスは十六歳のとき弁論術で身を立てるべくカルタゴに遊学し、恐らく母の願いからであろうがキリスト教の教会に通いつつも、若い血のたぎりからの誘惑に負け奔放な生活を送っていた。ところが、キケロの『ホルテンシウス（哲学のすすめ）』に出会い「不死の知恵」を熱烈に求め始めたという。『ホルテンシウス』は若いアリストテレスが師プラトンに心酔して書いた『プロトレプティコス（哲学のすすめ）』を手本にしたとされる。しかしアウグスティヌスはその情熱をキリスト教の異分派のマニ教にむけ、聴聞者として九年間を過ごす。激しい情念との葛藤のなかにあったこの青年は、この宗派で聖者と呼ばれる人物たちに捧げものを供することによって、闇（＝悪）と光（＝善）が混合した現在の状態から、聖者の力により光へ復帰し救済されるとの主張に現実味のある実践の拠り所を見出したのかもしれない。しかし聖者の地位にある者の行状に失望し、またマニ教の書物に書かれている宇宙論の荒唐無稽に気付いたアウグスティヌスは、修辞学の教師をしていたローマからミラノに移ったさい、司教アンブロシウスとの出会いを機にマニ教から離れカトリックの洗礼志願者となる。だがこの頃のアウグスティヌスは完全に回心に至ることはなく、むしろアカデミア派の哲学者たちの「万事について疑わねばならない……いかなる真実も人間にはとらえることができない」(『告白』第五巻一〇章)との主張に共感をおぼえたという。特にキリストの受肉の教えが彼にとっては躓きの石であったが、アカデミア派の哲学者が懐疑の立場に立つがゆえに一層熱心に探求を進めるという態度に動かされて真理の探究に熱中する。このあたりの体験をふまえて、後に『神の国』でアウグスティヌスはアカデミア派が祖とあがめるプラトンおよび彼に従った人々(プロティノス、ポルフュリオス、イアンブリコスなど新プラトン学派)についてキリスト教との親近性と限界を論じている。

プラトンは、わたしたちの信仰が支持し擁護する真の宗教に賛成し、他のものにおいてそれに反対しているように思われるのであり、その論点というのは、死後にある真実に浄福な生のために一神を崇拝すべきか、他神を崇拝すべきかという問題である。すなわち、異教徒の他の哲学よりもはるかに、また正当にもすぐれていると考えられるプラトンを、とくに鋭く、とくに真実に理解し、それに従ったという名声を得ている人びとは、おそらく神についてこういうことを考えるであろう。……すなわち、人間は、かれ自身のうち、とくにすぐれているもの、すなわち理性を通じてすべてのものよりすぐれているものに、すなわち、それなしにはいかなる自然的存在も存在せず、いかなる教説も教えず、如何なる実行も役立たない、唯一真実最善の神に到達するようにつくられているとすると、そこにおいてすべてがわたしたちに結びつけられているかたが求められ、そこにおいてすべてがわたしたちにとって確実であるところの方が認識され、そこにおいてすべてがわたしたちにとって正しくあるところのかたが愛されなければならないのである。(『神の国』第八巻、第四章、服部英次郎訳、以下同)

それゆえ、プラトンが、この神をまね、知り、愛する者こそ智者であり、それにあずかることにより、智者は浄福になるといったとすると、他の人びとの説を吟味して見るなんの必要があるだろうか。プラトン派の人びとほどわたしたちに近づいたものはなかったのである。（『神の国』第八巻、第五章）

……この真でかつ最高である善をプラトンは神であると主張するのであり、したがってプラトンは、哲学者は神を愛するところのものでなければならぬというのであって、それはなんのためかというと、哲学、すなわち知恵の愛は至福の生を目指すものであるから、神を愛するところのものは、神を享受することによって至福とならねばならぬからである。（『神の国』第八巻、第八章）

このようにプラトンないしプラトン派を高く評価しながらも、アウグスティヌスは彼らが結局、御利益的な多神教とダイモン崇拝から抜け出ることができず、真の神を知らなかった点を厳しく批判する。ここで筆者は、『神の国』での神学的に整理されたプラトン派批判に深入りする余裕はない。その代わり、プラトン派と決別するに至る心情をもっと素朴に吐露している句を紹介したい。それは『告白』の一節である。

木の繁る山の頂から平和の祖国をのぞみながら、いたるべき道を知らず、いたずらに道のない所を進もうとして、獅子と龍とを首領にする逃亡の敗残兵に包囲され、待ち伏せにあうようなはめにおちいる……（『告白』第七巻、第二一章、山田晶訳）

プロティノスなど新プラトン学派を介してではあるが、プラトンが描いてみせる「善のイデア」のもとに秩序立てられた世界を知り、そこにあこがれつつも善のイデアの実在を全身全霊をもって告白することができない、そこに至る険しい道は示されているものの一歩踏み出すや哲学者たちのさまざまのドクサが入り乱れ、結局深淵を前に立ち止まらざるを得ない——このはがゆさ、不安、動揺、欲求不満がこの句にこめられていると感じるのは筆者だけであろうか。『国家』の「洞窟の比喩」を辿った後に現代のわれわれが善のイデアについて抱く感想と相通じるものが感じられてならない。

5 プラトン

以上、時代を溯るかたちで四人の哲学者をとりあげ、プラトンないしプラトニズムへの応対を見てきた。そこには通底するものがあるように思われる。それは、感覚経験の世界とは切り離された叡智界があり後者は真理が開示される世界であり、前者は信頼するに足りない臆見しか得られない仮象の世界である、という主張をプラトンから読み取るものである。このプラトン理解は二つの反応を生む。第一は、イデア、さらに善のイデアは実在として認識できないのではないかという懐疑である。第二は感覚経験の世界、あるいは此岸を仮象とみなすことへの不満である。前者のケースで、カントは実践理性の「要請」というかたちでプラトンを救おうとし、アウグスティヌスは神の恩寵により決別しカトリックの信仰にはいったと告白する。後者のケースで、ホワイトヘッドはイデアを可能態としてとらえ、時々刻々変化を遂げる現実世界にこのイデアが現実態となる過程をとらえる形でプラトンを救おうとし、ニーチェは死後の彼岸の生を真実の生と教える背後世界論者の元祖としてプラトンを排撃し、苦悩に満ちるこの世の生を雄々しくひきうける実存的な超人の思想に到達する。

しかしここでまとめたような解説――感覚界と叡智界を分断する二元論に立ち、感覚界から理性を解放せねば知性的にも道徳的にも人間が完成されることがない――というような解説で、果たしてプラトンの真意を捉えているのであろうか。以下ではプラトニズムと呼ばれるにいたる典型的な主張の登場する『パイドン』を中心に、筆者なりのプラトン理解の一端を示すことに努めることにしたい。

ソクラテス最後の日に牢獄で交わされた対話を伝えるかたちになっているこの対話篇に、哲学とは何か、哲学者はどのような生を送るべきかが述べられる箇所がある。そこでは、「肉体は魂の墓場である」との基本的な認識にたって論が進められる。肉体は生命維持のための煩わしいことや、愛欲、欲望、恐怖、妄想などなどにより魂を惑わし、魂が純粋な思惟を用いてそれぞれのものの本質をつかまえ、真理と知恵を獲得するのを妨げる。そこで真に知を愛し求める哲学者はできる限り魂を肉体から切り離そうと試みる。しかしそれが実現するのは、肉体から魂が解放される死においてである。したがって生きている間、哲学者は「死の練習」に努めるのである（『パイドン』64a － 68c）。――ここにはいわゆるプラトニズムと呼ばれる主張がほぼ出そろっている。しかもこの対話篇では輪廻転生も当然のこととして承認されており、死後の裁き、現世で送った生活に応じて次の世代で何に生まれ変わるか、また真の哲学者が手に入れる死後の幸福についても語られる（『パイドン』81c － 82b, 107c － 114c）。ニーチェの攻撃は的外れではないといえよう。

だがしかし、確かに文字に記されてはいるものの、はたしてプラトンが此のとおり信じていたのかとなると必ずしも肯定するわけにはいかないように思われる。まずソクラテスに語らせるという著作の手法が問題である。このソクラテスは対話篇によって主張が変わるのは確かである。例えば死後の世界について『弁明』ではほとんど不可知論に近い立場をとる（『弁明』40c － 41c）。『パイドン』では黙示録のように地球の構造、死後の懲罰などが語られるが、最後にソクラテスは次のように断る。

「さて、地下世界に関する以上の話が僕の述べた通りにそのままある、と確信をもって主張することは、理性をもつ人に相応しくないであろう。だが、魂がたしかに不死であることは明らかなのだから、我々の魂とその住処についてなにかこのようなことがある、と考えるのは適切であるし、そのような考えに身を託して危険を冒すことには価値がある、と僕には思われる。――なぜなら、この危険は美しいのだから――」(『パイドン』114d、岩田靖夫訳、以下同)

死後の審判についてのミュートスは他に、『ゴルギアス』や『国家』の終わり近くにも登場する。『パイドン』と同じように、いずれも対話が目指す結論に達したあとに、あたかも補遺のように語られるのが特徴である。プラトンは、議論によって反論できない立場に追い込まれながら、なお充分納得できていない弟子(あるいは私たち)に対して、人生の現場に一歩踏み出すきっかけを与えようとするレトリックの一つとして使用したのかもしれない。

また『パイドン』の一節で、哲学者以外の人々が、例えば節制にはげむのは、或る快楽を失うことを怖れて別の快楽を控えているに過ぎない、つまり彼らは或る種の放縦によって節制を実現しようとしているのだ、これは真の節制ではない、その他の徳についても同様である、という議論をソクラテスは展開する(『パイドン』68e－69a)。これを此岸と彼岸に適用すると、死後の懲罰をおそれて此の世で正義の生に励むのは、真の正義ではないことになろう。この点は、『国家』において探求されることになる。すなわち、此の世や彼の世での報酬や懲罰とは一切関係ない「正義それ自体は何か」の探究が、ソクラテスに課せられるのである(『国家』第二巻、367b)。ここから推測できることは、プラトンにとって重要なのは、徳そのものの実現であり、彼の世とか此の世とかは付帯的ではなかったか、ということである。ただプラトンの生きていた社会では、彼岸や此岸の生が話題になるのが常識となっていたが故に、弟子たち及び一般の市民へのサービスとしてトピックにとりあげただけなのかもしれない。あるいは、此岸から彼岸までを通じて生を考えるという勧めには、「永遠の相において」人間の生きるべき道を考える、という主張がこめられていると解するのはうがちすぎであろうか。

次に注目したいのは、この対話篇での「想起（アナムネーシス）」の説明の一節である。霊魂不滅の証明の一つが、「学習は想起に他ならない」ことから試みられる。例えば等しい石材とか木材が並んでいるとき、それらはある人にとっては等しく別の人にとっては等しくなく見える場合がある。しかし「等しさそのもの」は人によって等しかったり等しくなかったりすることは決してない。等しい石や木材などの事物とは異なるこの「等しさそのもの」についての知は私たちが生まれる以前にすでに得ていたが生まれるときには忘れられている。これを不完全な等しい事物を見るとき、欠けることのない「等しさそのもの」を想起するのである。後にこうした「〜そのもの」はイデア（またはエイドス）とよばれる。つまり私たちには先天的にイデアがそなわっており、このイデアによって知識が成立するという主張である。但しここで注目したいのは、このイデアを想起する場面である。

「われわれが等しさそのものを考え付いたり、考え付きうるのは、等しい事物を見たり、それらに触れたり、それらについてなにか他の感覚をもったり、する以外には出所がない……感覚のうちにあるすべての等しさがかの等しさそのものに憧れながら、それに不足している、ということを、考え付くのは、正に感覚をきっかけにしてでなければならない……」（『パイドン』75a）

ここで明らかなのは、イデアの認識に感覚経験が不可欠であるということである。感覚界と叡智界の峻別という二元論はプラトンの主張を誤解していると言わざるを得ない。感覚経験を積み重ねることによってイデアの認識はより確かなものとなるのである。もちろんここで、こうした歩みが可能となるのはイデアが存在するからであるということを急いで付け加えねばならない。それはとにかく、プラトンは感覚経験ばかりではなく、人びとが抱いている通念、あるいは種々の学習、あるいは人生経験などなどを通じてイデアの認識を己のものとしてゆく哲学の道を描いて見せる。ここで深入りはできないが、『メノン』における、全く幾何学を知らない召使の少年を相手にすすめられる「想起」の実験（『メノン』82a－86a）、『饗宴』における、美しい身体から美しい魂、美しい魂の生みだす人間の営み、さらに知識の美というように順を追って恋の道を教え導かれてきた者が突如として美のイデアを観得すると説くディオティマの話（『饗宴』207a－212a）、『国家』における、洞窟の比喩と哲学者教育のカリキュラム（『国家』第七巻）など、いずれも人間の精神が日常の経験則によって生活する世界から、肉体や精神の鍛練を経て、さらに教育を通じて次第に育成され、ついに善（美）のイデアを観想するに至るという主張を示している。そのさい各ステップはその前のステップをいわば踏み台にしており、欠くことができない。つまり断絶はここにはないのである。

最後にアウグスティヌスにプラトンをあきらめさせ、カントに「要請」というかたちでしか認められなかった善のイデアの実在性について。ソクラテスが対話の相手に「正義とは何か、勇気とは、敬神とは、友愛とは……」との問いを発するとき、自分は無知ゆえに答えが分からないため教えてほしいのだといつも断わっている。そのくせ相手が回答を出すとさっそく吟味にかけ、論駁してしまう。ではソクラテスはニヒリストだったのか。決してそうではない。「～とは何か」の問いにたいして明確な答えを示すことができなくても何か答えがあるのであり、彫刻家が大理石の不要な部分をそぎおとして彫刻を刻みあげるように、対話を通じて答えを刻みあげることができるのだとの信念を彼はもっていたことは確かである。プラトンはその答えを「～そのもの（正義そのもの、勇気そのもの、……）」そして「イデア（またはエイドス）」と名付け、個々のものや行為はそのイデアを分有することによって（またはイデアが臨在することによって）その性格を獲得する、との説明方式を案出した。ここで注目すべきは、ソクラテスの信じていた答えの存在をプラトンも継承し、まずイデアという語をあて、その「イデアが存在する」との信念にたって探究を進めていることである。「イデアが存在する」というのはいわば仮説（ヒュポテシス）であり、知識獲得の場面ばかりではなく行為の場面でも、この仮説を前提にして判断を下すのである。最初は明確な言葉で記述することができなくても、いくつもの場面を経験することによって次第に自分の血肉となり実在として実感するのである。これは「イデアが存在する」という方に賭ける賭けといえよう。「善のイデア」はこれらもろもろのイデアをイデアたらしめるものであり、普遍的な価値尺度になるものである。私たちが「普遍的価値尺度が存在する」という方に賭けて生活するか、「普遍的価値尺度など存在しない」という方に賭けて生活するかの違いは、科学の探究において「なにか真実、真理が存在する」との前提に立って進むか、そのようなものは存在しないとの前提に立って進むかの違いである、と主張したら的外れであろうか。

それはとにかく、『パイドン』でのシミアスの次の言葉は、なにか絶対確実かどうかはわからないながらこうしたひとつの信念に立って生きてゆくこうした人生航路を暗示する。

事柄の真実がどうあるかを他人から学ぶか、自分自身で発見するか、あるいは、もしこれら二つの方途が不可能であれば、人間の言論のうちからとにかく最善でもっとも反駁され難いものを自分の身に引き受けて、あたかも筏に乗るようにこの言論の上に乗り危険を冒しつつ人生を渡りきらねばならないのです。（『パイドン』85d）

このせりふは、ソクラテスが万物の原因根拠を探究するにあたって行き着いた次善の策（「第二の航海」）としてのいわゆる「ヒュポテシスの方法」が紹介される場面の導入部に登場する。このヒュポテシスの方法は結局、イデアが存在するとのヒュポテシスにたって、これと調和する言論を真、調和しないものを真ではないと定めて探究を進めるものであることが後に明らかにされる(『パイドン』100a－101d)。シミアスはソクラテスの探究方法ばかりではなく、師の人生態度を実感しているといえよう。以下こうした探究態度や生活態度を示唆する句をいくつか拾い上げて見る。

〔この地上および地下の世界のありさまと、死後の魂の運命を物語るミュートスの後で〕われわれの魂とその住処についてなにかこのようなことがある、と考えるのは適切でもあるし、そのような考えに身を托して危険を冒すことには価値がある、と僕には思われる。――なぜなら、この危険は美しいのだから――(『パイドン』114d、既出)

〔『ゴルギアス』で対話をおえたソクラテスのまとめ〕さて、それなら、いまここに現れてきたこの説を、ぼくたちの人生のいわば道案内人としようではないかね。その説はぼくたちに、生きるのも、死ぬのも、正義やその他の徳を修めて進むという、この生活態度こそ、最上のものであることを示してくれているのだ。だから、さあ、この説について行こうではないか。(『ゴルギアス』527e、加来彰俊訳)

〔学習は想起にほかならないことを実験でしめしたあとの結びの言葉〕そこで、もしわれわれにとって、もろもろの事物に関する真実がつねに魂の中に在るのだとするならば、魂とは不死なものだということになるのではないだろうか。したがって、いままたま君が知識を持っていないような事柄があったとしても――ということはつまり、想い出していないということなのだが――心をはげましてそれを探究し想起するようにつとめるべきではないだろうか?(『メノン』86b、藤沢令夫訳)

〔『国家』の最終巻、死後の魂が輪廻転生で次期の生を選択する場面での神官の言葉〕「これは女神アナンケの姫御子、乙女神ラケシスのお言葉であるぞ。命はかなき魂たちよ、ここに、死すべき族がたどる、死に終るべき、いまひとたびの周期がはじまる。

運命を導くダイモーン（神霊）が、汝らを籤で引き当てるのではない。汝ら自身が、みずからのダイモンを選ぶのである。

第一番目の籤を引き当てたものをして、第一番目にひとつの生涯を選ばしめよ。その生涯に、以後彼は必然の力によってしばりつけられ、離れることができぬであろう。

徳はなにものにも支配されぬ。それを尊ぶか、ないがしろにするかによって、人はそれぞれ徳をより多くあるいは少なく、自分のものとするであろう。

責めは選ぶものにある。神にはいかなる責めもない。」（『国家』617e、藤沢令夫訳）

おわりに

プラトニズムと聞くとプラトニック・ラヴを連想するむきは多いかもしれない。肉体を軽蔑し精神的愛を至高のものとするプラトニック・ラヴは、けがれなき男女の崇高な愛として中世の騎士道物語をはじめ純愛物語となって、かつては人びとの、とくに若い男女の心をひきつけた（『吾輩は猫である』の越智東風君は漱石先生のこの風潮に対するひやかしであろう）。しかし、現代ではフラストレイションからの解放が安定した社会の必要条件の一つとされるところから、プラトニック・ラヴは軽蔑の的になりそうである。プラトニズムも同様で、感覚を通じて経験する生の現実、喜怒哀楽の伴う肉体を備えた生身の人間、そうした人間たちがうごめく社会を幻影として切り捨てて、イデアの世界に逃避するとはもってのほかであるとの非難が浴びせられる運命にありそうである。右にとりあげたニーチェ以外の三人の哲学者からこうした非難を読み取るのは行き過ぎであろう。しかし彼らの深層心理にはこうした傾向があると感じるのは筆者のひがみであろうか。それはとにかく、プラトンは決して世捨て人ではなく、晩年まで既存の習慣、制度、法律を吟味検討し、より優れたものに止揚してゆく努力を続けていたことは、最晩年の著作とされる『法律』からも明らかである。このさい彼は常に人間にとって「肝心のこと」がある、との揺らぐことのない確信をもって、一歩一歩を刻んでいるのである。拙論で、プラトニズムの名のもとで見落されたものを拾い上げることができたとすれば幸いである。この「肝心のこと」に「ホモ・コントリービュエンス」を代入して考察することは今後の課題である。

イスラーム倫理思想における利他心

塩尻和子

（1）人間は神の被造物

イスラーム（al-Islām）の教えの特徴を簡潔に表現すれば、「神への絶対服従」「平等」「相互扶助」となる。[☆1]もともとアラビア語のislāmの原義は「服従」であり、「神への絶対服従」を意味する言葉が宗教の名称になった。「イスラーム」を、「平和」、「平静」などという意味であるとして、イスラームは「平和の宗教である」という主張も、おもにムスリム（イスラーム教徒）の学者から語られるが、これは本来の意味ではない。たしかに、islāmには「平和にすること」、あるいは「平定すること」という意味があるが、私たち日本人が考える「平和」や「平定」とは異なり、「唯一の超越の神の命令に人類が絶対的な服従をすることによって、世のなかに戦争や騒乱がなくなり、神の意志があまねく行き渡ること」を指している。したがって、イスラームは「服従の宗教」なのである。

しかし、「神への絶対服従」と聞けば、頑迷な隷属や盲従を意味しているように感じられるかもしれないが、これはユダヤ教・キリスト教の「神への愛」「神への信仰」、仏教の「仏への絶対帰依」などの教義と同じことを意味している。神に服従し神の教えを遵守することによって、人間の精神が救済され心の平安が得られるとすれば、イスラームもまた「平和の宗教」であり、「救済宗教」であるということができよう。

また人類の「平等」と「相互扶助」の教義も、キリスト教の「平等」と「隣人愛」と変わることはない。しかもイスラームでは、「相互扶助」の実行を、基本的な儀礼である五行[☆2]の三番目の義務行為「ザカート」(ザカーとも)として設定している。ザカートは喜捨と訳されることが多いが、一定の税率を課す、いわば宗教税であり、貧者や旅人、未亡人や孤児など保護の必要な人々を援助するために用いられる。モスクやモスク附属学校などの建設や維持には「ワクフ」という自発的な寄進制度が、別に設置されている。言い換えるとイスラームでは利他心の精神に基づく相互扶助の実践が、基本的な義務の儀礼的行為のひとつとなっている。

このような相互扶助や利他心の思想はイスラームの人間観に基づいている。イスラームの人間観はユダヤ教やキリスト教の人間観と基本的には同じである。ユダヤ教・キリスト教・イスラームという、同じ伝統上に発生した「アブラハムの宗教」には、神観念から人間観、神の愛の教えなど、基本的教義には共通の観念がみられる。それは、天地自然のあらゆるものは、唯一の超越神がただひとりで創造した被造物であるという思想である。神は地上における神の代理人として人間を創造し、神の意思に従う役割を与えたが、同様に自然にも創造主の存在を象徴するものとしての役割を与えている。自然そのもののうちに永遠の宇宙の秩序コスモスを想定したギリシア思想と異なって、この三つの一神教では、自然界のなかに創造主である超越的な神の意志を見ようとする姿勢がある。言い換えれば、人間存在も含めた世界の森羅万象の現象はすべて、人智を超越した創造神の存在を証しする「しるし」であると考えられる。

☆1 「神」はアラビア語でAllāhであるが、これは英語でthe Godというのと同じことである。イスラームの神を「アッラー」「アッラーの神」と表現することがあるが、Allāhは神の固有名詞ではない。ユダヤ教やキリスト教の「神」もアラビア語ではAllāhであることから、本稿ではAllāhはすべて「神」と記述する。

☆2 イスラームの基本的な宗教儀礼は、五行といい、①信仰告白、②礼拝、③喜捨、④断食、⑤巡礼である。①から④までは全ての信徒に義務づけられるが、⑤の巡礼だけは「そこへ旅をする能力のある者」を対象とする。詳しくは拙著『イスラームを学ぼう』(秋山書店、二〇〇七年)一四―一七頁を参照されたい。

被造物である人間は自然界の存在をとおして、自然や世界を超越した絶対的な神の存在と意志とを知ることができる。したがって、神のもとでは、自然も人間も神の被造物であり、被造物であるという点においては、神の代理人である人間と自然界との上下関係の序列は認められていない。

人間と自然界との上下関係が認められていない、ということは神の前では、人間同士の間にも、民族、人種、国籍、社会的地位、貧富の差など、あらゆる差別は認められない。現実にはイスラーム教徒の間でも、多くの人々がさまざまな差別に苦しんでいるが、宗教的にはすべての人間が平等であるという教義が、今日のグローバル化した世界で多くの人々をひきつける要因ともなっている。

(2) クルアーンの倫理

(本稿でのクルアーンの引用はすべて、日亜対訳注解『聖クルアーン』〔宗教法人日本ムスリム協会、昭和五二年〕によるが、筆者が独自に訳した部分もある。)

イスラームの聖典クルアーン(コーラン)には信徒が個人として、また同時に共同体の一員として、遵守しなければならない行為規範が簡潔に、しかし具体的実践的に述べられている。そのために、一般にイスラームは戒律の宗教であるといわれる。

クルアーンはその一言一句がまぎれもない神の言葉であるとされるが、そこには唯一なる神によって世界や人間が創造されたこと、その神の創造は神話的過去のものではなく、源初から現在まで一瞬の間断もなく続いていること、そして神が創り、かつ造り続けているこの世界は、やがて必ず天変地異を生じて崩壊することなどが記されている。神はこの迫りくる終末の恐怖と最後の審判の警告を繰り返し説き、被造物である人間が来世における復活と永遠の生をえるためには、唯一の神を信じてその命令に絶対服従することを要求する。

このようなクルアーンの終末論的な歴史観によると、個々の人間は世界の創造から終末に向かって一直線に続く線上の、それぞれに決められ定められた時点に存在していることになる。世界の最後がいつやってくるのかは予断を許さず、現世の存在時間は終末後にくる来世に比べれば、まさに瞬時にすぎない。したがって一瞬にすぎない人間の生の期間は、なによりもまず来世を目標としたものでなければならない。人間は個々人として神に向き合い、神が命令する倫理的規範に従うことによって来世での賞罰が決められる。言い換えれば、神の命令と意思に従って生きることが宗教的な救済に至る道でもある。

クルアーンが指示する倫理的規範は、来世を志向する「宗教倫理」であるが、善悪の判断基準については、宗教的基準と倫理的基準とが混在している。[☆3]

宗教的基準は信仰上の決断や宗教儀礼に関わるものに対する判断である。クルアーンの警告の第一のものは、世界の創造主である神を信じなければならないというものであるが、信じるか信じないかという信仰上の決断の問題は極めて宗教的なものである。そこでは唯一なる絶対的な人格神を全身全霊をもって信じ服従することが「善」であり、反対に神を信じない不信仰は「悪」となる。このような善悪の判断基準には、神と人間との人格的かつ精神的な関係

☆3　クルアーンの倫理、イスラームの人間観などを含むイスラーム倫理思想については、拙著『イスラームの倫理、アブドゥル・ジャッバール研究』(未來社、二〇〇一年)、『イスラームの人間観・世界観』(筑波大学出版会、二〇〇八年)、「人間は神の被造物」(『新しい人間像を求めて』聖心女子大学キリスト教文化研究所編、春秋社、二〇〇九年)一七一―一八九頁などを参照されたい。

が問われている。その関係のありようによっては、その人の生き方や社会との関わり方が道徳的な影響を受けることがあるとしても、純粋に倫理的な次元では、信仰・不信仰それ自体には善悪を判断する要素はない。また礼拝、巡礼、断食といった宗教儀礼も実行することが善であり、不履行は悪であるとされるが、この善悪観にも倫理的要素は乏しいということができる。

いっぽう倫理的基準はおもに人間の社会生活全般に関する判断であり、さまざまな日常的な行為から、負債の返済や商取引の約束事、結婚・離婚や遺産相続などにいたるいわば人倫的判断である。これらの判断は人と人との関わりにおいて実現されるものであり、直接、行為に関わる実践的な判断である。これらは一般的に倫理的、道徳的な次元で判断されるものであり、宗教的、精神的な規範とは次元が異なるものであるが、クルアーンは日常的、社会的な人間関係に関わる具体的な判断をも詳細に指示し規定している。

このようにクルアーンの指針には宗教性と倫理性が混在しているが、それは以下に述べるように、イスラームにおいては原則として信仰生活と日常生活の区別がないからである。言い換えれば、そこでは宗教的な価値基準も倫理的な価値基準も、それぞれの区分をもちつつも相互に密接に関わりあっているのである。

そもそもクルアーンには人間を霊と肉に分離する思想は見られない。人間はものを食べ、市場を歩く身体的な存在であると同時に、思考力や判断力という知性をもった総合的な存在であると考えられている。人間に備わっている霊的な次元としての精神性も、肉的な次元としての動物性も、ともに神が創造したものであり、神の配剤なのである。肉的な次元を卑しいものとして分離することは、むしろ神の意志に背くものとなる。

またイスラームにはキリスト教の原罪観念に相当する思想もみられない。クルアーンにも旧約聖書のアデンの園における堕罪事件と同様の失楽園物語がみられるが（二章三五節―三九節、七章一九節―二五節、二〇章一六節―一二四節）、全人類の罪が最初の女性ハウワー（エヴァ）の堕罪から生じたとは述べられていない。神にそむいたのは男女双方であり、神はアーダム（アダム）とその妻ハウワーとを天国の園から追放して地上に落としたが、その後、彼らを許して「御言葉」を授けたとされる。この「御言葉」とは宗教的な知恵や知識、あるいは精神性や知性のことと考えられる。クルアーン三三章七二節には次のような記述がある。

神は諸天と大地と山々に信託（amānah）を申しつけた。しかし彼らはそれを担うことを辞退し、またそれを恐れた。ところが人間（insān）はそれを引きうけた。実に人間は罪深いものであり、無知である。

アマーナ（amānah）とは「信託、信託物」と訳されるが、その意味するところは「責任」または「責任を負うこと」であり、同時にその責任において善悪を選択する自由をえることでもあると考えられる。クルアーンでは、人間はもともと地上における神の代理人として創造され、神からすべての存在物の名称を教えられたものであり（二章三一節）、被造物のなかでは最高の地位を与えられたとされるからである。

人間は神の代理人としては、ほかの被造物が担うことができないほどの大きな責任を負うものであるが、その性分としては罪を犯しやすく無知で弱い存在でもある。しかし、それはアーダムとハウワーの堕罪によるものではなく、そのようなものとして造られているということができる。「神はだれにもその能力以上のものを負わせられることはない。人間は自らが稼いだもので自らを益し、その稼いだもので自らを損なう」（二章二八六節）のである。全知全能の神は被造物の能力の範囲を熟知しているために、人間の能力を超えた遂行不可能なことを課すことはありえない。神の命じるところは人間が責任をもって遂行しうる行為である。そこでは神から与えられた指針に従うという決断が自律的な規範として機能する。したがって人間は神の命令に服して日々を送らなければならない。神の導きに従うことによって自らのために天に宝を積むことにもなる。

クルアーンには霊と肉を分離する思想がないところから、イスラームにはいわゆる「聖と俗」の区別がないと、よくいわれる。一般に「カエサルのものはカエサルに」という立場から信仰生活と日常生活を区別するとすれば、イスラームにはこのような区別の仕方はないということができる。しかしイスラームにも聖と俗の区別はある。それは神の教えに服して日常生活を営むことを聖とし、神に背いた生活を送ることを俗とするということである。つまり、肉体を卑しいものと見なさないという立場は、人間の日常の暮らしから信仰生活を切り離さない。

ここから、イスラーム社会は政教一致であるとよく言われるが、教会制度を持たないイスラームでは、宗教権力が政治を左右する西洋的な意味の政教一致では、決してない。精神生活だけでなく政治や社会の運営にも宗教の教えが生かされることを理想とする、という意味である。一四〇〇年のイスラームの歴史の中で、政教一致が実現したことは、実は一度もないのである。

社会のただなかにあって、神の指針に従って人間的な普通の生活を営むことがそのまま信仰生活なのであり、世を捨てて出家をしたり禁欲的な修行をしたりすることが宗教的に評価されるという場ではない。イスラームでは人間的な生き方、つまり日常生活の在り方こそが問われるのである。

(3) イスラームの宗教倫理——中世の議論から

イスラームの基本的な信条「六信」の五番目には「来世」が、六番目には「神の予定」が定められている。☆4 「来世」とは人間の死後の復活を信じる教義であるが、来世は人間の自由意思に基づいて個々人の責任が問われる賞罰の場である。一方、「神の予定」は、世界に起こることは全て神の意志に基づいているとする、いわば宿命論である。つまり、人間の自由意志と責任を認める立場と、絶対的な神の予定を信じるという相反する立場が共存していることになる。

一般にイスラーム神学においては神の絶対性、全能性が強調されるあまり、人間の自由意志よりも神の予定が重要視される傾向がある。そのような傾向のなかで、来世における褒賞と刑罰という終末思想とのかかわりにおいて特徴のある倫理思想が構成されてきた。とくにイスラーム神学思想が発達した九世紀から一二世紀にかけての、いわゆるイスラームの中世では、道徳原理の根拠をめぐって果てしない論争が展開された。その論争の中心となったのは、まさにこの「神の予定と人間の自由意志」という相反する命題の解釈である。

そこでは人間の自由意志と責任、行為と行為主、啓示と人間の理性との関係などが、倫理的な善悪の規定やその判断基準をどこにおくかという問題とからみあって、議論の的となった。それらを理性的判断に求める立場からはいわゆる「合理主義」を生み、啓示のみを正しい源泉であるとする立場は広い意味で「伝統主義」とされることになる。

伝統主義的な神学派のなかでも、特にアシュアリー学派[☆5]では、神の審判によって来世で褒賞を受けられるような行為が「善」であり、神の「行え」という肯定命令として表現される。反対に「悪」とは来世で刑罰を受ける行為であり、神の「行ってはならない」という禁止命令として表現される。そこでは善悪の価値は事物の本性や行為の性質によって決定される客観的なものではなく、神の意志、すなわち啓示によって決定されるものであるということができ

☆4　イスラームの基本的教義は六信といい、その存在を信じなければならないものを指す。①神、②天使、③聖典、④預言者、⑤来世、⑥予定を指す。詳しくは拙著『イスラームを学ぼう』一二―一四頁を参照されたい。

☆5　一〇世紀頃イラクのバスラでアブー・アル＝ハサン・アル＝アシュアリー（八七二―九三五）を中心として形成された伝統主義の神学派で、今日まで続くスンナ派思想の中核となっている。アシュアリー自身は40歳までムウタズィラ学派に所属していたが、伝統主義に転向後は理論的論争術を武器にして、生涯をかけてムウタズィラ学派の理性主義と闘ったと伝えられる。

る。具体的にはイスラームの聖法シャリーア[6]に従うことが善であり、それに背くことが悪となる。

これに対して理性主義を標榜し、合理的な神学を打ち立てようとするムウタズィラ学派[7]では、原則的には善悪は行為そのものの性質のなかにある自体的なもので、人間の理性によって把握される客観的な価値判断として提示される。そこでは人間は神から与えられた理性によってものごとを判断し、自らの行動を選ぶ主体的な存在であると考えられる。

ムウタズィラ学派の倫理思想は、神と人間との双方の行為の価値が、人間の理性によって知られうるとするところに最大の特徴があるが、これがまたムウタズィラ学派とアシュアリー学派の対立の最も先鋭な問題点でもある。ムウタズィラ学派では、来世などの人間の知識では測り知ることができないとされる世界、「不可知界」についての論証にもこの世の推論を用いるという方法論を取り、啓示に対する理性の優位性を否定しない。

いっぽう、アシュアリー学派はこの世に存在するものすべては神の意志によるものであり、人間の理性では崇高なる神の意志を知ることはできないとし、「予定論」の立場に立つ。被造物におけるいかなる性質も神の予定と決定によって定められているとする考えのなかには、人間の理性の働く余地はない。しかし倫理思想の観点からは、予定論のなかでさえ神と人間との関わりが問い続けられなければならない。アシュアリー（八七三—九三五）の「カスブ論[8]」はこの問いへの一つの解答である。カスブ論において人間は神から与えられた能力に従って行為を獲得する（kasaba）。獲得する行為の価値にしたがって、人間は来世での褒賞と刑罰に相当するものとなる。ここでは、あらゆる存在をつかさどる第一の行為者として神を想定し、その行為を獲得する人間を第二の行為者とすることによって、倫理的諸問題を解明しようとする立場がある。そういう意味では、アシュアリー学派も理性主義的であるといわれることもある。

ムウタズィラ学派はそのあまりにも合理主義的で論理的な解釈と、人間に対する厳しい責任論が一般信徒の反感を呼び、イスラーム世界の辺境に追いやられることになった。しかし、シーア派の神学思想の中には、その影響が今日まで色濃く残っている。また、宗教倫理思想の立場から人間の行為と責任、人間性の尊厳と知的自由を標榜する同派の思想はイスラーム世界の近代化と精神的改革を求める人々からは新たな視線と関心を集めている。

☆6　イスラームの宗教法。シャリーアの語源は「水場へ至る道、命の道」であり、信者が従わなければならない戒律である。しかし、成文法ではなく、法学者によって、聖典クルアーン、預言者の生前の言行録（ハディース）、信者の見解の一致、法学者の類推の四法源をもとに解釈される不文律である。一般の法とは異なって、家庭生活・社会・政治・経済・国際関係など人間にかかわるすべての行為を対象とするが、不文律ではないために、時代や環境にあわせて対応することができる。豚肉や酒類の禁止などの食物規定がよく知られている。最近は利子をとらないイスラーム金融なども話題になっている。近代的な市民法が施行されている国や地域では、とくに家族法が厳格に順守されている。『イスラームを学ぼう』四五—五五頁を参照されたい。

☆7　イスラーム史上最初の体系的神学を形成した神学派。八世紀前半にバスラで発生した同学派は、人間に与えられた理性を知的判断の基準として採用し、理性主義的神学を構築し、九世紀初頭から一〇世紀にかけてイスラーム世界に大きな影響を与えた。アッバース朝初期の八二七—四八年に、「クルアーン創造説」（「神の言葉は神が創造したとする説」）が時のカリフの支持を得て、いわゆる御用学派となったが、その後は周辺地域に分散して少数派となった。その思想の一部は今日までシーア派の神学に受け継がれている。またアッバース朝下のユダヤ教徒に大きな影響を与え、ラビ・ユダヤ教神学の形成に貢献した。ムウタズィラ学派の中心的な思想である「五大原則」（①神の唯一性、②神の正義、③天国の約束と地獄の威嚇、④中間の立場、⑤善行を命じ悪行を禁じる）は九世紀中頃に成立した共通の主張である。同学派の倫理思想は②の神議論に基づいている。

☆8　アシュアリーによって建てられた説で「獲得説」と訳される。あらゆる行為は神が創造し、人間はそれを獲得するが、その獲得した行為の善悪によって、来世で賞罰を受ける、という議論であるが、行為を選択する人間の意志も能力もすべてが神から与えられたものであるとする点に倫理思想としては説得力に欠ける。カスブ論については『イスラームの人間観・世界観』八六—一〇〇頁を参照。

(4) 利他主義の枠組み

前述のように、ムウタズィラ学派によれば、全知全能の神はあらゆる善悪を知るがゆえに、善のみを行い、被造物たる人間にたいしても善のみを意志し命令する。彼らは、この世に存在するもろもろの悪や不正は人間の側から生じたものであるとして、神の正義を主張する神義論の立場から人間の義務と責任を明らかにしようとした。

現代の学者ジョージ・フーラーニーはムウタズィラ学派の倫理思想の第一の特徴として、倫理的価値の客観性を挙げている。同派にあっては、善と悪、正と不正は事物に内在する本性によって決定される。善悪の判断基準は、神の意志によって決定されるものではなく、それを理解し承認する理性によって把握される客観的な価値判断である。ここでは道徳原理の根拠は神の法にあるのではなく、事物の本性にある自体的なものであるとされる。人間は理性の働きによってこの事物の本性を把握し理解することができるとする。

ムウタズィラ学派後期のアブドゥル・ジャッバール(九三五―一〇二四/五)は、同派の伝統に従って倫理的価値判断は自体的な善悪によるとする立場を原則とするが、同時に彼は実践的で現実的な善悪論を展開し、さまざまな判断レベルを考察した。そこには伝統的な自体的善悪論と平行して状況的善悪論が共存している。彼はこの二つの判断基準を統合して、理性主義を背景とした総合的でしかも現実的な原則を打ち立てようと試みている。彼はこのような立場から、倫理思想に極めて実利的な「利益」という概念を導入して、行為の結果に基づく現実的で具体的な判断体系を主張した。

人間の行為が自由意志に基づいて、自らの能力によって作り出されるということは、ムウタズィラ学派にとっては、善には賞が悪には罰がという来世的な道徳論を成立させる根拠となっている。したがって人間が自己の行為の創造者であるということは、人間が自らの決断によって行為を選択するということの積極的な意味でもある。人間が自己の行為について責任を負うものであることによって、はじめて神の正義は全うされるのである。人間が能力があり、理性をもち知識をえることのできる主体的な個体であることが、倫理的な主体であり「義務能力者」としての条件である。

自律的な義務能力者にとって、一般的な善悪が倫理的な善悪にならなければ、倫理主体となることはできない。アブドゥル・ジャッバールは、そこには「付加的な要素」がなくてはならないと主張する。善の行為が単に善であるというだけでは、倫理的積極性を持ちえない。「善」を善となす要因として、そこからあらゆる悪の要素が消滅していることと並んで「付加的な要素」が必然とされる。[☆9]

このような「付加的な要素」とは行為をなす際の意図や動機とも考えられるが、より具体的には行為の推進力となる「利益」であるとされる。しかし一般的に功利的で非倫理的な「利益」という概念が倫理的な「善」と結び付くためには、この「利益」に厳しい規制が適用されることはいうまでもない。人間が自己にたいする現世的な利益を避け、困難を顧みず他者にとって利益となる行為を遂行するという「正しい方法」によって、はじめてその行為が善となり、倫理的な「利益」として実現されることになる。ここでは我欲や自己愛が排除されるのは当然であり、他者にたいする行為においても、他者の不正な欲望の充足に関わるものであってはならない。

その行為が行為主にとって正しいとされる方法によって、他者に利益をもたらすものであり、また利益をもって他者に善行を意図するものであるということが、他者への利益と結びついている際には、利益は恩恵であると表される。[☆10]

☆9　アブドゥル・ジャッバール著『神学大全』(Abd al-Jabbar; *Al-Mughnī fī abwāb al-tawḥīd wa-l-ʻadl*, 16vols. Cairo, 1960-69.) 六巻の一、八頁、五九頁。

アブドゥル・ジャッバールも「現世の人間は利益を獲得し、害を防ぐためにのみ、善の行為を選ぶものである」と嘆いているが、この利益が利他的な利益となるためには、倫理的に正しい方法によって得られる利益でなければならず、自己愛や不正な方法によって得られる利益であってはならない。利益は他者にむかう際には、恩恵、あるいは無償の行為と表現される。さらに、利益が無償の行為として表現される際には、義務や必然性によって行なわれる行為とは異なり、行為者の自由な選択によって崇高な意志に基づいて無償で行為が実行され、その利益が他者に及ぶものでなければならない。

こうしてアブドゥル・ジャッバールにおいては利他性の基準となる「利益」には厳しい規範が設けられ、人間に厳格な自律を要求する実践的倫理的な判断基準になる。このような利他心に基づいた倫理思想はムウタズィラ学派だけが、あるいはアブドゥル・ジャッバールだけが主張しており、多数派のイスラーム教徒がまったく省みていないとは、私は思わない。前述のように、多数派であるスンナ派神学の祖となったアシュアリーも、人間の責任を説明するために、カスブ論という難解な議論を提示した。なぜなら、紛れもなく、義務のザカートに代表される利他心の精神が、クルアーンの教えでもあったからである。

(5) 現代の倫理思想——新しい対話と共存

現在、イスラーム世界では、さまざまな近代思想の相克が見られる。オックスフォード大学教授で、現在、世界中で最も注目されているターリク・ラマダーン(一九六二―)も、アメリカで活躍するインド出身のシーア派のアブドゥルアズィーズ・サチェディーナ（一九四二年―）も、思想的な立場が異なっていても、現代のグローバリゼーションのなかでの対話と共存を模索している。

アッバース朝やオスマン帝国の時代に実現した多宗教・多文化・多民族の共存は、イスラームの優位性とイスラーム政権の支配を認めるという条件下であったが、[☆11]今日では、世界中で活躍するイスラームの思想家たちが、さまざまな立場を掲げながらも、イスラーム教徒と他の宗教の信者たちとが平和的に共存することができる地平を作り出すための方途を探している。そこでは、もはや、どの宗教が支配権を執るかということは問題にされず、どの宗教を信じていても、人間としての尊厳と権利と義務が尊重される「新しい共存」の世界が目標とされる。現代にふさわしい平和的な共存が達成されるためには、どのような形の利他主義を考えていけばいいのか。

ラマダーンは「神とともに在ることは、人類とともに在ること」として、これを「タウヒード」（神の唯一性）[☆12]の本来

☆10　『神学大全』第一四巻、三八頁、『イスラームの倫理』二一〇―二一一頁。

☆11　アッバース朝時代の多宗教・多民族共存に関しては、『イスラームを学ぼう』二一一―二二六、一五〇―一五四頁。『イスラームの人間観・世界観』二三一―二六五頁、「イスラームの理性主義と他者との共存」（『ユダヤ教・キリスト教・イスラームは共存できるか』森孝一編、明石書店、二〇〇八年）一七八―一九五頁を参照されたい。イスラームでは同一の聖典を共有するユダヤ教徒、キリスト教徒を「啓典の民」とよび、一部の例外はあるものの信教・移動・職業の自由を保護したために、近代文明の基礎となったイスラーム文明が花開いた。同様に、オスマン帝国内では、「啓典の民」の共同体をミッレトと呼び、それぞれを集団として管理する制度があった。政治的経済的に優位なイスラーム教徒が弱小集団であったユダヤ教徒やキリスト教諸派に寛容であったことを示している。『パクス・イスラミカの世紀』（「新書イスラームの世界史2」鈴木編、講談社現代新書、一九九三年）一二五―一六七頁。

☆12　タウヒードとは「唯一にすること」という意味であり、一神教の神の唯一性を示す用語である。イスラームの根本的教義であるが、とくに最初の神学集団ムウタズィラ派の五原則の第一に置かれている。タウヒードは神学、哲学、神秘主義思想などで大いに議論が展開されたが、現代では単に神の唯一性を議論するだけでなく、一神教徒としての生き方や社会や世界との関わりという倫理的な問題に関連づけて語られるようになってきた。

の意味であると説明している。このタウヒードは、四つの次元を持って展開しているが、まず、家族との関係から始まり、つぎに五行の宗教的儀礼を実行することによって集合的側面を持つことになり、信仰者はすべて信仰共同体に所属する。第三にこの信仰共同体は「信仰告白」シャハーダによって結ばれる「信仰、感情、同胞、運命の共同体」ウンマとなる。すべてのムスリムは個人として信仰に入るが、同時にひとつのウンマの成員としての義務を負うことになる。さらに第四の次元にいたると、ウンマは、ムスリム以外の全人類に対しても、あらゆる状況下において正義と人間の尊厳の側に立つことによって、みずからの信仰について証言する義務を負うことになるのである。ラマダーンはムスリムが全人類に対して正義を行なうという原則が、タウヒードの実践であり、ムスリム共同体全体の任務を真に理解することに基づいていると言う。

このような「共存」を、ラマダーンは伝統的な「イスラームの家」dār al-Islām と「戦争の家」dār al-ḥarb という区別から、「告白の家」dār al-shahādah へと転換をはかるための鍵概念であるとしている。彼は、さらにヨーロッパに住むムスリムにとって、もっとも重要な課題はシティズンシップであるとして、ムスリムの側からは、移住し共存して住む運命にある土地・国家・都市への忠誠を守ることを、ヨーロッパ社会の側からは、ムスリムにシティズン(市民)としての平等な権利と義務を与えることを要求する。

ラマダーンのいう「共存」は「神がともにある」ということを示唆しているように思える。すべての被造物が、神とともにあることによって、あらゆる差異を超越することができる。あらゆる被造物は、神との共存によって、他者、死者、国家、民族、文明・文化の差異を超えることができると考えられる。言い換えれば、信仰的には、絶対的な神であるゆえに「神と被造物の共存」が可能となるのではないかとも思える。クルアーンに、神は絶対的な高みに存在するが、同時に「人間の頚動脈よりも人間に近く在る」(五〇章一六節)と記されている。このような「いと高く、いと近く」在る神のもとでは、「神と人間の共存」は創造的な意味をもって、人間に決断を迫る究極的な「共存」となる。

このような「神と人間の共存」のもとでは、人間同士の差異はなんら問題にもならず、共存を阻む要素さえ存在することはなくなるのである。

(6) 新しいジハード論

「ジハード」はこんにち、過激なイスラーム集団が引き起こす武力行為や暴力行為を指す用語として知られるようになり、「ムスリムはジハードという聖戦思想を基盤にしており、暴力やテロや戦争の当事者の側にある」とみなされることが多い。しかし、ジハードについてのこのような用法は、本来の意味を表すものでは、ない。☆13

ジハード(jihād)はもともと「ジャハダ(jahada)」「ジャーハダ(jāhada)」というアラビア語の動詞の派生形から出てきた名詞で、原語としての意味は「努力する」「克己する」「奮闘する」という意味である。ジハード論に関する用語はクルアーンの中では四一の節に現れているが、四一カ所の記述がすべて紛争や戦いに関するものではない。厳密にはわずか一〇カ所ほどの節でジハードに戦闘的な意味が与えられているにすぎない。

ジハードは本来「努力」を意味する言葉であり、「奮闘努力」とも訳される。これには二つの意味があり、精神的宗教的な修行を意味する「大ジハード」と、対外的な郷土防衛戦争を指す「小ジハード」に分けられる。外敵の侵略

☆13 今日の戦闘的イスラーム集団が自らの行為を正当化するために「ジハード」を標榜するのは、宗教的にみてジハード思想の悪用であり、大多数のムスリムは彼らの武装闘争には批判的である。ジハードについては、拙稿「ジハードとは何か――クルアーンの教義と過激派組織の論理」(『変革期イスラーム社会の宗教と紛争』塩尻和子編著、明石書店、二〇一六年)三七―六一頁、『イスラームを学ぼう』二四―二六、一五八―一六一、一六八―一九七頁を参照されたい。

に対抗する防衛的な「小ジハード」が全ムスリムに課せられる個人的な義務（ファルド）でもあったということは、ジハードが一般に理解されているような「聖戦」ではなく、むしろ「正戦」であるということを示している。しかもこの正戦が発効するためには、外部から異教徒が侵攻してくる場合に限られること、カリフの指揮のもと、全ムスリムが一致して参戦すること、一般市民や婦女子などの非戦闘員やキリスト教の修道士や僧侶、ユダヤ教のラビなどの宗教者を殺すことは厳しく禁じられていることなどの多くの規制がかけられており、ムハンマドの死後の歴史上、このような基準を満たした「小ジハード」が実施されたことは、一度もないのである。

ラマダーンは、ヨーロッパに住むイスラーム教徒が近代社会の規範に順応して暮らしつつも信仰の道から外れないためには、恒常的で均衡のとれた努力、ジハードを欠くことが出来ないとして、ジハードの重要性を挙げている。ジハードはさまざまな側面や場合に実行されるものである、として以下のように述べる。

内面的には個々人の利己主義や暴力志向を克服し、社会的にはより偉大な正義のために行い、さまざまな種類の差別、失業、人種的偏見に反対する運動であり、政治的には市民としての責任、権利、多元主義の促進、言論の自由、民主的行程を擁護することであり、経済的には投機、独占、新植民地主義への反対行動であり、文化的には良心と人間の価値の尊厳への敬意を表現する芸術と形式を発展させることである。☆14

クルアーンに記されているジハードの意味は、信者が自らの欲望や心の弱さと闘うことや、神の教えや戒律を重視するための努力、宗教にかかわる知識を求めること、神の教えに従い、人々を唯一の神を崇拝するように導くことなど、さまざまな意味合いで用いられている。そのために「ジハード」には時代や地域との関係などによって、それぞれの時代のイスラーム法学者や為政者によって、じつにさまざまな解釈が行なわれてきたことも事実である。しかし今日、「ジハードはイスラーム教徒によるテロや戦争を正当化したり、神聖化したりする教義である」と受け取られることが多いが、本来の意味はひとつではないということに注意しなければならない。

そういう意味では、ラマダーンがいう「ジハードとは恒常的で均衡のとれた努力である」という意味づけは、近代社会では適切な用法であろう。これに関して、シーア派のサチェディーナも同様の見解を示している。一般的に、他民族や他宗教に対するムスリムの支配を拡大する手段という意味で用いられるジハードの解釈を、「クルアーンの精神に立ち戻って、正義を伴った平和のために働く倫理的努力を、言い換えれば、純粋に応報的な正義ではなく、むしろ復興させる正義を探求する構成要素を示すものである」という。

倫理的な意味合いでは、ジハードは地上の道徳的な秩序を設立するための人間の努力の一部である。それはクルアーンの主要な戒律である。しかし、信仰への呼びかけに応える際の人間良心の自由に対するクルアーンの主張と、理想的な公的イスラームの秩序を創り上げるために国家に授与された権力の間には、緊張関係がある。目に見える敵に対抗する闘いを意味する政治的法学的なジハードの解釈に反して、純粋に宗教的な奥義は、個人の内奥の衝動に対する闘いを意味している。[☆15]

前述のように、このような内面的なジハードは預言者ムハンマドによって「大ジハード」と宣言され、外敵に対する闘いを意味するものは「小ジハード」とされた。現代の私たちは、より価値の大きいジハードを目指すべきである、とサチェディーナは主張する。イスラームの伝統は、理想的な社会秩序を求めるためのバランスのとれた手段と目的

☆14 Tariq Ramadan, *Western Muslims and the Future of Islam*, Oxford University Press, 2004, p113.
☆15 Abdulaziz Sachedina, *The Islamic Roots of Democratic Pluralism*, Oxford University Press, 2001, p. 113.

とは何かという問いに対するさまざまな回答を提供している。理想的な社会を作りあげるために、神は人間の欠陥を憐れみと許しをもって扱われるのに、なぜクルアーンは正義を回復するために暴力的な手段を容認するのか。なぜ人間社会は、社会的に阻害された人々を扱う際に、許しと憐れみによって行なわれる神の行動を見習わないのか。[☆16] 人間が神の呼びかけに答え、神に服従するなら、暴力は不必要となる。これは、最初の代理人であるアーダムが地上に置かれて以来、人間が熱望してきた平和と安寧を約束される神に服従することである。[☆17]

ジハードの内的倫理的な側面こそが神から人間に与えられた義務であり、それに人間が応えることによって、現代社会におけるイスラームの倫理が実現されるという立場は、今日の世界にとって極めて重要である。当然のことながら、ラマダーンやサチェディーナの立場も、社会的に阻害されている人々の中に他民族や他宗教の信者を加えている点から、グローバル時代の平和的共存を目指す立場となっている。

(7) 平和的共存のために

こんにちイスラームは、ともすればここ百年間に生じた国際政治のアンバランスを背景として引き起こされる武力闘争や暴力事件と結びつけて語られることが多い。しかし、短絡的な社会改革を目的としてテロや武装闘争に訴える集団は、どの宗教にもどの社会にもみられることであり、イスラームに限ったことではない。また、イスラーム思想の中に暴力や殺人を容認する教えはみられない。クルアーンは人の命について以下のように教えている。

人を殺した者、地上で悪を働いたという理由もなく人を殺す者は、全人類を殺したのと同じである。人の生命を

救う者は、全人類の生命を救ったのと同じであると定めた。（五章三二節）

イスラームには、聖典クルアーンの教えに従って、神によって造られた被造物としての謙虚な人間観がみられること、その人間観に基づいて、基本的な儀礼行為にザカートという相互扶助を掲げていること、イスラーム倫理思想では利他心の必要性が謳われていること、本来は精神的な自己修養を意味したジハードの義務など、イスラームにも滝久雄のいう「ホモ・コントリビューエンス」[☆18]としての人間像がみられる。イスラームとムスリムへの厳しい偏見にもかかわらず、こんにちでも世界中の多くの人々がイスラームに惹きつけられている理由がここにあると思われる。私たちはさらに、現代のイスラーム思想の中に、グローバルな市民観にそった新しいジハード論や新しい利他心、他者との共存を可能とするための貢献心など、地球市民としての倫理思想が展開されていることに注目したい。

私たちは、ラマダーンの主張する「ヨーロッパ社会」を「日本社会」と置きかえて検討することもできよう。イスラーム教徒は、現在、キリスト教徒についで世界第二位の勢力を持つが、日本ではイスラーム教徒数もまだ少なく、イスラーム研究者の人数も限られている。欧米のような社会生活上の大きな問題は生じていないが、いまだ少数者の宗教であるという理由づけで、イスラームを客観的に学ぶことを避けてはならない。世界的に急増するイスラーム教徒の勢力を考えると、イスラーム世界のグローバリゼーションの理想「人間はすべて森羅万象と同様に神の被造物で

☆16 Sachedina[2001], pp. 128-129.
☆17 Sachedina[2001], p. 131.
☆18 『貢献する気持ち』（滝久雄著、紀伊國屋書店、二〇〇一年）七四―八七頁。滝は、遊び、学習、仕事、暮らし、といった人間の基本的なモードでは説明のできない人間性をホモ・コントリビューエンスと呼び、生かされていることに感謝をささげ、他者に貢献する可能性をもった人間性を見つめなおすことによって社会を精神的に柔軟に豊かにすることを提唱している。

あり、すべて平等である」という理想が、やがて欧米中心のグローバリゼーションにとって代わる時代がくる可能性がある。よりよい対話と共存のために、今、日本人である私たちにできることはなにか。

同一の社会の中でのよりよい共存のためには、それぞれの宗教の教義などあまり知らなくても人格的な交わりが重要であるとする立場もある。それぞれの教義や思想について専門的に学ぶ機会がなくとも、人間同士としての平和な日常的なつきあいを行なうことも、もちろん、重要である。私もこの立場に賛同するものであるが、同時に、それぞれの思想を、偏見を排して客観的に学ぶことはさらに重要なことであると考える。特に日本人は知識欲が旺盛であり、歴史を生き延びて世界中に大きな影響を与えている異文化や他宗教を理解することの重要性を熟知する人々でもある。また、日本はイスラーム世界に対して歴史的に負の遺産をほとんど持っていない。日本人こそ、世界の異文化理解の対話と平和的な共存の実現と普及に貢献することができるように思われる。[☆19]

☆19 日本のイスラーム理解については、拙稿「宗教間対話運動と日本のイスラーム理解」（『宗教と対話―多文化共生社会の中で』小原克博・勝又悦子編、教文館、二〇一七年）一〇三―一三七頁を参照されたい。

ピーパー『四枢要徳について』の要点と批評

——滝久雄『貢献する気持ち』との関連において

古田徹也

はじめに

『四枢要徳について』（*Über die Tugenden*）（以下『四枢要徳』と略）は、二十世紀の代表的なキリスト教哲学者の一人であるヨゼフ・ピーパー（Josef Pieper, 1904-97）が、主にトマス・アクィナスに依拠しながら、ヨーロッパ社会で脈々と息づいてきた「徳（aretê, virtus, Tugend, virtue）」の概念について包括的に論じた著作である。本稿は、この書の要点をまとめた上で、滝久雄著『貢献する気持ち』（紀伊国屋書店、二〇〇一年）との関連性を探るものである。

なお、『四枢要徳』は、ピーパーが一九三〇～五〇年代に四つの枢要徳（※後述）についてそれぞれ個別に論じた四冊の書を、彼自身が一九六四年に一巻本にまとめて再刊したものである。その際の原題は *Das Viergespann: Klugheit, Gerechtigkeit, Tapferkeit, Mass*（『四頭立ての二輪戦車——思慮、正義、勇気、節制』）であり、二〇〇四年に彼の生誕百年を記念して刊行された新版では、内容や体裁に変更は無いものの、題名が *Über die Tugenden: Klugheit, Gerechtigkeit, Tapferkeit, Mass*（『諸徳について——思慮、正義、勇気、節制』）に変えられている。

以下、『四枢要徳』からの引用等に際しては、以下の邦訳の頁数を記している。

『四枢要徳について——西洋の伝統に学ぶ』、松尾雄二訳、知泉書館、二〇〇七年なお、ドイツ語による原著および英訳には以下のものがある。
Das Viergespann: Klugheit - Gerechtigkeit - Tapferkeit - Maß, Kösel, 1964.
Über die Tugenden: Klugheit - Gerechtigkeit - Tapferkeit - Maß, Kösel, 2004.
The Four Cardinal Virtues: Prudence - Justice - Fortitude - Temperance, University of Notre Dame press, 1966.

1 『四枢要徳について』の概要と意義

古代ギリシア以来、ヨーロッパ社会では、枢要徳——諸々の徳の中で最も根本的なもの——として、次の四つの徳が重視され、様々なかたちで論じられてきた。一つ目は、思慮（phronēsis, prudential, Klugheit, prudence）ないし知恵（sophia, sapientia, Weisheit, wisdom）と呼ばれるものであり、以下、正義（dikaiosynē, iustitia, Gerechtkait, justice）、勇気（andreia, fortitude, Tapferkeit, courage）、節制（sōphrosynē, temperantia, Maß, temperance）が挙げられる。そして、重要性もこの順序だとされてきた。つまり、思慮が最も肝心な徳であり、次いで正義の重要度が高い、という具合である。

ピーパーが『四枢要徳』においてまず強調するのは、「徳論」という問題の立て方が人間の自己理解という点で大発見の一つであり、かつ、ヨーロッパの精神の基本的な柱になっているということである。プラトンやアリストテレスが前述の四つの徳を枢要徳として挙げて以来、ローマ人（キケロ、セネカ）もユダヤ教徒（フィロン）も、そしてキリスト教徒（アレクサンドリアのクレメンス、アウグスチヌス、トマス・アクィナス）も、この枢要徳の四区分を受け継ぎ、個々の徳の本質や他の徳との関連性などについて、連綿と思考を積み重ねてきた。「西洋の土台を固めた原動力すべてが、ここ〔徳論〕に投入されている」(4)、ピーパーはそう述べている。

しかし、すべての時代を通じて徳論が倫理学説として有力であったわけではない。特に近代以降は、人間の当為を「掟」や「義務」という規則の観点から捉える理論——ピーパーはこれを「道徳主義(Moralismus)」と呼ぶ——が力を持つようになった。彼は、掟と義務が人間の当為の表現として重要であることを認めつつも、次のように続けている。

掟もしくは義務の理論は、おのずと、つながりのない命令を宣言するだけで、何かを「為すべき」人間自身を見失う危険性をもつ。これに対して徳論は、同じくおのずと、まさしくその人間について明確に語る。(4)

掟や義務という規則は単に、何かを為すべきという命令を宣言するだけであり、なぜそれを為すべきか、その背景となっているはずの人間像(それを「為すべき」人間自身)がそこでは捨象されている。逆に徳論は、思慮深く、正しく、勇気があり、節度をもつ人間であるという、そうした人間の存在(在り方)について、まさに明確に語るものなのである。

ただしピーパーによれば、徳論が提示している人間像は、人間が成長していく目標としての在り方のみを意味するわけではなく、同時に、「われわれがすでに持ちあわせている被造のままの存在」(4)について語るものでもある。つまり徳論とは、すでに在るがまだ自己のものとしては見えていないものを露わにさせ、自己の可能性を解放させていくことを目指すものだと、ピーパーは強調するのである。

当為論のこのタイプ〔徳論〕は、本性上、規則で取り締まることとは無縁である。逆に、まさに道を解放して、道路を開通させることを目指している。(4)

それでは、そもそもなぜ徳論は、人間の潜在的な在り方とその成長の道筋の内実とを語ることができるのだろうか。ピーパーはその理由を、徳論が基本的な人間像を古代から連綿と継承してきたという点に求めている。すなわち、「人間の実在の認識にかんして言えば、『古代人の知恵』は、事実として、汲めども尽きせぬ現実性をもっている」(4)というのである。そして、その古代人の洞察が具体的にどのようなものであり、それをトマス・アクィナスをはじめとする後代の論者がどのように吸収し発展させていったのか、それを跡付ける作業が、まさに『四枢要徳』の本論(第I〜IV部)を構成している。

以上のようにピーパーは、『四枢要徳』へとまとめ上げられる一連の論考によって、近代以降影響力を弱めつつあった徳論を倫理学説として再興させる先駆けとなる役割を果たしている。『四枢要徳』に寄せた文章の中で稲垣良典が述べているように(xxi)、一九八一年にアラスデア・マッキンタイヤー(Alasdair MacIntyre, 1929-)が『美徳なき時代(*After Virtue*)』(篠崎栄訳、みすず書房、一九九三年)を刊行する以前に、さらにまた、一九五〇年代以降にフィリッパ・フット(Philippa Foot, 1920-2010)が徳概念の復権を目論む一連の論文を発表する以前に、ピーパーは一九三〇年代から徳概念の重要性を世に問い始め、それは静かではあるが幅広い影響を与えていき、後の徳倫理学の再興を準備したのである。

なお、『四枢要徳』の構成上の最大の特徴として挙げられるのは、トマス・アクィナスの『神学大全』からの引用やそれへの言及が極めて多いという点である。ピーパーはその理由を、多少なりとも偶然的な歴史的関心が先行してのことではなく、また、トマスの個人的な天才や偉大さによるものでもなく、トマスがそれまでの「重要な教説すべてを対比的にちりばめて著作に書き表し、さらにかれ自身の限界を乗り越えるようにわれわれを誘うという、まことに創造的な無私無欲の精神のゆえ」(5)だと説明している。「ここ〔『神学大全』〕では、トマスという個人的な大人物が語っているのではなく、偉大な人類の知恵の伝統そのものが、口を開いている」(5)と彼が語る所以である。

2　四枢要徳の内実

この節では、『四枢要徳』の本論（第I〜IV部）において述べられる四つの枢要徳（思慮、正義、勇気、節制）の内実について、特にそのなかでも重要な「思慮」と「正義」の徳を中心に、その要点をまとめていく。なお、『貢献する気持ち』とのつながりを探るという本稿の趣旨から、以下では、ピーパーが行なっている広範な議論のうち、キリスト教の教義や伝統に深く内在した部分（そして、この部分は実際『四枢要徳』の多くの部分を占めている）よりも、古代ギリシアや現代の倫理的思考とも関連するより一般的な部分に焦点を合わせていることに注意されたい。

2―1　思慮

思慮の徳の優位

ピーパーはまず、思慮の徳が、正義、勇気、節制という他の三つの枢要徳――この三つの徳は特に「倫理徳」とも呼ばれる――の「生みの親」であり、それらの形相（形式）的根拠であること、すなわち、思慮ある人だけが、正しい人、勇気ある人、節度を持つ人でありうるという、古来受け継がれてきた「思慮の徳の優位」を確認する。

しかし、彼は同時に、この「思慮の徳の優位」という考え方に対して現代のわれわれが違和感を覚えるだろうということを認めている。というのも、われわれは「思慮ある」ということをしばしば「賢しい」ことや「抜け目ない」こととして、すなわち、卑屈で保身的であったり利己的であったりすることとして捉える傾向があるからである。言い換えれば、嘘や逃げ腰がしばしば「思慮ある（賢い）」と言われ、誠実さや勇気ある自己犠牲がしばしば「無思慮

（賢明でない）」と言われるように、「思慮は、善いこと（正義、勇気、節制という三つの倫理徳を備えていること）の必要条件である」という命題は、実のところ「思慮は、役に立つこと――効用善（bonum utile）――の必要条件である」ということを意味しており、「見事に偽装した功利主義の定式だ」（10）とわれわれは考えてしまいがちなのである。

しかし、思慮の徳についてのこうした理解は誤りであるとピーパーは強調する。彼によれば、思慮は本来、真理（実在、現実）を追求する習慣的な姿勢に他ならない。つまり、思慮とは、嘘や不誠実や逃げ腰によって真理から遠ざかることではなく、逆に、真理を明るみに出すことなのである。それゆえ、思慮の徳は、「険しい善（bonum arduum）」（23）としての特徴を持つと彼は言う。なぜなら、真理を明るみに出すことは、ときに厳しく、難しいことでありうるからである。（たとえば、嘘や希望的観測、自己欺瞞などを避け続けることができるのか、あるいは、昔の記憶をどれだけ正確に保持することができるのか、等々。）むしろ、真理を覆い隠す方が「効用善」に適合する場合も多いだろう。その意味で、真理の追求は険しい営みとなるのである。

そして、思慮が真理を明るみ出す営みであるということは、二つの事柄を含意する。一つは、思慮がまずもって真理を認識する能力だということである。（ピーパーはここで、「真理の認識において理性は完成する」というトマスの言葉を引き、この能力を「理性（ratio, Vernunft）」とも呼んでいる。）そして、同時に思慮は、単に真理を認識するだけでなく、ある意味で自らをそこに高めることでもある。言い換えれば、思慮は、認識した真理に即した行為を選択決定し、それを実行すべく命令を下すことでもあるのである。つまり、「思慮ある決定は前もってあった真なる認識の押印」（19）であり、思慮においては「認識することがより先」（19）にあるのであるが、思慮が思慮として完成するためには、真理の認識はそのまま決定を下すことに進まなければならない。それゆえピーパーは、「思案はゆっくりでいいが、思案の済んだ行動は迅速であるべきだ」というトマスの言葉を引きつつ、思慮には「誠実な記憶」と「ものわかりのよさ」だけではなく、「明敏さ」が必要であることを強調するのである（20-24）。

かくして、「思慮は、善いことの必要条件である」という命題は、「認識された真理に即した行為の選択決定が、善いことの必要条件である」とパラフレーズされる。そして、選択決定された行為の実行において、人は正しかったり勇気があったり節度があったりしうる、ということになる。それゆえピーパーは、「思慮は正義と勇気と節制の『尺度』である」（13）〔引用文中の強調は原著者、以下同様〕と述べ、さらに、「思慮の尺度は、『事物そのもの』」（15）、すなわち、真理であると続けている。この、「善の尺度は思慮であり、思慮の尺度は真理である」というポイントを、彼は次のようにも表現している。

善いということはまず思慮あることである。ただし、現実に合っていることが思慮あることなのである。（16）

思慮の具体性・個別性

さて、それでは、真理を認識し、その認識された真理に即した行為を選択決断する思慮の営みとは、具体的にはどのようなものなのだろうか。

ピーパーによれば、それは、特定の行為主体が「今・ここ」で直面している状況に関係なく固定化（抽象化）された「遵守事項」や「禁止事項」にただ従うというもの（道徳主義）ではない。それは、「訳も分からず『立てられた』指令をただ事実的に遵守することとはまったく別のもの」（34）なのである。またそれは、その状況の後や前でたとえば「効用善」を計算するというもの（功利主義）でもない。むしろ彼は、思慮の営みが、本質的に「今・ここ」の場面において他の人と置き換えのきかない当人が行うものであることを強調している。

具体的な倫理行為の直接の尺度は選択決断する当人の思慮の命令だけである。この基準はけっして抽象的に——つまり、決断の現場そのものを抜きにして——後で構成されたり前もって計算されたりはできない。思慮の命令は、いつも、また本質的に「今・ここ」で為されるべき行動にたいする決定と決断である。そして、具体的な倫理的決断はまさしくこの決断に立たされている人だけの問題であること、これがその本質である。決断に必ず付いてまわる責任は、だれ一人として代わって引き受けたり取り去ったりできないように、だれも当人の代わりに決断を代行することはできない。(38)

ピーパーはこの点に関連して、「決疑論が行きすぎると、多様な倫理的生を前にして思慮の徳が保持すべき『型にはまらないしなやかさ』が、技法と処方に取って代わられる」というトマスの指摘を挙げながら、「決疑論の過大評価の上に建てられる道徳論は、偶然ではなくて必然的に『罪の理論』であり、徳論、すなわち人間の模範像の理論ではない」(42)と指摘する。そして、「いったん決疑論にいたれば、すぐ次に来ることは、良心の問題における決断が、一人一人の良心から取り上げられて専門家の権威に委ねられる」(42)ことであるがゆえに、「決疑論的な道徳論は、人間の未成熟を前提としているだけではなく、この未成熟を際立たせて永遠のものとする」(42)という厳しい批判を加えている。

思慮と倫理徳、思慮と対神徳

思慮に関する考察の最後にピーパーは、倫理徳と思慮の徳との相互依存関係について、それから、キリスト教における「信仰」と「希望」と「愛」という三つの徳——これは「対神徳」と呼ばれる——と思慮の徳との関係について言及している。

正義や勇気や節制といった倫理徳が思慮の徳に依存しているという点については、すでに確認した。「思慮はすべての倫理徳の原因、根、『生みの親』、尺度、規範、御者、そして形相根拠である。思慮は諸徳すべてに働いて、すべてをそれらの本来のもの（Wesen）へと完成させる。すべてが思慮に与り、その分有によって、それらは徳なのである」（14）、ピーパーはそう語っている。

しかし、彼は同時に、「思慮は倫理諸徳なしにはありえない」（45）とも述べる。つまり、思慮ある者だけが正しく、勇敢で節度があるのだが、しかし、まだ正しく勇敢でなく節度のない者は思慮ある者ではない、ということである。これは矛盾ではないだろうか。

この矛盾の解決は、次のようにして与えられる。まず、「正しく勇敢で、節度を守るべきだということを、ことさら言われなければならない人などいない」（46）。すなわち、「このようなことの為に『思案をめぐらす』必要は、まったくない」（46）ということである。つまり、これらの倫理徳は、未成熟な人でも皆持ちあわせており、その意味で「すでに在るもの」である。しかし、すでに在るものの、未成熟な者はまだこれらを十全なかたちで獲得しているわけではない。「おのれの生の終局の諸目的を知ることは、この『生』でこれからさらに獲得しようとしている、そして完成させようとしている能力の果実ではないし、果実ではありえない」（46）のである。彼はこう続けている。

善を愛し実現しなければならないということについて、だれも知らないはずはない……思慮の思案と決定は、ひたすら正義と勇気と節度の具体的な実現に向けられているのである。（46）

言い換えれば、われわれは皆、善に向かう衝動的で本能的な「素質」を備えている。しかしそれは、思慮という選択決定の能力を通じてはじめて完成させられる。つまり、善を体現する諸々の倫理徳は思慮することに先だって「すでに在る」のであり、思慮はそれらに基づき、それを完成させていく営みなのであるが、まさにその思慮の営みなしに、それらは倫理徳として完成されないのである。これが、一見矛盾に見える思慮の徳と倫理徳との相互依存関係の中身に他ならない。

……「選択決定の能力が完成する」ことによってはじめて、善に向かっている本能的な傾きが精神的な決断の中枢に高められるし、その中枢から真正の人間らしい行動が出てくるのである。思慮がはじめて、衝動的で本能的なただしい行為、つまり自然的に善い『素質』を、本来の徳へと、すなわち、「完成した能力」という真に人間らしいあり方へと、完成させる。(13)

一方、「信仰」、「希望」、「愛」という「対神徳」に関してピーパーは、特に愛と思慮との関係について言及している。彼は、「思慮は倫理諸徳の形相根拠であるが、愛の形相は思慮そのものに浸透している」(51)と述べる。この点を彼は、次のようにも表現している。

神とのいっそう完全な友愛をもつ者の目には、平均的な人間や平均的なキリスト者の視野にはまだ開かれていない、いっそう深い現実在の次元が見えてくる。より大きな神への愛にたいしては、現実的なものの真理がいっそうはっきりと、いっそう明瞭に顕現する。(53)

愛の形相は、真理を追求する思慮そのものに浸透している。神へのより大きな愛をもつ者は、より深く明瞭な真理を認識し、自らの存在をより高みへと促す。「……確かなことは、対神徳によって、われわれの存在(Wesen)と行いの全体は、それがなければまったく手に届かないところの、存在（Sein）の高まりを受けとるということである」（51）。

2―2 正義

倫理徳のなかでの正義の優位

思慮とは、真理を――すなわち、正しいことを――追求する習慣的姿勢であった。ピーパーはこのことから、「すべての徳が依存している思慮が、すでにその根本で、その他の諸徳全部に、なかでも正義に、依存しているということ、それも大いに依存している」（23）ということを指摘している。また彼は、思慮の実現は理性に従った欲求能力に基づいている正義においてこそ一番明るみに出ると述べ、以下のように続けている。

自分だけに目をむけ、したがって現実からの真理の発言を許さない物は、正しくもなく勇気もなく節度もないが、なかでもその人は正しくない。なぜなら、正義の実現にまず第一に必要とされるのは、人間がおのれ自身を依怙ひいきしないというところにあるからである。日常の言葉づかいで、事がらに沿っていないこと（Unsachlichkeit）と不正（Ungerechtkeit）がほとんど同じことを意味しているのは、偶然のことではない。（30）

「他者の善」としての正義

それでは、正義とは具体的にどのようなものなのか。ピーパーによればそれは、「われわれをして誰にでもその人の当然のものを与えるようにさせる習慣的な姿勢」（59）に他ならない。この、「その人の当然のもの」あるいは「その人の当然の持ち分」（58）のことを、彼は「権利」とも言い換えている（60-1）。そして彼が強調するのは、権利というう概念をさらに別の言葉によって定義したり根拠付けたりすることはできないということ、すなわち、権利とは原始概念だということである。

「当然のものを持っていること（das Zustehn）」という概念、つまり「権利」の概念は原始概念であり、先行する上位の概念には還元できない。ということは、せいぜい別の言葉で言い換えることはできても、定義はできないということである。たとえば、こう言うことはできる、当然の持ち分、つまりその人のもの（das sum）というのは、その人が他者にたいして、その他者の責務・負い目として、それを排他的に要求できるところのものである、と。（62）

つまり正義とは、「われわれは誰にでも、その人の当然の持ち分を回復させる責務や負い目がある」ということであり、われわれはそれ以上の根拠に遡ることはできない。そして、ここにおいて、正義が倫理徳のなかで唯一他者に向かうものであることが明らかになっていると、ピーパーは強調する。

他の諸徳とくらべて正義に特有なことは、人間を他者とのつながり方において秩序付けるということである。……これにたいして他の諸徳は人間を、自分自身に目が向けられるかぎりでの自分のことにおいてだけ、完成させる。（70）

彼はまた、「正義は人をしておのれ自身を秩序付けるだけではなく、人間どうしの交わりを秩序づける」（84）ものであり、「個人を越えでている」（84）ものであること、その意味で、正義とは「他者の善（bonum alterius）」（84）であると述べている。そして、基本的にはそれゆえに、正義は他の倫理徳よりも優位にあるのだとも（84）。おのれ自身を依怙ひいきしないこと、個人を越えていくこと、他者の善であること、それが、正義を最も重要な倫理徳にしているのである。

また、「正義は他者に向かうものである」というこの特徴は、「正義を為すことはとりわけ外的な行為に出てくる」(78)ということを含意する。他方、勇気や節制の領域では、特に人の内的な状態への配慮が必要であり、その次にはじめて、外的な行為が問題になる。たとえば、「わたしがどれだけ酒を飲めば節制の徳(temperantia)を損なうことになるのか――はじめての人にはそれに答えようがないだろう。これにたいして、飲み屋にどれだけツケがあるか、これならだれでもすぐさま『客観的に』分かる」(78)。

しかし、正義を為すことが必ず外的な行為に出てくるものであるということは、逆に言えば、その行為者の内的な状態というものが無視される可能性を正義の徳は有しているということでもある。つまり、「『正しいこと』を為すには、まだ正しい人でなくともできる」(81)ことは間違いない。とはいえ、ピーパーは、正しい人間であるためには単に「正しいこと」を為すだけでなく、正しくあることが必要である、と強調する。それでは、その区別は如何にして可能なのか。ここで彼は、「正義を持ちあわせていない人が、正しい人が為すような仕方で正しいことを為すのは難しい」(82)というアリストテレス『ニコマコス倫理学』の論点(1137a5-9)を取り上げ、また、この論点に対するトマスの註解を紹介している。すなわち、正しい人は、「喜んで、かつ速やかに為す」(82)のだと。ここには、思慮の徳を備えている人の要件と同種の事柄が語られている。つまり、思慮の徳が真理を認識することだけではなく、そこからただちに真理に即した選択決定を下すことにおいてはじめて完成されるのと同じように、正義の徳を備える人は、他者の当然の持ち分を回復させる行為をただちに、いわば自然と、行うのである。

正義の諸形態

さて、それでは、正義を為すその相手、他者とは具体的に誰のことだろうか。ピーパーはトマスに依拠しつつ、人間の共同生活の三つの基本的な関係に応じて、正義を為すことにも三つの形があると論じている（90–91）。第一の関係は、個人相互のつながり（諸部分の諸部分への秩序）であり、これに対応する正義は、互いに均等になるように調整するところの、交換の正義（iustitia commutativa）である。第二の関係は、社会的全体から諸個人へのつながり（全体の諸部分への秩序）であり、これに対応する正義は、分配的ないし配分的な正義（iustitia distributiva）である。そして第三の関係は、諸個人から社会的全体へのつながり（諸部分の全体への秩序）であり、これには、法的ないし一般的な正義（iustitia legalis, iustitia generalis）が対応する。

まず、交換正義に関しては、それが正義のいわば古典的形態であり、人間の共存の核心であることが確認される。交換正義は、当人の当然の持ち分を互いに「元どおりにする（restitutio）」（97）——回復させる——という正義の基本的な有り様に他ならない。そして、ここで彼は、「それがもし当人のものであるなら、それをその人に与える必要はない」（98）という、ショーペンハウアーの指摘を取り上げ、「正義の前提にあるのは、『当然の持ち分』という概念が何であろうと、『当人の』ものであるのに当人が持っていないという、まことに奇妙な事実なのである」（98）と続けている。ピーパーがこの論点に重ねるのは、どのような行為も行為者を債務者もしくは債権者にするのであるから、どのような人間の行為も釣り合いのとれた均等の状態を乱すものであるという、正義の実現にとってはある意味で皮肉な構造である（99）。この構造を言い換えれば、「われわれは互いに、途絶えることなく何か負い目ある状態にある」（99）ということ、すなわち、「互いに『元どおりにする（Wiederherstellung）』ことを通して負い目を償え、という要求がくりかえし新たに発生する」（99–100）ということである。

したがって、正義の均等にはけっして終極ということがなく、また一挙に「元どおりに」されることはありえない。むしろ、たえず「新たに（iterato）修復」され、「繰り返し元どおりに（*wieder*hergestellt）」されなければならない。（100）

つまり、交換正義の構造の解明を通して彼が確認するのは、正義を為すことが「終わりのない課題である」（100）ということであり、そしてまた、こうした正義の行為の構造において、「人間の共同生活のダイナミックな性格」（100）が説明されるということなのである。

分配的正義に関しては、まずそれが、ある個人だけに排他的に帰属するもの（ある個人に固有なもの）ではなく、すべての人々に帰属するもの（共通のもの id quod est commune）の分配に関わる徳であることが確認される（102）。この、「すべての人々に帰属するもの（共通のもの）」を彼は、「共通善」とも言い換えている（103）。したがって分配的正義は、「共通善の管理者の正義」（113）と言うこともできる。

分配的正義が共通善の管理者の正義であるということは、分配的正義が「権力の行使」（101）にまつわる事柄であることを示している。具体的には、社会的全体を代表する国家が、権力を行使する――すなわち、共通善を分配する――管理者（行政庁）としての役割を果たす。しかし、この役割はもちろん、簡単に果たせるものではない。たとえば、国家の一つの形態である全体主義においては、「共通善を管理する一つの所管庁があって、独自の権利でもって、何がどれだけわたしの権利なのかを決定できることになる」（104）が、「この考えは避けがたく個人の権利剝奪ならびに奴隷化の考えと密接につながっている」（104）。また、これと関連する全体主義のもう一つの特徴として、「共通善の具体的な内容を政治権力の所持者が残らず確定する、との要求を掲げる」（119）という点が挙げられる。ピーパーはこれに関して、世界恐慌の時代にソビエト連邦が行った「五カ年計画」を例に出している。

「五カ年計画」の破壊的かつ致命的な点は、高度の工業収益を達成するという、または生産と需要を互いに一致させるという企画を進めるからではない。破滅的な点は、その「計画」が唯一絶対の基準にされ、財の生産だけではなく、大学の仕事も芸術家の創作も個人の自由時間の設計も、その計画に従わせられるところにあり――その結果、この基準に合わないものはすべて、それだけの理由で、「社会的にとるに足らない」とされ、そして「望まれていない」とされて、弾圧されるというところにある。(119)

しかし、かといって民主制も、権力の行使の体制として万全なものであるわけではない。というのも、民主制において選挙等によって選出される「社会的全体の代表は、当然のことながらかなり高い程度で、同時に特定の団体ないし個人の利害の代表」(113)だからである。つまり、「民主制の個々人にたいするしくみによって、代表であれ選挙人であれ次のような極端な倫理的態度が課される。すなわち、おのれの特殊な権利への偏りを捨てないまま、正しい分配の模範像へと義務づけられるのである」(113-114)。ここでピーパーは、代表がこの難しい義務を履行することに失敗した古典的な例として、ワイマール共和国の最後の数年間に起こった大賃金闘争を挙げている。当時の労働大臣はこのとき、正しい分配の模範像を体現することを諦め、自分が第一に労働組合書記であり、第二に政府の一員であることを宣言してしまったのである(114)。(また、体制の別の選択肢として、プラトンやトマスが推奨する王政も考えられるが、そのプラトンやトマスが同時に、不正な独裁制が最悪の体制であると述べていることに注意する必要がある。ただしトマスは、独裁政治はたいてい王政からではなく民主制から生じてくると付け加えるのであるが(113)。)

このように、共通善の分配を正しく履行することは難しい課題であるが、それは、権力者側(共通善の管理者側)だけの課題なのではなく、分配を受ける個々人の側の課題でもある。個々人は、「共通善の正しい管理にたいして同意を与える」(116)ことが求められる。それは、「愚直な同調」(115)でもなければ、「何が何でも無闇やたらに侮辱しケチをつける姿勢」(116)でもない。それは、まさに正義を為すという自覚的で習慣的な行いなのである。これをピーパーは、一般的(法的)正義と呼んでいる。

以上の分配的正義と一般的(法的)正義という対概念は、個人間の相互関係に対応する正義である交換正義を超えでる正義の領域の存在を示している。この点からピーパーは、近現代の契約説的・個人主義的な共同体観に対して批判を向ける。啓蒙主義的な自由主義に基づく社会契約説は、「共同体の存在(Wesen)を唯一実在するとされる諸個人の『つながり』から、『相互関係』から、『契約』から説明しようとする」(140)。これは、共同体の存在が「交換の正義に狭められるということ」(140)だと彼は批判する。共同体の存在の実相は、個人間の相互関係に――交換の正義に――尽きるわけではない。個人は同時に社会的全体へと関係し(一般的(法的)正義)、社会的全体も個人へと関係する(分配的正義)。そうした複雑で奥行きのある関係性がわれわれの生を構成していると、彼は指摘するのである。

正義の限界

正義に関してピーパーが最後に議論するのは、正義の限界それ自体である。

正義に限界があるのは、「負い目ある者・債務者がいくら返そうと思っていても、それを完全には果たせないような性質の負い目・債務がある」(125)からである。そして、そのような「正義がけっして全うされないような責務関係がある」(125)ということが、「まさしく人間存在を根本から規定している」(124)という。

そしてその関係とは、一つには、「人間の神にたいする関係」(125)である。神は人間の権利要求より先に――というより、人間の要求がそもそも可能であるより先に――人間に贈与を行っている。人間はどのようにしても、神からの贈与に対して埋め合わせをしたり弁済したりすることはできない。つまり、「……人間の神への関係のような特定の基本的な関係においては、正義の概念にがんらい属している均等(つまり、負い目・負債とそれにたいする代償との)は成立しえない」(127)のであって、「人間は神に対して、済みました、とはけっして言うことができない」(125)のである。そしてこのことから、「敬神(religio, Religion)」が人間の習慣として正義と関連を持つことになるという(125)。

宗教的な(religiös)行為の内的な形相が展開し現実のものとなりうるのは、人間が、おのれと神との関係に基づいて、かのどうしても「きれいに済ます」ことのできない齟齬を、すなわちどのような英雄的で人間的な努力によっても本性上済まされず、始末されないような負い目・負債(debitum)が存在する、という齟齬を知ったときである。(125)

また、正義の概念に適う均等が成立しえない別の関係としてピーパーが挙げているのは、「われわれとわれわれの両親との関係」(127)である。彼はトマスの次の言葉を引いている。

両親に対しては、かれらに負うているものを対価で報いることは不可能である。そのようにして、孝養(Pietät)は正義につながっている。(127)

孝養が正義につながっている理由を、ピーパーは次のように説明している。すなわち、「正しい人だけが、およそ負い目とお返しが均等になるように努力をするなかで、返すことのできないことを真に認識して『真摯に受けとめる』、ということなのである」(127)。

また、正義と関連しつつそれを超えでるもう一つの関係として、彼がトマスを引きつつ挙げるのが、祖国との関係である。「たとえば、国語という財（das Gut）とそこにある汲み尽くせぬ知恵、法的な秩序に護られている空間、さらには詩歌や音楽や教養的学術のような、世界の中核に触れるにいたる、国あっての文化の享受」(128)それから、「裁判官や教師やその他すべての共同生活体の役職が正しく運営されること」(129)なども、われわれが対価で報いる限界を超えている。われわれはそこから、「崇敬」や「敬順」を祖国に向けるのだとピーパーは説明している。

ともあれ重要なのは、繰り返すように、対価で報いることの不可能性を徹底的に経験するのは正しい人だけだということであり、そこから、敬神や孝養、崇敬、敬順といった、正義を超えでる次元へ向かうことができるということである。

まさに正しい人が、先ほどの至らなさを敏感に経験すればするほどいっそう、自分が贈られている者であること、神と人間にたいして負い目を背負っていることを知る――そして、正しい人間だけが、負い目でないことまでも行う体勢にあることになるのである。(131)

ここでピーパーは、「感謝」という事柄について触れている。感謝もまた、正義と関連しつつ、対価で報いることのできない享受に対して向けられるものである。すなわち、「『感謝できること』ならびに『感謝するということ』は、『対価を払うこと』ならびに『見合った償いをすること』と同じではない」(131)。このことを鮮明に示す箴言として彼は、「贈物にたいしてあまりにも急いで贈物でお返しをしようとする者は、不本意の義務者であり、感謝できる人ではない」(131)という、セネカによるいささかユーモラスだが含蓄ある言葉を取り上げている。

以上のようにピーパーは、正義の限界は正義との関連性においてのみその意義を有するということを強調している。つまり、トマスが言うように、「正義のない憐れみは、ことを台なしにする母」(133)なのである。しかしまた、「憐れみのない正義は冷酷なだけ」(133)とも言える。「然るべき帰属分をただ計算するだけでは、共同の生活はどうしても人間らしからぬものになる」(132)。また、ピーパーは、「正義と愛の違いはまさしくこのこと、すなわち、正義が問題になる状況では、人間は互いに切り離された『他者』として、ほとんどよそ者として向かい合うということである」(70)とも述べている。「正義の掟によって人間のうちに平和と和合を保とうとしても、もしそこに愛が根を下ろしていない限り、うまく行かない」(133)——ピーパーはこのトマスの言葉を引いて、正義論を結んでいる。

2-3 勇気

ピーパーによれば、四つの枢要徳のうち、残りの「勇気」と「節制」という徳は、悪しきことが存在するという事実を前提にしている(141)。そして勇気に関しては、傷つく恐れがあること、特に死ぬ恐れがあることを前提にしているという(145)。したがって勇気は、「死ぬかもしくは負傷してしか勝ちとれないような、悪のとてつもない力にたいして戦う」(148)ということを本質としていることになる。たとえば宗教が関係する場面では、それは「殉教」といった形態をとるだろう。

しかし、ここでピーパーは、「勇気はそれそのものを信頼してはならない」(150)というアンブロシウスの言葉を引きながら、死や負傷をはじめとする困難や労苦が、ただそれだけで徳を形成するのではないと強く注意している。なぜなら、「徳を作るのは困難や労苦ではなく、ただ善だけだから」(150)である。言い換えれば、「勇気は本質的に第二のものであり、従属的なものである」(150)ということである。

> 勇気は自立的なものではなく、自分では立てない。それは自分独自の意味を、何か別のものとのつながりによってはじめて受けとるのである。(150)

勇気が自分では立てない従属的なものであるということは、具体的には、「思慮と正義がなければいかなる勇気もない」(151)ということに他ならない。「勇気の徳は、ただ血気さかんで見さかいのない向こうみずとは何の関係もない」(153)のであって、「ただ、理に合った、現実の真の本質と価値に見合った自己犠牲だけが、勇気の本質なのである」(154)。この点を端的に言い表した例として、ピーパーは、古代ギリシアのペリクレスによる高名な戦没者葬送の讃辞を引いている。

もっともよく思案をめぐらしたことについて、もっとも自由に果敢な行動をとる、これもまたわれわれのやり方である。よそにおいては、無知だけが勇気を生み、思案をめぐらすと臆するのみである。(154)

2-4 節制

一方、節制の徳が前提としている悪とは、人間が「完全無欠さ(integritas)を失っている」(142)ということ、すなわち、「その『何一つ欠けたところのない』本性の自明な内的秩序を失っている」ということである。それゆえ節制は、自分で自分にその内的秩序(調和)を実現させることを目指すものだと言える(180)。ピーパーは次のように続けている。

……節制は、徹底して、行っている者自身につながる。思慮は存在(Sein)の現実性全体に、正義は他者に、視線を向け、勇気ある者はおのれ自身を忘れて財といのちとを犠牲にする。それに対して節制はその人自身を(ad ipsum hominem)目指している。節制というのは、人がおのれ自身とおのれの状態を注視すること、視線と意志を

おのれ自身に向けることである。（181）

それでは、自分で自分に内的秩序（調和）を実現させることとは、具体的にどのようなことなのか。たとえば食欲や性欲に関して、ピーパーはトマスと共に、それが人間の自然な保全の諸力であり、何ら悪ではないと認めている（183–184、187）。「しかし、まさしくこの諸力が、もっとも深くにある人間存在の衝動に密接に帰属するものであるため、まさしくそのゆえに、諸力が自己本位に堕落するときには、その他すべての諸力に優って自己破壊へと重心が傾く」（184）とも指摘する。すなわち、食欲と性欲という自然な力は、人間が自己本位に傾くときには、抑制のなさや貞潔のなさとなって、むしろ自己自身を破壊する方向に強力に働いてしまう、ということである。したがって、自己の内的秩序（調和）とは、「無私無欲の自己保全としてでなければ達成されない」（183）と彼は強調する。

食欲や性欲以外にも、自己本位に傾くことによって自己破壊を促進させるものとなるような力（衝動）は様々に存在する。たとえば「認められたいという衝動も、『謙遜』の状態にあれば真の自己保全に資するが、『高慢』であればその方向性を見失って悪徳となりうる」（184）。また、「不正を受けたら報復してみずからの正［権利］を取り返すという人間の自然のままの要求から、慎みもなく激怒するとき、『優しさ［寛容］』と『柔和』だけによって護ることのできるものを破壊してしまう」（184）。さらにまた、「どこまでも知りたい、見たい」という知識への欲、感覚的知覚への欲（ピーパーはこれを「目の欲」とも呼ぶ）も、破壊的で病的なほどの欲望に逸脱することがある。それは、現実を見ようとするのではなく、「ただ何でも見ようとする」（236）ことであり、「真理を捉えて知ることに向かうのではなくて、世の中に放心することに向かう」（ハイデガー『存在と時間』第36節からの引用、236）ことなのである。こうしたクリオシタス（curiositas…好奇心、知りたがり）に囚われているとき、人は「どうにも止まらない欲望のまま、『心そこにあらず』して内的に落ち着かず」（237）、そして「いつまでも満たされない」（236）。それゆえ、たとえばトマスは、クリオシタス（好奇心、知りたがり）を「精神の、休らいのないさまよい（evagatio mentis）」と呼ぶのである。

このように節制は、自然な衝動や力が自己本位に堕落して自己破壊へと至らないように自己を制御することであり、言い換えれば、「人間が理性の善から離反しないように情念を秩序づけること」(209)であるが、しかし、「節制は厳密で終極的な意味においては、善を『実現すること』ではない」(209)とピーパーは言い添えている。というのも、節制は、「いまだ人間の完成した状態ではない」(209)からである。むしろそれは、善が実現されるための「不可欠の前提を作り出す」(209)のである。

もしそれ〔節制の徳〕がなければ、もっとも内奥の、人間的な本質意志の奔流が堤防をすべて超えて破壊的に流れ出、その方向を失って、けっして完成という海まで到達しないことになろう。ただし、節制はそれ自身奔流ではない。むしろそれは、河岸であり堤防である。それが堅固であることによって、この奔流は邪魔されない水路、エネルギー、落差、そして速度という賜物を受けとるのである。(209)

3 『貢献する気持ち』との比較

さて、以上のようにピーパーによってまとめられた西洋の伝統的な徳論は、滝久雄の「貢献心」をめぐる議論とどのようにつながるのだろうか。

滝の議論の枢要な点は、「貢献心は本能だ」というものである。その際彼は次のように述べている。

> 他人のために尽くすことを考えるとき、それを目指す心の背景に「本能」を位置づける方法は、「貢献は美徳である」といったありきたりな発想法とニュアンスを異にする。「貢献心は本能だ」という考え方のもとでは、他人に尽くす行動をはなから称賛しはしない。（滝、8–9）

ここでは、貢献心をまさに「徳」と見なす見方が否定されている。それでは、滝の議論と徳論は相容れないものなのだろうか。むしろ、逆であるように思われる。この点を、以下で確認したい。

まず、滝が、貢献心を「本能」と呼ぶ一方で、それを「食欲」や「性欲」などの単なる生理的欲求と峻別している点に注意する必要がある。滝は、上記の生理的欲求を「体質的本能」と呼び、後者を「心質的本能」と呼んでいるが（滝、72）、単なる本能（食欲、性欲等）と区別するために、後者を特に人間の内なる真理（現実、事実）として表現することは許されるだろう。そうすると、滝が『貢献する気持ち』という一書全体を通して訴えているのは、「貢献心」というものが人間の内なる真理（現実、事実）であることに気付くことの重要性だと解することができる。滝自身の言い方を用いるなら、貢献心は「無くて見えないもの」ではなく、誰の心にも現に存在するが、多くの人にとっては様々な要因によって覆われて見えなくなっているもの、すなわち、「在って見えないもの」（滝、30）に他ならない。そして、この「在って見えないもの」を露わにすることにより、その真理の認識がいわば補助線となって、世界や自己の存在の意味、あるいは他者との関係に関して大きな観点の変化が起こり、調和の取れた充実した世界観や人生観を得る可能性が開かれる（滝、8、73、81、110）。とりわけ、彼は、「『貢献心は本能だ』といった認識から、至上の成果物として使命感が生まれる」（滝、59）ということを強調している。すなわち、使命感とは、「貢献心を認識した人が感じることのできるかけがえのない成果物」（滝、38）であり、その使命感はたとえば病床のもとでも死の恐怖に打ち勝つ力（滝、54）や、文字通り他者に貢献する自然な意欲（滝、107–108）となって顕れるというのである。

このように、すでに在るが見えないもの（真理）の覆いを取って認識し、それに即して自己の潜在的な可能性を解放させていくという有り様は、先に確認したピーパーの真理と徳をめぐる議論と一致するものだと言える。徳は、訳も分からず恣意的に立てられた「掟」や「義務」といった規則に盲従することではなく、むしろ、すでに在った可能性（真理）を認識し、その可能性をただちに（自然と）発揮できるようになることを意味する（本稿第1節および第2節第1項参照）。それはまさしく、貢献心の認識が他者に貢献する自然な（つまり、義務感や自尊心とは無縁の）活動に結びつくこと――すなわち、貢献心の発揮が、「その主体にとって『せねばならない』といった義務や意識ではなく、むしろ『…したい』という意識、つまり『…する権利がある』という意識によって行われる」（滝、177）ということ――と基本的に同型である。

そして、思慮の徳が発揮される有り様として最も基本的で最も重要である正義が、他者の当然の持ち分を回復させる行為をただちに（自然と）行う「他者の善」であるということ（本稿第2節第2項参照）も、貢献心が発揮される有り様と共通性を持っている。つまり、正義の徳の本質は、おのれ自身を依怙ひいきしないこと、個人を超えでていくことであることにあるのであるし、正義の「生みの親」である思慮の徳からして、そのベクトルは本源的に他者へと向いている。ちなみに、この点に関してピーパーが、「おのれを利する者は輝かない」（老子『道徳経』第24章）という東洋の言葉を引いていることは興味深い。

> 思慮とは、東方の賢者（老子）の語る通り、「おのれを利する」者には拒まれるような、倫理的実存の輝きなのである。
>
> 決意するにも暗いものと明るいものがある。思慮とは「真理を行う」（ヨハネ3、21）ことを決断している人の明るい決意である。(31)

滝が、「貢献心は他者との出会いの場ではじめて発揮され」（滝、96）ると強調するのと同様に、ピーパーも、「善の本性は『みずから拡がり行く』こと、つまりみずからの源泉に止まるだけでなく外に流れでて外へと働き、みずからを分かち与えて輝きでることである」（84）と述べる。そして、貢献心がややもすると価値観や好意の押しつけとなり、あるいは自己満足や偽善へと堕落してしまう不確かさがある以上、「私たちは他者の指摘を謙虚に受け止めるだけの、正しい貢献心に目覚めていなければならない」（滝、133）と滝が指摘するように、ピーパーもまた、そのみずから拡がり外に流れでる奔流が、勇気によって励まされ、また、節制によって制御されながら、正しく他者に届く希望を語るのである。

キリスト教の貢献心[☆1]

ランドル・ショート
中谷猷一 訳

序章

本稿の目的は、キリスト教の三つの大きな宗派である、東方正教会、ローマ・カトリック、プロテスタントにおける「貢献心」[☆2]の主要な源を考察することである。読者は、この三つの伝統の間だけではなく、それぞれの中にもあまりに大きな多様性があることをよく知っているだろう。そのため、すべての宗派の人々が自分たちのものと認めることができるような結論を導き出すことができるのかと疑問に思うのは当然である。しかし、これらすべてのキリスト教の伝統が、「他者に尽くしたいという思い」を絶えず養い、形づくる共通の源を共有している。多くのクリスチャンは、それを隣人愛への情熱と呼ぶ。その共通の源は、キリストの受肉や十字架上の苦難と死、そして死者からの復活などの彼らの中心的教理や典礼習慣に見出すことができる。

☆1　本稿の英語版は、一般財団法人ホモコントリビューエンス研究所、「貢献する気持ち」研究レポート集のページ（http://www.homo-contribuens.org/kokenkenkyu/）にて、"19.「The Heart of Contribution in Christianity」／J. Randall Short"として掲載されている。翻訳に協力してくれた中谷猷一氏に感謝の意を表したい。

キリスト教的貢献心を考察するアプローチ

毎週日曜日、キリスト教の礼拝者たちは、彼らの救い主イエス・キリストの地上での生涯と死、そして、復活を思い起こし、彼らとこの世界のためのこれらの出来事の意味を心に刻むために集まる。また、彼らは、アドベント（待降節）やクリスマスにはキリストの誕生に、レント（受難節）やイースターにはキリストの苦難と死、そして復活を特に集中して祝う。典礼の実践や強調点の違いによって、キリスト教会内の教団や伝統は多様化している。[☆3] しかし、すべての礼拝共同体は、キリストの誕生を、人の救いのために神御自身が人の肉体をとられたとき――やがて「受肉」と呼ばれるようになった――として祝う。そして、聖餐式に加わり、受難節と聖金曜日（受難日）を守るとき、彼らはキリストの苦難と死がどれほどに彼らに益をもたらすものであるかを思い巡らす。キリストの復活も、また、彼らにとって、新しい創造の始まりと死への勝利の希望として祝うべき出来事である。

教会教父から現代に至るまで、神学者や哲学者は「イエス・キリストは完全に人間であると同時に完全に神である」という教会の告白について議論してきた。本稿には、「正統的」[☆4]、もしくは、「異端的」とみなされてきたキリスト教教理について説明したり、それらが発展してきた歴史を論じる紙幅はない。そのためには、三位一体やキリストの二性一人格など、カルケドン信条やその他の初期信条において取り上げられている神学論争に関して、多岐にわたる議論をしなければならない。もちろん、そのような議論は、これまでの数世紀の間にさまざまな伝統に属する教会の指導者や神学者たちが、キリストの誕生、苦難と死、復活に基づいて語ってきた理論や特徴を適切に理解するためには重要である。[☆5] しかし、そのような難解な研究によらなくても、これらの教えが大多数のキリスト教徒に与えた一般的な影響を理解することはできる。彼らは、あくまで、それらの教えを「当然のこと」として受け入れただけだからである。

☆2 「貢献心」や「貢献する気持ち」という表現は、滝久雄『貢献する気持ち』（東京、紀伊國屋書店、2001年）によるものである。英訳のHisao Taki, *Homo Contribuens: The Need to Give and the Search for Fulfilment* (Kent, U.K.: Renaissance Books, 2008) においては、"the urge to contribute" や "the need to give" などと訳されている。『貢献する気持ち』において滝は、「貢献仲間」という意味で、人類を「ホモ・コントリビューエンス」と名づけている（77頁）。滝は、人間が自然によって「貢献心」とみなすことのできる「心質的本能」に恵まれているとする（72頁）。滝によれば、この貢献心とは、「他者に尽くしたいという思いをもたらす本能」である（84頁）。私たち人間には、自己中心的性質や快楽主義的性質もあるが、これらは他者の人生に貢献しようとする自然な気持ちと内的な葛藤を生む（71頁）。しかし、滝は、さらに論じる。もし私たちが、「自分」について分析し、他者との関係においてそれを理解するなら、または、「見えないものから生じる出来事を察知する感性と、それがどのような本質を内包するものなのかを考える探究心」を発展させるならば、私たちは、「見えない貢献心を自分のなかに設定」することができる、と（82頁）。

☆3 キリスト教礼拝の教派的伝統的多様性に関しては、多くの有益な文献が存在する。例えば、Geoffrey Wainwright and Karen B. Westerfield Tucker, eds., *The Oxford History of Christian Worship* (New York: Oxford University Press, 2006); Charles E. Farhadian, ed., *Christian Worship Worldwide: Expanding Horizons, Deepening Practices* (Grand Rapids, Mich.: Eerdmans, 2007); Gail Ramshaw, *Christian Worship: 100,000 Sundays of Symbols and Rituals* (Minneapolis, Minn.: Fortress Press, 2009) などを参照のこと。

☆4 「正統的」（小文字の "orthodox"）とは、「正しい」とみなされたもの、特に紀元後の数世紀に行われた教会会議において承認されたものを指す。「正教」（大文字の "Orthodox"）とは、一般的には「東方正教会」と呼ばれるキリスト教の宗派を指す。

☆5 Gerald O'Collins SJ, *Christology: A Biblical, Historical, and Systematic Study of Jesus* (2nd Edition; Oxford: Oxford University Press, 2009) を参照のこと。さまざまな角度からキリスト論（Christology）を考察する書物として広く用いられている。古代から議論されてきた課題に加え、現代的課題を扱っている論集としては、Veli-Matti Kärkkäinen, *Christology: A Global Introduction* (Grand Rapids, Mich.: Baker Academic, 2003) がある。

それゆえ、本稿では、正教、カトリック、プロテスタント教会のほぼすべての信者たちがキリストに関するこれらの教義を「当然のこと」として受け入れているという前提にたって、以下の二点に関して考察する。第一に、キリスト者たちが、キリストの誕生、苦難、死、復活をどのように神御自身の「貢献」として記憶しているかということを考察する。また、第二に、その結果として、この記憶、あるいは、アナムネシスが、どのようにして他者に対する彼ら自身の貢献を動機づけ、形づくっているのかを考察する。「アナムネシス」という言葉は、いまも教会で聖餐式[☆6]として記念されている「最後の晩餐」において、イエスが弟子たちに語った「わたしの記念として[*anamnēsin*]このように行いなさい[☆7]」という言葉に由来する。英国国教会の祈禱書、*Common Worship: Times and Seasons* は、キリスト教礼拝におけるアナムネシスの意義と意味を分かりやすく説明している。

私たちのキリスト教的記憶を構築することを通して、つまり、アナムネシス(英語では"remembrance"と訳されるが、それは十分にこの語彙の意味範囲を反映していない)の過程において、過去は私たちの現在に入ってくるのである。……この力強い創造的記憶は、ユダヤ教の伝統、特に過ぎ越しの晩餐に深く根ざしている。この食事をともに準備し、ともにいただくことは記念(ヘブライ語:ジッカロン。出エジプト記12章14節と13章9節を参照)の行為である。過去のエジプトからの脱出の出来事において体験された神の贖いの力が、現在において新鮮な形で体験されるのである。[☆8]

そこで、私たちの目的は、キリストにおける神の贖いの力の想起、すなわち「力強い創造的記憶」がどのようにキリスト教における貢献心を育てるのかを理解することである。

もう一つのアプローチは、隣人への積極的で犠牲的な愛を命じるイエスの倫理的教えのいくつか、もしくはそのうちの一つに集中して考察することである。例えば、「黄金律」[☆9]と呼ばれるものや、「第二の最も重要な命令」[☆10]と呼ばれるものである。実際、このアプローチは、キリスト教倫理に関する多くの研究に共通する。[☆11]これは、実り多い道ではあるが、今回の目的には適していない。それは、キリスト教の「貢献する本能」を動機づけ、形成するものを捉えるという目的に反して、あまりに限られた視点での議論になってしまうからである。その中でも大きな問題は、これら

☆6 この「最後の晩餐」に由来する典礼を、東方正教会では「聖体儀式」、カトリックでは「聖体拝領」、プロテスタントでは「聖餐式」などと呼ぶ（英語では"the Eucharist", "Holy Communion", "the Lord's Supper"などと呼ぶ）。本稿では、厳密な使い分けはしなかったが、多くの場合、「聖餐式」（英語では"the Eucharist"）という呼び名を用いている。

☆7 ルカによる福音書22章19節とコリントの信徒への手紙第一11章24節を参照。*anamnēsis*（アナムネシス）が辞書形で、*anamnēsin*（アナムネシン）はその対格変化した形である。

☆8 *Common Worship: Times and Seasons* (London: Church House Publishing, 2006), 1。キリストによる救いの「記念」に関する倫理的要求を学術的に扱ったものでは、Bruce T. Morrill, *Anamnesis as Dangerous Memory* (Collegeville, Minn.: The Liturgical Press, 2000)、特に4章の"Christian Memory: Anamnesis of Christ Jesus"を参照。共通の関心について研究したものとしては、アナムネシスが聖餐式におけるキリストの現臨を仲介することと論じているWolfhart Pannenberg, *Systematic Theology*, Vol. 3 (London: T&T Clark International, 2004), 305-24を参照。

☆9 「だから、人にしてもらいたいと思うことは何でも、あなたがたも人にしなさい。これこそ律法と預言者である。」（マタイ7：12）。聖書の引用は、すべて新共同訳聖書（東京、日本聖書協会、1987年）を用いる。

☆10 「隣人を自分のように愛しなさい。」（マタイ22：39）

☆11 キリスト教倫理に関する研究はここに記すには膨大である。役立つ概要や、各論の紹介、文献目録に関しては、Robin Gill, ed., *The Cambridge Companion to Christian Ethics* (Cambridge: Cambridge University Press, 2001); Gilbert Meilaender and William Werpehowski, eds., *The Oxford Handbook of Theological Ethics* (Oxford: Oxford University Press, 2005)を参照。

の戒めだけに集中することがキリスト者たちを隣人を愛するようにという召命に従わせる根本的な動機を見失わせる可能性があるということだ。また、このアプローチには別の問題もある。確かにキリストの教えは、社会に貢献しようという強い願いをもって行動しているキリスト者に刺激を与え、彼らを導く。しかし、キリスト教的な利他的態度を明確に説明しようとする立場にとっては、キリスト自身が教えたキリスト「の」教えよりも、あらゆる伝統におけるキリスト「についての」教えの方が大切である。なぜなら、それぞれの教派や教理におけるキリストについての教えが、信者たちがイエスの教えを理解し、従うための解釈の枠組みを与えているからである。

キリスト教の主要宗派のすべてにおいて、神と隣人を愛することが、彼らに対する神の愛を経験した個人や共同体にとっての自然な応答と言える。滝の言葉を借りるなら「本能的な」応答と言っても良いだろう。[12] この視点を示唆する有名な聖書の箇所を考えてみると良い。

わたしがあなたがたを愛したように、互いに愛し合いなさい。これがわたしの掟である。[13]

キリストがわたしたちを愛して、御自分を香りのよい供え物、つまり、いけにえとしてわたしたちのために神に献げてくださったように、あなたがたも愛によって歩みなさい。[14]

夫たちよ、キリストが教会を愛し、教会のために御自分をお与えになったように、妻を愛しなさい。[15]

そこで、あなたがたに幾らかでも、キリストによる励まし、愛の慰め、〝霊〟による交わり、それに慈しみや憐れみの心があるなら、同じ思いとなり、同じ愛を抱き、心を合わせ、思いを一つにして、わたしの喜びを満たしてください。何事も利己心や虚栄心からするのではなく、へりくだって、互いに相手を自分よりも優れた者と考え、めいめい自分のことだけでなく、他人のことにも注意を払いなさい。互いにこのことを心がけなさい。それはキリスト・イエスにもみられるものです。キリストは、神の身分でありながら、神と等しい者であることに固執しようとは思わず、かえって自分を無にして、僕の身分になり、人間と同じ者になられました。人間の姿で現れ、へりくだって、死に至るまで、それも十字架の死に至るまで従順でした。[☆16]

わたしたちが愛するのは、神がまずわたしたちを愛してくださったからです。[☆17]

キリスト教の伝統がこの初めの、先行する神の愛を語る根拠は、神の子の受肉、御子の受難と十字架上の死、復活、

☆12　滝、『貢献する気持ち』、72～74頁。

☆13　ヨハネの福音書15章12節。話者はイエス・キリストである。

☆14　エフェソの信徒への手紙5章2節。

☆15　エフェソの信徒への手紙5章25節。

☆16　フィリピの信徒への手紙2章1～8節。フィリピという都市にいるキリスト者たちに使徒パウロが書いた手紙であるが、この箇所ではパウロが初期のキリスト論を含んだ当時の讃美歌が引用し（6～11節）、「他人のことにも」仕えるようにと読者を奨励しているという点で特に注目すべきである。この箇所を論じる論文の中でも、倫理的意義を扱う文献としては、Ralph P. Martin, *A Hymn of Christ: Philippians 2:5-11 in Recent Interpretation & in the Setting of Early Christian Worship* (Downers Grove, Ill.: InterVarsity, 1997); Ralph P. Martin and Brian J. Dodd, eds., *Where Christology Began: Essays on Philippians 2* (Louisville, Ky.: Westminster Knox, 1998) を参照。

☆17　ヨハネの手紙第一4章19節。

昇天を中心とする物語である。そして、聖書の朗読と説教、聖餐の礼典、教会暦に沿った聖日や祭日の礼典、その他多くの実践のために開かれる定期的な集会の中心的な目的は、この神の愛の定期的なアナムネシス、能動的な記念である。

キリスト教における「貢献心」、つまり、キリスト教において他者に奉仕し、貢献しようとする強い願いを促し、形成するものは何かということを理解するためには、他者への貢献の源泉であり、模範である神の貢献を啓示する物語を「想起」する方法について考える必要がある。それゆえ、これ以降は、神の貢献の「メタ・ナラティヴ」の筋と用法を短く考察する。そこで、私たちは、キリスト者たちが彼らのうちに貢献心を呼び起こすキリストを通して、どのように神の自己贈与的愛の体験を経験するかを理解するために、特に待降節、降誕節、受難節、復活節に注目しながらキリスト教の教会暦の物語(narrative arc)に従って考察する。

アナムネシスによる貢献心の育成

キリストの誕生と苦難、死、復活の物語の想起がどのように他者への貢献心を動機づけ、形づくるのかを理解するためには、それがどの宗派でいつ行われるものであれ、その礼典や儀式の特定の要素、そして、機能について考察する必要がある。つまり、聖書朗読、信条の告白、祈り、説教、讃美歌や詩篇を歌うこと、サクラメント(機密・秘跡・聖礼典)を行うことなど[☆18]の機能について考察するということである。キリスト教の多様性を考慮するならば、過度の一般化は避けなければならないが、それでも、以下のような考察は可能である。

神の貢献の「大きな物語」（メタ・ナラティヴ）

第一の点は、キリスト教信仰の「物語的」性質を認識すること、そして、その物語が人間の歴史における神の行為をどのように神の人間への貢献として描いているかということである。紀元後初期の頃から、最も有名な使徒信条やニカイア信条に表現されている「信仰の基準」(regula fidei)☆[19]は、特定の物語、もしくは「大きな物語」（メタ・ナラティヴ）を表現し確認してきた。これらの信条を告白することを通して、キリスト教徒たちは自分たちのアイデンティティを形成してきたのである。☆[20]この自己同一化は、大きく見れば、サクラメントや典礼がある特定の物語を土台とし、また、その特定の物語を中心として成り立っているがゆえに起こる。これらの特定の物語には、天地創造の物語、人間の堕落物語、贖罪の物語、終末の物語があるが、それらはキリスト教的な読み方では旧新約聖書を一貫した神の大きな物語として読まれる。それは、「貢献」が中心にある物語、すなわち、神的貢献、神の自己贈与☆[21]が中心にある物

☆18　礼拝論と実践に関する広範な問題を、あらゆる宗派教派を概観しながら学術的に扱った論文としては、Cheslyn Jones, Geoffrey Wainwright, Edward Yarnold, and Paul Bradshaw, eds., *The Study of Liturgy* (Revised Edition; New York: Oxford University Press, 1992) を参照。

☆19　16世紀において、プロテスタント宗教改革者たちは、「信仰の基準」を表わすために聖書の言葉を用いた。しかし、それ以前の典礼では、使徒信条の言葉が多く用いられた。カトリックや正教においては今日でもそうである。信仰基準の歴史的かつ簡潔な概要としては、Geoffrey W. Bromiley, "Rule of Faith," in *The Encyclopedia of Christianity*, Vol. 4 (ed. Erwin Fahlbusch and Geoffrey W. Bromiley; Grand Rapids, Mich.: Eerdmans, 2005), 758-59 がある。

☆20　この点に関して特に役立つ研究としては、Paul M. Blowers, "The *Regula Fidei* and the Narrative Character of Early Christian Faith," in *Pro Ecclesia* VI, no. 2 (1997): 199-228 を参照。

語である。キリスト教の大きな物語の大筋は、次のようにまとめられる。

父なる神は良い世界を創造し、自分の似姿（イメージ）にしたがって男と女を造った。そして、この世界を管理し、互いに支え合うように彼らに命じた。しかし、人間が神に逆らったとき、人間と神との関係も、人間同士の関係も、人間と世界との関係も壊れてしまった。[☆22]

しかし、「時が満ちた時」、神の御子は堕落した世界に入ってきた。彼は人間の性質をとることで、自らも神の定めた律法に従う者となった。聖書も、信条も、典礼も、神が人類の救済のためにそのひとり子を「遣わした」、「お与えになった」とはっきりと告白している。伝統的で正統的なキリスト教において、神の子の受肉は、世の真理を教え、偉業を成した偉人の偶然たる誕生と見做すことはできない。むしろ、受肉に関するキリスト教の教理では、イエス・キリストの降誕を通して、神が人類を積極的に、そして、完全に受容したことが強調される。

神の御子イエス・キリストは律法に完全に従ったが、それにも関わらず、犯罪者として苦しめられ、のろわれた死に方とされる十字架で処刑された。この死は、永遠に神と断絶されるという死の宣告を受けていた人類の身代わりとしての刑罰であった。これによって、罪と悪を許容しないという神の義は達成された。それゆえ、イエス・キリストの苦しみと死は、少なくとも神の視点から見るならば、予測不可能な残念な出来事とは理解されない。むしろ、それは、神が意図的に犠牲的に人類の痛みや苦しみに参与されたことの証拠なのである。しかし、この物語は苦しみと死の絶望では終わらない。

イエス・キリストは死から復活し、天に昇り、父なる神の右の座に着いた。そのとき、神は死そのものを克服されたのである。そして、神の御子はそこで万物を支配し、時が満ちるのを待っておられる。これらすべては、神がご自分の聖霊の働きを通して行われたことである。神は、地上において「キリストのからだ」と呼ばれる教会が、世界に対して神の愛と恵みを仲介することを励ますために聖霊を送った。伝統的なキリスト教においてイエスの復活は、物質的にも霊的にも、その現実性を割り引いて説明することはできない。むしろ、復活は、神が絶望的な状況に置かれている人を、そこにある苦しみや死の現実に確かに打ち勝たせることができるお方であることを表わしている。

神の貢献の受け手となり、仲介者となる

この「大きな物語」の概要を確認したところで、次にこの物語が、礼拝において全体的に、または部分的にどのように機能しているか、また、この物語がどのようにして他者に貢献する気持ちを呼び起こすかについて考察しよう。そこで、受肉を始めとするこれらの物語が、如何に礼拝者たちの個人的な物語となるのかを理解することが重要なポイントである。彼らは、キリストの降誕と苦しみ、死と復活を二千年前に起きた歴史的出来事として受け取っている。しかし、彼らは、ただの歴史の授業のように、信条を暗唱し、説教を聴き、讃美歌を歌い、祈ることはしない。また、イエス・キリストが受肉した神に他ならず、それゆえイエスの死と復活は普遍的な重要性のある出来事なのだと「未

☆21 「献身」とも言える。
☆22 聖書と典礼的習慣におけるさまざまなメタファーや象徴によって、礼拝者たちは自分たちを神から離れた者として想起する。例えば、彼らは自分自身を神と律法とに反する敵対者、この世と悪霊と罪の奴隷、天の父の元から迷い出た失われた羊、払い切れない負債を負った者、重荷を運ぶ者、汚れた不純な者、病人、暗やみに迷う者、その罪のために死の罰を免れない罪人、罪の中にすでに死んでいる者として自らを「想起する」。これらと対応するように、彼らは、また、さまざまなかたちでキリストを想起する。神と彼らを和解させるため、彼らを罪とこの世と悪霊の束縛から解き放つため、彼らを父なる神に買い戻すため、彼らを捜し見つけるため、彼らの負債を払うため、彼らの重荷を軽くするため、彼らを洗いきよめるため、彼らを癒すため、暗やみから導き出すため、彼らの受けるべき罰を代わりに受けるため、彼らの魂を生き返らせるために来た救い主である。

信者」に証明するために、週ごと、季節ごとの典礼を行うことが主な目的でもない。繰り返しになるが、これらの教理は、あくまでキリスト教の集会の前提なのである。

むしろ、キリスト教の礼拝の主な目的の一つは、礼拝に集った人々が自分自身がどのようにしてこの福音の物語の登場人物となったのかを記憶できるように助けることである。彼らは、礼拝の中での典礼的アナムネシスを通して、自分たちが神の恵みを受け取り、それらを仲介する者になったことを記憶するのである。洗礼、聖餐式、聖書朗読、讃美歌を歌うこと、説教、祈禱、その他の典礼式は、特にイエスの受肉、苦難と死、復活に関する福音の大きな物語に人々を招き入れることによって、この「記憶」を促進する。それゆえ、キリスト教の大きな物語を「記憶する」ことが、どのようにキリスト教礼拝者たちにキリストとの結合を確信させ、神が彼らを愛したように他者を愛すること（滝の言葉で言うならば、神が自分たちに貢献したように、自分たちも他者に貢献すること）を促すのかを、受肉から始めてさらに綿密に考察してみよう。

キリストの受肉：他者を受容するという貢献

クリスマスの時、キリスト教礼拝者は、「今日ダビデの町で、あなたがたのために救い主がお生まれになった。この方こそ主メシアである」[☆23]という「大きな喜びの福音」を想起する。そのとき、礼拝の中で詠まれる詩篇や歌われる讃美歌、ささげられる祈り、聖書朗読で語られる登場人物たちの「私」や「私たち」（字義通りの場合もあれば、暗示される場合もある）に自らを同一化させながら、礼拝者たちは自分たちにとってキリストの誕生がどのような意義や関係をもっているのかを思い起こす。例えば、彼らがルカによる福音書のクリスマス物語を読む際、礼拝者たちは自分たちを救い主を待ち望んでいる羊飼いたちと重ね合わせて考える。彼らは、聖書を歴史的状況を超越した神のことばとして理解しているので、そこに記されている「大きな喜びの福音」を自分たちに向けられたものとして受け取るのである。「今日……あなたがたのために」という言葉は、二千年前に羊の群れの番をしていた羊飼いたちに語りかけられたように、「いま」「ここで」集まる会衆に語りかけられている言葉なのである。

クリスマスの讃美歌やキャロルは、典礼的アナムネシスがキリストの受肉を信者にどのように体験させるのかを示す、よい例である。多くの讃美歌の歌詞が現在形で記されているため、それらは歌っている会衆によって彼らのための、いま現在の祈り、宣言、礼拝への招きとなる。例えば、歌い手が羊飼いや東方の博士たちと自分自身を重ねながら歌う「アデステ・フィデレス」[☆24]（直訳では「来たれ。信じる者たちよ」）の歌詞を見てみよう。

See how the shepherds, summoned to His cradle,
Leaving their flocks, draw nigh to gaze;
We too will thither bend our joyful footsteps;
彼（キリスト）のゆりかごに招かれた羊飼いたちを見よ
自分たちの群れを離れて、（キリストを）眺めるために近づいてくる彼らを
私たちも、そこに喜びに満ちた足取りで向かおう[☆25]

☆23　これは、天使が羊の番をしていた貧しい羊飼いたちにキリストの誕生を告げたルカの福音書2章10～11節である。
☆24　聖歌集改訂委員会『カトリック聖歌集』（札幌、光明社、一九六六年）の一一三番「きたれともよ」、日本聖公会『日本聖公会聖歌集』（東京、日本聖公会管区事務所、二〇〇六年）の八二番「みつかいの主なるおおきみ」、賛美歌委員会『賛美歌』（東京、日本基督教団出版局、一九五四年）の一一一番「かみのみこはこよいしもなどを参照。

Lo! star led chieftains, Magi, Christ adoring,
Offer Him incense, gold, and myrrh;
We to the Christ Child bring our hearts' oblations.
見よ！　星が王を導いた。キリストをあがめる博士たちを
彼に黄金、乳香、没薬を捧げよ
私たちは子なるキリストに、私たちの心のささげものを持っていく

同じ讃美歌の最後のスタンザの一つと、おりかえしにおける礼拝への招きは、礼拝者たちとキャロルを歌う人々がどのようにして「ここで、いま」、個人的に受肉を体験していくのかをより明確に示している。

Yea, Lord, we greet Thee, born this happy morning;
Jesus, to Thee be glory given;
Word of the Father, now in flesh appearing.
ああ、主よ。私たちは、この幸いな朝にお生まれになったあなたにお会いする
イエスよ、あなたに栄光が与えられるように
父のみことばよ、いま、肉体を取られたお方よ[☆26]

O come, let us adore Him,

O come, let us adore Him,
O come, let us adore Him,
Christ the Lord.
さあ、来て、彼をあがめよう
主なるキリスト[☆27]

もしくは、"Little Town of Bethlehem"「ああベツレヘムよ」の最後のスタンザを見てみよう。

Oh holy Child of Bethlehem, descend to us we pray
Cast out our sin and enter in, be born in us today
We hear the Christmas angels, the great glad tidings tell
O come to us, abide with us, our lord Emanuel.
ああ、ベツレヘムの聖なる子よ、私たちは祈る。降りて来てください
私たちの罪を追い出して、お入りください。今日、私たちの内にお生まれになってください

☆25『カトリック聖歌集』一一三番「きたれともよ」の第2スタンザ「み告げ受けて 羊かいは／群れ打ちおきて 道いそぐ／いざ我ら 共に馳せ行かん」を参照。

☆26『日本聖公会聖歌集』八二番「みつかいの主なるおおきみ」の第4スタンザ「うち集い この日を祝え／神のみ言 人となり／今日生まれ 世にあらわれぬ」を参照。

☆27『カトリック聖歌集』一一三番「きたれともよ」のおりかえし「来たれ拝まん 来たれ拝まん／来たれ拝まん わが主を」を参照。

私たちはクリスマスの天使（の声）を聞いている、大いなる喜びの知らせが宣べ伝える
ああ、私たちのところに来て、共にいてください。私たちの主、インマヌエルよ[☆28]

キリスト教の聖書とその伝統によると、受肉によって、神は、人類を罪と死から救うという神だけが成し遂げられる課題に着手した。聖書と典礼の言葉は、自ら人間の世界に「介入」し、「降誕」せずにはいられなかった神の能動的な愛の結果として、受肉を描く。人々の状態がどのようなものであっても、世に介入した神は、彼らと変わることなくともにいてくださり、彼らを受け入れる。キリスト教の伝統は、人が受肉によって啓示された神の先行する愛に価しないということに同意している。つまり、その愛は私たち人間の何らかの貢献に対する神の応答ではないのである。事実、いくつかの聖書箇所は、人間をその本性において神に敵対する者として描いている。[☆29]しかし、聖書と教会の教えによるならば、それでもなお、神は遠く離れたまま、無関心で冷淡なままでいようとしなかった。そうではなく、神は、その人類への無条件の愛とあわれみのゆえに、[☆30]人々が平安を受け取ることを願われた。そして、そのために生涯を生き、死なせるため、御子を送ったのである。[☆31]しかし、このことが、人間の貢献心にどのような関わりをもつのだろうか。

ある意味でキリスト教徒は受肉、ベツレヘムで起きたイエス・キリストの処女降誕の出来事を、二度と起こることのない歴史的な出来事と見ている。しかし別の意味では、正教会も、ローマ・カトリックも、プロテスタントの教会も、「今日、私たちの内にお生まれになってください」という歌詞にも見られるように、イエス・キリストの受肉は、人々の中に起こる継続的なリアリティとして捉えている。キリストは、信者たちに聖霊を与えられる。それは、その聖霊を通して、世界のあらゆる国や文化にある教会とともに、また、それらの教会のうちに住まうためである。彼らが受ける洗礼は、一人ひとりが「キリストに結ばれるための洗礼」であり、教会という地上におけるキリストの体に

結びつけられることを意味する。[☆32] それゆえ、キリスト教徒にとって、キリストの受肉がもっている継続的な意義は、自分自身と他者との両方に方向づけられている。キリストは、「私」をありのまま受け入れ、愛してくださった。そ

☆28 『カトリック聖歌集』の六五五番「ああベトレヘムよ」、『日本聖公会聖歌集』の八五番と八六番「ああベツレヘムよ」、『賛美歌』の一一五番「ああベツレヘムよ」などを参照。この三つとも、歌詞はほとんど同じだが、例えば、『賛美歌』一一五番では、「ああベツレヘムよ などかひとり／星のみ匂いて ふかく眠る。／知らずや、今宵 くらき空に／とこよのひかりの 照りわたるを。//ひとみな眠りて 知らぬまにぞ／み子なるキリスト 生まれたもう。／あしたの星よ、うたいまつれ、／「神にはみ栄え、地に平和」と。//しずかに夜露の くだるごとく、／めぐみの賜物 世にのぞみぬ。／罪ふかき世に かかるめぐみ／天より来べしと たれかは知る。//ああベツレヘムの きよきみ子よ、／今しもわれらに くだりたまえ。／こころをきよめ 宮となして、／今よりときわに すまいたまえ。」となっている。

☆29 ローマの信徒への手紙5章10節、コロサイの信徒への手紙2章21節など。

☆30 クリスマスの讃美歌である"Little Town of Bethlehem"の三番目のスタンザは、この点をよく表現している。二つ上の脚注も参照していただきたいが、以下、本文と私訳。

How silently, how silently, the wondrous gift is given
なんと静かに、なんと静かに、そのすばらしい贈り物は与えられた
So God imparts to human hearts the blessings of his heaven
そうして、神は、人々の心に天の祝福をお分けになった
No ear may hear his coming, but in this world of sin
誰の耳にも、彼が来るのは聞こえない。しかし、この罪の世でも、
Where meek souls will receive him still, the dear Christ enters in.
従順な魂が彼を受け入れるところどこであれ、愛するキリストは入って来られる。

☆31 典礼に関してもそうだが、このことは、キリストの苦難と死、復活と昇天、再臨の待望と終わりの時代との関係を抜きにして、誰も受肉の意味を完全に理解することはできないということを意味している。伝統的理解に立って受肉と復活の決定的なつながりを論じる近年の論文では、Paul D. Molnar, *Incarnation and Resurrection: Toward a Contemporary Understanding* (Grand Rapids, Mich.: Eerdmans, 2007) を参照。

して、いま、キリストの聖霊は、キリスト者のうちに宿っており、他者の人生に関わらせ、すべての必要とともに彼らを受け入れ、キリストが「私」を愛してくださったように彼らを愛するように、地上におけるキリストの「体」であるキリスト者を促すのである。[☆33]

キリストの受難と死：他者のために苦しみ、死ぬという貢献

キリスト者は、神の自己献身の究極的な表現として、イエス・キリストの苦難と十字架上の死を「記憶する」。それは、神がすべてに「貢献」した、つまり「私」と他者の両方のために「貢献」してくださったという福音の物語である。このポイントを正確に理解することは、キリスト教における貢献心の主要な源泉に関する深い洞察をもたらすだろう。

毎回の聖餐式において、また、受難節の時期を通して、礼拝者はイエス・キリストが彼らのために払われた偉大な犠牲について深く瞑想する。聖餐式はキリスト教礼拝の中心的な位置を占める儀式で、イエス・キリストがイスカリオテ・ユダに裏切られ、ローマの十字架で処刑されるために引き渡された前夜に、その弟子たちともたれた「最後の晩餐」を記念する儀式である。この聖餐式の間、礼拝者は「あなたがたのために与えられる」と言われているイエス・キリストの割かれた体と、「あなたがたのために流されるわたしの血による新しい契約」[☆34]を象徴する血を、「記念する」ためにパンを食べ、杯を飲む。彼らは、聖書朗読、交読文、祈禱、讃美歌、その他の典礼を通して、イエス・キリストの苦難と死のさまざまな側面を想起し、瞑想する。

礼拝者たちは、イエス・キリストの苦難と死についての「知らせ」を、彼らのための福音として受け止める。それ

は、彼らがこの犠牲によって自分自身が救われたと理解しているからである。本稿の目的を考えると、贖罪や聖餐についての、あるいは、イエス・キリストの苦難と死の意味についての宗派間のさまざまな神学的理解の相違を議論することは有益ではないだろう。ここでは、正統的な伝統における典礼がイエス・キリストの犠牲を、神の積極的な行為として受け入れるように礼拝者たちを導いていることが確認できれば十分である。つまり、それを通して神が、罪を赦し、罪と世と悪霊の奴隷となっている者を解放し、感情的・情緒的かつ霊的な傷や病いを癒し、罪人と和解し、神のさばきからの恩赦を与え、永遠のいのちの希望をもたらしてくださったと理解させるということである。

では、礼拝者たちがイエス・キリストの苦難と十字架上の死を「記念する」ための典礼用のテキストから代表的なものを短く考察しよう。ローマ・カトリックで“Salve caput cruentatum”（直訳では「傷つきし御頭よ」）と呼ばれる讃美歌は、受難節、特に聖金曜日によく歌われる古典的讃美歌である。[35] それは、また、聖体拝領にあずかる際にもよく歌われる讃美歌でもあるので、一年のどの時期にも歌われる可能性のある曲である。典礼の他の部分もそうだが、この讃美歌が、神の愛に満ちた献身的な貢献が「昨日も、今日も、永遠に変わることのない[36]」ということを、どのようにして個人的かつ集団的にアナムネシスさせるのかを観察することは有意義だろう。多くのスタンザがあるが、こ

☆32　人々がキリストと他者と結ばれるという意味で洗礼を語る箇所としては、例えばローマの信徒への手紙6章1～11節、コリントの信徒への手紙第一12章13節、ガラテヤの信徒への手紙3章26～29節を参照。

☆33　それゆえ、例えば、教会は、ルカの福音書のイエスの任務を自らのものと解釈できる。「主の霊がわたしの上におられる。貧しい人に福音を告げ知らせるために、／主がわたしに油を注がれたからである。主がわたしを遣わされたのは、／捕らわれている人に解放を、／目の見えない人に視力の回復を告げ、／圧迫されている人を自由にし、主の恵みの年を告げるためである。」（ルカ4章18～19節）

☆34　これらは、ルカの福音書22章17～20節、コリント人への手紙第一11章23～27節からの引用である。これらの聖書箇所は聖餐式においてよく引用される。

こではそのうちの二つだけを記す。

O sacred Head! now wounded,
With grief and shame weighed down,
Now scornfully surrounded
With thorns, Thy only crown;
O sacred Head! what glory,
What bliss, till now was Thine!
Yet, though despised and gory,
I joy to call Thee mine.

聖なる頭よ！　いま、傷つけられた
悲しみと恥によって圧し潰された
いま、嘲りに囲まれて
いばらだけが、あなたの唯一の冠
聖なる頭よ！何という栄光
何という幸いが、いままではあなたのものだったか
しかし、蔑まれ、血みどろであっても
あなたを私のものと呼べることは私の喜び

What Thou, my Lord, hast suffered,
Was all for sinners' gain:
Mine, mine, was the transgression,
But Thine the deadly pain.
Lo! here I fall, my Savior:
'Tis I deserve Thy place;
Look on me with Thy favor,
Vouchsafe to me Thy grace.☆37
私の主よ、あなたが苦しまれたことは

☆35　この賛美歌は、"Salve caput cruentatum" というラテン語の詩を元に作られた。"Salve caput cruentatum" は、伝統的に12世紀の修道士クレルヴォーのベルナルドゥスの手によるものとされてきたが、近年では一五世紀の神秘主義者 A. von Loewen が作成したものと言われるようになっている。その詩が Paul Gerhardt によって "O Haupt voll Blut und Wunden" と題してドイツ語に訳され、そのドイツ語版をアメリカの司祭で神学者の James W. Alexander が "O Sacred Head Now Wounded" と題して英語に訳した (Erik Routley, *An English-Speaking Hymnal Guide* [edited and expanded by Peter W. Cutts; Chicago: GIA Publications, 2005], 135)。しかし、その他の英訳も存在し、この讃美歌は一般的にローマ・カトリックとプロテスタントで異なったヴァージョンで歌われている。例えば、カトリックのものと違うヴァージョンのものが、二〇世紀中盤に出版された *Armed Forces Hymnal* に掲載されている。詳しくは、Felicia Piscitelli, "Protestant Hymnody in Contemporary Roman Catholic Worship," in *Wonderful Words of Life: Hymns in American Protestant History and Theology* (ed. Richard J. Mouw and Mark A. Noll; Grand Rapids, Mich.: Erdmans, 2004), 151 を参照。日本語版のためには、『カトリック聖歌集』の一七一番「いばらのかむり」、『日本聖公会聖歌集』の一四五番「血しおしたたる」、『賛美歌』の一三六番「ちしおしたたる」などを参照。

☆36　よく知られた新約聖書の箇所であるヘブライ人への手紙13章8節の言葉である。「イエス・キリストは、きのうも今日も、また永遠に変わることのない方です。」キリスト教礼拝の複時間的な性質に関しては、後で再び言及する。

そのすべては罪人のためだった
その罪は私のもの、私のものだった
しかし、その死の痛みはあなたのもの
見よ！　ここに私はひざまずこう、私の救い主よ
私こそがその場所にいるべきだったのに
あわれみをもって私を見てください
あなたの恵みを私に与え給え

イエス・キリストへの祈りとして作詞されたこの讃美歌は、いくつかの点で苦難と聖餐の典礼を表わす良い例と言える。

最初のスタンザは、キリスト教の多くの典礼の物語的で描写的性質の典型である。礼拝者は、主に抽象的真理を瞑想するわけではない。この讃美歌は、例えば、十字架上でイエス・キリストを苦しめた「悲しみ」と「恥」について、礼拝者に瞑想するように導く。そして、このためにイエス・キリストは以前からもっていた「栄光」や「祝福」を捨てたということを礼拝者たちに覚えさせている。神は、簡単に、痛みを伴うことなく犠牲を払われたのではない。むしろ、受肉において神が完全に人間の性質をとったがゆえに、イエス・キリストの苦難と死には、無限の「痛み」が伴っていた。西洋では神が苦しむのかどうかという神学論争があったにもかかわらず、三つの主要なキリスト教の伝統は、聖書がキリストの苦難と死を自らの損失や利益を考えずにささげられた神の貢献として語ることに同意している。神の愛は、人間の理解を超越している。しかし、神の「貢献」は、子どもから高齢者に至るまで人生のあらゆる時期において理解することのできる形式と方法で与えられている。

二つ目のスタンザは、神の献身（自己贈与）に重点をおいているアナムネシスの個人的次元と集団的次元の両方を分かりやすく反映している。ここで、礼拝者はイエス・キリストが「私」の罪のために「死の痛み」を苦しんだということを「覚える」。「その罪は、私のもの、私のものだった。……私こそがその場所にいるべきだったのに、と。朗読や歌、祈りのための多くの聖書箇所や典礼テキストと同じように、この讃美歌の全体的な強調点は、神が「私」のために払ってくださった愛の犠牲である。同時に、この讃美歌は、イエス・キリストの苦難と死は「すべての罪人のためであった」という認識を反映している。事実、公的な礼拝という文脈において他者と連帯して行うアナムネシスは、一人称で語られていても、キリスト教信者に人類全体の必要を覚える共感を養う。[☆38] そして、神御自身がそのすべての必要をご覧になり、心配っているという認識を彼らの間に植え付けるのである。

最後に、この讃美歌全体にも言えることだが、この両方のスタンザは、アナムネシスの複時的関心を表わす良い例

☆37　この英訳は、Philip Schaff, *Ichthus Christ in Song: Hymns of Immanuel* (New York: Anson D. F. Randolph & Company, 1870), 178-81 からのものであり、他のヴァージョンは一八二―八三に掲載されている（"Ichthus"「イクテス」は、キリストを象徴する魚の形の像である）。Schaff は、この「古典的な讃美歌は、これまでラテン語からドイツ語に、ドイツ語から英語に翻訳されて三つの言語で歌われ、カトリックとルーテル、改革派の三つの教派の中で歌われてきたが、私たちの救い主のいのちをかけた愛とこの方への無限の恩義を実感させるという影響力はどこにおいても変わらず、不朽の活力を示してきた。」カトリックやルーテル教会、改革派教会だけでなく、その他のあらゆる教団教派において同じように用いられている。日本語では、例えば、『賛美歌』一三六番（『日本聖公会聖歌集』一四五番はこれに近い）はこうなっている。「血しおしたたる　主のみかしら、／とげにさされし　主のみかしら、／なやみとはじに　やつれし主を、／われはかしこみ　きみとあおぐ。／／主のくるしみは　わがためなり、／われは死ぬべき　つみびとなり、／かかるわが身に　かわりまし／主のみこころは　いとかしこし。／／なつかしき主よ、はかり知れぬ／十字架の愛に　いかに応えん。／この身とたまを　とこしえまで／わが主のものと　なさせたまえ。／／主よ、主のもとに　かえる日まで、／十字架のかげに　立たせたまえ。／み顔をあおぎ　み手によらば、／いまわのいきも　安けくあらん。」

である。二つ目のスタンザで過去形が使われている一文を除けば、一貫して現在形が用いられる。また、一つ目のスタンザの中だけで「いま」という言葉が3回も繰り返される。それらによって、礼拝者たちはキリストの苦難と死を、ここで、いま起こっていることとして「記憶する」。そして、彼らは彼らと他者とに与えられる将来の祝福について瞑想する（この讃美歌の場合には、この世での生涯が終わった後の解放の希望である）。[☆39]

受肉についてと同じように、キリストの十字架上の苦難と死はただ一度の出来事である。それにもかかわらず、キリスト者たちは、神が必要を抱える人々に「貢献」し続けている現在進行形の現実として、キリストが苦しむこと、また、彼らがキリストと共に苦しむことは、いまでも継続しているリアリティとして捉えている。[☆40] 聖餐の典礼やその他の典礼的な「想起」の中で礼拝者たちは、神が地上に来られ、従順と正義の生涯を生き、最後には彼らが生きるために苦しみ、御自身のいのちを与えたほどに彼らを愛しているという「福音」と向き合わされる。

この福音の物語が、神は「私」のために御自身を犠牲にしたのだと主観化されるとき、キリスト者が自分自身を犠牲にし、他者に貢献しようとする力強い動機に結びついていく。[☆41] 新約聖書の多くの箇所がキリストの犠牲的「貢献」はキリスト者の倣うべき模範であるという前提を反映している。キリスト者がキリストの模範に従うべきだと招く有名なテキストの一つは、キリスト教の結婚式で頻繁に読まれる聖書箇所である。エフェソの信徒への手紙で、使徒パウロがこう記している。「あなたがたは神に愛されている子供ですから、神に倣う者となりなさい。キリストがわたしたちを愛して、御自分を香りのよい供え物、つまり、いけにえとしてわたしたちのために神に献げてくださったように、あなたがたも愛によって歩みなさい。[☆42]」さらに、数節後に、彼は夫たちにあのよく知られた指示を書き加える。

夫たちよ、キリストが教会を愛し、教会のために御自分をお与えになったように、妻を愛しなさい。キリストがそうなさったのは……教会を清めて聖なるものとし、しみやしわやそのたぐいのものは何一つない、聖なる、汚れのない、栄光に輝く教会を御自分の前に立たせるためでした。そのように夫も、自分の体のように妻を愛さなくてはなりません。妻を愛する人は、自分自身を愛しているのです。わが身を憎んだ者は一人もおらず、かえって、キリストが教会になさったように、わが身を養い、いたわるものです。わたしたちは、キリストの体の一部なのです。☆43

☆38　個人だけでなく、会衆全体も、自分たちの人生経験によってキリストの犠牲の姿やその「結果」に特別な意義を見出すことは、一般的な事例である。例えば、救済が奴隷制や抑圧からの解放として特徴づけられていた黒人霊歌の多くを考えてみると良い。しかし、公的な礼拝に参加することを通して、礼拝者たちは彼らの救いの経験の周辺にある他の多くの方法を「覚え」させることのできる新しい祈りを祈り、新しい歌を歌い、新しい物語を聴く。そうすることによって、礼拝者たちは、彼らの経験を新しいレンズを通して再解釈し始めるのである。

☆39　キリスト者がどのようにこの讃美歌に接近していくのか、また、一般的にキリストの十字架に接近していくのかということをさらに広く考察するためには、Jeffrey P. Greenman and George R. Sumner, *Unwearied Praises: Exploring Christian Faith Through Classic Hymns* (Toronto: Clements Publishing, 2004), 73-82 のより拡大した瞑想が参考になる。

☆40　洗礼と聖餐式への参加を通して、また、信仰の訓練を通して、キリスト者たちは自分自身を、キリストの死において彼と結ばれている者と見るようになる。それは、彼らが「信じて」、新しい永遠のいのちへと「キリストと共に復活させられ」（コロサイ2章12節）るためである。洗礼と聖餐に関するキリスト者の間の共通の見方を特定しようとする試みに *Baptism, Eucharist and Ministry* (Faith & Order Paper No. 111; Geneva: WCC Publications, 1982) がある。そこには、ペルーのリマにおける教会世界会議で、カトリックとプロテスタント、正教の代表者たちが共同で行った重要な事例が記されている。

☆41　もう一つの有名な讃美歌としては、"When I Survey the Wondrous Cross" がある。この曲では、神の貢献がもたらす感情的な衝撃と倫理的な影響がよく表現されている。"Were the whole realm of nature mine, That were a present far too small; Love so amazing, so divine, Demands my soul, my life, my all." 翻訳と注解は、J. R. Watson, *An Annotated Anthology of Hymns* (Oxford: Oxford University Press, 2002), 134-36 を参照。日本語版のためには、『日本聖公会聖歌集』の三七〇番「みさかえのイエスの十字架をあおげば」、『賛美歌』の一四二番「さかえの主イエスの十字架をあおげば」などを参照。

☆42　エフェソの信徒への手紙5章1～2節。

パウロは、キリストの教会への犠牲的な愛を思い出すことが夫たちの妻への愛を動機づけ、含蓄的にキリスト教会のすべてのメンバーが彼らの隣人を愛することを動機づけることになると考えていた。「キリストがわたしたちを愛して、御自分を香りのよい供え物、つまり、いけにえとしてわたしたちのために神に献げてくださったように。」[☆44]、と。

キリストの復活：新しいいのちを他者と分かち合うという貢献

聖書とキリスト教の伝統によると、イエスの復活は、キリストの降誕、受難、死の中心的な目的の一つを成就した。それは、永遠のいのちという神の賜物である。「永遠のいのち」は、単純に永遠に終わらないいのちを意味しない。もっと重要なのは、それが神のいのちを反映し、神の愛に満たされた人生の質（quality of life）に言及しているということである。それは、希望と正義と死の支配からの自由、生けるキリストと他者との一致に特徴づけられた「新しい」、「実り多い」いのち・人生である。[☆45] キリスト教の世界観の中では、それは人間がもともと喜ぶために創造された、そのようないのちである。

それゆえ、伝統的キリスト教において、犠牲的に生きることも、他者のために死ぬことさえも、イエスの模範に倣うこと以上のことである。すでに述べたように、聖書と教会の教理は人々が洗礼においてキリストと霊的に一つとなると教える。「キリストに結ばれるための洗礼」は、キリストとともに死に葬られるだけではなく、その死から新しいいのちへの復活に結びつくことをも意味する。[☆46] それゆえ、キリスト者は、復活のキリストの霊が地上のキリストの体である教会を形成する信者たちのうちでいまも生きているからこそ、献身的に貢献しようとする気持ちが強められるという聖書の教えを受け入れている。使徒パウロがキリストの死といのちのうちでキリストと自分は一つとされていると述べる考え方は、伝統的キリスト教において規範的な考え方である。

生きているのは、もはやわたしではありません。キリストがわたしの内に生きておられるのです。わたしが今、肉において生きているのは、わたしを愛し、わたしのために身を献げられた神の子に対する信仰によるものです。☆47

この重要な箇所は、キリストと一つに結ばれている信者を通して「いまも」生き、愛し、与え続けているキリストの

☆43　エフェソの信徒への手紙5章25〜30節。

☆44　他の箇所でも、使徒ペテロは、しもべたちに対して、正しく利益を受け取れない時にも主人を尊敬し、「良い行い」を続けるように勧告している。「……しかし、善を行って苦しみを受け、それを耐え忍ぶなら、これこそ神の御心に適うことです。あなたがたが召されたのはこのためです。というのは、キリストもあなたがたのために苦しみを受け、その足跡に続くようにと、模範を残されたからです。」（Ⅰペテロ2章20〜21節）

☆45　キリストの復活による新しいいのちに関する説明は、ローマの信徒への手紙4章25節、6章4、9節、7章4節、コリントの信徒への手紙第一15章、ペテロの手紙第一1章3節を参照。古代近東、ギリシャ・ローマ世界、第二神殿期、新約聖書内における死生観については、Richard N. Longenecker, ed., *Life in the Face of Death: The Resurrection Message of the New Testament* (Grand Rapids, Mich.: Eerdmans, 1998) を参照。

☆46　キリストとキリストのからだなる教会との結合として洗礼を述べる聖書箇所について詳述した、脚注32と40を参照。新約聖書、特に使徒パウロは、「物語られた」言葉で洗礼を語る。つまり、彼はキリスト教の大きな物語の光の中で、洗礼の特徴を説明しているのである。特にローマの信徒への手紙6章1〜11節とコロサイの信徒への手紙2章9〜15節を参照。しかし、洗礼は、罪の「洗い」や聖霊の受領など、他の象徴的意味をもつと記されていることも重要である（使徒2章38節、22章16節、Ⅰコリント12章13節）。

☆47　ガラテヤの信徒への手紙2章20節。

愛、キリストの自己犠牲、そしてキリストの臨在というテーマを併せて語っているのである。[48]

結　論

『貢献する気持ち』において、滝久雄は「お蔭さまで」という日本語表現について（英語では"I am indebted to you (for it)"と訳される）[49]、興味深い議論をしている。滝は、この慣用句が「自分が社会で生きていかれるのは、他者に生かされているという意味あい」[50]を表現していると述べる。それゆえ、滝によると、「お蔭さまで」は、それが「見ず知らずの人にさえ自分が『生かされている』ことに対する感謝の気持ち」を表しているがゆえに、「まさにその挨拶を交わす私たちは『ホモ・コントリビューエンス』といったイメージだ」と言える。滝は、この「挨拶言葉にみる貢献心」に関する論考を、このように結論している。

……「お蔭さまで」という挨拶には、わが国固有の信仰である「八百万の神」といった汎神論的な考え方に深いところで関係するものと推察される。つまり「何にも宿る神様のお蔭」といった感謝の思いが込められていると考えられる。[51]

これまで見てきたように、キリスト教礼拝の主要な目的の一つは、三位一体の神に対する礼拝者たちの「お蔭さまで」という強い感覚を育成することである。御子を与えてくれた父なる神へ、御霊を与えてくれた神の御子へ、新しいいのちを与えてくれた聖霊なる神への感謝である。理論的に言えば、神によって深く愛され、「生かされている」

ということの経験によって、新しい「人生のモード」（人生の様態）が生み出される。[52]その新しい人生モードは、神のいのちを模範とし、神のいのちによって力づけられるものである。

受肉、キリストの苦難と死、そして、復活は、正教、カトリック、プロテスタント教会にとって、神がご自分の子どもたちを愛し、受け入れているということの最大の根拠であり、またその愛が彼らの人生に違いをもたらすものであることの確かな根拠であり続ける。受肉の典礼は、過去・現在・未来において、御子の降誕を通して卑しい状態の人々をも受け入れる神の受容の物語に人々を引き込み、御子の受難と死の典礼は、彼らを過去・現在・未来において「私」のための偉大で個人的な神の犠牲の物語へ引き込む。他者との連帯の中でこの神の救いのアナムネシス（記憶）は、キリスト教礼拝者のうちに、自分自身と同じ隣人の必要に共感する気持ちを育成するはずである。それは、神が完全に人々を、そのすべての必要とともに受け入れているという認識と、神が彼らに平安と永遠のいのちを与えるためにすべてを犠牲にするという認識を染み込ませることでもある。

それゆえに、神を礼拝する共同体が自分たちの救いとキリストとの結合の物語を「記念する」とき、彼らは、神が自分たちをご自身の手段あるいは主体として選んでくださったのだと考え始める。つまり、彼らがキリストにあって

☆48　他の関連する聖書箇所には、ローマの信徒への手紙8章9〜19節、コリントの信徒への手紙第一6章19節、12章4〜31節、コリント人への手紙第二4章7〜12節が含まれる。こういったさまざまな典礼テキストとともに用いられる聖書箇所は、信者たちの中に生き、活動しているキリストの霊が、「キリストが愛したように愛する」という願いを彼らにもたらすというキリスト教における共通の視点を提供するものである。それは、その愛の動機が、ただキリストの愛と救いの経験のゆえにキリストの模範に倣いたいと願う思いから生まれてくるだけでなく、聖霊からの贈り物であり、「実り」であることをも意味している。

☆49　滝、『貢献する気持ち』、八五—八七。滝、*Homo Contribuens*, 50-51.

☆50　滝、『貢献する気持ち』、八六頁。

☆51　前掲書八七頁。

☆52　「人生モード」については、特に前掲書七四—八五頁を参照。

体験した受肉的かつ犠牲的愛と同じ愛を示すことによって、他者に新しいいのちを「貢献する」ために、神に選ばれたのだと自覚していくのである。

マルティン・ブーバーにおける貢献心

田島卓

他者をめぐる思考で知られる哲学者、E・レヴィナスは、ある講演のなかでマルティン・ブーバー（Martin Buber, 1878～1965）という思想家を評してこう言っている。「出会いにおける『私－きみ』の関係の還元不可能性、出会いを、規定可能で客体的なものとのどんな関係にも還元することの不可能性、西欧思想へのブーバーの貢献が依然としてこの点に存しているというのはまちがいのないところでしょう。[☆1]」レヴィナスの見方は、彼一流の付会をはらんではいるものの、西欧思想におけるブーバーへの評価がここに端的に表現されているだろう。「対話はつねに哲学の構成要素でありました。が、対話という語にブーバー以上に強い意味を授けた者は誰ひとりとしていません。ブーバー以降、広範に流通したために、対話という語がすり減ってしまったとしても、です。[☆2]」

ブーバーによれば、「われ」それ自体というものは存在しない。「われ」の語りだす、二つのことばの在り方によって、「われ」もまた二様の在り方をする。我は、根源語「我－汝」を語る我か、根源語「我－其れ」を語る我か、そのいずれかである。つまり、ことばの在り方が、二人称的であるか三人称的であるかによって、実存そのものが変容

☆1　Levinas, Emmanuel., *Hors Sujet*, Saint Clément, fata morgana, 1987, p. 30.／エマニュエル・レヴィナス『外の主体』（合田正人訳）、みすず書房、一九九七年、二九頁。
☆2　Ibid. p. 28. 前掲邦訳、二六頁。

するという示唆をブーバーの思考は与えている。

本稿はブーバーにおける貢献心の在り方を探ろうとするものであるが、次のような方法をとる。まず、ブーバーのハシディズム理解の概略を得ることで、貢献の基本的な方向の見通しを得たのち、本能としての貢献心という問題に絡んで、哲学的著作において示されている人間の本能を分析してゆく。しかるのちに、それらの本能の帰趨を見定め、最後に貢献心との連関を伺うこととしたい。

ハシディズム概略

ハシディズムは、ブーバーにとって、全生涯にわたる主要な関心であった。必ずしも論理的に精緻だとは言えない彼の哲学的著作を理解するために、ハシディズムの知識は良い助けとなることが期待される。この見通しに立って、ブーバーのハシディズム理解から論を進めたい。

「ハシディズム」とは、語源的には「敬虔者」を意味するヘブル語のHasidに由来し、十八世紀初頭の東欧に広まった、ユダヤ教内部の革新的な神秘主義的宗教運動である。[☆3]

ハシディズムの実態については、ショーレムの指摘するような問題がある。その詳細については割愛せざるを得ないが、ブーバーにとってのハシディズムはカバラー以来の伝統を踏まえつつも、その魔術的要素を取り去ったものであり、現実を越えた背後世界を見つめるためのものではなく、「今ここ」という具体性を見つめるものとして映ったのである。

ハシディズムでは、世界創造の際に流出した神の火花が世界の諸物の中に落ち込み、物体的世界の殻に捕われたとする。そして、この火花を殻から解放することが人間に委ねられていると説くのである。神の火花はこの世のあらゆるものに潜んでいるのだから、この世を迷妄のものとして退けるには及ばない。むしろ、火花を解放する能力を与えられた者として、人間はそれらに積極的に関わるべきだとされる。それは現象としては、日常生活を、その些末なことにいたるまで十全に営むことに他ならない。[☆4] こうして、日常的生の充溢と宗教的生の充溢がともに達成されることになる。ブーバーの理解するハシディズムの特徴は、以上のように粗描できよう。以下、具体的にブーバーの著作に踏み込んでゆきたい。

『ハシディズムの教えによる人間の道』

一九四八年に発表された『ハシディズムの教えによる人間の道 Der Weg des Menschen nach der chassidischen Lehre』は小冊子である。ショーレムはこの小著を「単に文学の一珠玉というだけではなく、同時に、ハシディズムの言葉による宗教的人間学の非凡な教本であり、大変な量の真正なハシディズム的格言によって霊感を受けている」と評し、宗教的人間学的な価値を認めつつも、前述のとおり、その厳密な史学的意義には異を唱え、批判の決定的部分をこの小著に向けていた。[☆5] それゆえ逆に、ブーバーのハシディズム理解の独特な到達点を端的に伺うことができよう。

☆3 平石善司『マルチン・ブーバー――人と思想』、創文社、一九九一年、四四頁。

☆4 ブーバーを批判するショーレムも、とはいえ、この点は認めるのである。「火花をとりあげるということは、多くのハスィディームにとっては実際、より充実した生を営むことを意味した。彼らにとって重要だったのは、火花を取り去ることによって現実的なものを空虚にすることではなく、火花をもちこむことによって現実的なものを成就することであった」(Scholem, Gershom. *Judaica* 1, Frankfurt a. M., Suhrkamp Verlag, 1963, S. 196. ショーレム「マルティン・ブーバーのハスィディズム解釈」『ユダヤ主義の本質』高尾利数訳、河出書房新社、一九七二年、一六五頁)。ただ、これは当初から目指されたものではなく、副次的な結果に過ぎず、ブーバーのようにそれをハシディズムの告知だとすることは誤りだ、というのがショーレムの意図である。

☆5 Scholem, op. cit., S. 171f. ショーレム、前掲訳書、一四四―一四五頁。

早乙女禮子のまとめにあるように、[6]この著作は六つの鍵語によって展開される。順を追って、(1)自覚、(2)独自の道、(3)決心、(4)自分から始めること、(5)自分にかかわり合わぬこと、(6)いま立っているこの場所で、となる。[7]

それぞれの内容について触れておこう。(1)「自覚」は、アダムの堕落をもとに語られる。すなわち、「あなたはどこにいるのか」という問いかけに対し、我が身を神の前から隠さず、応えようとする態度をさす。この自覚は、呼びかけにおいて始めて開示されるものであって、すでに独我論的な発端ではない。そしてこれは発端であって、決して終極ではない。「決定的な自覚は人間の生における道の始まりであり、つねに人間的な道の始まりである。しかし、自覚が決定的なのは、自覚が道に通じているときのみである」。[8]逆に、もし呼びかけと自覚がたんなる発端であるに留まらず、それを超えて進むなら、呼びかけは偽なるものであり、人を高慢へと導くという。[9]

(2)「独自の道」は、ラビ・ズッシャが死の前に述べたとされる言葉によって端的に示されよう。「来るべき世界で、私は『あなたはなぜモーセではなかったのか』とは問われないだろう。『あなたはなぜズッシャではなかったのか』と問われるだろう」。[10]すなわち、問題となるのは、モーセのように偉大な功績をなすことでも、はたらきの大きさでもない。そうではなく、各人がその固有性を発揮して神に奉仕するかどうかという点なのである。

各人の固有性、代替不可能性は、素朴な信仰によって裏書きされる。ブーバーはズロチョフの説教者の言葉を引く。「……というのは、もし彼に似たものが既に世界にいたとしたら、彼が世界に存在する必然がない」。[11]絶対にして無謬の神がその人間を必要としていないなら、神はどうしてその人間を創造しよう。ブーバーは言う。「各々の人間とともに何か新しいものが、未だ与えられなかったものが、最初で唯一の何ものかが、世界に据えられる」。[12]つまり、ひとりひとりの人間は、歴史の末端に連なる者として、かつてなかった新しい意味を帯びて世界にあらわれる。そして、各々の人間は神への通路を持っている。それは相互に異なった道であり、各人がみずからの固有の本性、本質的な性質と傾向に基づいて選択するほかないのである。[☆13] このとき、各人にとって主要な願望を真に把握することが肝要である。願望は「悪しき衝動」というかたちをとって現れるが、各人に要請されているのは、その衝動を退けることではなく、この衝動を神へと転向させることである。ここには、カバラー以来の火花の教説が変奏されているといえるだろう。

(3)「決意」とは、魂の統一性である。魂のより高次の段階に至るための、魂の統一が問題となっている。(1)と同じように、ここでも、己の魂の一性は、最終的なものではない。むしろそれは前提なのである。[☆14]

(4)「自分から始めること」の問題領域は、他者との不和である。他者との摩擦において、ひとは通常、その責任の所在を二人の人間に分割することで、自分の痛みを和らげようとする。しかし、この見方は、単独者を個人に対立させられた個人とはするが、真の人格としておらず、ハシディズムの教えに対立する根源的な誤りだとされる。[☆15] そうではなく、人と人の間に生じている問題を己の魂の内部の問題として受けとめ、すべてが私にかかっている、と思う

☆6 早乙女禮子「M・ブーバーとハシディズム」基督教学研究第16号、京都大学基督教学会、1996年12月、276頁。

☆7 訳語はおよそ早乙女に従うが、一部改変した。以下の要約も、早乙女を参考としつつ、重点は若干異なる。

☆8 Buber, Martin., Der Weg des Menschen nach der Chassidischen Lehre (=WM), Werke III, München: Kösel-Verlag, Heidelberg: Verlag Lambert Schneider, 1963, S. 717. 以下、Kösel-Lambert Schneider によるブーバー全集にふくまれる著作からの引用は、作品名の略称と、所収の全集の頁数によって示す。

☆9 WM. 717-718.

☆10 WM. 720.

☆11 WM. 719.

☆12 WM. 719

☆14 Vgl., WM. 725.

☆15 WM. 728.

ほか、転向の道はないというのである。[16]

さて、以上の点について、とりあえずは自我の在り方が問題となっているとまとめることができよう。しかし、そのいずれにおいても、自我は発端以上ではない。自我は目的とはならないのである。

そこで、(5)「自分にかかわり合わぬこと」という方向転換がなされなければならない。「自分から始めるけれども、自分で終わるのではない。自分から出発するけれども、自分を目指すのではない。自分を把握するけれども、自分にかかわり合うのではない」。[17] 目指される場所は、「世界」である。[18]

ところで、自分から世界へというこの方向転換が、ユダヤ教の人間理解にとって重要な回心 Umkehr に関する逸話のなかで語られることにブーバーは注意を喚起する。[19] 自分の魂にかかわり合って、いつまでもその罪深さに苦しむのではなく、その苦しむ力を世界へと向けることが、ここでの回心、すなわち転向である。それは(2)で述べられた各人の固有性と結びついて、この世界において、神から与えられた特有の使命を果たすことへとつながってゆく。ブーバーによれば、ユダヤ教において、各々の魂は神の創造に参与する手足である。神の手足としての魂が自らを完成するのは、自らの浄福のためでもなく、この世の幸福のためでも、あるいは天上における至福のためでもない。世界における、神の手足としての働きそれじたいのためである。[20] 言い換えれば、神の共働者となることが目的なのである。[21]

(6) 以上のような方向転換を経て目指される「世界」とは、しかし、彼岸の世界ではなく、飽くまで「いま立っているこの場所」なのである。「ひとは世界の中の固有の場所で見つけることのできるものがある。それはひとつの偉大な宝であり、ひとはそれをそこにいること Dasein の充実と名付ける。そして、この宝が見つけられる場所とは、ひとが立つ、その場所なのである(……)私が自然なものとして経験するこの環境世界 Umwelt、私に運命的に分け与えられたこの状況、日ごとに私に出会うもの、日ごとに私を要求するもの、ここに私の本質的な使命があり、ここに、私に開かれた、そこにいることDaseinの充実があるのである」[☆22]。ブーバーの理解するハシディズムでは、したがって、彼岸の世界が問題なのではなく、現世こそが主要な関心となる。

人間の世界において神の世界を実現することが問題なのである。それは、火花のかたちで潜む神をこの世界に導き入れることに他ならない。いささか不遜な話にも思えるが、ブーバーは大胆に言う。「神は彼の世界に来ようと欲する。しかし、彼は人間を通して世界に来ようと欲する」[☆23]。それは、人間が自己の置かれた状況を認め、これを充実させ、日常的世界を宗教的次元において再発見することによって遂行されよう。

以上、『ハシディズムの教えによる人間の道』に述べられたことを見てきた。論点は、大きく三つの点に絞られる。第一に、（1）―（4）までをまとめて、現に生きる個人の固有性、あるいは本来性といったものが、強く意識され、その獲得と保持に重心が置かれているということである。もっとも、その固有性は（1）において顕著だったように、

☆16　WM. 729.
☆17　WM. 731.
☆18　WM. 731.
☆19　WM. 731-732.
☆20　WM. 733.
☆21　興味深いことに、魂の救済・浄福を旨としているにしても、自らの魂にかかわり合っているだけなら、その人間は自分のことのみを気にかけているゆえ、高慢といわれてしまう。これに対し、謙虚は、世界のことを旨とする性質なのである。自分にかかずらうだけの高慢が、世界に開かれた謙虚に下るとき、人は救われ、人が救われるとき、世界が救われると言われる（WM. 733）。極端に言えば、世界に閉じた己が救われることはないのである。
☆22　WM. 736.
☆23　WM. 738.

端緒としての意味を持つのみであって、目的としては決してとらえられてはいない。しかも、その端緒でさえ、神からアダムへの問いかけのように、他者からの呼びかけによって初めて喚起される、応答関係における自覚であった。第二に、(5) におけるように、獲得された個人の固有性、本来性は、回心・転向を通して、世界へと開かれていかなければならない。「——のために」という目的連関は自己という円環のうちへ閉じられるのではなく、神の働きの助力者たることへ向けられるのである。第三に、神の働きの場、神の世界といっても、それは我々が現に生きるこの世界を意味しており、そこで神の働きを助けることは、むしろその世界において十全に生きることを意味している。以上を要すれば、各人自らの固有性において、己から世界へと向かうところに、人間の奉仕と使命の基本的なかたちが示されていると言えよう。

神の運命の場としての世界

個人の固有的生が神や世界から要請されているという大胆な思想を、彼の他の著作からも確認しておこう。『ハシディズムの使信 Die Chassidische Botschaft』の名の下に集められた著作群のうち、「ハシディズム運動の精神と身体 *Geist und Leib der Bewegung*」の中で、ブーバーは次のように述べる。神という完全、絶対な存在に対して、どうしてこの不完全な世界が存在することが可能であるのか。この問に対する答えはこのようになる。神はみずから世界に収縮した、つまり唯一にして関わりを持たない一者が、関わりを生じさせようと欲したからであると。すなわち、この一者は、知られ、愛され、望まれることを欲し、一性へと努力する他性を出現せしめようとしたからであると[☆24]。だが、こうして生ぜしめられた他者が、一者の傀儡であるなら、この関わり、なかんずく愛は、欺瞞に満ちたものになる。したがって、この関わりが真正なものとなるために、他者の自由が完全に保証されなければならない。だから、先の答えは、こう展開される。「神は、自由に存続し、自由に知り、自由に愛し、自由に欲する他性を欲した。

神は他性に自由を与えた」[25]。だが、このように自由を与えられ、完全な他性の中へ投げられた他者、つまり人間が、神を選び、愛するようになるかどうかは、その自由ゆえ、人間に一任されている。人間が、世界に収縮した神の火花と出会い、これを解放するかどうかは、完全に人間の裁量なのである[26]。こうして次のような大胆なテーゼが導かれる。世界は神の運命である[27]。

被造物は人間を待望している。神は人間を待望している。彼から、『下』から、救いへの衝動が出てこなければならない。恩寵は神の応答である[28]。

ブーバーのハシディズム理解から伺えるものは、有限な存在者が、その固有性を絶対的な存在から熱望されているという、驚くべき思考なのである。
ハシディズム的著作についてはここまでに留め、以下、哲学的著作群のなかから、一九二三年に発表された『我と汝』へと目を転じておきたい。

☆24 Buber, Martin., Die Chassidische Botschaft (= CB), Werke III, S. 806.
☆25 CB. 807.
☆26 CB. 807.
☆27 CB. 805, 807, 808, 817.
☆28 CB. 809.

『我と汝』における原初的関わり

本能という点に着目して、『我と汝』を見てみたい。この著のなかで本能Triebがそれ自体として主題化される箇所はさほど多くない。第二三節から第二八節では、「始めに関わりがある」[☆29]というライトモティーフから、原始人および幼児というふたつの例が取り上げられつつ、「我」に先立つ原初的関わりが語られ、それに付随して本能が語られている。

ブーバーによれば、原始的な生活を送る人々の言葉は、分析的ではなく、関係の全体性をまるごと示すような、文章語である。そこでは人称語[☆30]はいまだ全体性のなかに埋め込まれている。彼らの生活のなかで、「我」が分離してくる消息は次のようになる。例えば毎夜原始人を訪れる月は、月が彼に与える作用そのもの、視覚的、身体的な刺激像として現れる。すなわち原初的体験、いわば純粋経験として現れる。やがてそこから記憶において、刺激作用の担い手として、作用する月という擬人的な像が分離されてくる。こうして、対象としての月が現れてくることになる。[☆31]

鍛えられることによって、記憶力は原初的な関係の出来事を整理する。こうして自己保存本能にとって重大なものや、認識本能にとって顕著なもの、すなわち「作用してくるもの」が際立たされて独り立ちする。一方で、記憶にとって重要でないもの、次々と交代してゆく「汝」は退いてゆき、記憶のなかで取り残され、次第に対象化され、群や類といったものへと纏められてゆく。このような記憶の作用のなかで、記憶と経験の担い手として、自己同一を保つものが分離されて現れてくるが、これが「我」である。[☆32]

すなわち、主客未分の原初的体験から、記憶という知的作用によって、まずは対象的なるもの（ここでは月）が現われ、次いで、「我」が自覚されるようになると言われるのである。

第二四節では視点を変え、「我‐汝」「我‐其れ」というブーバー独自の術語からも説明が試みられる。「我」が分離する以前の汝との関わりの出来事においては、「我」はその出来事のなかに包含されている（A）。そこではひとりの人間と彼に向かい合う存在者Gegenüberという二者が現実的に存在しているからである。このことによって、彼は、自己の「我」を感じることなく、しかし「我」の宇宙的な悲壮さを予感すると言われる。この悲壮さとは、実存の孤独と断絶を意味しよう。二者はもはや一者ではありえないからである。

さて、出会いの出来事においては「我」がその原初的体験のなかに包含されていたのに対し、自然的な事実においては、「我」は包含されていない（B）。この自然的な事実とは、諸感覚の担い手としての身体が、その環境世界から際立たされているということを意味している。この自然的事実においても人間は、周囲から自らを区別するが、区別を遂行するものは身体であって、区別は生物学的な同化／異化作用に基づくものであり、そのような自己同一性があるにすぎない。[☆33]

さて、「我」を含む関わりの出来事（A）から「我」が分離し（A′）、「我」を含まない自然的な事実（B）に入り込むとき、「我」は自然的事実における「我のようなことIchhaftigkeit」を励起させる。こうして、自然的事実において「我」が登場し（B′）、自らが感覚の担い手であることを自覚し、したがって環境世界が彼の対象であることを宣言するに至るのである。こうして、根源語「我－其れ」が語られることになる。[☆34]

すなわち、原初的な関わりの出来事（A）においては、潜在的ではあるけれども「我－汝」が語られ、従ってそこ

☆29　Buber, Martin., Ich und Du (=ID), Werke I, München: Kösel-Verlag, Heidelberg: Verlag Lambert Schneider, 1962, S. 90.
☆30　田口義弘の邦訳参照。マルティン・ブーバー『我と汝・対話』（「ブーバー著作集1」）田口義弘訳、みすず書房、一九七八年（一九六七年）、二七頁。
☆31　ID. 90f.
☆32　ID. 92.
☆33　ID. 93.
☆34　ID. 93.

には我が固有性を持った代替不可能な我として潜在的に含まれ、そのかぎりで、「我−汝」は「我」に先立つものである。むしろ、我の我たる所以を示す、根源的な場として表現されている。一方で、自然的な事実（B）における我の登場（B′）は、（A）の崩壊によって引き起こされた我の分離（A′）によって初めて可能となりうるものであり、その意味で、「我−其れ」は「我」よりも後なるものとなる。

原始人の例から見る、「我」の登場は以上のようになる。では、幼児の例からみると「我」の登場はどのように考えられているのだろうか。

子供と原初的関わり

まず、誕生以前の胎児は、母の胎の中で、純粋な結びつきの状態にある。これは、世界的な welthaft 結びつきとも言われ、後に人を「汝」との世界的な結びつきへと動かしめる、憧憬として刻み込まれる。[☆35]

子供は母の胎を出て、しかし、すぐさま一個の人間になるわけではない。子供は失われつつある原世界との自然的な結びつきを、世界との精神的なそれへと置換しなければならない。彼は、創造界 Schöpfung を取り出して、自らの現実となし、自らの世界を形づくらなければならない。だが、創造界は、出会いのなかで開かれ、しかも受動的に待つ者にではなく、能動的に摑みにゆく者に開かれるとされる。[☆36] だから、子供の側に、自発的に世界を摑もうとする動因がなければならない。この動因は、さしあたって、関わりへの努力 Beziehungstreben と呼ばれる。この関わりへの努力によって、向かい合う存在者が子供に寄り添い、汝と言うこと Dusagen が、言葉なき前形態において生起する。この事件のずっとあとになって、原始人において原初的体験から対象的存在者が分離してきたように、「汝」が対象的存在者に化し、やがてそこから自我意識が現れてくることになるだろう。[☆37] 対象的存在者がまず与えられるのではない。「そうではなく、関わりへの努力が第一のものである。向かい合う存在者がそこに寄り添う、あのふっくらした手である。この向かい合う存在者との関わり、汝と言うことの言葉なき前形態、これが第二のものである。ものとなることは、しかしもっと後の産物であり、原体験の分裂から、結びついた相手との分離から生じるのである。我の成立がそうであるように。[☆38]」

生得の汝

さて、以上のように見てきたとき、「我」という自我意識が獲得される以前に「汝」との関わりを可能にし、ひいては自らの世界を選びとることをも可能にする内在的衝動として、「関わりへの努力」が人間には生来与えられているという構造が明らかとなってくる。ブーバーはこの「関わりへの努力」を言い換えて、「生得の汝 das eingeborene Du」と呼ぶ。

始めに関わりがある。存在のカテゴリーとして、準備として、把握の形式として、魂の型として。関わりのアプリオリ。生得の汝。[☆39]

「生得の汝」に促されて、生まれて間もない個我なき我は汝を求め、汝と出会い、やがて一個の我となる。「生得の

☆35 ID. 94f.
☆36 ID. 95.
☆37 Vgl., ID. 95f.
☆38 ID. 96.
☆39 ID. 96.

汝」は、個我なき我を世界へと導いてゆく、原初的かつ内在的な促しなのである。[40]

思えば、実際にブーバーが生得の汝という言葉を導入する以前から、叙述にはそれに類するものが見え隠れしていた。まず、原始人と月の例のなかで、月ははじめ、刺激像 Erregungsbild として、しかし次には擬人像 Personbild として分離されて現れる。[41] 刺激像から対象像へと直接に連絡されるのではなく、擬人化という契機が経由されているのである。また、個我として成熟していない幼児が空間の一点を見定めること、乳を欲していないにもかかわらず、見たところ何もない中空へと手を伸ばして動かすことなどは、幼児がその行き着く先を知らずに、「生得の汝」に促されて関わりへと入ることを欲している例として考えられる。[42]

さて、以上のようにまとめたところで、この箇所に伏在している本能という要素を洗い出してみよう。

本能

原初的関わりを語る『我と汝』第二三節から第二八節には、本能としていくつかのものが言及されている。ブーバー自身によって名を与えられているものは、自己保存本能 Erhaltungstrieb、認識本能 Erkenntnistrieb、接触本能 Kontakttrieb、創始者本能 Urhebertrieb である。また、本能と関係の深いものとして、ファンタジー Phantasie と生得の汝を挙げることができる。

自己保存本能と認識本能についてては、ブーバーはこの語に常識的な意味以上のものを付け加えてはいないように見える。ただ、両者とも、自我意識に付属しているものではないことに注意を喚起しておきたい。「『自己』保存本能の根源的な支配には、その他の本能のそれと同様、自我の意識は付着していない」[43] のである。この本能の担い手は自我の意識ではなく、自我を知らない身体である。認識本能においても事情は変わらない。原初的な認識機能において、認識する自我は、どれほど素朴なかたちにおいても見いだされず、また経験する主体という概念も、どれほど幼いかたちにおいても見いだされないという。[44] ブーバーにおいて、自我意識なき身体は本能の担い手でありうるが、自我意識は本能の基体ではありえない。

接触本能とは、「さしあたっては触覚的に、次いで視覚的に、他者に「触れ」ることを求める本能[45]」である。接触本能は「生得の汝」から速やかに発現し、やがて情愛を含んだ相互的な触れ合いへと発達していく。幼児の例で見たように、明らかに食物を求めているのではないが、しかしもがくように手を伸ばす幼児を突き動かしているものが、直接的にはこの接触本能だといえよう。つまり、接触本能とは、「生得の汝」の展開のひとつである。

創始者本能

自己保存本能、認識本能、接触本能に加えて、ブーバーは、創始者本能という特異な本能を想定している。創始者 Urheber ということばは彼の著作に度々現れ、晩年においても用例を見ることができる。[46]『我と汝』におけるブーバー自身の説明によれば、「総合的な方法によって、それが不可能であれば、分解し、引き裂くという分析的方法によって、物を作り出そうとする本能」である。[47]『我と汝』では、創始者本能はこれ以上立ち入った説明を与えられない

☆40 このことを逆に辿ると次のようになろう。我々に自我意識が可能となる以前に、我々は汝と出会っている。だが、汝との出会いというこの原初的な関わりがそもそも可能となるのは、生得の汝がこの体験に先行しているからである。こういった消息が、ブーバーがこの語に「アプリオリ」や「カテゴリー」という重々しい負荷を掛けようとする理由であろう。
☆41 ID. 91.
☆42 ID. 95f.
☆43 ID. 92.
☆44 ID. 92.
☆45 ID. 96.
☆46 Vgl. Buber, Martin., Urdistanz und Beziehung (=UB), Werke I, S. 417.

が、『我と汝』と近い時期の一九二六年、『教育的なものについてÜber das Erziehrische』と題された講演から、もう少し細かな内容について伺うことができる。

人間、人間の子供は物を作ろうとします。それは単に、一見してかたちがないように思わせる素材から、かたちが生起することを見たいという気持ちではありません。子供が求めるものは、物のこの生成にみずから参加することです。子供は製作過程の主体たろうとします。私の語るこの本能はまた、いわゆる職業や活動する本能と取り違えられてはなりません（……）。重要なことは、集中して受け取られたみずからの行為を通して何ものかが、先ほどには存在しなかったもの、たった今まで存在しなかった何ものかが生起することです。[48]

つまり、創始者本能とは、創作活動の能動的な主体たることで、みずからの固有性を世界に刻もうとする本能なのである。

この本能は発話という行為において際立つという。子供が、なにか既存の語彙から取り出して喋るのではなく、彼の初めてのことばを発しようとするさい、この発話を支えているものが創始者本能なのだとブーバーは考えている。[49]創始者本能は、幼児が初めてことばを発する、決定的な場において作用するだけではない。幼少期の子供によく見られる破壊活動にさえ、ブーバーは創始者本能を認めるのである。彼によれば、見たところ闇雲な破壊欲に駆られて、子供は一枚の紙をびりびりと引き裂くが、引き裂かれた紙片の形態に興味を持つや、こんどは何かのかたちを作り出そうとして、紙を裂き始めるのだ。[50]

『教育的なものについて』に沿って、創始者本能について、幾つか補っておこう。ブーバーは「創始者本能を、その自立性と不可演繹性において認識することが重要[51]」だという。ブーバーは創始者本能をリビドーや自己顕示欲といった、単一の要素に還元されるべき本能とは考えない。むしろ創始者本能は、ひとつの自立的な本能であり、「人間の内面性という根源的なポリフォニー」[☆52]における、主導的な声部のひとつなのである。

また、切り紙の例から連想されるような他者への侵害や所有とは、創始者本能は一線を画すとされる。創始者本能は所有を企てるのではなく、ただ行為することを目指す。[☆53]稲村秀一の表現を借りるなら、「ただひたすらに新しきものをそこに創造してゆく活動そのことを目的とする」[☆54]。ただ行為するということを通して、この本能はむしろ世界へとみずからを開くのである。「ここには世界をみずからに引っ手繰るのではなく、みずからを世界に表現してゆく純粋な身振りがあります」[☆55]。

とはいえ、創作活動の能動的な主体となって、作品にみずからの固有性を刻むことは、ブーバー自身によって退けられている自己顕示欲や所有といった事柄と、そこまで截然と分けられることだろうか。むしろ、我々は創始者本能と自己顕示欲に親近性を感じざるを得ないのではないだろうか。この点について、『我と汝』に戻って確かめておく。右で自己保存本能と認識本能について述べたときと同様、創始者本能の担い手も自我意識ではない。「我ではなく、

☆47 ID, S. 97.
☆48 Buber, Martin., Über das Erzieherische (=ÜE), Werke I, S. 789.
☆49 ÜE. 789.
☆50 『我と汝』の先の箇所で婉曲に総合的／分析的と言われていたことは、つまり、積み木や切り紙というほどの意味であることがわかる。
☆51 ÜE. 789.
☆52 ÜE. 790.
☆53 ÜE. 790.
☆54 稲村秀一『マルティン・ブーバー研究——教育論・共同体論・宗教論』、溪水社、二〇〇四年、十二頁。
☆55 ÜE. 790.

身体が物を、道具を、玩具を作ろうとし、『創始者』たろうとする」[☆56]のである。創始者本能が自我の発生以前にすでに発現するものであるのに対し、自己顕示欲は自我の発生以後に姿を表すものである。つまり創始者本能と自己顕示欲の分水嶺は、自我の有無である。本能には自我がないとすれば、創始者本能が所有を表すのではなく、ひたすら行為を目指すということの意味もより明らかであろう。自我を持たない身体は所有という契機を含まない。

この所有なき、自我なき身体を、創始者本能は、認識本能の機能と並んで、原初的体験の場へと導いてゆく。原初的体験から個我が登場することの次第を、ブーバーはこう述べていた。「我は原初的体験、すなわち、わたし―はたらきかける―きみ、及び、きみ―はたらきかける―わたし、という生き生きとした始源語の崩壊から、分詞の名詞化、実詞化ののちに、要素として飛び出してくる」[☆57]。この原初的体験のなかで、「きみ―はたらきかける―わたし」の側面を知らしめるものが原初的な認識機能だとすれば、「わたし―はたらきかける―きみ」の側面に関わるものが創始者本能だということになるだろう。

ところで、この原初的体験、原初的な関わりの出来事を可能にするものは、根源的には「生得の汝」であった。実際、創始者本能も「生得の汝」によって規定されているという[☆58]。ここから、シリアスで滑稽な、しかし馴染みの遊びが生まれる。つまり子供は、みずからの作り出したものに対し、それがあたかも人格を持つかのように振る舞い、そのものと対話しはじめる[☆59]。彼はままごとを始める。

ファンタジーから実在の他者へ

ままごとの例は、『我と汝』において、創始者本能が導入される以前の文脈でも語られ、そこでは熊のぬいぐるみが遊び相手である[☆60]。子供にとって熊のぬいぐるみは対象物ではなく、ファンタジーのはたらきにおいて、生き生きと働きかける向かい合う存在者とされている[☆61]。「この『ファンタジー』とは徹頭徹尾『万象霊有化 Allbeseelung』などではなく、自分に対し、すべてを汝とする本能、万象との関係を求める本能であり、生きて働く向かい合う存在者がおらず、ただ写しやシンボル〔だけ〕が与えられている場合には、この本能は、みずからの充溢によって、生き生きとした働きかけを補ってしまうのである」[☆62]。このファンタジーとは、対話への求めが満たされない場合に、これを想像力で補ってしまう本能であり、生得の汝の多少歪んだ発展形態であるといえよう。

しかし、ままごとがはらむ滑稽さと歪さは、どこかで解消されなければならない。ここでふたたび『教育的なものについて』に目を転じ、もうひとつ本能が示されていることに注目しておきたい。

この教育論で、ブーバーは創始者本能について述べたあと、しかし、「創始者本能としての人間は孤独です[☆63]」とも述べる。「創始者本能の育成のみに基づいた教育は、人間の新たな、苦痛に満ちた孤立化を用意します[☆64]」。この孤独を打破するのは、生きて自分に働きかける他者、私に対して、私ではない「私」を語り、私をあなたと呼ぶ他者である。「世界が客体であることを、ひとは内側から学びますが、世界が主体であること、世界が私と言うこと Ichsagen、そしてまた世界が汝と言うこと Dusagen は、そうではありません。我々をこの汝と言うことの経験へと連れてゆくものは、もはや創始者本能ではなく、結びつきの本能です Trieb der Verbundenheit[☆65]」。

☆56 ID. 92.
☆57 ID. 92.
☆58 ID. 97.
☆59 ID. 97.
☆60 ID. 96.
☆61 ID. 96.
☆62 ID. 96.〔 〕は引用者補。
☆63 ÜE. 791.
☆64 ÜE. 792.

ブーバー自身の解説によれば、結びつきの本能とは、「世界が我々に対して現前的な人格となってほしいという願望です。我々がこの人格に向かうように、この人格が我々に向かい、我々がこの人格を選び、認めるように、この人格が我々を選び、認め、我々がその人格において確証されるように、この人格が我々において確証されること、このことを求める願望です」[☆66]。「結びつきの本能」は、もはや仮想的な人格で満足せず、実在的な人格を求め、それと出会うことを熱望している。本能は、こうして、実在的な人格との結びつきへと導かれなければならないのである[☆67]。

つまり、世界に自己の固有性を刻もうとする創始者本能も、結局は実在の他者との結びつきによって補われなければならない。その必要は、創始者本能とファンタジーが絡み合って、ままごとあそびが発生したことに示されていよう。

創始者本能は世界へと開かれ、世界にみずからの存在を刻印しようとするが、そのことによって行為者を孤独に導くことになる。存在証明を求めることは孤独の裏面であり、孤独は結びつきを欲している。孤独を用意することによって、創始者本能は他者へ向かう準備をさせるといえよう。

結びつきと自由

結びつきの本能からの、ひとつの展開に着目したい。同じく『教育的なものについて』の後の箇所で、ブーバーは結びつきと自由について述べている。それによれば、自由とは前提であって、目的ではない[☆68]。では、自由はどこへ向かうのか。

自由は、しばしば強制の対義語として理解される。だがこれに対し、ブーバーは「強制の対極は自由ではなく、結びつきです[☆69]」という。ひとは運命や自然から強制されるが、その反対は、運命や自然と手を切って孤立することではない。そうではなく、運命や自然と、みずから結びつき、盟約を結ぶことだという。つまり、自由とは、決して強制されることなく、これらのものをみずからの決断において選び取り、受け取り直し、それらと固有の関係を築いてゆくための通路である。

この自由はこう敷衍される。「束縛から自由になることは、ひとつの運命です。この運命を、ひとは紋章のようにではなく、十字架のように背負うのです[☆70]」。なぜか。共同体的規範の拘束を破棄することは、そのつどの決断の責任を自己の人格において負うことになるからである。規範から自由になること、「それは、多くの世代に共有された責任の代わりに、まったく個人的な persönlich 責任が現れることを意味します。自由に基づく生は人格的な personhaft 責任か、さもなければ悲壮な茶番です[☆71]」。

この教育論において、自由とは結びつく自由であり、それゆえ受け取り直された運命であると考えられている。この点を、『我と汝』に戻って、確認しておきたい。

自由と運命

『我と汝』第三六節で、ブーバーは次のように述べている。「運命 Schicksal と自由はお互いに誓約しあっている。運命に出会い得るのは、自由を実現する者のみである[☆72]」。これに続く箇所ではブーバー一流のレトリックが多用され、

☆65 ÜE. 792.
☆66 ÜE. 792.
☆67 Vgl., ÜE. 791. また、稲村前掲書（二〇〇四）、十三頁以降。
☆68 ÜE. 795.
☆69 ÜE. 795.
☆70 ÜE. 796.
☆71 ÜE. 796. vgl. ÜE. 797.

意味の広がりは大きくなるが、その含みのひとつは、我々が右で見たことから隔たってはいない。ここでは宿命 Verhängnis が右で強制と言われたものに対応し、運命の対極をなしている。分析の切り口は幾つかあろうが、因果律の束縛と関連し、また、諸法則でもあるこの宿命は、匿名的、多数的に考えられ、硬直した必然性である。自由なる者は宿命の強制を離れて、みずから選び取った固有な運命と結びつくことになる。[☆73]

自由な者と運命の結びつきは、第三七節ではこう言われる。「自由な人間とは恣意なく意志する者である。彼は現実に信を置く。すなわち、彼は我と汝の実在的な二者性の実在的な結びつきに信を置く。彼は定め Bestimmung に信を置き、そして定めが彼を必要としていることに信を置く[☆74]」。そして、自由な人間はこの世界に生成してくるものに傾聴し、生成してくるものは、この人間によって実現されることを欲しているという[☆75]。自由な、けれども人間であるかぎり制限されている存在者を、運命という「定め」が待望しているというのである。この洞察がさらに進んで、「神があなたを必要としている」ということ、「世界は神の運命である[☆76]」というテーゼにまで至ることは、ハシディズムの理解を踏まえれば、さして奇異なことではないだろう。

注目しておきたいのは、一個の人間の選択した運命が、いつしか、神の運命と共振しているということである。有限者の決断が、無限者に影響を及ぼすという、途方もない思考である。もちろん、有限者の側からすれば、「信じる」という仕方でしかないとしても、出会いにおいて、そのことが予感されるのだろう。ともかく、有限的な存在者が、その固有性を超越者から求められているという洞察を見ることができる[☆77]。

宗教的次元を離れて

超越者から個別者が求められるということは、宗教的には理解できる。だが、宗教的次元を離れ、超越者の存在を前提としないところで、個々の固有性が世界への奉仕になるのだなどと言えるだろうか。

この点をブーバーにそって考察しようとするなら、汝の世界と其れの世界という二つの世界相が相互に転換するというところに、回答の方向が開かれてゆくように思われる。普遍的なはずのものと、極めて個別的な実存が斬り結び、個的実存によって普遍的なものの相貌が変容する経験があるとすれば、むろん当の実存にとっての意味でしかありえないだろうけれども、全体における固有性の意義について、なにほどかの洞察がもたらされるのではないか。

二つの世界相

「世界は人間の二重の態度にしたがって、彼にとって二重である。人間の態度は彼の語りうる根源語の二重性にしたがって、二重である」[☆78]。つまり人間が、或るものに向かいあって、「きみ」と呼びかけ、「我－汝」の二人称的な態度をとる場合には汝の世界が現われ、あるいはたんなる「それ」とみて「我－其れ」の三人称的な態度をとる場合には其れの世界が現れる。

とはいえ、我が二人になるのでないと同様、世界も二つに分裂するわけではない。汝或いは其れの二つの世界は、世界相なのである。ここで、少し迂回して、世界相の基体となるような世界の性格について触れておく。

人間にとって世界が可能になるのは、ブーバーによれば原離隔という根源的運動のためである[☆79]。自らの衝動や欲求

☆72 ID. 113.
☆73 Vgl. ID. 116.
☆74 ID. 118.
☆75 ID. 118.
☆76 ID. 133.
☆77 Cf. Friedman, Maurice., *Martin Buber: The Life of Dialogue*, 4th edition, London/New York, Routledge, 2002, p. 220.
☆78 ID. 79.

の彼岸へと存在者を分離し、その存立を認めるというこの原離隔は、シェーラーの世界開放性にも似ている。ブーバーの場合には、この原離隔は、単に対象を衝動や欲求から分離できるということを超えて、むしろ存在と結びつけられた概念であり、[☆80]人間と世界の緊密な相互関係を語ろうとする点で、私見では、むしろハイデガーの世界－内－存在に近いように思われる。この点に注意すると、ブーバーが環境世界 Umwelt と環境圏 Umkreis を区別したことは、[☆81]周縁的な問題として片付けることはできない。環境世界は参与する主観に構成される側面をもつけれども、生物の感官と不可分に結びついた生物学的環境圏と異なり、構成する主観を超えて独立した面ももつのである。つまり、環境世界も、それが世界の名を冠するかぎり、殊に人間的な概念となる。

人間における世界を可能にする原離隔の概念そのものは後期によって導入されたものだが、これは『我と汝』を補足する意図で導入されたものであり、そのうえで我－汝、我－其れが可能となる人間学的な基礎という意味を持つ。[☆82]汝の世界と其れの世界も、原離隔によって可能となった世界において展開されるのである。

さて、汝の世界 Duwelt と其れの世界 Eswelt の分析については、多くの先行研究があるが、[☆83]本稿で注目しておきたいのは、其れの世界に備わる共同性と、汝の世界に備わる共有不可能性である。

其れの世界において、人間はそこで他者に出会うことはできないにせよ、其れの世界を他者と「了解しあう」ことが可能である。[☆84]其れの世界において共同は可能である。これに対し、汝の世界については、しかしながら、これを他者と了解しあうことはできない。汝の世界において、ひとは、汝の世界とともに孤独に落ち込む。[☆85]

其れの世界ならば、そのヴァリエーションとして独白的、心理的、主観的世界を許容するから、そこで実存が孤立することは理解できる。だが、本来的に他者と出会うはずの、それゆえ本来的な世界だと考えられるこの汝の世界において、これを他者と共有できないのはなぜなのだろうか。[☆86]

向かい合いとしての世界

世界が単純に共有されえないことは、後期の『共同的なものに従うこと』でも示されている。より上位の世界概念であるコスモスについて、ブーバーは次のように述べている。コスモスが人間にとって共同的なものであるのは、人々が一緒になって世界のなかにいるからではない。そうではなく、世界に対する人々の関係が共同的なものだからである。☆87 つまり、共同性は、人々のあいだに直接的に打ち立てられるのではなく、各人が各人の世界を経由することによって獲得されるのである。

先の『原離隔と関わり』においても、世界は、その「なかに in」人間が住まうものとも考えられているけれども、全体の文脈、および、原離隔の原理と双璧をなす第二の運動である「関わりへの参入」との対応を考慮すれば、世界は第一義的には、「向かい合うもの Gegenüber」という相貌であらわれる。☆88

☆79 UB. 411-416.
☆80 UB. 413.,Buber, Aus einer Philosophischen Rechenschaft (=PR), Werke I, S. 1115.
☆81 UB. 412.
☆82 Buber, Aus einer Philosophischen Rechenschaft (=PR), Werke I, S. 1114f.
☆83 見解を異にする点もあるが、本邦における代表的なものとしては、稲村秀一『ブーバーの人間学』教文館、一九八七年、二一九―二二四頁。
☆84 ID. 99.
☆85 ID. 100.
☆86 付言すれば、汝の世界／其れの世界の区分は、環境世界／共同世界（或いは世間）という区分と一致しないということである。我－汝は、人間的存在者のみならず物とも成立しうるし、一方、人間的存在者も彼、彼女と語られうるからである。世界の現象が殊に人間的なものである一方で、生物における環境圏的な世界も排除されないところに、ブーバーにおける世界概念の捉え難さの一因がある。
☆87 Buber, Martin., Dem Gemeinschaftlichen Folgen (=GmF), Werke I, S. 463.

世界と人間個人が向かい合うことが可能だとすれば、人間は世界のなかに住まい、そのなかで相対化されうる一個の対象ではない。人間は世界と肩をならべ、世界と人間は一対一で対応することになる。向かい合い、あるいは結びつきという構造において現れてくる実存は、『我と汝』では、我‐汝の我、すなわち人格 Person として表現されており、それは我‐其れの我、分離によって自らを顕示する個我 Eigenwesen と対照されている。[89] これと似た実存のふたつの様態が、『ハシディズムの教えによる人間の道』でも語られていた。その箇所で、共同生活を営む他者との摩擦の帰責を、そこに関わった者に配分することにブーバーは異を唱えていたのだった。彼によれば、このとき、個別者は個人 Individuum に対立せられる個人と見られており、真正な人格と看做されていないという。そのうえで、真正な人格の変容は、世界の変容を助けるのである。[90]

つまり、ブーバーにおいて、本来的実存のすがたである人格は個でありながら、世界の「なかに」住まうのではなく、世界と結びつくことで、世界と「向かい合うもの」であると考えられている。[91]

世界に対して向かい合う人格‐個人 Person となるとき、関わりへの参入には個別的契機が含まれるがゆえに、[92] 世界は、その人格の世界‐私の世界という様相を帯びる。この世界について、それが他者と共有できないのは、この世界との関わりが向かい合いという二人称構造を持つからである。この世界について、他の誰かと語り合うときにはすでに、この世界との二人称構造は崩れて、三人称構造が発現してしまう。

世界との関係が向かい合いであることを説明する叙述は、『我と汝』の段階では、世界表象として、[93] 後には環境世界あるいは感覚世界として、[94]「私」に現象する世界が「私」に感覚与件を贈りつつ、「私」が世界を構成するという構造によってなされている。このような出会いに基づく知覚の報告は、ブーバーにときおり見られる。[95] 冷静に見て、それらは単に現象の構造一般を語っているにすぎないであろうが、そこでも基礎構造として二人称的関係が考えられている。私に現象する世界において、現象に参与する私の存在が要求されている。[96]

他者と共有できない世界との二人称的関係がなりたつとき、世界から現れるものは、避けがたく私に向けられることになる。そこで生じた語りかけに応答するものは私のほかにいない。世界が汝の世界として現れるとき、それは私が応答すること、つまり私の責任 Verantwortung を要求する。

『対話 Zwiesprache』という作品の「責任」と名づけられた一節は、あるいはそのように考えることができる。三人称的に生きられた日常的な世界が、耳を開いた者にたいして、ふと二人称的なものに変わる。☆97 すると、その者には、身の周りでおこった出来事がその者への語りかけだと感得され、その者はこの語りかけに対して応答することができ

☆88 UB. 413, 415.

☆89 ID. 120.

☆90 WM. 728.

☆91 Kramer はその手引書の中で次のように書いている。"A person lives with the world; the individual lives in the world."(Kramer, Kenneth Paul., *Martin Buber's I and Thou, Practicing Living Dialogue*, New York/Mahwah, N. J., Paulist Press, 2003, P. 108.（強調原文）

☆92 UB. 416.

☆93 ID. 141.

☆94 UB. 412. Buber, Martin., Der Mensch und Sein Gebild (=MG), Werke I, S. 433.

☆95 Vgl. ID. 144f., UB. 418., MG. 432f., Vorspruch der Gottesfinsternis, Werke I, S. 505-510.

☆96 たとえば色彩や香りについて、ことばや実物の提示などによって、他者と了解し合うことは可能である。だが、私の感じた色彩のやわらかさやあたたかみの質を、他者と共有することはできない。ことばや知識によって、私の感覚そのものもまた変容してゆくであろう。けれど、私の感覚そのもの、私に現象した世界の現象そのものを他者と共有することはできない。この有限性は、私と私の世界が排他的な二人称構造を持つことの、ひとつの示唆になりうるだろう。Vgl. Zwiesprache, Werke I, S. 189.

☆97 ここでは経験 Erfharen と異なって、他者と共有できない「経験されたもの Erfahrnes」が、二人称関係の成立の証左として機能している。ZW. 189. また、前注を参照。

る。[98] 具体的な生活のなかで出会うものを、二人称的語りかけと受けとりなおすことで、責任が生じてくるのである。「一匹の犬がきみを見つめた、きみはそのまなざしに責任を負い応答する verantworten、ひとりの子供がきみの手をつかんだ、きみはその触れ合いに責任を負い応答する、一群のひとびとがきみの周りにひしめく、きみは彼らの困窮に責任を負い応答する。[99]」

もちろん、世界について語ることが可能であることから、世界はふたたび普遍性を獲得し、私をそのなかに住まわせるものとなる。だが、そのとき、世界からの語りかけは、もはや私に向けらてれない。いや、誰にも向けられていないだろう。応答と責任は、ひとしく失われる。[100]

実存の固有性が世界への奉仕につながる点を求めて、汝の世界が共有不可能であることを確認し、そのことは、私に現象する世界において、私が世界に向かい合い、世界と語るということへ、展開されてきた。こうして、一個の実存によって二人称的に捉えられた世界が、実存の応答‐責任を喚起する。いわば、他者と共有できない世界という逆説に満ちた世界の自覚が、世界への奉仕を実存にうながすのである。

このとき、ブーバーによって与えられうる、世界と人間とのあいだに二人称的関係が可能であるということの根拠は、それほど強固なものではない。私が世界と語ることができるのか、また、私の経験しうる世界が、すなわち私に分け与えられ委ねられた世界だと受け取り直すことができるのか、それらについては、個々の実存の遂行に関わる問題であろう。ただ、世界との二人称的関係が必要であるということの消極的な理由のひとつは、完全に三人称で語られる世界が、ハイデガーの言うような、誰の世界でもないいわゆる世間として現象し、そこで実存の本来性を獲得することができないということに現れているように思われる。のみならず、先に述べた生得の汝や創始者本能、関わりの本能に説得力を認めるなら、人間は、世界に出てゆき、それと固有の関係を結ぶことで、自己の存在の確証を得たいと望む存在であるように見える。

むすびにかえて

さて、以上のように見てきたとき、ブーバーの哲学的著作とハシディズム的著作から、世界との緊密な構造を備えた我が見出される。では、このことは貢献とどのように繋がり、あるいは繋がらないのだろうか。

ハシディズム的著作から見えてきたことは、神という普遍・全体に対して、一方では「私」という特殊な存在者の、他方では「今ここ」という具体的世界の、それぞれ特殊性が許容され、肯定されているということである。この「私」も世界も、そのものとして在るかぎり、無時間性や永遠、無限という全体性への帰依を拒否するものである。にもかかわらず、この存在者はその特殊性や固有性を積極的に全体に開いていくことが、神から要請されている。各

☆98　ZW. 189f.

☆99　ZW. 190.

☆100　ところで、日常の出来事を語りかけと了解することは、すでになんらかの宗教的態度の表明ではないのか、という疑問があり得る。「我々は、〔我々の身の上に〕生じる生活の様々なしるしから語りかけられている。誰が語るのか。」（ZW. 187）日常の出来事を語りかけと捉えることは、どこかに語りかける主体を想定していることを示していよう。そして、「誰が」という問が生じた瞬間に、「神が」という答えが避けがたく用意されてしまうように思われる。『我と汝』で高らかに宣言された「永遠の汝」を考えるまでもなく、ブーバーのロマンティックな筆致はそれを裏書きしそうなものだが、しかし、ブーバーはただちに神を認めるわけではない。「その返答に神という単語を持ってきても役に立たないであろう」（ZW. 187f.）ブーバーはここで、神についての何らかの言説といったものすべてを退ける。語りかけそのもの以外には、なにものも認めないのである。各々の語りかけから帰納的に導かれる神についてはこれを排除しないにしても、ブーバーは神を前提としてはいない。

人に与えられた固有性を世界に向けることが、すでに神への貢献なのである。このことがブーバーにおける貢献の基本的な方向といえよう。

『我と汝』で展開されている「生得の汝」および、ブーバーに独特な人間の本能は、一個の人間が、実在的な他者へ、また世界へ開かれてゆく内在的な刺激を表していた。それは他者との交わりにおいて、原初の己の求めを実現してゆく過程である。そこでは自己の本来性の獲得と他者に出会うことが同時に目指されている。このとき、アクセントは他者を求めることにあり、他者を益することは積極的に考えられてはいない。つまり、他者を希求することは本能でありうるが、他者を益することは本能とは言えない。もちろん、経験し利用する我、言い換えれば、他者を自己に同化せしめ、自己の欲求のための手段とする独話的な我は徹底的に排撃される。[☆101]だからといって、この我と他者との関係を逆転させて、他者に経験され、利用されることを、我がただ甘受するということになるなら、これもまたブーバーの本意からはかなり離れてしまうだろう。我の固有性を減じることは、上に見た、神からの固有性の求めという、貢献の基本的な方向に反するからである。

共有不可能な汝の世界が語られることで、我の固有性はかなりの強度を持たされていることが伺える。共同世界において、生半可に他者に和することではなく、私的環境世界における孤独が考えられているゆえである。もちろん、この我の固有性は単純な自我の肯定ではありえない。汝の世界は確かに他者と共有されないが、ハイデガーの現存在が持つ現Daのような開示的様相を有しているのであり、個我的主体のうちに閉鎖された領域ではない。この上で、『共同的なものに従うこと』で述べられたコスモス論などを鑑みると、私的環境世界の断絶を乗り越えたところで、単なる共同世界に尽きない、より高次の世界性が目指されていることが伺える。

貢献が、単なる共同世界における他者の利益を己の利益よりも優先させるということを意味するのみであれば、貢献の勧めは、搾取することの体のいい遁辞に容易に堕するだろう。貢献心は自己疎外と奴隷化の欲求となってしまう。

貢献という行為の裏面として、この点は注意されておいてよい。貢献を既存の社会や全体に対する、代替可能な利益の供出と考えるなら、このような貢献は認めがたいものとなる。

右で見たように、第三者と共有することのできない、孤独に満ちた二人称的な世界が現前しうることが、責任と奉仕の源泉となる。

それゆえ、自己と他者が、それぞれの固有性を減じられることなく、自由な者同士としてお互いの存在を確証しあおうとすることが貢献心と言われるなら、この貢献心をブーバーは強く肯定するだろう。「人間は自らの存在という天からのパンをお互いに差し出すのである」[☆102]。

☆101 ID. 80, 99., usw., 及び、稲村前掲書(一九八七)、一八〇頁以降。
☆102 UB. 423.

キリスト教神秘主義と日本仏教における貢献する気持ち

シュタイネック羅慈

1　はじめに——ある矛盾

一見したところ、また一般的な考えに従えば、神秘主義は洋の東西を問わず、貢献する気持ちの顕れを探そうとすれば、まったく念頭には浮かばないように思われる。神秘主義は二義の思想によって定義できるだろう。まず第一に、通常の人間的な経験を通して出会う明白な多様性、相違性、対立性の背後に、完全実在が存在することである。第二に、人生の唯一の目的は、その実在との一なる境地に到達することである（Steineck 2000, 272:17-27）。他人を含め、現実世界と全ての絆を否定することが、想定される完全実在との合一を求める上で、第一の基本的段階のように思われる。したがって、神秘主義の聖人が孤独で人里離れた所に住み、世間の苦悩や喜びから離れていることを我々は予想するだろうか。それどころか、彼等は社会問題と関わり、科学的取り組み、洗練された芸術への喜びさえ嫌悪するのだろうか。

宗教の古典近代理論はそうした見解を定着させるために、多くのことを提唱してきた。周知の通り、マックス・ヴェーバー（Max Weber）は、神秘主義的な世界否定とプロテスタンティズムの世俗内禁欲を等値した。

ヴェーバーの分析によれば、神秘主義とは、「現世逃避」の典型である。神秘家にとって、「現世における行為は、まったく非合理的な、現世の外側における救済の状態を危うくするものとして現れるほかはない[☆1]」(Weber 1972, 104)

カール・ヤスパース (Karl Jaspers) は、『世界観の心理学』(*Psychology of World-Views*) という彼の著作で、神秘家の理想的な状況を下記のように規定している。

「無時間的に存在するものの中でのまったくの静止や満足として比喩的に記述しうるのみで、衝動もなく存立し、絶えざる神の現在の中に (あるいは、神との合一のように方式化されうるかもしれないが) 止揚されているような、そうした神秘的な没頭状態にある生活[☆2]」ある。(Jaspers 1971, 181)

ドイツの哲学者ハインリヒ・リッケルト (Heinrich Rickert) は、神秘主義を信仰の「観想的、非個人的、非人倫的方向の究極　**Abschluss der kontemplativen, unpersönlichen, asozialen Reihe**」とさえ特徴付けた。(Rickert 1921, 400)

右記のような見解は、ヘーゲル (Hegel) が仏教を「自己内存在の宗教」(die Religion des Insichseins) と見なして以来 (Hegel 2003, 151)、疑問視されることなく、しばしば神秘主義的な宗教の典型であると考えられている仏教全体にまで

☆1　(...) das Handeln, in der Welt mithin als Gefährdung der durchaus irrationalen und ausserweltlichen Heilszuständlichkeit erscheinen muss. (Weber 1988, Bd. I, 539).

☆2　(...) und dem Leben in mystischer Versenkung, das nur gleichnisweise zu beschreiben ist als volle Ruhe und Befriedigung im zeitlos Seienden, das ohne Drang besteht, das in der steten Gegenwart Gottes, oder wie das Einssein nun formuliert werden mag, aufgehoben ist. (Jaspers 1954, 85)

広げられた。ヘーゲルの仏教徒の修行目的の記述は、ヴェーバーやヤスパースの神秘主義に関する批評と、ほとんど同様なものに帰着する。ヘーゲル曰く、

世俗的生活の騒然たる声音は沈黙しなければならない。墓地の沈黙は永遠と神聖との境地である。身体のすべての運動、身体の活動、霊魂のあらゆる運動の終焉、すなわち、この自己否定においてこそ幸福は存する。そして人間がこの完全性の段階に到達したとき、もはや何らの転変もなく、その霊魂はもはや転生を恐れる必要はない。その人間は仏と呼ばれるところの神と同一だからである。☆3 (Hegel 2003, 151)

近代において一般化された右記の概念は、少なくとも一部の専門家以外の者たちの間では支持され続けた。☆4 その理由は、原典の明証性によって、ある程度それらの概念が裏付けられやすいことにあるだろう。キリスト教であれ仏教であれ、すべての神秘主義的な見解は、通常の人間生活の価値やその生活における諸々の価値をまったく否定している。マイスター・エックハルト (Meister Eckhart) によれば、

魂から出てこの世界にあるもの、ないし魂からこの世界をのぞくもの、また、魂によって触れられ、外の世界をのぞくもの、それを魂は憎まなければならないのである。☆5 (Eckhart 1990, 98)

同様に、中国唐代の禅僧、黄檗希運は次のように述べている。

造悪造善皆是著相。著相造悪枉受輪廻。著相造善枉受勞苦。☆6

もし我々がそのような言葉と、そこから引き出された世界否定の静寂主義としての神秘主義の概念化だけに固執するなら、神秘的な宗教において貢献する気持ちのしるしを探し出すことは不可能であるように思われる。しかし、そうした神秘的な静寂主義の概念への支持にもかかわらず、それとは反対の証言をする、キリスト教神秘主義や仏教神秘主義に関する多くの研究がなされてきた。キリスト教神秘家たちの人生についての伝記的研究が示すように、彼らの中で最も代表的な人物とされるマイスター・エックハルトやニコラウス・クザーヌス（Nicolaus Cusanus）は、両者とも学者として、また教会の職務においては聖職者として積極的に活躍した（Ruh 1985; Flasch 1998）。転じて、仏教神秘家たちの代表者についても同じことが言えるだろう。日本における数例を挙げると、行基菩薩、空海あるいは忍性が念頭に浮かぶだろう。（Inoue 1966; Augustine 2001; Abe 1999; Matsuo 2004; Goodwin 1989）

神秘家たちの間には、甚だしい矛盾があるようだ。世間との接触や関与から隔離する必要について述べた、神秘家たちのよく知られ、また印象深い格言があるのとは裏はらに、人間生活や社会生活、すなわち政治、慈善、芸術的創作に関して積極的に貢献することを含んだ、個人的で制度的な修行がある。

☆3 Die lauten Stimmen weltlichen Lebens müssen verstummen; das Schweigen des Grabes ist das Element der Ewigkeit und Heiligkeit. In dem Aufhören aller Bewegung, Regung des Körpers, aller Bewegung der Seele, in dieser Vernichtung seiner selbst, darin besteht das Glück, und wenn der Mensch zu dieser Stufe der Vollkommenheit gekommen ist, so ist keine Abwechslung mehr, seine Seele hat keine Wanderung mehr zu befürchten, denn er ist identisch mit dem Gott Fo. (Hegel 1959, I, 389)

☆4 しかし、中世哲学の権威者 Kurt Flasch でさえ「エックハルトを神秘主義的動向から擁護しよう」とする際、そうした神秘主義の概念に同意しているように思われる。（Flasch 1988）

☆5 "Was von der Seele in dieser Welt ist oder in diese Welt lugt und wo etwas von ihr berührt wird und nach draußen lugt, das soll sie hassen" (Eckhart 1987, 230).

☆6 T 48, N. 2012A, p. 0380 l. b10-11.

そこで筆者は、神秘主義の教義を深く考慮しながら、一見矛盾に見える事柄を解決してみようと思う。筆者は以下のことを論証したい。実在について神秘主義的な理解の核心によれば、真実在との合一に達した神秘家には、寄与し、貢献することを促す「善」と「充溢」の要素があるということである。第一に、マイスター・エックハルトの著作を例として参照する。それは彼の形而上学における「存在」と「善」との関係を考察するためである。第二に、空海の哲学著作を分析する。それは、大日如来の法身として考えられている完全実在の概念が、彼をいかに象徴的表現に対する肯定的な態度へ導いたかを説明するためである。

2　マイスター・エックハルトにおける存在、無、善性

マイスター・エックハルト（一二六〇～一三二八）はよく、キリスト教神秘主義の象徴として扱われ、西洋並びに東洋神秘主義についてのさまざまな研究の中でまず最初に比較される対象として引き合いに出されてきた（Ueda 1983a; Ueda 1983b; Otto and Mensching 1971）。しかし、この場合、少なくとも欧文の文脈で「禅師[☆7]」を連想させる「マイスター」という彼の敬称は、実際、エックハルトが二度にわたり（一三〇二～一三〇三と、一三一一～一三一三）パリの名門大学で務めたマギスター、つまり教授の地位を示す大学の称号のドイツ語訳に由来する敬称であることを念頭に置くべきである（Ruh 1985, 18-21）。換言すれば、当時エックハルトは、我々が神秘家に期待するかもしれないすべてのことにもかかわらず、高名な学者であった。ラテン語著作において、彼は教義を、体系的解説によって提唱する一方、さらに有名な中古ドイツ語の自国語で書かれた説教において、彼の教えをそれほど専門的にではなく、暗示的な隠喩と直喩に溢れる「実存的」な言葉で説明している（Eckhart 1987; Eckhart 1979）

本稿で重視するのは、エックハルト哲学の主な論説、いわゆる超越概念（transcendentalia）の合一についての教義である。中世キリスト教哲学において、存在（esse）、合一（unitas）、真理（veritas）、そして善性（bonitas）という四つの概念は、至高の神自身を想定した概念だと考えられていた。とはいえ、それらの概念と神との関係の正確な特性は、議論の対象でもあった。

このキリスト教形而上学の影響力の強い思想に対するエックハルトの解釈は、二つの同様に大胆な記述によって特徴付られる。第一にエックハルトは、前記の特性を神と同一視している。それは、「存在は神である」（Esse deus est）という、『提題集への序文』（Prologus in opus propositionum）における最初の文に述べられている。（Eckhart 1936a, 166）第二に彼は、すべての超越概念は合一し、また置き換え可能なことを仮定している。この二つの見解は、本稿の主題に対する重要な結論であり、またそれらを詳細に検討することは価値があるように思われる。

エックハルトが存在と神を同一視する際、彼は神を主語ではなく述語の位置に置くような表現の仕方に注意を払っている。こうして、彼は神と存在との間に交換可能な関係がないことを暗示している。存在は、神として定義されているが、神は存在（あるいは合一、真理、善性）として定義されてはおらず、すなわち限定されていはいない(Mojsisch 1983, 44)。したがって、現実世界に見出される通常の有限的なものは、この特性自体を所有していないため、それらから存在等の意義を獲得することができない。[☆8] エックハルトは、「神のみが本来の意味で存在者、一、真、善だ」と簡潔に述べている（Eckhart 2005, 339）。これはまた、認識根拠（*ratio sciendi*）、すなわち存在、合一、真理、善性という、すべての認識可能性の基礎を意味するだけでなく、存在根拠（*ratio essendi*）、すなわちなぜそれらが存在しているのかという理由をも意味している。一見したところ、キリスト教においては、神はすべての存在しているものの創造

☆7 「禅師」は英語で「Zen *master*」、フランス語で「maître Zen」、ドイツ語で「Zenmeister」と訳される。

☆8 "solus deus proprie est ens, unum, verum et bonum", Eckhart 1936a, 167.

主として認められているため、キリスト教哲学者エックハルトにとって、この見解は驚くには当たらない。しかし、エックハルトのこの教義の説明によれば、神は世界全体、あるいはその中のすべての創造物に、それらが創造後に独力で存在するような存在を与えていない。

この点では、エックハルトの聖書の創世記についての注解がもっとも有益である。その時代で権威のあった聖書のラテン語版を参照しながら、エックハルトは、神が世界を「始めに」(a principio) ではなく、「始まりにおいて」(in principio) 創造したという表現を重視している。[☆9] また、この「始原」(*principium*) とは、時の一点や、時の始まりを示しておらず、むしろ「永遠の第一の単一の今」(*...est primum nunc simplex aeternitatis*) を示していることを主張している。(Eckhart 1936c, 190; 2005, 24) 自国語で書かれた彼の説教の一つで、更に「創造の今」とは現時点から決して離れず、常に現前していると説明している (Eckhart 1936d, DW I: 143-144)。被造物は、決してそれ自体で存在できないため、これは被造物が存在し続けるための必要条件である。被造物は、常に唯一真に存在している一者、つまり神によって生かされる必要がある。換言すれば、常に創造されるべきである。それが明確であるのは、被造物は存在、合一等という特性を所有せず、ただ類似の意味において所有しているに過ぎないからである。

ここで神の存在と人間の存在の間に、または神の真理、合一や善性とすべての創造物の有限な真理、合一や善性との間に想定されている類似は、精密で特殊な意味を持っている。ベルンハルド・モイズィッシュ (Bernhard Mojsisch) は、それに関する研究著作において、六つの観点からこの類似を特徴付けている。そのうちの四点は、本論で重要である(モイズィッシュの著作では1、4、5、6番である)。

1　第一名辞によってのみ所有されている特性に関して、類似は第一名辞と第二名辞の間で指摘されている。第一名辞は、類似関係の存在である。

2　類似を通して記述された対象は、第二名辞を当該の特性を仲介しているものと見なされるから、類似に関して第二名辞は第一名辞と関連している。換言すれば、人間は神の存在と関係することによって、有限存在を所有していると考えている。しかし、第一名辞の観点から見るならば、第二名辞（有限存在）は、自分を自分で仲介している第一名辞にほかならない。神は、有限存在のようなものを創造せず、神が存在することですべてのものが存在する。
3　したがって類似の第二名辞は、ただ暫定的な意味を持つにすぎない。有限的な被造物は、第一名辞（つまり彼等の存在の唯一真の根底である真の存在）の自己媒介を考慮しないため、ただ類似の第二名辞（つまり有限存在やそれに似たもの）を「所有」すると信じている。
4　第二名辞（有限の個々の被造物）によって記述されていることは、それ自体で単独で存在しているものはないということである。(Mojsisch 1983, 54)

最後の主眼点は、エックハルトの説教の一文において、次のように書かれている。

全ての被造物は、純粋な無である。私が言っているのは、それらが些少なものであるとか、それらが何ものかであるとかいうことではない。そうではなくて、それらは純粋な無であると言っているのである。存在を有さないものは、存在しない。ところが全ての被造物は、存在を有さない。何故なら、彼らの存在は、神の現臨に依るからである。神が一瞬でも全ての被造物から顔を背けるなら、彼らは滅びるであろう。[☆10]

☆9　*Propter quod significanter non ait a principio, sed in principio deum creasse.* (Eckhart 1936b, 162)

同じことは、それらの合一、真理、そして善性に対しても当てはまる。この理論を考慮すれば、エックハルトがなぜ聴衆や読者に、有限存在の世界、すなわち「外界」に目を向けたり、執着したりする魂のすべての部分を「憎む」ように要請したかは明らかである。なぜならそれが、ただ無益で無意味なことに執着することを意味していたからである。しかし、このようであるなら、エックハルトはどのように自分と矛盾せずに、学者や教会の高職に従事することができたのだろうか。その説明は、第一の記述の結論とも言える超越概念の合一性と置き換え可能な性質に関する第二の記述に述べられている。すなわち、神が存在、合一、真理、そして善性であれば、これらの概念は本来の意味で相互に溶解し、浸透し合う。存在は、一、真、善である。合一は存在し、真であり、善である。真理は存在し、一であり、善である。善性は存在し、一であり、真である。これらの概念が相互に統合することは、概念のそれぞれが、単なる概念を越えて、意味していることを生み出すという真実在である、という思想を強固にしている。この思想は、すでにそれらの概念と神との同一化において作用している。それはまた、エックハルトが、多様な個々の創造物のすべての存在を否定している理由を理解する助けとなる。すなわち、存在が一であるなら、多様なものは、いかにしてそれ自体として存在できるのかということである。この点でエックハルトの神秘主義は、不合理で不明瞭であることからは、程遠いことも明らかとなる。彼の神秘主義は、独自の明白で精密な論理を持っている。そして、この論理によって、神秘的なことは世界へ還元される。

存在概念に戻ろう。もし真の存在が一であるなら、どのようにして、多様な創造物は存在することになるのか。それに対する「論理的な」理由は、存在は善性と同一化されているからである。中世キリスト教哲学において善性は、存在論的に理解された「善行」に近い意味があるだろう。すでにディオニシウス・アレオパギタ (Dionysos Areopagita) において、善性は流出であり、それ自身の拡散であると定義付けられている。(Flasch 1986, 77) エックハルトが説教において、善性は神が「外へ向かって溶け込むのであると述べる際、善性という用語は、アレオパギタの使い方に倣っている（Walshe 1991, 1:264）。存在が本質的に一であるなら、ただ一つの存在が真の存在であるという結果にたどり着く。存在が本質的に善であるなら、その一にして真なる存在は、それ自身から流出し、どこか他の所から存在を受け取ることなしには存在できないものにそれ自身を与える、という結果にたどり着く。一なる存在が、本当にそれ自身をすべての存在者に与えるなら、それはまた全ての存在者にその合一と完全性をも与えるのである。エックハルト曰く、

> さらにまた、神は自らの全存在において端的に一なる者、ないし一であるから、必然的に神は自らの全体としてただちに全体としての個々のものに現れるのであ（る）[☆11]

この過程によって、存在は単なる統一を超え、一層高次の合一を実現するのである。

> 第三に、さらにより適切に私が言いたいのは、真実のところは、一様な一からはつねに一が直接的に発出するということである。しかし、この一は神から発出してきた宇宙の全体であり、確かに宇宙は多様な部分に分かれているものの、それは一であって、それはちょうどすべてを生み出す神自身が、その存在、生、知性認識、働きにおいて、単一の一なる者ないし一であり、しかもイデア的理念においてはきわめて豊かであるのと同様である。[☆12]

☆10　*“Alle Kreaturen sind ein reines Nichts. Ich sage nicht, dass sie geringwertig oder ueberhaupt etwas seien: sie sind ein reines Nichts. Was kein Sein hat, das ist nichts. Alle Kreaturen nun haben kein Sein, denn ihr Sein haengt an der Gegenwart Gottes. Kehrte sich Gott nur einen Augenblick von allen Kreaturen ab, so wuerden sie zunichte.”* (Eckhart 1987, 171).

☆11　*Rursus quia deus, se toto esse, simpliciter est unus sive unum est, necesse est, ut se toto immediate toti assit singulo,* (...). (Eckhart 1936a, 173)；中山は「全体においてただちに全体としての個々のものに対して現れるのであ（る）」と訳しているが、それは間違いである。Eckhart 2005, 343 参照。

(Eckhart 2005, 27-28)

普遍的なことから人間生活という、より卑近な領域へ話を戻すと、神秘家エックハルトが、いかにして、自分と矛盾することなく、積極的に貢献する人生に至ることができたかが明らかになる。それどころか、エックハルトにとって、善行の実践のさらに良い(もしくは、彼自身の用語で言えば、唯一の真の)方法に至るために、真の信者は、世界との関係の通常の関わりを避けると言えるかもしれない。一、真、善である存在としての神、という彼の記述に従って、神との合一は、神の善性との合一、すなわち完全存在の充溢と横溢との合一を意味するだろう。したがって、自分が持ち、知っていることを理解し合い、分かち合う切迫した必要性を、いくつかの説教は伝えている。また、エックハルトのマリア(Maria)とマルタ(Martha)についての義解した説教において、彼はイエス(Jesus)の言葉に聞き入っているマリアより、イエスの一行の接待のために積極的に働いているマルタを称賛している。こうしてエックハルトが、個々の事柄とかけ離れた関係を実践する方法として世界否定を想定しているのではないことが明らかとなる(Walshe 1991, 1:79-90)。それとはまったく逆に、修練した修行者は、活動的な奉仕と仕事によって神への献身を証明している。以上のことから、これはエックハルトが伝統から継承し、教会の忠実な一員として支援している、何らかの外的な必要条件ではないが、それは存在の本質に関する、彼独自の説教の帰結であると言えるだろう。

3　法身と象徴的表現:「実相」としての空海の最高実在概念についての一考察

神秘主義とは、しばしば言葉に対する懐疑的な、あるいは否定的な態度とさえ説明される。しかし、密教の日本真言宗の開祖空海（七七四―八三五）の哲学は、明白な反例を提示している。空海はたしかに、大日如来と同一化させた完全実在の観念を力説した神秘家である。しかし同様に彼は、この完全実在は、あらゆる言葉と文字を越えた超越的な領域において、自己抑制し自己満足している本質ではないことも挙げている。その代わりに、完全実在は、感覚経験の全ての領域における、その神髄を常に至るところで伝えている。この点に関して、彼の哲学的著作における「実相」としての完全実在の説明が最も有益である。

神秘主義は、完全実在と真理を言葉を超えた領域において位置付ける、という主張を確認するために、空海の著作から引用文を抜粋することは確かに可能である。例えば、『即身成仏義』において、空海は『大日経』から次の一節を引用している。（T. 18 N. 848, p. 22, l. b20-c01）

我［大日如来］一切本初。號名世所依。法無等比。本寂無有上。[☆13]

この一節の解釈において、空海は続けて言う。

如来法身衆生本性。同得此本来寂静之理。[☆14]

☆12 *Tertio et melius dico quod re vera ab uno uniformiter se habente semper unum procedit immediate. Sed hoc unum est ipsum totum universum, quod a deo procedit, unum quidem in multis partibus universi, sicut deus ipse producens est unus sive unum simplex in esse, vivere et intellegere et operari, copiosus tamen secundum rationes immediate.* (Eckhart 1936c, 195-196)

☆13 我は一切の本初なり。號して世所依と名づく。法説法に等比無く。本寂にして上有ること無し。（Nasu 1980, 162）

☆14 如来の法身と衆生の本性とは、同じく此本来寂静の理を得たり。（Nasu 1980, 162; Hakeda 1972, 233）

これを前後の脈絡なしに読むなら、こうした言葉は、神秘主義的な静寂主義の典型的な解釈と一致しているように理解されるだろう。すなわち、真実在は、言語や行為を超えた領域、人間性の真の本質でもある純粋な静寂の内にある。しかし、空海の「身・口・意の三密」に関する三大論書の最初の著作『即身成仏義』の文脈において読むなら、彼が想定している「寂静」とは、行為、言語、思考の不在を意味していないことが明らかになる。二番目の論書『声字実相義』の叙意に、空海は、「六塵」(色、声、香、味、触、法)を法身の意味深長な活動と密接に関連させている。空海曰く、

六塵之本法仏三密即是也。平等三密遍法界而常恒。(……)所謂声字実相者即是法仏平等之三密。衆生本有之曼荼也。[15] (Kukai 1991, 35)

『声字実相義』という題名に用いられている名辞を説明している次の段落において、最高実在(実相)の解釈は、さまざまな法界におけるすべての運動を含んでいることを力説していることが明らかになる。空海曰く、

内外風気纔発必響名曰声也。響必由声。声則響之本也。声発不虚必表物名号曰字也。名必招体。名之実相。声字実相三種区別名義。[16] (Kukai 1991, 36)

この実相の解釈が、言語を生み出すことと、密教の有名な真言を唱える際の人間の声を使うことには、まったく制限されていないことを疑うなら、空海がこの論書の教えを簡約して言い表すために作ったスタンザが、実相が真に普

遍的な意味において考えられていることを明らかにする。

五大皆有響。十界具言語。六塵悉文字。法身是実相。[☆17]（Kukai 1991, 38）

全体から見て、この引用文は、空海が物質的で感覚的な世界の塵に汚れていない超越的実在として理解されている、伝統的な実相という名辞を採用し、それを感覚的—知覚的な形の世界と法身とを密接に結び付けるために用いていることを示している。すなわち後者は、経験的な客観世界におけるすべての出来事は、仏陀の識見を現実化させる仏陀の教えを声に出して言う、という事実と同一視されている。空海は、これがいかに「静寂」と関係があるかということを説明してはいないが、右記に引用した一節から、ここでは「平等」が重要な名辞であると推論してよいだろう。いったん仏教の修行者が、現象界における声と運動を永遠の法身の暗示として理解し、知覚することができると、それらの運動は、本質的に一にして不変の完全実在の顕現であるから、彼等はこの運動において寂静を見つけることになるだろう。

空海の見解を要約すると、まさに文字を声にすることによって真実在がそれとして存在するということである。そして彼は、論書の執筆活動という彼自身の仕事が、この過程そのものの眼目であることを明らかにしている。これら

☆15　六塵の本は法仏の三密すなわちこれなり。平等の三密は、法界に遍じて常恒なり。（…tenn）いわゆる声字実相とは、すなわちこれ法仏平等の三密、衆生本有の曼荼なり。（Kukai 1983, 265 f.）

☆16　内外の風気、纔かに発すれば、必ず響くを名づけて声といふなり。響は必ず声に由る。声はすなわち響の本なり。声発って虚しからず。必ず物の名を表するを号して字といふなり。名は必ず体を招く。これを実相と名づく。声と字と実相との三種、区に別れたるを義と名づく。（Kukai 1983, 267）

☆17　五大にみな響あり、十界に言語を具す、六塵ことごとく文字なり、法身はこれ実相なり。（Kukai 1983, 274）

の著作の顕著な特徴は、彼によって詩作された右記に引用したスタンザのような一説が根源と見なされることである。それらは密教経典に対する、解釈学的とも言える説明に当てられている。密教経典とは、——空海の理解において——大日如来自身の言葉である。そこで空海は、法身と文字を声にすることとの同一性について理論を立てるだけではなく、活動しながら、この教えにおける彼の信念を示し、その結果、究極的な真理を適切に表現する彼自身の能力をも示している。

なおこれは、言葉を音にすることだけを考えているのではない、ということにも言及する必要があると思われる。空海の教えにおいて、全ての出来事、したがって全ての活動も、文字と見なされていることを念頭に置けば、日本の歴史において彼を伝説的な人物にした多くの社会的、政治的、文化的活動は、彼の教えを実践したものとして理解することができる。皮肉なことに、日本仏教が後の世紀において、奈良時代ほど社会的かつ慈善的活動の担い手ではなくなったのは、彼の教えの甚だしい興隆にもよるところが少なからずあるだろう。しかし、鎌倉時代初期、この慈善行為と社会貢献の伝統を復活させたのは、叡尊と忍性のような真言宗と関わりのあった僧侶たちであったことは、単に偶然ではなかっただろう。

4　結び

本稿は二つの代表的な例を挙げることで、孤立し、非社会的で静寂主義的な教えであるという、神秘主義の古くから伝わってきたイメージに、終止符が打たれるべきであることを論証した。多くの神秘家たちは社会的に活躍した人々であったという事実は、偶然なことでもなければ、彼らの教えに矛盾したことでもなかった。まったく反対に、それは完全実在における彼等の信仰に矛盾しない表現であった。この観点から見れば、静寂主義は、中途半端な神秘主義のように思われる。真の神秘家たちとは、彼等の共同社会の生活に積極的に貢献することを通して、完全実在と一致することで、彼等の信仰を実践しようとする人たちである。実際、彼等の社会への貢献が有益であったかどうかはまったく別問題であり、とりわけ、現実と理想的実在との一致は解釈の仕方次第であろう。あらゆる時代の神秘家たちは、二つの道を選択した。一つは、どのような構想であれ、彼等を社会活動へ巻き込んでいくことを厭わない権力者たちと関わり合うという、現実の社会秩序と一致する道であった。もう一つは、当時の価値や権力との全ての関わりを否定したり、下層階級の人たちの間で生活を送ったり、社会がさらに良い未来へ変化していくことに彼等の人生を捧げる道であった。以上のことから、本稿が証明するのは、神秘主義とは高尚な修辞法にもにもかかわらず、完全に人間的な事柄であるということである。それは他の文化活動と同様に理論的にも道徳的にも失敗を伴うものである。

References cited

Abe, Ryūichi. 1999. *The weaving of mantra: Kūkai and the construction of esoteric Buddhist discourse.* New York: Columbia University Press.

Augustine, Jonathan. 2001. Monks and Charitable Projects: The Legacy of Gyoki Bosatsu. *Japanese Religions* 26, no. 1: 1-22.

Eckhart, Meister. 1936. Prologus in opus propositionum. In *Die deutschen und lateinischen Werke.* Ed. Josef Quint, Georg Steer, Josef Koch, Heribert Fischer, Konrad Weiss and Loris Sturlese. Vol. 1. Stuttgart: Kohlhammer.

--------. 1936. Prologus generalis in opus tripartitum. In *Die deutschen und lateinischen Werke.* Ed. Josef Quint, Georg Steer, Josef Koch, Heribert Fischer, Konrad Weiss and Loris Sturlese.Vol. 1. Stuttgart: Kohlhammer.

--------. 1936. Expositio libri Genesi. In *Die deutschen und lateinischen Werke.* Ed. Josef Quint, Georg Steer, Josef Koch, Heribert Fischer, Konrad Weiss and Loris Sturlese. Vol. 1. Stuttgart: Kohlhammer.

---------. 1936. *Die deutschen und lateinischen Werke*. Ed. Josef Quint, Georg Steer, Josef Koch, Heribert Fischer, Konrad Weiss and Loris Sturlese. Stuttgart: Kohlhammer.

---------. 1979. *Deutsche Predigten und Traktate*. Ed. Josef Quint. Diogenes Taschenbuch 202. Zürich: Diogenes.

---------. 1987. *Sermons & Treatises: with the newly discovered fragment of an unknnown sermon*. Transl. Maurice O. C. Walshe. Shaftesbury: Element Books.

---------. 田島照久編訳 . 1990. *Ekkuharuto sekkyōshū* エックハルト説教集 . Tōkyō: Iwanami.

---------. 中山善樹訳 . 2005. *Ekkuharuto ratengo chosakushū 1. Sōseiki chūkai/ Sōseiki hiyukai* エックハルトラテン語著作集 1 創世記註解 / 創世記比喩解 . Tōkyō: Chisen shokan.

Flasch, Kurt. 1986. *Das philosophische Denken im Mittelalter : von Augustin zu Machiavelli*. Stuttgart: P. Reclam.

---------. 1988. Meister Eckhart: Versuch, ihn aus dem mystischen Strom zu retten. In *Gnosis und Mystik in der Geschichte der Philosophie*, ed. Peter Koslowski, 94-110. Zürich: Artemis.

---------. 1998. *Nikolaus von Kues : Geschichte einer Entwicklung : Vorlesungen zur Einfuehrung in seine Philosophie*. Frankfurt am Main: Klostermann.

Goodwin, Janet R. 1989. Building Bridges and Saving Souls. The Fruits of Evangelism in Medieval Japan. *Monumenta Nipponica* 44, no. 2 (Juli 1): 137-149.

Hakeda, Yoshito. 1972. *Kūkai: Major Works. Translated, with an Account of his Life and a Study of his Thought*. New York: Columbia University Press.

Hegel, Georg Wilhelm Friedrich. 1959. *Vorlesungen zur Philosophie der Religion*. Ed. Herman Glockner. Georg Wilhelm Friedrich Hegel, S ämtliche Werke : Jubiläumsausgabe in zwanzig B änden, Vol. 15-16. Stuttgart: Frommann.

---------. ヘーゲル（木場深定訳）. 2003. Heegeru shūkyō tetsugaku chūkan 宗教哲学中巻 . Tōkyō: Iwanami.

Inoue, Kaoru 井上薫 . 1966. Gyōki 行基 . Tōkyō: Yoshikawa Kōbunkan.

Jaspers, Karl. 1954. *.sychologie der Weltanschauungen*. Berlin: Springer.

---------. ヤスパース・カール（上村忠男、前田利男訳）. 1971. *Sekaikan no shinrigaku*. 世界観の心理学 . Tōkyō: Risōsha.

Kukai 空海 . 1983. *Kōbō Daishi Kūkai zenshū* 弘法大師空海全集 . Ed. Kōseki Yoshida 吉田宏晢 . Tōkyō: Chikuma Shobō.

---------. 1991. *Teihon Kōbō Daishi zenshū* 定本弘法大師全集 . Ed. Mikkyō Bunka Kenkyūjo Kōbō Daishi Chosaku Kenkyūkai 密教文化

研究所弘法大師著作研究会 . Kōyamachi: Kōyasan Daigaku Mikkyō Bunka Kenkyūjo.

Matsuo, Kenji 松尾剛次 . 2004. *Ninshō jihi ni sugita* 認性：慈悲に過ぎた . Kyōto: Mineruva Shobō.

Mojsisch, Burkhard. 1983. *Meister Eckhart : Analogie, Univozität, und Einheit*. Hamburg: Meiner.

Nasu, Seiryū 那須政隆 . 1980. "*Sokushin jō butsu gi" no kaisetsu* 「即身成仏義」の解説 . Narita: Naritasan Shinshō ji Naritasan Bukkyō Kenkyujō.

Otto, Rudolf and Mensching, Gustav. 1971. *West- östliche Mystik : Vergleich und Unterscheidung zur Wesensdeutung*. M ünchen: C. H. Beck.

Rickert, Heinrich. 1921. *System der Philosophie Teil 1: Allgemeine Grundlegung der Philosophie*. T übingen: J. C. B. Mohr.

Ruh, Kurt. 1985. *Meister Eckhart: Theologe, Prediger, Mystiker*. München: C. H. Beck.

Steineck, Christian. 2000. *Grundstrukturen mystischen Denkens*. Reihe Philosophie, Vol. 272. W ürzburg: K önigshausen & Neumann.

Takakusu, Junjirō 高楠順次郎 and The Chinese Buddhist Electronic Text Association, Ed. 1924. *Taishō Shinshū Daizōkyō* 大正新脩大藏經 (*Taisho Revised Tripitaka*). Tōkyō: Taishō Issaikyō Kankōkai.

Ueda, Shizuteru. 1983. Ascent and Descent: Zen Buddhism in Comparison with Meister Eckhart (I). Transl. James Heisig. Eastern Buddhist *(New Series)* 16, no. 1: 52-73.

---------. 1983. Ascent and Descent: Zen Buddhism in Comparison with Meister Eckhart (II). Transl. James Heisig. *Eastern Buddhist (New Series)* 16, no. 2: 72-91.

Weber, Max マックス・ヴェーバー（大塚久雄、生松敬三訳）. 1972. Shūkyō shakai ronsen 宗教社会論選 . Tōkyō: Misuzu Shobō.

---------. 1988. *Gesammelte Aufsätze zur Religionssoziologie I*. Faks. Aufl. UTB Religionswissenschaft. Tübingen: J. C. B. Mohr.

先秦儒家学説における奉献心についての一考察——墨子、荀子と孟子を中心に

朱坤容

奉献心とは他者意識のもとで、仁愛の心をもち、人に私心のない援助を与える精神を指している。中国思想史において、こうした思想特徴は普遍的なものであり、また多元的な形で現れている。先秦儒家において、貢献心は通常仁、義、愛などの道徳を前提とし、善念、善行に導く人間性の力、政治道徳あるいは社会秩序として現れる。本論は墨子、荀子と孟子を中心に、先秦儒家学説におけるこうした表現の特徴について簡単に考察したい。

墨子の兼愛説

墨子の名は翟で、魯国の人であった。孔子より後の紀元前五世紀〜紀元前四世紀ぐらいの人と推定される。☆1 墨子は「墨学」という学派を築き、後人がそれを「墨道」とも呼ぶ。墨学は先秦思想史において、「天下の言、楊に帰せざれば則ち墨に帰す」（孟子・滕文公）と言われるほど重要な位置を占め、庄子と荀子の著作にも墨子との論争がたくさん記載されている。楊朱学派が衰えた際においても、墨子は依然として顕学の位置を占めていた。秦より後の時代において、墨家が衰えていった。漢代において、儒家が支配的な位置を占めていたが、「仲尼、墨翟の賢」（史記・秦始皇本紀）

という言葉が端的に示されたように、墨翟への評判は孔子と匹敵できるほど高かった。もちろん、総体的に見れば、墨家についての記載は儒家より簡単であった。「清末に至ってから、墨家についての研究は漸くはやってきた。[☆2]」

墨学の価値について、研究界には異なる見地が存在する。たとえば、労思光は墨子が日常生活の問題を解決しようとする態度に注目し、墨子が当時の貴族生活に反対するのは貴族に反抗するためではなく、浪費を避けるためであったと考えている。また、氏によれば、墨子の学説にある尚同論は儒家よりも統治者の権威を固く支持するものであった。一方、馮友蘭の論説によると、墨子は当時の儒家に反抗しようとするために、貴族ないし周の制度に反対する態度を取った。「儒家は法周をスローガンとしたため、墨子は自分の学説に法夏という概念を打ち立て、それに反抗しようとする。[☆3]」また、葛兆光は墨子の流れにある「動揺せず現世実用主義」を強調し、その対立面はまさしく「理想主義的人文思潮」の儒者だと指摘した。[☆4]

さて、墨翟は孔丘と並べて賢人と呼ばれるほどの人物であったが、その「賢」はどんなところに現れたのか？ 後世の人は墨家学派の特徴を以下のようにまとめた。「善く守御し、用を節するを為す」（史記・孟子荀卿列伝）、「墨翟は廉を貴ぶ」（『史記疎証』巻四十四）、「墨翟の術は、倹を尚くす」（《史記》宋裴駰解集）、「墨子は用を節し、兼愛するを有す」（『漢書』唐顔師古注）。これは後世の人によってまとめられた墨家・墨派の最も顕著な特徴であったが、「墨氏は兼愛す、是れ父を無みするなり」（孟子・滕文公）とあるように、なかでも墨学の重要な特徴である「兼愛」はしばしば儒者たちに

☆1 墨子の生没年についてはまだ定説がない。銭穆の『墨子年表』の考証によると、紀元前四七九年～紀元前三八一年になるが、孫詒譲の『墨子年表』はこれと違い、そのほかにもいろいろな意見がある。
☆2 馮友蘭『中国哲学史』上冊、上海、華東師範大学出版社、二〇〇〇年出版、六五ページ。
☆3 馮友蘭『中国哲学史』上冊、六七ページ。
☆4 葛兆光『中国思想史』第一巻、上海、復旦大学出版社、二〇一〇年、一〇六ページを参照。

非難されてきた。ここで逐一検討したいと思う。

まず、「兼愛」とは何か？「兼愛」という言葉の意味について、研究界には多様な理解が存在していた。[☆5]墨子は「兼以て別に易ふ」「別は非にして兼は是なり」というが、つまり兼愛の反義語は別愛で、すなわち分別のある愛とされた。だから墨子が強調したいのは無分別の平等愛であった。孟子の言う親、仁、愛には異なる対象が存在するが、兼愛はそれと違い、その特徴は平等、愛には区別がないということである。「天は必ず人の相愛し相利するを欲して、人の相悪み相賊ふを欲せざるなり」（法儀篇）、「以て人を愛することを勧めざる可からず」（兼愛篇）とあるように、兼愛には愛し合う意味も含まれている。ここで一つ注意しなければならないことは、兼愛は等級の差を否定したわけではないということである。「天意に順ふ者は、兼て相愛し、交々相利して、必ず賞を得ん。天意に反する者は、別ちて相悪み、交々相賊ひて、必ず罰を得ん。」「下従り上を政すこと無く、必ず上従り下を政す。」（天志）つまり天意に従って行動するものは「義」をなすものである。また、「義は政なり」とあるように、上が下を正すことができるが、その逆はできない。こうして庶民から天子まで分際を厳格に守り、上が下を正すという社会構造となっている。最高階級にある天子なら「天有りて之を政す」（天志）というわけである。これは労思光の指摘した墨子が統治者権威を支持していたことを意味するのであろう。兼愛は一種の天意である限り、天意をなすものはある秩序を築き、あるいは守る必要がある。だから墨子の言う兼愛には少なくとも三つの意味が含まれている。すなわち、平等愛、相互愛と等級秩序である。

墨学は一つの学派として、その具体的な意図の裏にはより大きい概念体系が存在するはずであった。兼愛も孤立した社会改良主張ではなかった。たとえば、墨家のもう一つの重要な主張である「尚同」は「天下の義を一同する」という主張を打ち出した。李石岑氏の指摘したように、兼愛は尚同の必然の帰結であった。[☆6]両者の間には緊密な内的関連があることは言うまでもないであろう。ここで言う「義」（義天）は孔子の言う「仁」（仁道）に対応する概念である。

「義」とは兼愛の最高の基準であるが、「義は天自り出づ」（『天志論』）とあるように、「天」は兼愛の価値的根源であり、「義」を実行することこそ天の意志――すなわち天志とされる。「天は義を欲して不義を悪む」、「天下義有らば則ち生き、義無ければ則ち死す」（天志）。具体的に言えば、「有力相営み、有道相教え、有財相分つ」ことが要求された。こうした相互的な精神こそ墨子が強調しようとする「兼を行ふ」ことであった。「天志」という観念には宗教的色彩を帯びているという指摘もあったが（労思光と銭穆はこうした見方を持つ）☆7、現実の立場から見れば、「天志」はむしろ世俗社会の行動のおきてだと見るべきであろう。「我に天志有るは、譬へば輪人の規有り、匠人の矩有るが若し。」（天志）とあるように、墨子は「天志」を「明法」とみなし、当世の仁義を評価する法則としていた。☆8

ところが、なぜ墨子は「兼愛」という概念を打ち出したのか？ 墨子によれば、「相愛せざる」ことから「乱」が起こり、「害」も生まれるから、「兼ねて相愛し、交々相利するの法を以て之に易へん」ということを唱えた。また、

☆5 たとえば、銭穆はそれを平等かつ分別のない愛と説明した（『講堂遺録：中国思想史六講・中国学術思想十八講』（北京、九州出版社、二〇一〇年）の墨子部分を参照）が、労思光はそれを普遍的な相互愛と理解した（『新編中国哲学史』（桂林、広西師範大学出版社、二〇〇五年）の墨子部分を参照）。

☆6 李石岑『中国哲学十講義』、南京、江苏教育出版社、二〇〇五年、七四ページ。

☆7 銭穆は思想家を「天統」、「人統」と「物統」の三種類に分け、そのうち、「人統」はさらに「己統」と「群統」に分けることができる。この四種類はそれぞれ宗教、科学、個人主義と社会主義に変遷し、その内容はそれぞれ天理、物理、情理と法理（事理）である。こうして中国の古代思想を分類化すると、孔子は「己統」に属し、荀子は「群統」に属し、道家は「物統」に属するが、「宗法上帝」のため墨子は「天統」に属する。ここで注意しなければならないことは、銭穆は儒家の立場からこうした思想をまとめたのである。氏は孟子の仁・義・礼・智・信を上述四つの思想の要旨と見なし、つまり孔子は「仁」を、墨子は「義」を、孟子は「仁・義」を、荀子は「礼」を、庄子は「智」を重んじていたと述べた。『講堂遺録：中国思想史六講・中国学術思想十八講』、三九～四〇ページを参照。

☆8 李石岑によれば、墨子の名前もそれとかかわっている。「縄墨は大匠が規矩を決めるときの器具であった」。墨子は縄墨が得意な大匠であったため、墨子の名を得たとされる。李石岑の『中国哲学十講』五九ページを参照。

「若し天下をして兼て相愛し、人を愛すること其の身を愛するが若くなら使めば」、一方では「孝慈」を生み、他方では「盗み」、「乱し」、「攻め」をなくすことができる。「別」があるからこそ、社会的関係において、大国が小国を攻め、大家が小家を乱し、強きものは弱きものから略奪し、衆が寡をいじめ、悪賢いものは愚かものをだまし、高貴なものは卑賤なものをしのぐ。個人関係において、君が賢くならず、臣は忠実にならず、父は慈愛にならず、子は孝行をなさずということになる。墨子は「愛人を勧め」、他人（人）を自分自身（其）とみなし、「彼の者」を己と見なすように、無分別な平等愛を唱えた。「人の国の為にすること其の国の為にするが若くならば、夫れ誰か独り其の国を挙げて以て人の国を攻むる者あらん哉。彼の為にすること猶ほ己の為にするがごとければなり」。兼愛・交利に達してから、「彼の為にすること猶ほ己の為」になり、自分と他人の差がなくなってしまうため、国家の間には戦乱がなくなり、人々の間には「相乱賊」もなくなるはずである。だから、「聖王の法、天下の治道」といわれるほど、聖人は兼愛をもって乱を治め、仁人は兼愛をもって利を増やし、害をなくすことができる。兼愛の重要性と必要性はまさにここにあった。

それでは、どうやって兼愛を実行できるか。墨子の論説によれば、兼愛を実行する鍵は国君である。「苟しくも君之を説べば、則ち士衆は能く之を為す。」また、兼愛が実行されにくいのも「上以て政を為さず、士以て行と為さざるが故なり」。墨子は本、原と用の三表において、「上は之を古者聖王の事に本づく」、「下は百姓耳目の実に原り察す」、「其の国家百姓人民の利に中るを観る」（非命上）を指摘したが、「義人上に在れば、天下は必ず治まる」（非命上）。後の部分で墨子が成湯、文王への高い評価から見れば、義人はすなわち聖王を意味するものであるため、最も基本的な基準――つまり本は聖王を指している。墨子は国君の「之を勧むるに賞誉を以てし，之を威すに刑罰を以て」することを通して、義を国の上から下へ貫き、兼愛を実行させることを望んでいた。

総じていえば、「墨道」は貧しい生活をすすめ、礼楽を含む贅沢な生活に反対していた。その上で唱えた「兼愛」

も現実の生活に基づいている。「墨子の主張した平等とは実際の生活における本当の平等であった。[☆9]」労思光は「どうやって社会生活を改善できるか」という基本的な課題から、墨学を功利主義と権威主義との二つの主脈にまとめた。前者は非楽、非攻を生み、後者は天志、尚同を生むが、この二つの主脈は一括して兼愛の説にまとめられた。[☆10] また、氏は墨子の言う兼愛が道徳的意味の理論ではなく、治乱問題に基づいた思想であったため、実用性を持っていたということも指摘した。[☆11] 馮友蘭も墨家哲学の基本的立場は功利であると主張した。[☆12]「兼愛」の意義はこうした実用と功利の立場によって大きく制限されたように見えるので、後世の哲学者たちから非難されてきた。銭穆は儒家の仁と比較した上で、兼愛の基礎である平等を批判した。すなわち、「孔子は仁道を唱え、その本質は人を愛することにあった。墨子は兼愛を唱え、すなわち平等な愛が必要であった。しかし、はじめからおしなべて生活条件を下げることは、人を愛するには程遠いことである。特にハイレベルの生活をすべて反対するということは、冷酷と言ってもさしつかえないであろう。[☆13]」つまり、「人情の常に反する一面がある[☆14]」から、墨子の言う兼愛は孔子の言う道ほど「円通、親しみやすい[☆15]」ものではなかったとされる。一方、シュヴァイツァー（Albert Schweitzer）は墨子を中国思想史における「はじめて愛の思想を生む人」だと評価したが、残念ながら「その主張は有益性と目的性に基づいた考慮」であったため、こうした「愛も人を共存させる手段にすぎない。幼稚で、練れていない思想には内包性が欠けている[☆16]」とされ

☆9　銭穆『講堂遺録：中国思想史六講・中国学術思想十八講』、七九ページ。
☆10　労思光『新編中国哲学史』第一巻、二一七ページ。
☆11　労思光『新編中国哲学史』第一巻、二一八〜二一九ページ。
☆12　馮友蘭『中国哲学史』上冊、七一ページ。
☆13　馮友蘭『中国哲学史』上冊、七一ページ。
☆14　銭穆『講堂遺録：中国思想史六講・中国学術思想十八講』、四四ページ。
☆15　銭穆『講堂遺録：中国思想史六講・中国学術思想十八講』、八五ページ。

た。

前述した批判は明らかに儒学の仁愛とキリスト教の神愛という二つの異なる価値基準から指摘されたものである。総体的に見れば、墨子の言う兼愛はこの二つの形而上の精神概念の範疇に属しない。簡単に言うと、兼愛は理想の設定ではなく、現実への訴えである。こうしたことは墨子本人の出身と大きくかかわっている。墨子は典型的な手工業者であり、彼が創立した墨学は具体的な実施と適切な行動に注目していた。「大禹の道に非らざれば、以て墨を為すに足らず」とあるように、彼らの学ぶ対象は治水のため、三度自分の家の前を通りながら中へ入らなかった夏禹であった。こうした意味では、「兼愛」はある生活スタイルや政治秩序の形成を表したのである。個人は兼愛を通して、自分と他人との差から生まれた私利の矛盾をなくし、国家は兼愛を通して、天下一体の社会秩序を築くようになる。人みな平等な立場に立ち、愛し合い、公をもって私をなくす。俞樾が指摘した「孔子は公を貴び、墨子は兼を貴ぶが、実質は同じ」とあるように、政治の目標から見れば、表面には違いがあるものの、実際には墨子と儒家との行き着くところは同じともいえよう。墨子は「弊を補い、偏を扶ける」ことを通して、「以て之を古に復す」ことを望んでいた。[☆17]こうした意味では、三代を懐かしみ、「吾は周に従はん」ことを守り通す孔子と似ているとも言える。銭穆の言葉を借りて言えば、墨子の学説が滅びたように見えるが、その「精意」はすべて儒家思想に含まれている。この意味では、「兼愛」に含まれる「愛人」の思想と「仁」に含まれる「愛人」の思想とは、共通するところがあるのではないであろうか。

荀子の性悪説

荀子の名は況で、字は卿であった。その具体的な生没年は確定できないが、汪中の『荀卿子年表』によれば、荀子の活躍期は儒学史におけるもう一つの重要な人物である孟子より後の紀元前二九八年から紀元前二三八年までの六十年であった。孔子と同様に、荀子も大きな理想を抱いたが、失意の境涯を送った。「濁世の政、亡国乱君相属き、大道を遂げず」（史記・孟子荀卿列伝）。春申君は荀子を蘭陵令に任命したが、結局最期まで蘭陵に居座っていた。「春申君死して荀卿廃せらる」。荀子が没後してから、「数万言」（史記・孟子荀卿列伝）の著述が残された。

孔子以後の儒学は分裂の兆しを示したが、荀子は孟子とは異なる道を選んだ。研究界では、孟子が孔子の徳性を受け継ぎ、荀子は孔子の学問を受け継いだとみなされる。☆18 先秦後期の儒家の代表的人物の一人として、荀子の多くの観点は当時のいろいろな思潮への批判や「明察」のもとで形成されたものであった。馮友蘭は「中国の哲学者のうち、

☆16　Albert Schweitzer 著、常暄訳『中国思想史』、北京、社会科学文献出版社、二〇〇九年、六九～七〇ページ。

☆17　墨子間詁、俞樾序、北京、中華书局、二〇〇一年。

☆18　馮友蘭は、孟子が孔子の徳を重んじ、荀子は孔子の学を重んじていたと指摘した。氏の『中国哲学史』上冊、華東師範出版社、二一三ページを参照。また、葛兆光によれば、孟子と荀子の学説は後世における「道門学」と「尊徳性」とかかわっている。氏の『中国思想史』第一巻、復旦大学出版社、一六七～一六九ページを参照。労思光は一歩進んで、「荀子の学は孟子の道にしたがって徳を重んずる哲学を拡張できなかった。この点から言えば、荀子の学は儒学の岐路であった」と述べ、さらに荀子は性悪を主張したため、「最終的に権威主義におち、法家がそれによって生まれ、儒学の義とは大きく異なっていた」とした。氏の『新編中国思想史』巻一、広西師範大学出版社、二四九～二五〇ページを参照。

荀子の批判が一番うまかった[19]」と言い、荀子を中国において最も批判に長ずる思想家と称揚した。確かに孟子は亜聖と呼ばれ、儒学の正統と見なされてきたが、荀子の現れは時代の精神に新たな息吹をもたらしたため、この新しい道は儒学の分かれ道であると同時に、思想史における一つの奇峰でもあった。[20]荀子と孟子は儒学の立場から、それぞれ治世の道を唱えたが、中でも人間性論は両者の最も大きな違いを反映したとされている。

当時は戦国の後期にあたり、諸国はまだ戦乱に明け暮れたが、秦国がだんだん優勢を取るようになった。武力征伐、強権的統治という客観的現実こそ荀子の人間性論の基礎であった。王先謙は「戦国において、人々は貪欲のために競い、仁義を修めなくなった。荀卿は国を治めることに長じ、それが変えられることを知ったが、権力がなかったためどうしようもできなかった。だから憤ってこの論説を著した。[21]」と述べ、つまり時代の動乱により仁義が失われたため、荀子が憤ってこの論説を著したと指摘した。

荀子の性悪論の要旨は「人の性は悪、其の善なるものは偽なり[22]」ということであるが、そこに三つの問題が含まれている。一つは「人の性」とは何か。二つはなぜ「人の性」は悪なのか、もともと悪とは何か。三つはなぜ「偽」は善なのか、善は何の意味を持っているか。ここで具体的に見てみよう。

第一、「性は自然なり」(郝懿行)とあるように、荀子によれば、人間性は「生まれながらにして有」るもので、「凡て性なる者は天の就せるなり、学ぶ可からず、事とす可からず」、「学ぶ可からず、事とす可からずして、而も人に在る者は、之を偽と謂ふ」。つまり、性は生まれつきのもので、人の力によって左右されない。後天的な「学」と「事」によらない行動はすべて性に含まれ、いわゆる一種の本能である。

第二、荀子は『性悪篇』に人の情性について二度触れた。具体的に言えば、人の情性には「利を好み」、「疾悪」、「声色を好む」ことがあり、つまり「目は色を好み、耳は声を好み、口は味を好み、心は利を好み、骨体肤理は愉佚を好む」。こうした「感じて自ら然り」の体の好悪は明らかに教育感化によらない本能的行動である。「人の性に従い、人の情に順へば、必ず争奪に出で、犯分乱理に合して、暴に帰す」とあるように、こうした情性をほうっておけば、社会は「争奪生じて辞譲亡」び、「残賊生じて忠信亡」び、「淫乱生じて礼義文理亡ぶ」こととなってしまう。つまり、人の情性という本能を合理的に制限し、転化させることができなければ、こうした利己的な行動が社会の災いの種となってしまう。ここで言う「悪」は教化されないことと放任する傾向という二つの意味を持っている。荀子によると、悪を控え、導き、あるいは変えることができなければ、最終的に人の情性は「其の朴を離れ、其の資を離れ、必ず失ひて之を喪ぼす」こととなってしまう。

第三、「偽は作為なり」とあるように、古代において「偽」は「為す」と同じ意味である。「学んで能くす可く、事として成る可きの人に在る者は、之を偽と謂ふ。」つまり、「学」と「事」を通して、自分の目標を実現させることは「偽」――すなわち人の作為であり、その本質は後天的な行動あるいは努力である。「君上を立てて礼儀を明かにするは、性悪なるが為なり」とあるように、偽は悪を修正するために生まれたものとされる。また、人は善行を行わなければ、生まれつきの悪から解放されないということも意味している。金は磨かれていなければ鋭くなれないように、人の性も後天的な「偽」(行動)によって磨かれていなければ、善に達することができない。もちろん、行動の目標について、「君子は其の全を貴ぶ」(修身篇)、社会的な「正理平治」とあるように、荀子は明確な基準を持っている。

☆19 馮友蘭『中国哲学史』上冊、二一二ページ。
☆20 後世の評価のうち、労思光の批判が最も厳しかった。氏は「内的なかかわりがあり、すべて荀学の欠点に由来する」と述べ、中国文化精神の弊害と荀子の権威主義傾向とは、内的な関係があることを指摘した。具体的に言えば、「外的権威秩序」が「内的道徳秩序」を圧迫し、徳性よりも権威が重視されていたことが挙げられる。労思光の『新編中国哲学史』、巻一、二六一ページを参照。
☆21 王先謙『荀子集解』、北京、中華書局、二〇〇八年、四三四ページ。
☆22 『荀子集解・性悪篇』、以下同。

そして、その実現方法として「師法の化、礼義の道」がある。具体的に言えば、君主を立て、礼義を明らかにし、法政を起こし、刑罰を重んじ、人の性悪は「師法を待ちて、然る後に正しく、礼義を得て、然る後に治まる」。荀子によれば、礼と義が生まれるにつれて、法度が確立され、社会が形成されていく。「辞譲に出で、文理に合して、治に帰す。」要するに、「偽」の目標は個体が「全」を実現させ、国家が「治」を実現させることで、すなわち善である。

荀子は強権的統治がはやった戦国乱世に身を処しながら、生まれつきの限界に屈し、内的な人格・道徳修養を諦めることに強く反対していた。彼は先王のように、自分の道を最後まで守り抜くように人々に訴えかけた。「上は乱世の君に循はず、下は乱世の民に俗はず」（性悪篇）こそ荀子の守り通す「礼義の道」であった。荀子の性悪論の最も大きな価値は、人間性は後天的な努力によって改善できるということを指摘したことである。すなわち「偽」によって、本能の悪を改善でき、善に向かう可能性を提示したのである。こうした意味では、荀子の人間性論の本質は性悪というよりも、むしろ善に向かうことであり、つまり善に向かう哲学であった。まず、荀子は善に向かう必要性を述べた。つまり、生まれつきの本能は徹底的な利己思想――悪であるため、後天的な努力――すなわち「偽」によって改善しなければならない。こうすることで完全なる人格になりつつある。また、荀子は善に向かう可能性も指摘した。第一篇の「勧学篇」において、荀子は後天的な学習が人格と道徳の形成に重要な役割を果たすことを強調した。つまり、「生れて声を同じくすれど、長じて俗を異にするは、教之をして然らしむるなり」（劝学篇）。物を活用できなければ、天地の広さや学問の深さを知ることができないという。荀子によれば、人は禽獣より賢い原因は「其の辨有るを以てなり」ため、「涂の人」でさえ、「術に伏し学を為め、心を専にし志を一にし、思索し孰察し、日を加へ久しきに懸け、善を積みて息まざらしむれば」、「則ち神明に通じ、天地に参するなり」。最後に、荀子は善の形成に行動の持続性が必要であることを指摘した。後天的な努力だけではなく、善に向かうには努力を続ける必要がある。「涂の人」が「善を積みて息まざらしむれば」、「禹」にもなれるわけである。

荀子の人間性論と天命論とは互いに補完し合うもので、天命論はその人間性論の前提となっている。人間の本性が悪だからこそ、りっぱな人間になれるように積極的に行動しなければならない。天命に常があるからこそ、人は「天命を制して之を用ふる」(天論篇)べきである。荀子の言う天は孟子の言う天とは性質の異なるもので、道徳的意味が含まれていなかった。つまり、「天行常有り。尭の為に存せず、桀の為に亡びず」(天論篇)とあるように、自然の天を指していた。一方、性は天命によって生まれ、悪でありながら改造の基礎でもあった。「其の朴を離れずして之を美とし、其の資を離れずして之を利とするなり」とあるように、荀子は本性の上で自分を完璧にすることを主張していた。「性なる者は本始材朴なり、偽なる者は文理隆盛なり。性無ければ則ち偽の加ふる所無く、偽なければ則ち性自ら美なること能はず。」つまり、「性」と「偽」は人を完璧にするための不可欠の要素である。また、荀子は「至人」になるためには、「天人の分」(天論篇)を明らかにしなければならないと指摘した。性は生まれつきのもので、天道にも常があるから、人は天と「職」を争ってはならない。「君子は其の己に在る者を敬ひて、其の天に在る者を慕はず」(天論篇)。つまり、人と天とはそれぞれの道があり、人はその能力の及ぶ範囲においてのみ行動できるとされた。だから、性悪論は荀子が乱世において仁義の道がなくなった現実に失望した絶望の論説ではなく、その天命論の展開であった。

荀子の人間性論はまたその政治理論と深くかかわり、いわば人間性論は彼の政治思想の基礎であった。上にも述べたように、礼から法へ転換する際、荀子が重要な影響を果たしたことは、多くの研究者の指摘した通りである。荀子の弟子である韓非と李斯がその後法家の代表的人物になったが、彼らの法による統治の思想を考察する際、荀子の性悪論まで遡るのは一般的であった。荀子の礼への重視は研究界の注目する焦点の一つであった。「人の命は天に在り、国の命は礼に在る」(天論篇)、礼は「人の欲を養ひ、人の求を給」〃(礼論篇)すことであり、「度量・分界」を確定する外的な調節方法として、外的権威や秩序を表す象徴とされた。しかし、荀子の性悪論から見れば、その法家への傾向はそこまで強かったのか?

第一、性悪を転化させる方法として、礼義の道があるが、礼義は外的技芸のみにかかわるわけではない。ここで注意すべきなのは、確かに荀子が礼を重視したが、それと同時に義も重んじていた。「礼義の道」は外的規範(礼)と内的道徳(義)を同様に重視している。李斯の言い出した「便を以て事に従ふ」こと、それから「兵海内に強く、威諸侯に行はる」という観点について、荀子はこうした本末転倒したことによって、乱世が形成されたとしかりつけた。荀子はあくまでも仁義を守りぬき、「仁義の兵」によってのみ「政が修ま」(議兵篇)ると主張した。荀子は「便」などの外的技芸を潔しとせず、「礼」を選んだ。「仁義」の意味がそこに含まれることは言うまでもないであろう。だから、荀子は礼、すなわち義・仁を同様に重視し、治術と道徳を両立させることに力を尽くしていた。「人君たる者は、礼を隆び賢を尊びて王たり、法を重んじ民を愛して覇たり」(天論篇)。荀子はそれほど礼義を重視するのは、王道の上で国家を作ろうとする理想があったからともいえる。

第二、「偽起りて礼義を生じ」るようになった。具体的に言えば、聖人の偽によって礼義が生まれた。「礼義を積みて君子と為る」(儒效篇)から、荀子は君子が国を治めることを重視していた。「法なる者は治の端なり。君子なる者は法の原なり」(君道篇)、「乱君有りて乱国無く、治人有りて治法無し」。王先謙の解釈によれば、「治法の者が無ければ、法に定めが無きなり。故に治人が有るのを貴ぶ」(君道篇)、「良法有て乱るる者は之有り、君子有りて乱るる者は、古より今に及ぶまで未だ嘗て聞かざるなり」(王制篇)。つまり、荀子の政治思想において、法よりも人、法治よりも人治が重視された。要するに、個人の教化——すなわち君子の育成から「天下皆寧んじ、美善相楽しむ」という大治を模索していた。国家を治めるために、まず人を治めなければならないが、後天的な「偽」が人間性に積極的な影響をもたらしたから、それは実現できる。

総じて言えば、人は性悪だからこそ「偽」が必要される。積極的な行動を通して礼義が生まれ、人間性を善の方向へ転換・改善できる。悪によってもたらした「偏険」や「悖乱」をなくすために、君上の執が現れた。「古の学ぶ者は己の為にし、今の学ぶ者は人の為にす」(勧学篇)とあるように、立派な人格とは個人の道徳修養のみに専念することではない。荀子は一人の儒者として、その究極的な関心はあくまでも政治的理想――どうやって社会や国家の善(治)を実現させるかということにあった。後天的な努力や行動を通して立派な人格を育て、また国家・社会を治めることは、荀子が乱世において指摘した自分を高め、世界を救う道であった。こうした視点では、荀子の性悪論は消極的なものではなく、積極的、楽観的なものであった。

孟子の性善説

孟子の名は軻であった。その具体的な生没年は確定できないが、元代の程復心の考証によれば、孟子は紀元前三七二年に生まれ、紀元前二八九年になくなり、孔子がなくなってから一世紀ぐらいの時期にあたる。一方、近代の楊伯峻の考証によれば、孟子は紀元前三八五年前後に生まれた。孔子は儒学を創立したが、彼がなくなってから、その弟子や子孫がそれぞれ学問を発展させ、儒学が八つに分かれた。そのうち、孟子は孔子の孫である子思の門下に入り、いわゆる孔子の学説を受け継いだ。孟子は思想史において里程標とも言える人物であり、銭穆は孟子を「史学を用いて心学を証明し、心学を用いて史学を完成させた人物」[☆23]とした。また、司馬遷は『史記』において、孟子と荀子を同じ位置づけに置き、伝記を書いたが、儒学史において二人の思想が異なる意味を持っていることを示した。ところが、

☆23　銭穆は「性善を道ふ」ことを「心学」とし、「尭舜を称す」ることを「史学」とした。氏の『講堂遺録:中国思想史六講・中国学術思想十八講』二一五ページを参照。

後世の学問者は荀子よりも孟子に引かれていた。[☆24] 孟子は孔学の正統とみなされ、孔子と一緒に孔子廟に奉り、孔孟の学も儒学の別称とされている。

「生民有りてより以来、未だ孔子有らざるなり」（公孫丑章句上）とあるように、儒学の継承者として、孟子はその創立者である孔子を深く尊重していた。「予未だ孔子の徒たるを得ざるなり。予私かに諸を人に淑くするなり」（離婁章句下）。孟子は自分とほかの儒者との関係をこう述べた。ここで言う「諸人」とは誰かを具体的に指摘していなかったが、孔子の道徳学問は尽きることがなく、孟子もその恩恵を受けた一人であるとされている（孟子注疎、阮刻十三経注疎本）。孟子は孔子の後をつぎ、孔子の理想を引き続き発展させ、「其の君を引きて以て道に当り仁に志さしむる」ことを望んでいた。また、孟子は自分の学説や修養に自信満々であった。彼はこう述べた。「五百年にして必ず王者の興る有り、其の間必ず世に名ある者有り」、「如し天下を平治せんことを欲せば、今の世に当りて、我を捨きて其れ誰ぞや」（公孫丑章句下）。しかしながら、「合衆が連横し、以て功伐を賢きと為す」時代において「唐虞三代の徳」を述べることは、志が遂げられなかった。迂闊や時宜に適合しないことで、孟子は天下を支配しようとする野心を持っている国君と別れた。[☆25] 孔子と同じように、孟子も失意のまま著述にふけ、修身・治国について一連の理論を作り上げた。労思光は孟子思想における重要な基礎である性善論を高く評価し、それを中国において徳を重んずる精神の最も確固たる基礎と見なした。[☆26] ここで孟子の人間性論について考察したいと思う。性善の課題について、以下の問題を明らかにしなければならない。

第一、性善とは何か？

性善は孟子の言う「四端」とかかわっている。孟子の『公孫丑章句上』によると、心の作用には「四端」といって、四つの要因があるとしている。すなわち、惻隠の心は仁の端であり、羞悪の心は義の端であり、辞譲の心は礼の端であり、是非の心は智の端である。その中の惻隠の心とは「人に忍びざるの心」であり、「人に忍びざるの心」をもって行政することはすなわち「人に忍びざるの政」を行うことであり、これこそ孟子の提唱した仁政であった。こうした四つの心がなければ、人ではなくなり、つまり人間性に欠けていると孟子が考えていた。また、われわれは「火の始めて然え、泉の始めて達する」ように、この四つの心を拡充しなければならない。でなければ「四端」に含まれる善念がだんだんなくなってしまう。「其の情の若きは、則ち以て善を為す可し。乃ち所謂善なり」(告子章句上)とあるように、善の最も大きな意味は善になる可能性とも言えるであろう。だから、性善の意味は自分の「四端」を発見・育成・拡充することにある。

第二、なぜ人間性が善なのか。孟子は「人皆、人に忍びざるの心有り」と述べたが、人々が理解できる善や達成できる善はそれぞれ違うものなので、性善はどんな基盤を持っているのだろうか。孟子は『告子章句上』においてたくさんの例をあげて、人は社会や自然環境の影響を受けているが、その欲念には共通するところがあることを説明した。最後に、孟子は「心の同じく然りとする所の者は何ぞや。謂く、理なり、義なり。聖人は先づ我が心の同じく然りとする所を得たるのみ」と要約した。つまり、人は環境によってそれぞれの考えがあるものの、理義はすべての人にとって同じものである。聖人の心はたいへん前から理義を知ったため、人々は聖人の道に従うわけである。いわゆる聖人の心は善の基準になったのである。孟子はここで、人々が理義(普遍的規則)への認識を性善の基盤とし、また聖人は早く理義を知ったため、凡人より賢いということを指摘した。銭穆の「性之反之」[☆27]の人間性発展論から見れば、

☆24 たとえば、馮友蘭は孔子をソクラテス、孟子をプラトンとたとえた。銭穆は「性之」「反之」の視点から、孔子が自発的に理義を知り、孟子がそれを学んだと指摘した。労思光は孟子を「一応儒学理論を完成させた」人物、「割と完全な儒学体系を築いた哲人」と見なし、高い評価を与えた。銭穆の『講堂遺録・中国思想史六講・中国学術思想十八講』、労思光の『新編中国哲学史』と馮友蘭の『中国哲学史』上冊を参照。

☆25 『史記・孟子荀卿列伝』を参照。

☆26 労思光『新編中国哲学史』、巻一、一一七ページ。

すなわち聖人は生まれながら理義を知り、後人はそれを学ぶ（聖人性之、後人反之）ということになる。聖人に従い、聖人の道を追い求めるものはすなわち君子であり、「君子の性とする所は、仁義礼智、心に根ざす」とあるように、君子は性善にして四端があるとされる。要するに、後人は聖人と同じような理義を持ち、君子になるために修身する際、人間性の善が現れたとも言える。

第三、善の主体はすべての人なのか。ならばなぜ不善な行為や人が存在するのか。

儒家は自分の修養に力を注ぎ、仁の道をなすことを提唱した。人みな仁愛のある人間になれるということは、こうした主張の潜在的前提の一つであった。孟子は生まれつきの善を何度も強調した。「人の是の四端有るや、猶其の四体有るがごときなり」（公孫丑章句上）。人間は両手と両足を持っているように、すべての人は生まれながら四端を持っている。

性善論における性について、孟子は明確な定義づけを行った。すなわち禽獣の性ではなく、人の性であった。牛の性と人の性とは明らかに異なるものであるが、善念のない人は禽獣と同じようなものであると孟子が述べた。だから、性善は人ならではの特質であり、人である限り、必ず善の心を持ち、つまり人間の本性は善良なものとされる。[28]そのうち、最も優れるものは「学ばずして能くする所」の「良能」と「慮らずして知る所」の「良知」であった。「深山の野人に異なる所以の者は、幾んど希なり」という環境にいても、舜は一善言を聞き、一善行を見れば、すぐ行動しようとした（尽心章句上）。このことによれば、善が自然的存在とされた一方、聖人が善の理義をはっきりわかっているから聖人になったわけである。

人間性に善はつきものである。しかし、「人皆以て堯・舜たる可し」とあるが、現実にそうではない原因はなぜだろうか。ここで言う「善」は、労思光の言葉を借りれば「価値の自覚のある本質義」であり、荀子の言う「事実義」ではない。[29]不善な人と行動が存在する原因について、「才の罪に非らざるなり」と孟子が述べ、その人たちが「思わず」、「為さず」、「求めず」から、不善になるわけである。「人人己に貴き者有り、思わざるのみ」（告子章句上）とあるように、すべての人の心には大切なものがあるが、それを考えないから、自覚できないわけである。また、「一日之を暴め、十日之を寒」すとあるように、自分で模索しなければ、善なる本性はだんだん弱くなっていく。善良な考え方がまだ残されたものの、「之を梏して反覆す」るため、こうした考え方も長く続かない。一意専心でなければ、才知があっても何一つ得るところがない。つまり、その人たちに善がないわけではなく、自分の善を十分に悟らず、善はあっても自分が知らないということになる。要するに、善の欠落、あるいは仁の四端を拡充できないことによって、不善が生まれる。一方、最初は人から仁義の学説を借りるが、実践を続ければ自然に仁義の心を育ててくるということになる。

第四、どうやって人間性の善を成長させ、現わすことができるか。

以上の分析によれば、善は人間の内的本性であるが、生まれながら現れるわけではない。人間性の善の力を発揮するには、努力する時間がかかる。「価値の意識は自覚の心にあり」[☆30]という労思光の観点を借りれば、こうした人間性の善はすなわち自覚の心であるため、後天的な努力によってのみ心が覚醒できる。また、それは人の生まれや年に必然的な関係がなく、つまり命の「実然の始点」（労思光の言葉）から始まるわけではない。心の成長こそより大切なことである。

性善について、「其の勢い則ち然るなり」、「位に在るの故なり」などと、孟子は外的環境を重視していた。こうし

☆27　銭穆『講堂遺録：中国思想史六講・中国学術思想十八講』、二〇ページを参照。
☆28　『孟子・告子章句』上一一・八の節において、孟子は善念のない人は禽獣に近いということについて具体的に分析した。
☆29　労思光『新編中国哲学史』巻一、二五一ページ。
☆30　労思光『新編中国哲学史』巻一、一二一ページ。

た具体的・客観的な現実環境によって、性善がよくなったり悪くなったりするとされた。荀子の性悪論と同じように、性善あるいは性悪は彼らの主張の一部に過ぎない。人間性の善悪への態度、つまり後の作為がより重要なこととされた。荀子は「偽」を主張したのに対して、孟子は「人の不善を為さしむ可き、其の性も亦猶是のごときなり」(告子章句上)と考えていた。人は善の行為を見て感動され、それを真似ること(「身に反して誠なる」こと)によって、善の行為が広く伝わっていく。自分にとっても善の源がだんだん明らかになり、心身内外が一致したわけで、「楽、焉より大なるは莫し」。要するに、性善の力が発揮され、善念が萌芽する際、正しいやり方はそれを丹念に育つことである。これはすなわち孟子の言う「養」であった。「苟くも其の養を得れば、物として長ぜざること無く、苟くも其の養を失へば、物として消せざること無し」(告子章句上)」。「浩然の気」を養いたければ、道と義を結び付けなければならない。「必ず事とする有れ。而も正めすること勿れ。心に忘るること勿れ。助けて長ぜしむること勿かれ」(公孫丑章句上)とあるように、それを成熟させ、人の心と一体化させる。

荀子の性悪論と同じように、孟子の性善論もその天命論や政治思想と内的論理関係がある。馮友蘭によれば、義理の天は孟子の性善論の形而上の根拠となっている。[☆31] 荀子の考えた自然の天と異なり、孟子の言う天にはより広い範囲のものが内包され、道徳的意味も含まれていた。[☆32] 孟子は「天地の間に塞ぐ」浩然の気を養うことを修身の道とし、「万物皆我に備はる」ことにいたり、外的な道と内的な心との結合を求めていた。孟子の天に対する理解、また天道と人事は互いに感応し合うとする天人合一思想はまさにそこに含まれている。つまり内的な心と外的な義理を結合させ、馮友蘭氏の指摘したミスティシズムよりも、一種の心の哲学と見るべきであろう。[☆33] 孟子の政治理念は仁政を行うことであったが、その思想的基盤はまさに性善論であった。ところが、仁とは何か。孟子はそれを弓術の試合にたとえると、すなわち「発して中らざるも、己に勝つ者を怨みず。諸己に反求するのみ」(公孫丑章句上)、「諸己に求める」という忠恕の道は仁とされた。また、仁は「之を熟するに在るのみ」(告子章句上)とあるように、孟子は善念を不断に成長させることも強調した。いわゆる性善論の「拡めて之を充すこと」である。善念を養い、成熟させることも仁とされる。「仁は人の心なり。義は人の路なり」（告子章句上）とあるように、孟子は心をたいへん重視していた。心だけが思考できるから、それは天のさずけものとも言える。「其の心を尽す者は、其の性を知るなり。其の性を知れば、則ち天を知る」（尽心章句上）、仁義をなすことはすなわち忠信を持つことで、「善を楽しみ倦まざる」ということになる。

孟子の儒学の発展につれて、その性善論の意味は人間性論の範疇をはるかに超えていた。心の修養を重視する内的傾向によって、儒学の発展において道徳哲学がだんだん広く普及し、中国の歴史において法家に対応する統治策略や社会的思潮となったわけである。

☆31　馮友蘭『中国哲学史』上冊、二一七ページ。
☆32　楊伯峻は孟子の天についての八十回以上の説明をまとめ、天には自然の天、義理の天、主宰の天と運命の天という四つの基本的意味があることを指摘した。『孟子訳注』、北京、中華書局、二〇〇三年。
☆33　馮友蘭によれば、孟子の言う「万物皆我に備わる」、「上下は天地と流れを同じくする」、「浩然の気」などは、ミスティシズムの傾向があった。氏の『中国哲学史』、一〇一～一〇二ページを参照。

中国近代における奉献心を否定する主な思潮についての一考察

李萍

要旨

中国の近代は、さまざまな思潮が渦巻く時代であった。西学の影響や伝統思想への見直しは中国近代思想の変革の主な原動力となっていた。「利他（奉献）」と「利己（自利）」の問題についても、さまざまな変化が起こったが、全体的な傾向として、西洋の社会ダーウィン主義と実用主義の学説を取り入れ、利己性が肯定された一方、ナショナリズムの台頭によって、個体の「自利」が捨てられ、「民族大義」や「全体的な民族利益」といった主張が提唱された。独立した個人を十分に尊重できなかったため、真の「奉献心」が確立されなかったが、単なる利己主義もまた排斥されていた。

「奉献心は本能である」[☆1]という論断は理論的設定に過ぎない。機能主義から分析すれば、それが実現できたら「幸せな人生を迎え、豊かな社会になれる」が、客観的な事実でない限り、構造主義から分析することができない。「奉献心は本能である」という論断によって、人間性が積極的に肯定され、すべての人間が利他心を持ち、他人を助ける初志を持っているとされる。したがって、人類のすばらしいものや現象はこうした本能から生まれた結果とされる。また、「本能」という概念にも新たな内包を与えた。いままで「本能」は単なる生物的、生理的なものとされてきたが、滝久雄先生は「心の本能」という概念を打ち出し、奉献心はこうした本能から生まれたものだと主張した。しかし、こうした論説には経験的事実の裏づけがなく、理論上でも通説となっていなかった。古今東西を問わず、「奉献心は本能である」について、多くの論者は反論を持ち出した。本論文は主として中国近代における奉献心を否定する主な思潮について分析したいと思う。ここで一つ指摘しなければならないことは、本論文の言う「中国近代」は一九〇〇年から一九三七年まで、すなわち清政府が崩壊し、民国政権が成立して安定していた時期を指す。

一、西学の影響を受けた奉献心を否定する思潮について

早くも明の中期において、西洋の宣教師たちによって、先進的な器具や技術だけではなく、宗教・世界観・理性主義など西洋の価値観も中国に導入されたが、残念ながら、極少数の士大夫のみがそれに触れ、一部分の思想を受け入れた。それ以外、庶民から朝廷まで西学に興味を示したものはほとんどなかった。西学は風が池を吹き渡るように、さざなみを立てただけである。

一九世紀後半になると、二回のアヘン戦争の失敗によって、天朝を誇った清政府が驚き、多くの官僚も尊大な態度でいられなくなり、屈辱と自慢が混じった複雑な感情で、今までまともに目を向けたことのない西学を見直した。清末、中興の大臣たちが進めた「洋務運動」は、西学を受け入れる第一弾の高峰となった。しかし、そのとき、「中学

☆1　滝久雄『奉献心——人の本能』序、蔡院森訳、中央翻訳出版社、二〇〇九年。

為体、西学為用（中国の学問を根本とし、西洋の学問を利用する）」の観念に縛られたため、導入された西学は自然科学と銃器・汽船製造などの工学技術の領域に限られていた。一八九五年の中日甲午戦争において、中国が日本に敗れた。このことによって、多くの中国知識人は西学を導入することが民族の存亡にかかわる当面の急務だと認識した。なぜなら、いままで中国にまったく及ばない日本は西学を受け、西洋の法律、政治、教育、軍事制度を導入してからわずか二十年の時間で、中国をはるかに越え、世界的な大国にもなったから、中国も追いつかなければならなかった。これを契機として、中国人は西学を本格的に導入するようになり、日本語から転訳されたものも含め、西洋の人文社会科学についての知識がたくさん訳されていった。

1、社会ダーウィン主義思想の影響

亡国の危機に直面したため、さまざまな西洋思潮が導入された際、単なる理論的学問よりも、実用的な知識や衝撃力のある西洋近代価値観が人々の興味を引いた。そのうち、とりわけ社会ダーウィン主義が高く評価されていた。有名な翻訳家である厳複はトーマス・ハクスリーの『Evolution and Ethics』を『天演論』の書名として翻訳し、またハーバート・スペンサーの『Social Statistics』を『群学肄言』の書名として翻訳した。そのほか、フランス啓蒙思想家のモンテスキューの『法の精神』（厳複は『法意』と訳す）、イギリス思想家ミルの『自由論』（厳複は『群己権界論』と訳す）などの作品も翻訳された。これらの書籍が何度も出版され、広く伝わったため、前述した思想家の経験主義・実証主義方法および功利主義、社会ダーウィン主義などの観点が広く知れ渡っていた。とりわけ「自然淘汰、適者生存」、「弱肉強食」などの観念が一世を風靡した。「人が定める」のではなく、「自然が淘汰」し、「徳のあるもの」ではなく「適する者」が生存でき、「王道」ではなく「強いもの」が勝つなどの観念はだんだん社会的問題や時代情勢を評価する新たな基準になってきた。天地がひっくり返るような価値観の転換は、中国の伝統文化における要因を根本的に覆すことを意味した。

社会ダーウィン主義はたいへん人気があり、当時の人々の主な立証根拠や思考方法となっていた。厳複、譚嗣同、章太炎などの思想家は言うまでもなく、孫中山、毛沢東などの政治家も社会ダーウィン主義を受け入れ、勝てるかどうか、あるいは強くなれるかどうかということを基準に、社会の政策を評価し、中国の未来の行方を考えたのである。社会倫理においては、奉献や利他を否定する傾向が現れ、結果主義の功利思想が主張されるようになった。たとえば、章太炎の「革命道徳説」や「倶分進化論」、毛沢東の「革命功利主義」や「革命人道主義」などは「仁愛」をもとにする伝統的な学説と異なり、最終的目標を通して使用手段を証明し、また合理的目標を求める過程そのものの正当性を主張した。

社会ダーウィン主義の積極的な意味は以下のとおりである。一方において、道徳が変化するものと認め、固定した道徳基準がなく、すべての道徳は時代や場合の産物にすぎないという主張から、道徳絶対主義の観点を否定するようになり、つまり伝統的な儒学の道徳上の絶対的な位置を直接に否定したわけである。他方において、「世道は必ず進め、後は今を勝つ」[☆2]とあるから、道徳の全体的傾向は積極的・進歩的なものとされ、新しいものが古いものを取って代わる過程はすなわち善が悪を取って代わるということになる。これで、古代中国人の「循環論」歴史観が完全に捨てられただけではなく、社会の変革に道徳の楽観主義精神も注がれた。古きを捨てて新しきを立てる人は、伝統を捨て、道理に背き、新しい見方を打ち出すことに道徳的な罪悪感を持たなくなり、それどころか、この上もない自信を持ち、一元的な進歩主義という盲目的な観念のもとで、すべての伝統思想をそしり、非難した。したがって、伝統的思想に含まれた謙譲、お互いに助け合うこと、中庸などの利他・性善の思想が根本的に否定された。

☆2　厳複『天演論』導言十八「新反」の注釈。

倫理学から見れば、社会ダーウィン主義には深刻な矛盾が含まれ、最終的にすべての独立した道徳価値を否定する道徳ニヒリズムになってしまう。社会ダーウィン主義は結果、すなわち社会的効用の視点のみから道徳を評価するため、結果的に進化のためになる可能性のある行動は受け入れられ、そういう可能性がなければ捨てられてしまう。元来、道徳に含まれる情意、意志や理性的な内容は単独に考えられなくなったため、こうした内容は目下の決断から捨てられた。また、終極的な意味を持つ人類の価値、人間の精神および心を慰める道徳的探求は直接に利益をもたらす結果につながらないから、人々の疑いを引き起こしたのである。こうした道徳ニヒリズムの観念のもとで、奉献心はまったく無視されていた。中国の社会ダーウィン主義者は、進化の学説を受け入れ、普及させることで、「近い時期において保身・経営ができ、遠い時期において経国・済民ができること」を図ったが、結局歴史が証明したとおり、むなしくなったのである。

2、実用主義学説の影響

二〇世紀一〇〜二〇年代において、中国は日本の教育制度のかわりに、アメリカ流の教育制度を学ぶようになったため、多くの人がアメリカに留学し、アメリカのさまざまな思潮が一気に中国に伝わった。そのうち、最も代表的なものはアメリカ本土の哲学――実用主義であった。中国現代思想家の胡適は実用主義の大家であるジョン・デューイの門下で学んだことがある。彼が帰国してから、デューイを講師として中国に招き、実用主義は一時たいへん影響力を持つ学説となったのである。

Pragmatism が「実用主義」と訳されたことで、このアメリカ本土の哲学の肝心な特徴が反映された一方、中国人のこの概念への誤解も明るみに出てしまった。なぜなら、「pragmatic」という英語の単語に比べると、「実用」という中国の言葉にはけなす意味が含まれている。たとえば、細かいことにけちけちする、目前の功利を求めるに急いでいるなどの手段的、方法的な要素がより目立つ。しかも、英語の語源から言えば、「pragmatic」は「実践」（practice）から派生した言葉であり、事実や行動を強調する意味が含まれる。実用主義の創立者であるジェイムズは最初にこの言葉を使うときの目的は、「固定された原則、閉鎖的な体系、および妄想による絶対化や原始など[☆3]」の思想を避け、現実生活および人の現実的な境遇や行動への関心を呼び起こすことであった。

一九一九年から、デューイが講師として二年以上の時間を中国に滞在し、「五つの講演」を開いた。最も有名な胡適をはじめ、陶行知、郭秉文、蔣夢麟、晏陽初などの当時の風雲人物は次々とデューイに傾倒した。こうした中国の教育、文化の先頭に立つ人たちの宣伝、伝播や吸収によって、デューイおよびその実用主義は当時の中国に盛んになっていた。胡適は多くの文章を書き、実用主義の真髄である個人主義の観点から、実用主義をわかりやすく説明した。中国の伝統思想には「個人主義」に関する記述や思想的資源がほとんどなかった。それどころか、伝統的な「公私観」の影響を受けて、「私」や「個人」が敬遠されがちであったため、伝統的中国思想において、「大公無私」が肯定され、「私利私欲」が批判される対象とされた。しかし、個人主義は「大公無私」でもなければ、「私利私欲」でもない。それは中国の伝統における集団至上主義や利よりも義を重んずる利義観を突破し、個人と社会、自分と他人との関係に新たな立場を導入した。すなわち独立しながらも、集団意識の持つ個人である。胡適は私利私欲の個人主義を偽の個人主義と呼び、真の個人主義を創立しようと主張した。ここで言う真の個人主義は健全なる個人主義であり、二つの条件が含まれていた。つまり、個人に自由意志があるということが認められる一方、個人も自分の責任を持たなければならない。自由な個人には正当な利益を求める権力があるが、それと同時に自分の行動に責任を持つ必要がある。こうした個人は社会の独立した一員であり、ほかの社会メンバーと平等かつ各自に独立した立場に立っている。

☆3　ジェームズ『実用主義――ある旧思想方法の新名称』陳羽綸、孫瑞禾訳、商務印書館、一九七九年、二七九ページ。

したがって、彼らの利益を調節する基盤は、人情社会の「他人の身になって考えてやる」ことでもなければ、本能的な「奉献心」でもなく、共同的な協議、平等的な対話および公平的な競争によるものであった。

思想的内包からいえば、実用主義と中国の伝統文化とは通じるところがある。たとえば、生活と儀礼の道徳的事実およびその積極的な影響を認めること、実用主義と中国の伝統思想と明らかに違う面も含まれ、当時の先進的知識人に思想的衝撃を与えたとともに、科学的理性や実証的調査を貫く経験主義、個体の意志や人格を肯定する新個人主義、変革や新生を強調する進化主義などの目新しい欧米の観念もそれによって導入された。

実用主義は徹底的な世俗主義や経験主義であるため、すべての意味の「本能」に反対し、人間の生きる環境及び社会生活の影響を最も重要な要素と見なす。たとえば、デューイはこう言った。「すべての人にとって、思いつきの行動や私利私欲をむさぼる行動が他人の怒りや嫌みを起こすことを意識するのはよいことである。他人の批判を完全に避けられる人間がいなく、また他人の賛同と支持を必要としない人間もほとんどいないとも言える。しかし、社会的評価の影響に比べると、こうしたことの影響が誇張されすぎた。なぜなら、社会的評価は賞賛や非難を必要とせず、人々に自分の行動を認識させることができるからであった。また、公にされず、はっきりとしない行動を駆使する力を分析するために、人々に分析の方法を身につけさせる。[☆4]」社会的評価（輿論、習慣、宣伝など）はすべての場所にあるからこそ、人間に修正すべきことあるいは続けるべきことを意識させることができる。善悪の判断は社会体系の基準との対照・比較において生まれたものであり、先天的な「奉献心」あるいは本能は存在しないとされた。これによって中国人とその伝統的思想とが、土台から引き裂かれた。人間は社会的行動に参加し、社会の影響を受けることによって、自分の「居場所」及びその意味を確認するようになる。こうした立場の転換は孟子の言う「浩然の気を養ふ」、張載の主張した「天地の為に立心」の精神主義的傾向、及び「内聖外王」的な現実離れの個人の修養方法を完全に捨てたとも言える。

二、中国の伝統思想における奉献心を否定する傾向について

孟子の「性善論」や宋明理学の「天理を存し、人欲を滅す」のように、中国古代思想には奉献や犠牲の精神を人間の本能とする主張があるが、こうした主張は中国古代思想の一部に過ぎない。社会制度のもたらした誘因から見れば、排他的な血縁家族のもとで成立された自然的小農経済や士農工商の身分階級を定める官僚専制政治などは、奉献心の育成にとってきわめて不利であった。こうした社会制度は、固定された土地や家族の中の特定な身分を持つ人間のみに一定のことが認められ、見知らぬ人や自分とあまり関係のない社会生活に打ち込むことが否定された。さらに掘り下げて分析していけば、中国の伝統社会は組織形態において大きく分裂していたことが知られる。つまり、観念的な理想世界と経験的な日常世界、観念の創立者たちのエリート世界と観念を受け入れる者たちの平民世界との間に埋められないギャップがあった。衣食に窮する民衆は実際の生活において、私利私欲に走り、自分の利益を図るために災いを人に押しつけ、上の命令を聞かずにそれぞれかってにふるまっていた。早くも魏・晋の時代において、こうした問題に気づいた学者は、儒学が現実を解釈するのは難しいだけではなく、現実を粉飾する恐れさえあると指摘した。明末清初、儒学の内部から儒学に逆襲する思想家がたくさん現れた。そのうち、李贄を代表とする一部の思想家は儒

☆4　デューイ『新旧個人主義』孫有中など訳、上海社会科学院出版社、一九九七年、一〇五ページ（『新しい個人主義の創造』明石紀雄訳、一九七五年）。

学と完全に異なる思想体系を築き始めた。清末の官僚である龔自珍（一七九二～一八四一）は経世の学を唱え、伝統的な公私観に公然と挑戦した。彼は私を肯定し、私が人間の天性であり、非難すべきものではないと主張した。彼はこう述べた。「天有閏月、似処贏縮之度、気盈朔虚、夏有涼風、冬有燠日、天有私也。地有畸零華離、為附庸閑田、地有私也。日月不照人床闥之内、日月有私也。聖帝哲後、明詔大号、劬労於在原、咨嗟於在廟、史臣書之。究其所為之実、亦不過曰：庇我子孫、保我国家而已。何以不愛他人之国家、而愛其国家？何以不庇他人之子孫、而庇其子孫？……忠臣何以不忠他人之君、而忠其君？孝子何以不慈他人之親、而慈其親？寡婦貞婦何以不公此身於都市、乃私自貞、私貞葆也？」[☆5]

近代において、西洋の理論の分析方法を借りることによって、また「孔家の店を倒せ！」という時代風潮の影響を受けて、中国伝統思想の文化遺産を反省し、あるいは中国国民の悪い根性などについての研究がだんだん増えてきた。維新派の代表人物である康有為（一八五八～一九二七）も公然と正統的な儒学観点に挑戦し、「私欲」を自然な人間性に合うものとして肯定した。彼によれば、「私」を認めることは道徳の低下をもたらすどころか、人間の立場を改善させ、社会的改良に積極的に応じさせることができる。なぜなら、「人間の本性は私利私欲に基づいて……これは遠い昔からそうであった」[☆6]からであった。

近代思想家の梁啓超は日本啓蒙思想の影響を受けて、「公徳」と「私徳」との区別を打ち出した。「他人に関与せず、自分の身だけを正しく修めることはすなわち私徳と言う」とあるように、梁は「中国の古い倫理」、「家族倫理」を「私徳」とし、また「集団のために善を尽くすことはすなわち公徳と言う」とあるように、「泰西新倫理」を「公徳」とした。伝統的な中国人は「皆私徳があることを知り、公徳があることを知らない」、公徳よりも私徳が重視されていたため、中国の社会に積弊がたくさん残された。たとえば、「保身主义」、「独善主義」、「事なかれ主義」、「公事を聞かず」、「国事を構わず」など。しかし、梁啓超はすべての「旧道徳」を根絶するという急進的な立場に立つわけではなかった。なぜなら、「道徳」は民族のよりどころであり、古い道徳が廃棄され、新しい道徳がまだ確立されていないとき、必ず道徳や信仰の真空が生まれるからであった。こうした場面になれば、旧道徳そのものよりも大変な結果をもたらすようになる。中国の伝統的道徳が深い害毒を残したが、それを変えるには段階を追ってしだいに進める必要があり、決して一度でけりがつくというものではなかった。また、道徳が風俗・習性と直接にかかわっているだけではなく、民情や民意にもつながっているため、外国や異郷の新道徳をそのまま移植することができず、また自分の旧道徳を全部捨てるのもきわめて難しいことである。梁啓超はこのことを十分に心得ていたため、さまざまな考察や深思熟慮の上で、「合理的利己主義」を唱えた。彼によれば、「愛他を知る利己」という「合理的利己主義」は筋道が通っているだけではなく、当時の中国に最も必要なことであった。「利己」は人間の本性であり、人間の成長基盤でもあった。「利己の思想を知らない人は必ず自分の権利を放棄し、自分の責任を持たず、結局自立できなくなる。[☆7]」

中国社会学の創立者の一人である費孝通はフィールドワークで中国人の日常生活、交際方法及び思考様式などを観察・記録し、『郷土中国』という名作を著した。彼はこの本において、「差序の構造」という概念を中国人の人間関係の原則として打ち出し、「自我」から結ばれた人間関係及びそれ相応の責任、義務の軽重を、同心円が拡張されるような「波効果」と例えた。つまり、関係あるいは血縁が近ければ近いほど、責任や義務が重くなり、関係が遠くなると責任や義務も軽くなる。見知らぬ人に至っては、責任感や義務への自覚はほとんどなくなってしまう。梁啓超などの知識人が指摘した中国人が「公徳」を知らず、「私徳」だけを知る現象もそれによって解き明かされている。費孝通の理論によって、中国社会を「関係社会」に帰結した学者もいた。つまり、血縁、夫婦の縁、地縁や学縁などを通

☆5　龔自珍『私論』［A］『龔自珍全集』［M］上海：上海古籍出版社、一九九九年、九二ページ。
☆6　康有為『大同書』［M］北京：中華書局、一九五九年、二八五ページ。
☆7　梁啓超「十種の徳性相反相成義」、『飲氷室合集、文集』の五。

して、人々がお互いに頼り合い、利用し合うネットワークが形成され、こうしたネットワークに入った人は庇われ、ネットワークから排斥されたものは「変わり者」とみなされ、うだつが上がらなくなる。関係社会において、上や身分の高い人への忠誠や服従は将来の抜擢と昇進を前提とするものであるため、奉献心が存在する余地がなくなり、小集団主義あるいは利用しあう「生存至上主義」だけが通用している。

王亜南は最初に政治学の視点から、中国の伝統的政治制度の構造、特徴及びそれによる結果について分析した。彼によれば、近代中国において民族危機が起こった深層的根源は伝統的な中国官僚政治であった。たとえば、彼はこう述べた。「地主経済を基礎とする専制的な官僚統治は、必ず官僚・商人・高利貸・地主の「四位一体」の場面をつくり、また集権的あるいは官営的な経済形態をつくり、さらに賄賂をむさぼって法を曲げる気風を作った。この三者は密接な関係にあり、お互いに影響を与える可能性が大きく、連動していくと、社会経済の傾向が孟軻の言った「上下交々利を征れば、国危し」というような破局になってしまう。[☆8]」こうした政治制度のもとで、「奉献心」は政府筋が利益を図るために、文人の口や筆を利用して無知な民をおだてる道具に過ぎなかった。

アメリカに居留する中国人である黄宗智は経済学の視点から、中国の伝統社会の停滞について掘り下げて考察したことがある。彼によると、残酷な搾取、農民が土地を失ったこと、不自由な経済的地位及び役人と商人との結託などによって、最下階級の貧民が極めて困窮な立場に追い込まれ、彼らの道徳水準も欠如していた。黄氏は華北のあるところの史料を分析して、以下の結論を導き出した。「人口の圧力と社会階級と合わせて、停滞していた小農経済において悪質かつ頑固な体系が形成された。貧農は家庭的農作や雇用によってなんとか生きていた。こうした境遇から抜け出すことができず、また得た収入は生活を維持するのにも難しかった。彼らの廉価の労働力は寄生性の地主制度と停滞していた経営的農業を支えていた。貧農や農村におけるほかの社会階級にある人たちは、過剰の人口と不平等な生産関係との二重の圧迫を受け、生きることにもがいていた。[☆9]」伝統的中国の高圧的な政治や困窮している経済によって搾取された貧民は、毎日食い物のために必死に働き、彼らの精神生活が極めて貧しく、「奉献心」とはまったく無縁な存在とも言えよう。黄宗智の描き出した光景は、エンゲルスが『イギリス労働者階級の現状』において指摘した一九世紀四〇年代のイギリス雇用者たちの低い経済的位置と堕落した道徳とのつながりを連想させ、歴史はこうにも似ている！

三、民族主義が台頭してから奉献心の境遇

民族主義（ナショナリズム）はまた「国家主義」と訳され、西洋殖民主義がもたらした遺産とも言える。独立した民族意識のもとで、近代の非西洋国家において民族復興や民族解放運動が次々と起こっていた。民族主義の衝撃を受けて、「天下一家」をスローガンとした帝国体制は思想的な合法性を失い、人類は宗教信仰・言語文字・風俗習慣などの差によって分けられ、各陣営に属するものは明らかな排他性を持つ自民族の象徴マークを作り出した。これによって、統一された帝国は内部から崩壊した。近代の中国、インドやアラビア世界などの東方諸国はまさにこうした苦難に満ちた道を歩んできた。中央帝国が解体されてから、多くの独立民族国家が成立した。前述した古い帝国はすべて近代において、帝国の解体・民族の分立という過程を経歴した。またこうした経験から生まれた社会的危機および国家理念の合法性への挑戦は、いまだ終わっていない。民族—国家という体系によって、中国の伝統的な国家政治体系とそれ相応の価値観が砕かれ、「天下の観念」がばらばらになってしまった。その上、魅力的な価値学説が欠けているた

☆8　王亜南『中国官僚政治研究』、中国社会科学出版社、一九八一年、一二二ページ。
☆9　黄宗智『華北の小農経済と社会的変遷』、中華書局、一九八六年、二一〇ページ。

め、多元的民族という現実は社会的に包容されず、民族の矛盾は現代中国の大きな傷の一つとなってしまった。

伝統的中国について、具体的に言えば、実体と観念との二つの側面から捉える必要がある。

中国古代国家の実体構造は原始氏族時代の宗法制に由来した。天下を君臨する「天子」は本宗族の諸臣を冊封し、諸臣が各自の土地を領有することになり、これは中国語における「封建制度」の本来の意味であった。紀元前三世紀において、秦始皇帝が中国を統一してから、「井田を廃し、阡陌を開く」政策を進め、諸侯と領国を全面的に廃止し、朝廷から全国に政令を出すという中央集権的な地方行政制度である「郡県制」を作り出した。始皇帝の親族だけではなく、戦功や武略を持つ人あるいは特別な才能のある人も官僚として各地に派遣されていた。こうした体制はその後の各王朝においてさまざまな変容を遂げながらも、清末まで受け継がれてきた。「其の位に在れば、其の政を謀る」、「君子は思うこと、其の位より出でず」とあるように、この体制において、臣は君の恩賞を受けることによって位を保ち、君だけに責任を持つのに対して、君は、まずは戦功、その後「孝廉」、最後に「科挙制度」によって官吏や人臣を選び出すことになる。広範な「民」はこうした制度から排斥され、文字通りの「草民」、「生民」、「天民」となったわけである。

中国古代国家の観念構造は主として儒学によるもので、すなわち天―道という体系であった。皇帝は天命を受け、天の代わりに道を実行し、つまり「天」の意思を地上に実現させる存在であり、「得道者助け多くして、失道者助け寡し」という思想は皇権の更迭や盛衰を正当化した。皇帝と「天」との関係は二つの道によって現れた。つまり、重要な祝祭日や国家事務において、大規模な祭天儀式を通して皇帝と天との関係を強化させることと、度胸や識見に富んでいる臣下は「天人感応」、「天人相与」などの学説によって君を諫め、皇帝に「天―道」という体系に帰るように忠告することであった。ところで、「天」は高くとまっている存在で、「天命無常」の性格を持っているから、「道」に従って行動する必要がある。「道は人に遠からず」とあるように、「天」と違い、「道」は人の意志によって把握できるものであるため、道を求め、悟る結果としての「徳」すなわち「道徳」がここに生まれた。こうした観念体系において、皇帝が天を敬い、道を守るのは、自分の政権を長く維持するためであり、その実質は一家(皇族及びそれに属する臣下)至尊の観念であった。一部分の文人や士大夫階級だけは皇権の政治体系から相対的に独立しながらも、儒学における「天下の憂に先んじて憂ふ」という理念に感化されていたため、庶民に奉仕し、国家社稷の道徳理想主義に尽くしていた。「鞠躬尽瘁し、死して後已む」という信念を貫くものはまさにこうした人たちであった。二千年以上の時間において、中国社会が動乱に揺れながらも崩壊せず、戦火に浴びながらも滅ばずにすんだのも、まさにこうした人たちのおかげであった。

民族主義が台頭してから、現代の民族―国家という体系のもとで、家と国との関係が見直されるようになった。これによって、伝統的な「天下観念」が批判され、「民」を国体の中に入れ、また自分の国を独立させなければならなかった。思想的文脈から言えば、まずは「天下観念」を捨てることから始まったが、こうした傾向は早くも明末において黄宗羲、顧炎武などによってあらわれた。清末の厳復も伝統的な天下観念について深い認識を示した。「中国は秦代以来、天下というものがなくなり、すべて家であった。一つの氏が興ると、億兆のものがその臣妾となる。それの興隆は一家の興隆であり、それの滅亡も一家の滅亡である。天子一人の身には、憲法・国家・王者という三つのものがかけられるが、その家が滅びれば、一切がなくなってしまう。百姓や奴婢の奉仕する君主は歴史の変遷によって変わり、末永く存在するものはない。[☆10]」「天下観念」がなくなるにつれて、「民族―国家」の体系が次第に台頭してきた。

「民族」は近代に現れた新しい概念であるため、伝統的な士大夫階級は「民族」を快く受け入れるはずがなく、彼ら

☆10 厳複『「法意」注釈』[A]『厳複集』[C]北京:中華書局、一九八六年、九四八ページ。

は批判や排斥の対象として、「新文化運動」が起こってから容赦なく見放された。多くの改良派や清末の思想家たちの思考様式はまだ「家―国」という枠組みにとらわれていた。たとえば、「まず人があって、それから世界がある。人々に利己の心があるからこそ世界が形成された。宗教であれ、学術であれ、社会であれ、国家であれ、その源をさかのぼってみれば、その中身を探ってみれば、その変遷をたどってみれば、すべて人類の利己心にあるとも言える。☆11」つまり、「国」を「自分」あるいは「家」の延長線にとらえるのは伝統的な「天下観念」であったのに対して、「民族」には独立した個体と寄り集まる集団との矛盾の統一が含まれていた。

そこで、新興の革命党は「民族」大義を担う旗手として現れた。新生代の政治の代表的な人物であるこうした人たちは西洋の学説がたくさん導入された時代に生まれたため、伝統的文化の影響が弱く、中国伝統文化への未練が少なかっただけではなく、「旧世代の網を突破」しようとする断固とした決心も持っていた。しかし、革命党の人たちの思想的根源はきわめて複雑なものであり、一部分の人たちはマルクスの階級闘争理論を受け入れながらも、社会ダーウィン主義の学説にも傾倒し、また徒党を組んで争うという中国の伝統的な権力闘争の性格も継承した。共和年間(一九一二〜一九二二)において、無数の党派が現れ、こうした党派はすべて民族利益の代言者と自認し、相手を民族の大敵と見なしていた。人々に民族の利益あるいは党の利益のために奉仕せよと唱えた党派人物にとって、「奉献心」は本能ではなく、利用できるスローガンでしかなかった。だから、中国国民党であれ、中国共産党であれ、その党綱や政治学説がまったく違うもののように見えるが、「公のために私を捨てよう」、「党国の利益至上」という同じような道徳観念が唱えられていた。こうした意味では、近代初期啓蒙思想家たちによって導入された社会ダーウィン主義や功利主義が揚棄され、中国の伝統的な集団主義の観念が一部回復されるようになった。統治者は「民族」大義、「民族利益」を通して国民を統制し、新しい国家集団主義の観念が形成されてきた。

世界史の視点から見れば、民族主義は非西洋国家が近代民族解放運動を展開した際のスローガンだけではなく、西洋国家が封建統治から脱却した象徴でもあった。しかし、民族主義に含まれた自国を優先させるという価値的偏見によって、各民族はお互いに敵意を抱くようになり、人類に無数の紛争や残酷な殺戮をもたらしたため、第二次世界大戦が終わってから、自由主義や民主主義などの学説が次第に民族主義に取って代わるようになった。こうした学説の高まりによって、各民族の共存に理念的基盤を与えたのである。

終わりに

以上、歴史的思想史を簡単にまとめると、現代中国はまだ民族主義から民主主義、自由主義への移行をやり遂げていなかったとも言える。その外的原因として、内乱、外乱や党争など挙げられるが、根本的に言えば、中国近代の思想啓蒙運動が挫折し、「現代人」という全体像が現れていなかった原因は、政治上において国民の基本的人権を守られず、多くの国民個体は社会や国家の建設に有機的に参加できなかったことにある。自由意志や主体的な精神が大きく圧迫されていた国民は、自分と他人との良好な関係に気づかれず、ましてや奉献を本能とするはずがなかった。彼らは「生きている」だけで、生理的本能と心理的本能が存在したが、精神的本能や道徳的本能は大きく制限されていた。

近代中国において、奉献心を否定する思潮がこれまでたくさん現れたのは、特殊な事例でも歴史の偶然でもなかった。すべての学説には時代背景と民衆心理の基盤がある。性善論が中国儒学の主な主張及び中国の伝統的社会の主要

☆11　教育汎論［A］『辛亥革命前十年の時論選集』第1巻［C］北京：生活・読書・新知三联書店、一九七八年、四〇二ページ。

な価値基盤となったのは、中国儒学には現実を説明できる統一的な価値体系が存在したからである。性善論の唱えた仁、義、智、信などの普遍的観念は民族の制約や時代の差を超え、すべての伝統的中国人の主な価値的源泉となったのである。つまり、伝統的中国人は精神生活のよりどころが存在し、価値判断や道徳選択について一致の信念と似ている心理的期待を持っていた。基本的観念を共有しているとも言える。

第二次世界大戦後、日本は一系列の社会的改革を遂げ、経済的・政治的業績を次第に作り上げた。全国民において、比較的に高い教育の普及や生活の改善が実現でき、二〇世紀八〇年代に至っては「全国民中産」となり、九〇％くらいの国民が共有する「中流意識」が現れた。こうした相対的公平の生活様式やお互いに意思疎通できる環境において、「奉献」、「利他」、「社会に奉仕する」観念がうまく普及できた。滝久雄さんの言った「奉献心は本能である」ということは彼自身の体得というよりも、現代において高度に同質化された平和な日本の社会価値観のまとめであったため、多くの学者、官僚や一般な民衆の支持を受けてたのである。

心のよさとは何か
──「不生の仏心」と「もののあはれ」を手引きとして

佐藤透

一　はじめに

「心の豊かさ」は、物質的繁栄を達成したかに見える日本が次に求めるべき価値とみなされたり、戦後の日本人が物質的繁栄と引き換えに見失ったものとされたりする。けれども、本当のところ、この言葉は何を意味しているのだろう。「物」の豊かさはわかりやすいが、「心」となると、一体その豊かさや貧しさをどのような基準で測ったらよいのか、あるいはそもそもそれを測る適切な基準など本当にあるのだろうか。

それをどのように測るにせよ、豊かさは「よい」ことであり、貧しさはその逆とみなされているのだから、ここに心の状態に関する一種の価値判断があることは確かであろう。心の豊かさとは心のよさの一種であろうから、私たちはこの問題を心の「よさ」とは何かという問いへと取って返し、そこから考え直してみることもできる。私たちはそもそもどのような心の在り方を善とし、また悪とするのだろうか。

「心のよさとは何か」というこの問題は、しかし、「心とは何か」「善とは何か」という二つの哲学的難問を掛け合わせたようなものであって、本稿はもとよりこの問いに全面的に答えようと試みるものではない。ただ日本の思想的文脈から、この問題を考えるための題材を拾って、その機縁としたいのみである。

さて、人の心が「よい」と言われるとき、それは少なくともその人に帰属する物質的な環境についてのことではない。意識の内実は本人にしかわからないから、他者の心は普通、その人の表情や行動傾向から忖度される。いま、「よさ」ということを社会通念上、その折々の社会規範に合致していることにおくならば、心のよさとは、その社会規範をよく守って行動する心持、性格といったところとなろう。「その折々」というのは、この社会規範は時代によって動き、また社会を構成する各層においても異なることがあるからである。江戸時代の武士にとっての規範と商人にとってのそれはおのずと異なろう。またそれらと現代日本の社会規範についても同様である。人が置かれている立場や時代の通念によって彼らの行為規範は異なろうが、それに則って行為するものの心は「よし」と見なされよう。「善良な市民」とはそうしたものであって、この場合の善良とはその市民の物質的状況でも社会的地位でもなく、社会規範との関係におけるこの市民の行動傾向を言うものであろう。

それで話が済めば何も問題はない。だが、「心」として名指されるものにも「善」として言挙げされるものにもかなりの振れ幅があって、そこで「よし」とされ、価値が置かれる「心」は、そうした善良な市民の心持とはかなり異なるものを含んでくる。ここでは、江戸時代の前期と中期を生きた二人による「心」の捉え方を見てみたい。

二　明徳と仏心

江戸時代前期を生きた臨済宗の盤珪禅師（一六二二年～一六九三年）は、同じく江戸時代中期の白隠禅師（一六八五年～一七六八年）、鎌倉時代初期の道元禅師（一二〇〇年～一二五三年）と並んで、日本の禅宗に独自の宗風を挙揚した三人に数えられている。[☆1]

彼は若くして出家するが、その出家の動機は私たちの視点からして十分興味深いものである。当時儒学がはやって幼少の彼も『大学』の素読を習うのだが、「大学の道は明徳を明らかにするに在り（学問のしあげとしてなすべきことは、自らの生まれつきの立派な徳性を発揮することであり）、……」[☆2]という所に来て、その明徳ということに疑問を持ち、明徳とはどのようなものかと師に尋ねるのである。

確かに一見して「明徳を明らかにする」という言い方は奇妙に思われる。「明徳」とは「明らかな徳」なのであろうから、それを何故さらに明らかにしなければいけないのか。また、そもそも私たちに本来備わっている徳（優れた性質）とはいったい何なのか。問われた師は、「性善是なり（我々の本来善なる本性のことだ）」と答えたようであるが、[☆3]幼年の盤珪にはまだ納得がいかない。この辺りの経緯を盤珪自身が後に回顧して次のように言っている。

……母が大学の素読をならはせ、大学を読ますするとき、大学の道は明徳を明らかにするにありといふ所にいたり、この明徳がすみませひで、疑しくござつて、久敷此明徳を疑ひまして、或とき儒者衆に問ましたは、此明徳といふ物は、いかやうな物ぞ、どのやうなが明徳ぞといふて、問ましてござれば。どの儒者もしりませひで、ある儒者のいひまするは、其やうなむつかしき事は、よく禅僧が知て居る物じや程に、禅僧へ行ておとやれ。我らは我家の書で、日夜朝暮、口では文字の道理を説てよくいへども、実に我らは明徳といふものは、どのやうなが明徳

☆1　鈴木大拙「禅思想史研究　第一—盤珪禅—」『鈴木大拙全集　第一巻』岩波書店、二〇〇〇年、特に五七頁以下。

☆2　現代語訳は『筑摩世界文学大系5　論語　孟子　大学　中庸』筑摩書房、昭和四七年、二九三頁によった。この訳書の注記にあるように「大学」という語の理解については朱子と王陽明では異なるが、ここではこの訳書によって朱子に従う。また、これ以降、既存の現代語訳を用いる場合にはその都度明記するが、記されていない場合は拙訳である。

☆3　「大法正眼国師盤珪琢大和尚行業曲記」鈴木大拙編校『盤珪禅師語録』岩波書店、一九四一年、二〇五頁。

といふ物やら、しりませぬといいまして、埒が明ませなんだゆへに……☆4

（……母が『大学』の素読を習わせ、『大学』を読みましたときに、「大学の道は明徳を明らかにするにあり」という所に来ると、この明徳ということに納得がいかず疑問を感じまして、かなりのあいだこの明徳ということを疑い、あるとき儒学者達に聞いてみたのですが、この明徳というものはどのようなものでしょうか、どのようなのが明徳でしょうか、と尋ねてみましたところ、どの儒学者も知らず、ある儒学者が言うことには、そのような難しいことはよく禅僧が知っているので、禅僧のところへ行って聞きなさい。私らは家伝来の書で毎日朝晩、口では随分文字の解説をして語りますが、本当のところ明徳というものは、どのようなものが明徳というものなのか知りません、と言ってらちが明きませんでしたので……）

こうして禅師は「明徳」とは何か、私たち本来の善性とは何か、それが知りたい一心で座禅に取り組むこととなる。ほとんど寝食を忘れ、病が重くなって死の寸前に至ったとき、「とくに思い残すこともないが、ただ平生の願望が成就せずに死ぬことだな」とばかり思っていたところ、折ふしひょっと「一切のことが不生《ふしょう》でととのう」と悟るところがあり、やれやれ今まで無駄骨を折ったことだと、ようやく落ち着いたのである。

禅師は自ら悟ったところを「不生の仏心」として人々に説き聞かせた。

拙僧が何れもへ申聞せまする説法は、別の事でもござらぬ不生の断《ことはり》でござる。人々佛心そなはりてござれども、それを御存知なき所を、拙僧が申聞せまするでござる。されば佛心有とはいかやうなる事ぞと申に、此の御屋鋪の面々、拙僧が申事を聞しめされんとおぼしめして、何れも御宿より覚悟なされ御越あつて、説ぽう聴聞の内に、此寺の外にて犬が鳴ますれば犬の声と聞しり、からすが鳴ば、鳥の声としり、大人の声を大人としり、子供の声をば子供としりたまふ。これは是何れも宿々より、此寺へ参詣せんとおぼしめすとき、それがしが法談いたす中に、余所になく犬の声、からすの声、大小の人のものいふ事あれば、聞んと覚悟なされて御出はなけれども、此会座におゐて、余所になく犬からす人のものいふ事を、耳に聞、目には赤白《しゃくびゃく》の色を見わけて、鼻には善悪《よしあし》の香をかゞしやる。前廉《まえかど》より覚悟なくては、いかでか物の声も色香をも、此会座にてしらつしやろうやうはなけれども、其覚悟なき事を、見しり聞しり致す所が面々にそなはりたる不生の気（機）と申ものでござる。仮令《たとへ》ば何れものきかつしやる犬の声を、千万人が今のはからすの声で有たと申とも、合点なされふや。中々人には云まどはされまい。是が霊明なる不生の佛心でござる。見ようの、聞ふのと、まへ方より覚悟なく、見たり聞たりいたすが、不生でござる。見よう聞ふと存る、気の生じませぬか、是不生でござる。不生なれば、不滅でござる。不滅とはめつせぬでござるなれば、生ぜざる物、滅すべきやうはござらぬ。爰が面々の佛心そなはりたる所でござるによつて、面々の名に、此佛心そなはりて有ではござらぬか。其佛心有事をご存じなきにより、何れもが迷はつしやるでござるぞ。☆5

（私が皆さんに申し聞かせます説法は、他の事でもございません、不生の道理でございます。人々には仏心が備わってございますが、それを御存知でないので、私が申し聞かせるのでございます。では仏心が有るとはどのような事かと申しますと、このお屋敷にお集りの皆さんは、私の申し上げる事をお聞きになろうと思われて、みなさん御宿泊のお宿より心を決められて御越しになり、説法をお聞きになるあいだに、この寺の外で犬が鳴きます

☆4　「盤珪佛智弘済禅師御示聞書　上」同前『盤珪禅師語録』、四三～四四頁。なお以下同様に、旧漢字は現代のものに改める。
☆5　「盤珪佛智弘済禅師御示聞書　下」同前『盤珪禅師語録』、五七～五八頁。

と犬の声だと聞きわけ、からすが鳴けば鳥の声だと知り、大人の声を大人と知り、子供の声を子供とお知りになる。これはつまり、どなたもお宿からこの寺へ参詣しようとお思いになって私が法談をするあいだに、よそで鳴く犬の声、からすの声、大人子供が何か言う事があれば、聞こうと心に決めてお出でになったわけではないのに、この会場でよそで鳴いている犬、からす、人の何か言うことを耳に聞き、目では赤白の色を見分け、鼻では良い香り悪い香りをかがれる。前々から心に決めていないのでは、いかにしても物の声も色香をもこの会場でお知りになるはずはないのに、その心に決めたことがない事を、見知り、聞き知りするところが、各々に備わっている不生の働きというものでございます。たとえば皆さんがお聞きになる犬の声を千万人が今のは鳥の声だったと言っても納得されましょうか。中々人には言い惑わされないでしょう。これが霊明なる不生の佛心でございます。見よう聞こうという前から心に決めていることがなく見たり聞いたりするのが不生でございます。見よう聞こうと思う気の生じないのが、すなわち不生でございます。不生であれば不滅でございます。不滅とは滅びないことでございますから、生じないものが滅びるはずはございません。ここが各々の佛心が備わっている所でございます。そういうわけで、仏陀や菩薩の世から今の人の世に至るまで、佛心というものは不生不滅でございますので、各々の名に、この佛心が備わっているではございませんか。その仏心があることを御存知でないから、皆さん迷われるのでございますぞ。)

禅師の言うのは、私たちに備わっているという仏心についてである。仏心というからにはこれは私たちの心のことなのであろうが、私たちが通常そう呼んでいるものとは異なるもののようである。

禅師の説くところで比較的わかりやすいのは、私たちが何かを聞こうとか見ようと思ったり、心を決め、意識を働かせるのではなく、そうした意識や思念の働き以前にあって、しかも声を聞き、色香を知る、いわば直観的な心の働きが名指されているということである。そのように意図せずして現われる働きは「霊明なる」ものであり、また別のところでは「霊明の徳用」[☆6]ともいわれる。これはまさに明徳ということであろう。「見よう聞ふと存る、気の生じませぬか、是不生でござる（見よう聞こうと思う気の生じないのが、すなわち不生でございます）」という文言からすれば、「不生」とは、まさにそうした念の「生じない」前の心を指すとも思われる。[☆7]

しかし、それだけではない。「生ぜざる物、滅すべきやうはござらぬ（生じないものが滅びるはずはございません）」というのであるから「不生」は「不生不滅」の不生であり、つまりは生き死にを超えた仏心を指すのである。私たちの思念や意図が尽きたところ、そこでなおも働く心の働きが、何故生き死にを超えた不滅の心に繋がるのか、この消息は禅師の普段の説法からはすぐには読み取れない。そこである儒者からは次のような質問も出た。

されば江戸にてさる儒者が、それがしに不審の致されたる事がござる。何れも聞せられい。よき事でござるあいだ、申聞せませう。其問れやうは、不生不滅の理、成程うけ玉はり得、御尤に存じます。然ども此身堅固なる内には、自分より思ひもうけざる事を、耳には聞、目には物を見わけ、鼻には匂ひをかぎ、口には五味の味ひを覚へ、或は物をいひますが、此体去て終りましては、後はいか程ものをいひかけても答ず、目には赤白《しゃくびゃく》の色を見わけず、もつとも物の香をかぎしると申事もござらぬ。然るときは不生とも不滅とも申されまいと云れてご

☆6　「盤珪佛智弘済禅師御示聞書　上」同前『盤珪禅師語録』、三四頁。傍点は筆者による。

☆7　通常の念慮の働きを超えた所を指示するのは盤珪禅師に特有のことではない。例えば中国第六祖の慧能禅師が恵明上座を諭す言葉は「善を思わず、悪を思わず、正に与麼の時、如何なるか是れ上座本来の面目（善も思わず、悪も思わないというちょうどそのとき、どのようなのがあなたの本当の姿なのか）」というものであった。『禅の語録4　六祖壇経』（筑摩書房、昭和五一年）四七頁。

ざる。
是は一段《だん》問の心が尤のやうに聞えますれども左様ではござらぬ。是に附て、いよいよ不生不滅の理が能通じまする。其ゆへは、此体と申まする物は、一たび地水火風を借りあつめ生じたる身でござるによつて、生じたる物は、又滅しいでは叶はぬ道理でござるによつて、終には此体は滅しまする。然れば心は不生なるものでござるによつて、体は土とも灰とも成ますれども、心は焼てもやけず、尤うづみてもくちる物でもござらぬ。只生じたる体を一心が家といたして、住まするによつて、其内はものを聞、香をかぎしり、物いふ事の自由なれども、かりあつめ生じたる此体が滅しますれば、一心の住家《すみか》がなく成ますゆへに、見聞物いふ事ならぬまでの事でござる。右申ごとくに、体を一度こしらへたる故に生滅がござる。一心は元よりの一心でござるによつて、不生滅と説きかせましたが、此理はよく立てござらぬか。☆8

(さて、江戸である儒学者が私にお尋ねになった事がございます。皆さんもお聞きなさい。よい事でございますので、話して聞かせましょう。どうお尋ねになったかというと、不生不滅の道理は、確かにお聞きすることができ、ごもっともに思います。ですが、この身が丈夫であるうちは、自分で前もって考えていない事を、耳には聞き、目では物を見分け、鼻では匂いを嗅ぎ、口では五つの味わいを覚え、あるいは物を言いますが、この体が去り終わりました後は、どれだけ何か言いかけても答えず、目では赤白の色を見分けず、香りを嗅いで知るということも少しもありません。このようなときは不生とも不滅とも言えないでしょう、とおっしゃったのです。

これはこのように尋ねる気持ちがいっそうもっとものように聞こえますが、そうではありません。このことについていよいよ不生不滅の道理がよく通じます。なぜならば、この体というものは、いったん地水火風[四大＝四元素]を借りあつめて生じた身ですので、生じたものはまた滅せずにはおらない道理ですから、ついにはこの体は滅します。ところで心は不生なものでございますから、体は土とも灰ともなりますけれども、心は焼いても焼けず、土に埋めても少しも朽ちるものではありません。ただ生じたからだを一心の家として住みますので、そのあいだはものを聞き、香を嗅ぎ知り、何か言うのは自由ですが、借り集めて生じたこの体が滅すれば一心の住家がなくなりますので、見聞きし、ものを言うことができないまでのことです。今申したように、体を一度こしらえたので生滅があります。一心は元よりの一心ですから不生滅と説き聞かせましたが、この道理はしっかりとしたものではありませんか。）

この説明を聞いた儒学者がさらに問い尋ねたかどうか、語録には記載がないが、私たちはこの儒学者に代わって禅師の説明に次のような疑義を呈することもできるだろう。先に説かれたところでは、私たちが聞こう見ようという思念を働かせる前に、それでも見聞きする働きが不生の働きと言われていたのであるから、不生はやはり見聞きするのである。ところが今度の説明では、見聞きは四大が仮に集まった身体によるもので、それは滅ぶけれども不生は滅びないと言われ、すると見聞きするのは身体で、不生は見聞きからは離されている。こう説明すれば仏心が不生不滅なのはわかるが、今度はそれが見聞きするという先の説明がわからなくなる。また、この説明の持つ二元論的な匂いも気にならなくはない。身体とは区別される個我の魂を立て、それが不滅だと理解するなら、それは仏教が否定する「常見の外道」となろう。

もっとも筆者は、禅師がそうした主張をしていると言うつもりは毛頭なく、また前後で矛盾をはらむかもしれない言い方をしていることをもって禅師を非難しようという気もさらさらない。禅師に限らず祖師方の説法は機に応じて

☆8　「盤珪佛智弘済禅師御示聞書　下」同前『盤珪禅師語録』、六〇～六一頁。

なされるので、その場の質問者を導くことが主であり、彼を救わんという熱烈な慈悲心から出ないものは何もなく、文言の整合云々は二の次なのである。またそもそも「不立文字、教外別伝」を標榜する禅の内実が言語化されるのであるから、その部分部分を比すればむしろ整合を求める知的理解にとっては矛盾に満ちたものとなるのが普通である。仏とは何かと問われた中国唐代の馬祖禅師が「即心即仏（心そのものが仏である）」と言う一方で、「非心非仏（心でもなければ仏でもない）」と答えるのはその好例である。☆9

実際、私たちが物を見、聞くことと仏心との関係如何は難しい問題であって、ここではそれを詳述する場ではないが、ただやはり唐代の黄檗禅師『伝心法要』にある懇切な叙述だけを挙げて補足としておきたい。紙幅の都合上、ここでは現代語訳のみを記す。

この本源清浄の心は、つねに完全な輝きに満ちて、あまねく一切を照らす。しかるに世人はこの内《うち》なる光に目ざめず、外的な知見と認識【見聞覚知】を心そのものと勘ちがいし、その知見認識に目をふさがれてしまって、純粋無欠な本体そのものを見ることができぬ。いまそのままで無心になれば、本体はおのずから顕現し、あたかも虚空に昇った大日輪が、あまねく十方を照らして自在無碍《むげ》なるが如くであろう。されば、ただおのが知見認識のみを軸として営為し行動する修行者たちは、その拠りどころとする知見認識を取り払われてしまうと、おのが思念の路を絶たれて、悟入への手掛かりを失うことになろう。ほかならぬその知見認識の場そのものに、おのが本心（本源の心）を覚知せよ。しかしながら、本心そのものは知見認識に属するのでもなく、かといってそれと離れてあるのでもない。要は、おのが知見認識に立って解釈を試みようとせぬこと、また、その知見認識について思念をめぐらさぬこと、と同時にまた知見認識を離れて心を求めたり、それを捨てて法にとびついたりせぬことだ。即《つ》かず離れず【不即不離、即《そく》せず離《り》せず】、居座らず執着せず、縦横自在にふるまえば、いずこも道の顕現

の場ならざるはない。[☆10]

この不即不離が十分納得できるかどうかは、個々の参学者に委ねられるべきことであろうから、ここではこれ以上文言を加えることはしない。

確認しておきたいのは、ここでは心というものに明らかな価値が置かれているということ、そしてこの場合の心というものが、私たちが普通に考えているような、意識したり思念したりするものではないということである。それは私たちの思念以前に霊妙な働きをするもので、一種の永遠に通じている。

こうした心の「よさ」は、私たちが冒頭で見たような通常の、世俗的な是非善悪を超えた「よさ」なのだが、そうした「よさ」に関する主張には別種のものもある。

三　もののあはれ

江戸時代中期の本居宣長（一七三〇年〜一八〇一年）が和歌や物語の本質として「もののあはれ」を説き、これが、世間的な勧善懲悪の勧奨とは次元を異にする心のよさを主張するものであったことは、しばしば論じられている。少々長くなるが、ここでは『紫文要領』から引いておきたい。

☆9　『禅の語録18　無門関』筑摩書房、昭和四四年、「即心即仏」は第三十則、「非心非仏」は第三十三則にある。
☆10　『禅の語録8　伝心法要・宛陵録』入矢義高訳、筑摩書房、昭和四四年、二二一〜二二三頁。［　］内は筆者が原文および読み下し文を補ったもの。

さて其の歌物語の中にていふよしあしとは、いかなる事ぞといふに、かの尋常の儒仏の道にていふよしあしと格別のたがひあるにもあらねども、おのづからかはる所あるは、まづ儒仏は人を教へみちびく道なれば、人情にたがひて、きびしくいましむる事もまじりて、人の情《こころ》のまゝにおこなふ事をば悪とし、情をおさへてつとむる事を善とする事多し。物語はさやうの教誡の書にあらねば、儒仏にいふ善悪はあづからぬ事にて、たゞよしあしとする所は、人情にかなふとかなはぬとのわかちなり。その人情の中には、かの儒仏の道にかなわぬ事有る故に、儒仏の道にいふよしあしとかはる也。かやうにいはゞ、たゞ善悪にかゝはらず、人情にしたがふをよしとして、人にもさやうに教ゆるかと思ふ人あるべけれど、さにはあらず。右にいふごとく教誡の道にあらざる故に、人にそれを教ゆるといふ事にはあらず。教誡の心をはなれて見るべし。人情にしたがふとて、己《おの》が思ふまゝにおこなふとにはあらず、たゞ人情の有りのまゝを書きしるして、見る人に人の情はかくのごとき物ぞといふ事をしらする也。是れ物の哀れをしらする也。

さてその人の情のやうをみて、それにしたがふをよしとす。是れ物の哀れをしるといふ物也。人の哀れなる事を見ては哀れと思ひ、人のよろこぶを聞きては共によろこぶ、是れすなはち人情にかなふ也。物の哀れをしる也。人情にかなはず物の哀れをしらぬ人は、人のかなしみを見ても何とも思はず、人のうれへを聞きても何とも思はぬもの也。かやうの人をあしゝとし、かの物の哀れを見しる人をよしとする也。たとへば物語の中に、いたりてあはれなる事のあらんに、かたはらなる人これを見聞きて、一人はそれに感じてあはれに思ひ、一人は何とも思はずあらん。その感じて哀れがる人が人情にかなひて物の哀れをしる人也。何とも思はぬ人が人情にかなはずあしき人也。されば其の物語を今よむ人も、その哀れなる事を見て哀れと思ふは、人情にかなふ人也。何とも思はぬは物のあはれしらぬ人也。こゝにおきてかの物語の中の一人、物の哀れをしる人をよしといひ、物の哀れをしらぬ一人をあしゝとするをみて、かのよむ人の物の哀れしらぬも、己《おの》があしきをしりて、自然と物のあはれをしるやうになる也。これすなはち物語は、物の哀れを書きしるしてよむ人に物の哀れをしらするといふ物也。されば物語は教誡の書にはあらねども、しひて教誡といはゞ、儒仏のいはゆる教誡にはあらで、物の哀れをしれと教ゆる教誡といふべし。[☆11]

（さて、その和歌や物語の中でいう善し悪しとはどのようなものかというと、あの通常の儒教・仏教でいう善し悪しと特別な相違があるわけではないが、おのずと異なる点があるのは、まず儒教・仏教は人を教え導く道であるので、人情に逆らって厳しく戒めることもあり、感情のままに振る舞うことを悪とし、感情を抑えて努力することを善とすることが多い。物語はそのような教戒の書ではないので、儒教や仏教でいう善悪とは関係がないのであって、ただ善や悪とされるのは人情に合致するかしないかの違いである。人情の中には、そのような儒教や仏教の道に合致しないこともあるので、それらの道でいう善悪と異なるのである。このように言うと、ただ善悪にかかわらず人情に従うことをよしとし、人にもそのように教えるのかと思う人もあるだろうが、そうではない。右で述べたように教戒の道ではないのだから、人にそれを教えるということではない。教戒の心を離れて見るべきである。人情に従うからといって、自分が思うままに振る舞うというのではない。ただ人情のありのままを書きしるして、見る人に人のこころはこのようなものだということを知らせるのである。これはつまり物のあわれを知らせるのである。

そうして、その人の心のありさまを見て、それにしたがうのをよしとする。これが物のあわれを知るということ

☆11　子安宣邦校注『紫文要領』岩波書店、二〇一〇年、六三頁〜六五頁。

である。人の哀れな様子を見ては哀れと思い、人の喜ぶのを見てはともに喜ぶ、それがすなわち人情に合致することであり、物のあわれを知るということなのである。人情に合致せず、物のあわれを知らない人は、人の悲しみを見ても何とも思わず、人が嘆くのを聞いても何とも思わないものである。このような人を悪いものとし、その物のあわれを知る人をよしとするのである。たとえば物語の中で非常に哀れな事があったとして、そばにいる登場人物がこれを聞いて一人はそれに心を動かされて哀れに思い、もう一人は何とも思わないとする。その心を動かして哀れがる人が、人情に合致していて物のあわれを知る人である。これをよい人とする。何とも思わない人が人情に合致せず悪い人である。そういうわけで、その物語を今読む人も、その哀れなことを見て哀れと思うのは、人情にかなう人である。何とも思わない人は物の哀れを知らない人である。ここで、先の物語の登場人物の一人である物のあわれを知る人をよいと言い、物のあわれを知らない人を悪いとするのを見て、その読者で物のあわれを知らない者も、自分の悪さを知って、自然に物のあわれを知るようになるのである。これがつまり、物語が物のあわれを書きしるして、読者に物のあわれを知らせるということなのである。そういうわけで、物語は教戒の書ではないのだけれども、しいて教戒というなら、儒教や仏教のいわゆる教戒ではなくて、物のあわれを知れと教える教戒というべきである。）

宣長の言うところは明白だと思われるが、彼がこの少し後のところで実例を出して説明しているのはいっそうわかりやすい。その例の一つは、ある男が人の娘にたいそう思いを懸け、その娘も男の情を哀れと思って父母に隠れて密会するというものだが、儒仏の道で論ずれば親の許さぬ娘を恋することも親の許さぬ男に会うのも教えに背くことになる一方、姿のよいかわいい娘を恋しく思うのも、また男のこころざしを哀れと思い知るのも物の哀れを知るというものだ、というのである。☆12

先の引用では、人の哀れな様子を見ては哀れと思い、人の喜ぶのを見てはともに喜ぶことが物の哀れを知ることだとされており、また人の有り様のみならず、四季折々の景色に触れて感じることも物の哀れだと言われることを見れば[☆13]、物の哀れとは、物事に触れた時の私たちの自然な感情の発露のことであり、別の言い方をすれば自然界と人界とを問わず、私たちが本性的に持つ、対象への「共感」のことに他ならない、とも言い得よう。

その点で、西洋等の芸術論と比較しつつ「もののあはれ」を論じようとする唐木順三が、この概念の説明に「感情移入」という言葉を用い、またT・リップスを引き合いに出しているのも頷ける[☆14]。唐木は強調していないが、同じように「共感」を論じる西洋の思想家もいる中で、リップスが取り上げられていることには少し注意しなければならない。というのも、いくらか反省してみれば誰でもわかるように、私たちが「共感」と呼んでいるものには大きく二種類があるからである。その一つは他者の表情を見て咄嗟にその人の気持ちが伝わってくるというようなある種の受動的、感覚的過程であり、もう一つは他者の状況を知り、話を聞いて後に相手に共感を覚えるという能動的、知的過程である。常識的に考えれば他者の心中など元来知り得ようはなく、それゆえ「共感」を倫理の根本においたヒュームやアダム・スミスは他者への共感を人が他者の心中を推論する知的作用に基づけようとするのであるが、それに対してT・リップスは、他者の表情からその悲しみを見るといった体験が類推によって成立するという見方を否定し、それを本能の概念によって説明しようとする。そしてその過程を「(感情)移入(Einfühlung)」という言葉で呼び、また本能的共感(Die instinctive Sympathie)とも呼んだのである[☆15]。私たちが何か思考によって他者の心中を慮るというのではなく、自然と、本能的に他者の感情に共感するというこのリップスの立場は、確かに美しい花を見てはおの

☆12 『同』六六頁以下。
☆13 『同』六五頁。
☆14 唐木順三「もののあはれ」、『唐木順三全集　第七巻』筑摩書房、昭和四二年。

ずと美しいと感じ、人の哀れな様子を見ては自然に哀れと思う宣長の「もののあはれ」と通じるように思われる。そして自然や人の有り様に、そのようにおのずと、本能的に共感することが「よし」とされ、思慮分別で行動を統御しようとする教戒の次元とそれが対比されるわけである。

四　善さの根拠

盤珪禅師の「不生の仏心」と宣長の「もののあはれ」とを挙げたのは、通常の「心のよさ」を逸脱する事例を、江戸前期と中期の思想から挙げてみた、というだけのことではない。宣長は儒仏を「漢心《からごころ》」として退けるわけだが、儒教の「明徳」から仏心を悟る盤珪禅師の主張と、宣長の主張にはむしろ通底するところがあるのではないか、ということを示したいのである。

（一）和辻哲郎の所論

そのための手引きとして、和辻哲郎による宣長批判について触れておきたい。☆16

和辻哲郎は、宣長が「もののあはれ」論によって「哲理および道徳」に対する文芸の世界の独立性を主張したことを高く評価しながらも、その主張の根拠について十分述べていないことを指摘する。宣長は源氏物語を文芸の典型と見、そこで表現された「もののあはれ」を読む者も、自分の身の上を思いやって物のあはれを知り、心を晴れさせ、憂きを慰めるというのであるが、そのように物語に表現された物のあはれが何故読者の心を晴れさせるのか、またそうした心の状態は何故、高められ浄化されたものとして価値を置かれるのか、そうした疑問に答えないままでは、宣長の試みは無根拠に終わると言われるのである。

　和辻によれば、宣長が根拠として持ち出すのは、「物のあはれ」は「心のまこと」だからだ、というものである。道理に適い立派なのは上辺に過ぎず、人の心とはそもそも頼りなく「女々しき」ものなのだから、表現された「もののあはれ」に没入することはそうした人性の奥底に帰ることを意味する。しかし、そうなると、「いかなる感情も直ちにそのままに『物のあはれ』と見らるべきであるとすれば、右のごとき『物のあはれ』の浄化作用は解き難いものとなるだろう」。たとえば儒仏の教戒をどこまでも貫こうとする雄々しい感情もまた感情であろう。そうしたものもまた「物のあはれ」とするなら、物語を読んで読者が感じる浄化ということは説明できなくなる、というわけである。それで、和辻は宣長が「物のあはれ」に一種の性質上の制限を加えているとして、物のあはれとは出家の道とは異質で世間的人情であり、誇張を避けた純な感情であり、感傷的ではない深い感情だと言う。

　しかし、そのように規定してみても、人の心は本来そのようなものであり（Sein）、またそのようでなければならない（Sollen）ということは出てこない。それは宣長が平安朝文芸の特質を好み、それを一般化しているだけではないか、とも考えられる。そこで和辻は、そうした最終的な根拠づけを宣長に代わって行おうとする。

☆15　Theodor Lipps, *Die ethischen Grundfragen*, Leipzig und Hamburg, Dritte Auflage, 1912, S.16. また、ヒュームおよびスミスについては、David Hume, *A Treatise of Human Nature, Second Edition*, Oxford U. P., 1978, p.576、Herbert W. Schneider(ed.), *Adam Smith's Moral and Political Philosophy*, Harper Torchbooks, 1970, pp.73-74を参照。なお筆者は共感の概念について、「共感のクオリア——形而上学への通路としての」（栗原隆編『共感と感応——人間学の新たな地平』東北大学出版会、二〇一一年）においてやや立ち入って論じたことがある。

☆16　和辻哲郎、「『もののあはれ』について」（『和辻哲郎全集　第四巻』一九六二年、岩波書店、所収）。この論文は、もと雑誌『思想』（大正一一年＝一九二二年九月）に発表されたものを『日本精神史研究』（大正一五年、一九二六年）にまとめたものである。

「物のあはれ」の「もの」は、すでに宣長自身が規定を与えているところではあるが、和辻はここにさらに深い意味合いを読み込もうとする。

> 「物いう」とは何らかの意味を言葉に現わすことである。「物見」とは何物かを見ることである。（中略）かくのごとく「もの」は意味と物とのすべてを含んだ一般的な、限定せられざる「もの」である。限定せられた何物でもないとともに、また限定せられたもののすべてである。窮竟のEsであるとともにAllesである。「もののあはれ」とは、かくのごとき「もの」が持つところの「あはれ」──「もの」が限定された個々のものに現わるるとともにその本来の限定せられざる「もの」に帰り行かんとする休むところなき動き──にほかならぬであろう。
>
> （中略）
>
> かく見ることによって我々は、「物のあはれ」が何ゆえに純化された感情として理解されねばならなかったかのゆえんを明らかに知ることができる。「物のあはれ」とは、それ自身に、限りなく純化され浄化されようとする傾向を持った、無限性の感情である。すなわち我々のうちにあって我々を根源に帰らせようとする根源自身の働きの一つである。文芸はこれを具体的な姿において、高められた程度に表現する。それによって我々は過ぎ行くものの間に過ぎ行かざる永遠のものの光に接する。[☆17]

こうして和辻によれば「もののあはれ」の「もの」とはあらゆる個別的・限定的で、刹那的なものがそこから由来し、そこに根源を持つような永遠の実在を意味し、「もののあはれ」とはその個別の相に触れたときに私たちが感じる、永遠の実在への思慕だということになる。

（二）疑問点——誇張と揺れ

私たちは、ここでの和辻の主張を二つに分解して取り出すことができるが、その一つ目は、「窮竟のEs［それ］であるとともにAlles［すべて］」であり、「過ぎ行かざる永遠のもの」が確かに存在するという形而上学的主張であり、二つ目は、日本語の「もの」という語がそれを指示しているという国語学的な主張である。前者はともかく、後者については、それが一種の誇張ではないかという疑念を禁じ得ない。「もの」という語が非常に一般的な語であって、それゆえ特定の何物をも指示しないと同時に、あらゆるものを指示しうる、という所までは認めたとしても、はたしてそれは「永遠」の「根源」を指示しているのだろうか。国語学の立場からすれば和辻の主張は行き過ぎであるという指摘は、それゆえ、つとに為されてきたものであった。[☆18]

和辻の所論に関するもう一つの疑念は、それが論旨の揺れをはらんでいるように見えるということである。先に見たように彼は、物語を読む者がそこで表現されている「もののあはれ」に触れて浄化作用を受けることを説明するために、「もののあはれ」が感情一般ではなく、性質上限定されたものだとした。ところが、その最終的な根拠を説明する段になると、その「もののあはれ」の特殊性は消されてしまう。

> 「もののあはれ」とは畢竟この永遠の根源への思慕でなくてはならぬ。歓びも悲しみも、すべての感情は、この思慕を内に含む事によって、初めてそれ自身になる。[☆19]（傍点は筆者）

☆17 『和辻哲郎全集 第四巻』一四九頁～一五一頁。
☆18 たとえば、高木市之助、「古文藝の論」、『高木市之助全集 第六巻』昭和五一年、講談社、一〇二頁以下。該当部分はもと「もののあはれの課題」として昭和二四年＝一九四九年に発表されたもの。
☆19 『和辻哲郎全集 第四巻』一五〇頁。

ここではいったん限定された「もののあはれ」が感情一般へと差し戻されているように見える。しかもそれだけではなくて、この根拠へと帰り行こうとする動きに関しては「理知及び意志に対して感情が特に根本的であると主張する必要を見ない」[☆20]とも言われる。つまり、感情一般だけではなくて、理知も意志もみな無限定の根源に引かれるというのである。だとすれば、理知も意志も、また儒仏の教戒を守ろうとする雄々しい感情の動きもまた、根源へ引かれ、永遠なるものに触れ、浄化の働きを持つのではないのか。こうした説明は、他と区別される「もののあはれ」に触れることでもたらさられる浄化作用をはたして説明しえたのであろうか。

このような国語学的な疑念、あるいは論旨の運びに関する疑念があるからといって、筆者は和辻の主張をすべて退けようというのではない。宣長の「もののあはれ」論に着眼してこれを高く評価した和辻の慧眼は変わらないし、また逆手をとれば、つまり先の疑念を除去してしまえば、和辻の主張は興味深くも思われるからである。つまり、「もの」の拡大解釈を止め、「もののあはれ」の限定を保持すれば、その根拠を問わねばならないという和辻の問題意識は有効であるように思われる。本稿の立場から言いなおせば、宣長は、「もののあはれ」を知ることを「よし」とし、その「よさ」が儒仏のものとは異なると言うわけだが、何故もののあはれを知ることが「よい」ことなのか、その根拠を問うということである。

「もの」や「あはれ」の内実を国語学的に精査することは本稿の目的ではないが、少なくとも「もののあはれ」は、内発的な感情を意味しないように思われる。たとえば空腹で何か悲しい気分になる、といった感情は、「もののあはれ」でも、それを知るということでもなかろう。「よし」とされるのは、人が何か外の状況に触れて、素直に感情を発露させるという姿であって、それゆえ「ものあはれ」は先の唐木がそう理解していたように、どうしても広い意味での他者との共感ということを含むように思われるのである。そうすると問題は、「もののあはれ」を知る者、すなわち豊かな共感力を持つ者が何故よしとされるか、ということになる。

（三）ニーチェおよびショーペンハウアーとの対比

この点で、和辻が先の文章を書いた時におそらく念頭に置いていたであろうニーチェの『悲劇の誕生』と、この書のニーチェが影響を受けているショーペンハウアーの思想を振り返っておくことには意味があるように思われる。

西洋において、悲劇を鑑賞する者が感じる精神的変化を「カタルシス（浄化）」と呼んだのは、アリストテレスの『詩学』であった。[☆21]そこで悲劇の本質を指すものとしてたった一度だけ使われたこのカタルシスという語は、その解釈を巡って後世きわめて多くの研究書をもたらすことになったが、ニーチェの『悲劇の誕生』もこれについて語っている。ニーチェがそこで行なっているアポロン的芸術とディオニュソス的芸術との区別はよく知られているが、彼は、ギリシア悲劇の核心がディオニュソス的なものにあると考えていた。すなわち、悲劇において主人公が没落し、個別的なものが消失すると、かえってそうした個々のものの根源、あらゆるものを統べる一者への予感が立ち現れ、そこに一条の喜びの光線が差し入る。こうして個別化の呪縛が解かれ、根源的な一者、現存するものの一如性についての予感が与えられることにニーチェは浄化の本質を見ようとするのである。[☆22]

人が物語を読んでそこで表現された「もののあはれ」に触れ、一種の精神的浄化を感じるという事実を説明するため、永遠の根源である形而上学的実在との接触を持ち出す和辻の所論が、このようなニーチェの所論と類似している

☆20　同前。
☆21　『アリストテレス全集17』岩波書店、一九七二年、二九頁。
☆22　F. Nietzsche, *Die Geburt der Tragögie, Sämtliche Werke*, Kritische Studienausgabe in 15 Bänden,Deutsche Taschenbuch Verlag, 1999, Bd.1. bes. §10, 16, 22.

ことは明らかである。けれども、「あはれ」の概念は、「悲劇」の概念と重ならない。宣長がそう言い、和辻もまた確認しているように、「あはれ」に「哀れ」の字を当てて特に悲しみの感情を表すのはむしろ後世の習慣であって、もともと「あはれ」はもっと広い感情の動きを表す語であった。和辻は、基本的にはニーチェ的な思考の線に沿いながらも、「あはれ」の持つそうした概念的広さに鑑みてニーチェの悲劇論を無理に拡大しようとしたため、論旨の乱れを呼んだ、と推測できないこともない。

それはともかく、こうしたニーチェの悲劇論自体は、ショーペンハウアーに大きな影響を受けていて、そのショーペンハウアーは、同情について次のように語っている。

すべての完全に純粋な善行、他人の困窮だけを動機とするような、本当にまったく無私な援助のすべては、その最終的な根拠まで尋ねてみるならば、本来、神秘的な行為であり、実践的な神秘主義である。というのも、それは結局、あらゆる真の神秘主義の本質をなすものと同じ認識から発しており、別の仕方では正しく説明できないからである。つまり、他者を苦しめている困窮が和らげられるということ以外にはいささかの目的もなしに施しをするということが可能なのは、今彼の前にその悲しげな姿を現しているものは彼自身であり、他者の姿の中に自分自身の本質を再認しているのだと認める限りにおいてなのである。それゆえにわたしは、第三部において同情（Mitleid）を倫理の偉大な神秘と呼んだのである。[☆23]

個別的なものは、互いに空間的・時間的に隔たっているが、カントの時間・空間論を引き継ぐショーペンハウアーは、時間・空間は現象世界の形式にすぎず、その背後にある実在の世界はそれらを超えており、それゆえそこでは自我と非我とを隔てるものはないとする。そして彼は、同情こそ、この見解の「現実における表現」とみるのである。[☆24]

彼はニーチェのように悲劇の主人公の個が没落した後に全が現れるとするのではなく、日常的に見られる他者への無垢な共感の根源に形而上学的一者を見ようというのである。もちろんショーペンハウアーのいう「同情（Mitleid）」もまた、宣長の「もののあはれ」と等しいものではなく、他者の困難な状況、ネガティブな状況への共感という側面が強い。けれどももし私たちがそれを他者との自然な共感一般へと拡大するならば、「もののあはれ」を知ることが「よし」とされる根拠が、それによって与えられる可能性がある。すなわち、「もののあはれ」を知ることは実在の発現であり、私たちが真実の存在へと接近することを意味し、逆に「もののあはれ」を知らないことは、そこから離れることを意味するのである。

（四）帰一の可能性

ショーペンハウアーが、たとえ彼の理解に明らかな限界があるとしても、古代インド思想や仏教に深い関心を持っ

☆23 Arthur Schopenhauer, *Die beiden Grundproblem der Ethik, Arthur Schopenhauers sämtliche Werke*, Dritter Band, herausgegeben von Dr. Paul Deussen, München, 1912, S.742.

☆24 *Ibid.*, S.740. ショーペンハウアーは、このような同情の概念を倫理にとってきわめて重要なものと考えているが、そこからしてまた、彼の倫理観にはカントのものとはまったく異なる性格が与えられることになる。カントの道徳法則は人の従うべき「義務」として現われるが、これに関してショーペンハウアーは次のように言っている。

「人間の行為の倫理的意味が形而上学的なものであり、つまりは現象するこの現存在を超えて広がり、永遠に触れるものだということが、いっそう明白に、あらゆる民族、あらゆる時代、あらゆる信仰の教義、さらにまたあらゆる哲学者（ただし、本当の唯物論者たちはのぞいて）に承認されるならばそれだけ、命令と服従、法則と義務という形で把握されるものは、人間の行為の倫理的意味にとって本質的なものではなくなる。」（*Ibid.*, S.592）

他者の困窮に同情し、他者のために尽くそうとする行為が真実在である一者に由来するのであれば、他者のために貢献することはけっして義務ではなく、むしろ自然な行為であって、人にとって本能的とも言うべきものとなろう。

ていたことはよく知られている。彼が同情の根拠に見ようとしているもの、カント流の「物自体界」という語の実質として理解しようとしたのは、やはりそうしたヒンドゥー教や仏教に通じる実在概念であった。だとすると、宣長の「もののあはれ」がよしとされる根拠も、前節でみた盤珪禅師の不生仏心のよさも、結局、一に帰するのではないかとも思えてくるのである。

五　結び

本論冒頭で私たちは、心のよさは通例、物的なよさとは区別されるものであること、またそれは多くの場合、その時代時代の、あるいはその時代の中でもさまざまな場面での「善さ」の基準に応じた行動を取りうるという性向を指すこと、しかし、それを逸脱するものもまたあること、について述べた。そしてその逸脱例としてまず盤珪禅師の不生の仏心を挙げ、さらに儒仏とは異なる善さだと主張される宣長の「もののあはれ」を見た。しかし、和辻を導きとしながら、「もののあはれ」を知ることがよしとされる根拠を問い尋ねてゆくと、私たちはむしろ同じ故郷に帰りつくのではないかという予感を得るのである。「不生の仏心」と「もののあはれ」とは、両者ともに理知分別を排するという外見において同じというだけではなく、それが根拠としては同じ根源的一者へと遡源しうるという点で、帰一するところがあるように思われる。しかし、宣長は善さの根拠の自覚を欠くのに対して、禅者にはもちろんその根拠の自覚があることは大きな相違である。

もとより宣長が「儒仏」で想定しているのは長幼の序や戒律を説く儒仏の世俗的相であって、悟道の内実ではない。後者に着眼すれば、むしろ僧侶たちの言動にも「もののあはれ」を読むことができよう。たとえば明恵上人の和歌としてよく知られているものに「雲を出でて我にともなふ冬の月風や身にしむ雪や冷たき」があるが、これはむしろ世俗の人よりも自然物への共感力の高さを示しているように思えるし、江戸後期の禅僧、仙涯和尚が自らの臨終に際して「死にたくない」[☆25]と言ったという逸話なども、宣長の言うような女々しい人情の発露が、実は悟道に裏打ちされていることを示しているように思われる。こうした次元に置かれる「善さ」と、世俗的な「善さ」とがどのように関係しているのかを考えることも、興味深い課題であるように思われるが、それにはまた他日を期すことにしたい。

☆25 『禅門逸話集成 第一巻』禅文化研究所、昭和五八年、三一〜三二頁。

伊藤仁斎の仁愛の思想

高橋文博

一、はじめに――「仁は畢竟愛に止まる」

伊藤仁斎（一六二七―一七〇五）は、仁を最も重要な徳として、その内容を愛と関係づけている。彼は、次のように述べている。

問ふ、仁は畢竟愛に止まるか、曰く、畢竟愛に止まる、（『童子問』巻之上、第四十五章、原漢文、『童子問』からの引用は、所謂「林景范写本」に拠る。引用箇所については、童上四十五のように略す）

仁を重要視し、それを愛との密接に関連おいて捉えることは、儒家一般のことである。そもそも、『論語』において、孔子が「樊遅、仁を問ふ、子曰く、人を愛す」（『論語』顔淵）として仁と愛を関係づけている。だから、仁と愛の概念は、儒家思想における中心部に位置しており、この概念の理解が儒家たちの思想を特徴づけることになる。

例えば、朱熹は、「仁は愛の理、心の徳なり」（『論語集註』学而）としている。これは、仁を「愛の理」とする点で、仁を「畢竟愛に止まる」とする仁斎の立場とは明確に異なる。仁斎は、このような朱熹の理解を批判的に乗り越えようとして、自らの思想を形成したのである。

ここでは、仁斎の思想と朱熹の思想の対比に踏み込むことはしない。仁斎が、仁を端的に「愛のみ」とすることによって仁と愛に与えた内実を明らかにし、進んで、そのような仁愛の概念を抱いた仁斎の思想の基本的な構造を探ることである。

二、「其の愛、眞心に出て利澤人に及ぶときは、則ち又之れを仁と謂ふべし」

仁斎は、仁の完成した徳である「仁の成徳」について、次のように述べている。

問ふ、仁の成徳、亦得て聞くべしや、曰く、可なり、慈愛の心、渾淪通徹、内より外に及び、至らずといふ所無く、達せずといふ所無ふして、一毫残忍刻薄の心無き、正に之を仁と謂ふ、此に存して彼に行はれざるは、仁に非ず、一人に能くして、十人に及ばざるは、仁に非ず、瞬息に存し、夢寐に通じ、心、愛を離れず、愛、心に全く、打つて一片と成る、正に是れ仁、故に徳は人を愛するより大なるは莫く、物を忮ふより不善なるはなし、孔門、仁を以て學問の宗旨と為るは是れが為なり、（童上四十三）

「仁の成徳」とは、当該の人において、愛が心に充満していること、そして、愛の心があらゆる他者に及ぶことである。愛の心が夢の間にもあり、すべての人に対してそれが及ぶという「仁の成徳」は、通常の人にはなかなか及び難いことに違いない。

これに対して、仁斎は、「成徳」に至らない仁について、次のように述べている。

問ふ、仁の徳を成すに至らずと雖ども、或いは之れを仁と謂ふべき者有りや、曰く、一事の微と雖ども、其の愛、眞心に出て利澤人に及ぶときは、則ち又之れを仁と謂ふべし、(童上五十四)

これは、完成した仁の徳でない点で、逆に、仁の意味を明らかにしている。仁とは、「眞心」に発する愛によって、人に「利澤」を与えることであるという。それは、「一事の微」といわれるように、ささいな事柄でも、人に恵み、喜びを与えるという愛の心である。仁は愛であるとは、愛の心であるとともに、人に恵み、喜びを与えることである。しかも、その愛の心は「眞心」にもとづくものでなくてはならない。この最後の条件は重要である。このように規定される仁は、通常の人にも可能なことである。仁の成徳という常人の及びがたい仁のあり方があるにしても、仁は、常人の求めることの可能なものであり、また、求めるべきものである。それでは、人は、仁をいかにして求めるのであろうか。

三、「仁を求むること焉より近きは莫し」

仁斎は、仁を求める仕方について、次のように述べている。

仁は勉めて之れを為すべからず、恕は強めて能くすべし、仁は徳有る者に非ざれば能はず、恕は力め行ふ者、之れを能くす、其の強ひて之れを能くする所の恕を為るときは、則ち自ら勉めて為すべからざるの仁を得、一件の恕を為すときは一件の仁を得、二件の恕を為すとき二件の仁を得、顧ふに其の勉強する所如何といふに在るのみ、故に曰ふ、仁を求むること焉より近きは莫しと、（童上五十八）

仁斎は、仁はつとめてなし得ないという。これが、仁と愛の概念における注目すべきところである。仁は愛であるにしても、仁愛を直接的に実行し得るとはしないのである。

仁斎にあって、仁はつとめてなし得ないが、恕はつとめてなし得る。そしてつとめてなし得ない仁を求める方法が、恕を行うことである。仁をつとめてなし得ないとする理由は、「徳有る者」でなければ仁をよくし得ないからである。仁をよくし得る徳を「得る」ために恕を「為す」のである。恕をなすことにおいて徳有るものとなり、仁をよくし得ることになる。

仁斎にあって、恕はいかなる内実をもつのであろうか。彼は「人の心を忖り度るを恕と為」（「語孟字義」忠恕、第一条、原漢文、「語孟字義」からの引用は、「林景范写本」に拠る）と恕を定義している。恕は、他者と接するうえで、他者の心をおしはかることである。彼は、恕についてより詳しく、次のように述べている。

註疏己を忖り人を忖るの義に作る、忖の字を以て之を訓ずるの得たりと為るに如かず、言ふこころは、人を待することと必ず其の心思苦楽如何を忖り度る、己を忖る二字未だ穏ならず、故に之を改めて人の心を忖り度ると曰ふ、夫れ人己の好悪する所を知ることは甚だ明かにして、人の好悪に於ては、泛然として察することを知らず、故に人と我と毎に隔阻胡越、或は甚だ過ぎて之を悪み、或は之に應ずること節無く、親戚知舊の艱苦を見ること、猶を秦人越人の肥瘠を視るがごとく、茫乎として憐むことを知らず、其れ不仁不義の甚だしきに至らざる者は幾ど

希し、（同前）

仁斎は、邢昺による「己を忖り人を忖る」という恕の定義を「人の心を忖り度る」と改めた。その理由は、人は自分の好悪を知ることはよくできるが、他者の好悪を知ることはむずかしいというところにある。自己の心を他者に当てはめることが、他者への理解を危うくするという認識がそこにある。仁斎にあって、自己の心を他者に当てはめる他者理解の問題性との対比で、ひたすら他者のことをおしはかる恕こそが、他者への仁愛を生じさせる働きである。

苟も人を待する、其の好悪する所如何、其の處る所為す所如何と忖り度つて、其の心を以て己が心と為、其の身を以て己が身と為、委曲躰察、之を思ひ之を量るときは、則ち人の過毎に其の已むことを得ざる所に出で、或は其の堪ふること能はざる所に生じて、深く之を疾み悪む可からざる者有ることを知り、油然靄然として、毎事必ず寛宥を務めて、刻薄を以て之を待するに至らず、人の急に趨り、人の艱を拯ふこと、自から已むこと能はず。其の徳の大、限量す可からざる者有り、（同前）

他者との応接において、他者の心身をおしはかる恕は、他者が時におかす過誤の生ずる事情を理解することにおいて「寛宥」の心を生じ、他者の艱苦を救う心となるという。仁斎にあって、自己の延長上に他者を捉えるのではなく、ひたすら他者を他者自身として捉えようとする恕が仁愛を可能とする営みなのである。

四、「只是れ誠を盡す難しと為」

仁斎における仁は、先に注意しておいたように、「眞心」に裏打ちされるものでなくてはならない。このことにかんしては、彼が、次のように述べていることが注目される。

蓋し徳は仁を以て主として、仁は誠を以て本とす、（『論語古義』学而、巧言令色鮮矣仁章、原漢文、『論語古義』からの引用は、『林景范写本』に拠る）

仁の根本に誠がなくてはならないという。誠とは「誠は實なり。一毫の虚假無く、一毫の偽飾無き、正に是れ誠」（『語孟字義』誠、第一条）というように「實」である。毛筋ほどの虚飾のない「眞實無僞」（同前）が誠である。仁斎にあって、仁は、このような意味での誠にもとづいて仁であり得る。なぜなら、誠は、次のように、あらゆる人の営みを意味あらしめるもっとも根本的な態度だからである。

誠とは道の全躰、故に聖人の學は、必ず誠を以て宗と為、而して其の千言萬語、皆人をして夫の誠を盡さしむる所以に非ずといふこと莫し、所謂仁義礼智、所謂孝弟忠信、皆誠を以て之が本と為、而して誠ならざるときは則ち仁仁に非ず、義義に非ず、礼礼に非ず、智智に非ず、孝弟忠信も亦孝弟忠信為ることを得ず、故に曰く、誠ならざれば物無しと、（『語孟字義』誠、第三条）

仁斎は、誠でないときには、仁が仁でないという。誠とは、人の営みがその営みとしての意味をそなえる要件である。「誠ならざれば物無し」という「物無し」とは、人の営みが意味をもたないことである。仁斎にあって、誠は人の営みにおいて中枢的意義をもつ。

仁斎は、誠であるための方法について、次のように述べている。

道本知り難き者無し、只是れ誠を盡す難しと為、苟も誠の盡し難きことを知るときは、則ち必ず忠信を以て主と為ざること能はず、(「語孟字義」忠信、第三条)

仁斎にあって、人の道は知り難いものではなく、恕を行うことで仁を得る営みも知り難いものではない。だが、仁は誠であることなしには仁としての意味を失う。誠であるとはまったく虚飾のない真実無偽であり、これがむずかしいのである。

仁斎は、尽くし難い誠に近づく方法を「忠信を主とす」であるという。誠であることも、直接的に意志し得ることではない。彼は、この忠信について、次のように述べている。

蓋し物に接はるの間、欺むかず詐はらず、十分眞實、堅く執つて回らざる、之れを忠信と謂ふ、(童上三十八)

忠信とは、他者と接するうえでの「十分眞實」な態度である。忠信の説明として、これで十分に理解可能とはいえないが、いまは、誠を求める方法として忠信が位置していることだけをみておく。

仁斎は、仁を求める仕方が恕ないし忠恕であり、誠を求める仕方が忠信であるとしているが、仁と誠を求める方法はこれで尽きてはいない。彼は、道を求め、仁と誠を求める方法をさらにいくつもあげている。ここでは、仁斎が、道を求め徳を修めるための方法として、恕と忠信を核心的な位置に据えた置いたことをみておけば足りる。

五、「聖賢仁義礼智の徳を論ずる、本躰よりして言ふ者有り、修為よりして言ふ者有り」

これまで、仁斎における仁の概念を検討し、仁を求める方法を明らかにした。ここで改めて考えなくてはならないことは、彼における仁の概念は、人が求めて修めるものに尽きないことである。仁斎は、次のように述べている。

聖賢仁義礼智の徳を論ずる、本躰よりして言ふ者有り、修為よりして言ふ者有り、(中略)本躰と云ふ者は、即ち徳の本然、天下古今の達徳を謂ふ、脩為と云ふ者は、乃ち人能く仁義礼智の徳を修めて、而して其の身に有するを指して言ふ、(「語孟字義」仁義礼智、第四条)

仁斎は、仁義礼智の徳に「本躰」と「修為」の別があるという。仁義礼智と述べている仁と義礼智の関係については後にみる。仁に「修為」と「本躰」の別があるとすれば、これまでみてきた仁の概念は修為としての仁であったことになる。

そして、「修為」とは別の「本躰」としての仁は、「徳の本然、天下古今の達徳」のことである。それは、空間的には「天下」の全体にわたり、時間的には「古今」にわたってあるものである。仁がそれ自身としてあるものだということは、次の言葉に明確である。

蓋し仁義礼智は、天下の達徳、故に之を本躰と謂ふ、聖人學者をして此に由つて之を行はしむ、修為を待つて而る後有るに非ず、忠信敬恕は、力行の要、人工夫を用ふる上に就て名を立つ、本然の徳に非す、故に之を修為と謂ふ、（『語孟字義』忠信、第五条）

「本然」「本躰」の徳である仁義礼智は、天下全体に古今にわたって、人が実現することをまたず、それ自身としてある。他方、修為は、本然の徳に「由つて」おこなうのである。仁義礼智を求める修為としての「忠信敬恕」は、本然としての仁義礼智を前提として可能なのである。

仁斎にあって、仁義礼智が天下全体に古今にわたってあることが、人の仁を求める営みにとって重要な前提である。この本然の徳としての仁義礼智とはいかなるものであろうか。

六、「萬古の前も此の如く、萬古の後も亦此の如し」

仁斎にあって、「本然の徳」があることは、天下全体に古今にわたり、人々が相互に関係をとり結び、秩序をなしていること、つまり、人倫があり、道徳があることを意味している。仁斎は、次のように述べている。

天下共に通行する所、之を達道と謂ふ、君臣父子夫婦昆弟朋友の倫、是れのみ、天下共に尊ぶ所、之を達徳と謂ふ、仁義礼智、是れのみ、此れ天下の同じく然る所にして、人心に根ざし、風俗に存して、萬世磨滅することを得ず、此れ之れを本然の徳と謂ふ、（童中七十二）

ここには、人々が「君臣父子夫婦昆弟朋友の倫」という一定の社会秩序をなしており、そのことと表裏して、「仁義礼智」という「本然の徳」のあることが語られている。なお、「孝弟忠信」を本然の徳をも含めているが、本然の徳は第一義的には仁義礼智である。孝弟忠信は、それ自体が本然の徳ではないが、本然の徳の本をなしている点で、本然の徳に含まれているのであろう。

ともあれ、ここにいう道は、人々が一定の社会的関係を一定の秩序において形成していることを示しており、仁義礼智の徳はそうした秩序の内容を示している。以下、そのことを仁斎の述べるところにしたがって、確認していこう。仁斎によると、人々は、さまざまな社会的関係をそれぞれにふさわしい秩序を形作りつつ存在している。そうしたあり方は、人が人であることと不可分に結びついている、永遠不変なあり方である。

天地の間、唯一の實理のみ、更に奇特無し、生民有て自り以來、君臣有り、父子有り、夫婦有り、昆弟有り、朋友有り、相親しみ相愛し、相従ひ、相聚まり、善き者は以て善と為し、悪しき者は以て悪と為し、是なる者は是と為し、非なる者は非と為し、萬古の前も此の如く、萬古の後も亦此の如し、（童上八）

人々のとり結ぶ社会的関係を、ここにあげる五つの種類に限定することに含まれる問題は、別に検討すべきことである。ここでは、仁斎が、人々が常にさまざまな社会的関係をとり結び、人倫の道徳を実現しているとみていることをみておけばよい。

仁斎は、この人々の取り結ぶ社会的関係の秩序つまり人倫の道の内実を、愛にほかならないとして、次のように述べている。

仁の徳為る大なり、然れども一言以て之を蔽ふ、曰く、愛のみ、君臣に在ては之を義と謂ひ、父子には之を親と謂ひ、夫婦には之を別と謂ひ、兄弟には之を叙と謂ひ、朋友には之を信と謂ふ、皆愛自り出づ、(童上三十九)

人々のとり結ぶ関係である君臣父子夫婦兄弟朋友を成り立たせる義親別叙信の内実は、仁の徳であり、愛である。仁の徳が、義親別叙信の道を成り立たせるとすれば、それを道といってよいことになる。実際、仁斎は、「仁義は固とに道の全體」(童上六十)というように、仁義を道であるとしている。

仁愛は、人々のとり結ぶそれぞれの関係をそれぞれとして成り立たせる徳であり、人倫の道である。そしてこの人倫の道は、さまざまな様相をなすにしても、同じく愛によって成り立つ、愛の諸相である。

このように、愛を内容とする道徳が、さまざまに異なる社会的関係を成り立たせることになる事情について、仁斎は、仁義を並称することによって、次のように述べている。

君子の天下に於けるや、仁のみ、愛は其の周きを欲して、分つとき則ち必ず差等有り、其の周きは仁なり、差等有るは義なり、見つ可し、仁中自ら義有て存することを、故に君子仁を曰へば自ら義の在る有り、義を曰へば自ら仁の在る有り、仁有て義無ければ道に非ず、義有て仁無ければ徳に非ず、(「孟子古義」盡心上、第四十五章、原漢文、「孟子古義」からの引用は、「林景范写本」に拠る)

仁斎にあって、仁とは愛をあらゆる他者に及ぼすことであるが、また、その愛は人と人との異なる関係に応じて異なった様相を呈するものである。義とは人が相手に応じて異なる仕方で愛することである。仁はこのような義無くしては仁たり得ず、義は仁無くしては義たり得ない。仁と義とは、相互にいずれを欠いても意味をなさないのである。このことは、人倫の道が、愛を内容とすることにおいて仁であり、その愛がさまざまな関係において異なる様相をもつことにおいて義であることを意味している。仁義は、人が異なる他者に対してそれぞれにふさわしく愛を表現する態度である。

仁義と義親別叙信は、道の異なる位相を示している。義親別叙信は、人と人とがとり結ぶさまざまな関係に即してそれらを成り立たせるそれぞれの様相として、道を個別的に指示している。仁義は、個々のそれぞれの関係に即してではなく、道を愛の異なった様相であることを指示している。

道を仁義とする方向で、仁斎の考えていることを、もう少しみることとしよう。彼は、仁義だけでなく、また、仁義礼智を道であるとも述べている。

道とは何ぞ、仁なり、義なり、礼なり、智なり、（童上九）

仁斎にあって、礼智は、仁義に対して派生的位置にある。礼智について、彼は、「童子問」で「仁義の孔孟道統の宗旨為る者は何ぞや」という問いを立てて、仁義の意義を説明した後に、次のように述べている。

智とは斯二者を知りて去らざる、是れなり、礼とは斯の二者を節文する、是れなり、皆仁（義）の推なり、（童中六、原文は「仁之推」となっているが「仁義之推」と解してよいであろう）

智は、仁義を自覚的に実施すること、礼は仁義を修飾して表現することである。道の基本的な内容は、愛の差別的様相としての仁義であるが、さらに自覚的かつ客体的表現としての意味をもつのである。

仁義礼智は、愛の差別的様相である人倫の道を、具体的に表現する主体的態度ないし働きの意味で捉えた概念であるということができよう。

そうであるとして、改めて問題となるのは、仁義礼智が、一方で、本然の徳として天下古今にあるにもかかわらず、他方で、修為によって実現を求める対象であるという、両者の関係である。

仁斎にあって、人々の求める道徳はすでに現実化しており、すでに現実化している道徳を人々が修為において実現するのである。問題は、道徳がすでに現実化しているにもかかわらず、人々はいかにしてその道徳を再び現実化する修為に向かうのかという点にある。

この問題について考える上で、あらかじめ述べておきたいことは、仁斎における道徳の概念には、分析的にみると、三つの位相のあることである。

第一の位相は、人々の存在とともにある、よるべき規準としての道徳である。第二の位相は、よるべき規準を孔子が教として立てたことによって明示されてある道徳である。第三のものは、孔子の立教によって人々が実行し具体化している道徳である。

仁斎は、孔子の立教以後の世界に生きているのであるから、彼のみているのは、第二、第三の位相の道徳である。だが、彼は、道徳の概念を思索するとき、第一の位相の道徳を念頭に置いている。

七、「仁義を行ふに非ず、仁義に由て行ふ

仁斎は、道の概念を思索して、次のように説明する。

道は、猶を路のごとし、人の往来する所以なり、故に陰陽交運る、之を天道と謂ふ、剛柔相須ひる、之を地道と謂ふ、仁義相行はるる、之を人道と謂ふ、皆往来の義に取る、又曰く、道は、犹を途のごとし、此れに由るときは則ち行くことを得、此れに由らざるときは則ち行くことを得ず、所謂何ぞ斯の道に由ること莫きや、及び道とは須臾も離る可からずと、是れなり、盖し此れに由るときは則ち行くことを得るの義に取る、惟其の以て往来するに足るを以て、故に此れに由つて行かざることを得ず、二義有りと雖も、實は一理なり、（「語孟字義」道、第一条）

仁斎にあって、道は、人倫の道であり、人間関係を成り立たせるものである。人間関係は、愛の行き交いとしての相互関係としてあるから、それを成り立たせる道を「人の往来」する場であるとするのは適合的な具象である。だが、道を「由つて」行くものとすることは、道を具象的に表現するだけではない。それは、道の内容を深く方向づけている。

道は、人が「由つて」行くものだというときには、道はそこにあるものである。仁義礼智を徳であるとともに道と解する仁斎にあって、仁義礼智は「本然の徳」として、そこにあるものである。

語に曰く、徳に據る、中庸に曰く、微の顕ることを知つて、與に徳に入る可しと、是れ等の徳の字、皆道の字の意有り、便ち仁義礼智の徳を指して言ふ、其の據の字入の字を観て見つ可し、（『語孟字義』徳、第二条）

徳について「據る」「入る」と表現するのは、そこにあるものだからだというのが、ここにいう趣旨である。だが、道徳が天下古今にあるとは、事物が存在するのと同様にそこにあるということではない。

道徳は、人が人であることにおいて、それに「由る」べき規準として、そこにある。そうであるが故に、人は道徳そのものを行うことはない。仁斎は、『孟子』離婁下の「仁義を行ふに非ず、仁義に由て行ふ」ということばを繰返して引用する。それは、彼が、道を「由つて」行くと定義したことと呼応している。

道徳とは、それによって人のなすべき営みを定める規準としてあり、人はその規準によって定まる営みを行うのである。仁斎は、道徳の「由る」べき規準としての意味を「本然」「本体」といい、その規準によって定まる人のなすべき営みを「修為」と呼んだのである。

道徳は、よるべき規準であり、修為はこの規準にもとづいて定まる、人のなすべき営みである。修為は、直接的に道徳を実行することではないが、道徳に由って定まるところの道徳を実現する営みなのである。

このようにみると、本体・本然としてある道徳を人が修為において求める事情が明らかになる。だが、道徳と修為とはいかに関連するのか、そもそもよるべき規準としてあるという道徳とはいかにしてそうあるのかといった、より立ち入った事情が、改めて明らかにすべきことである。

八、「特に堯舜を祖述し文武を憲章し」

道徳が天下古今にあるものであることを、仁斎は、次のように述べている。

道とは、人倫日用當に行ふべきの路、教を待つて後有るに非ず、亦矯揉して能く然るに非ず、皆自然にして然り、四方八隅遐陬の陋蛮貊の蠢たるに至るまで、自から君臣父子夫婦昆弟朋友の倫有らずといふこと莫く、亦親義別叙信の道有らずといふこと莫し、萬世の上も此の若く、萬世の下も亦此の若し、(『語孟字義』道、第二条)

夫れ天地に充滿し、古今に貫徹し、自から磨滅せざるの至理有る、此れを仁義礼智の道と為、又此れを仁義礼智の徳と為、(『語孟字義』學、第二条)

仁斎にあって、人倫の道、仁義礼智の道徳は「自然」に、「教」にも「矯揉」にもよらず「有る」。それは、道徳が人々に本質的に結びついている、よるべき規準としてあることを示している。だが、このことは、道徳が、必ずしも常に十全なありようにおいてあることを意味しない。というのも、彼にあって、道はそれ自体として自身を現実化する力や働きを持たないからである。

道は至れり大なり、固とに論を待たず、然れども人をして聖為り賢為らしむること能はず、所謂道人を弘むるに非ず、是れなり、其の人をして聖為り賢為らしめ、来學を開きて太平を致す所以の者は、皆教の功なり、所謂人能く道を弘むと云ふ、是れなり、（童上十三）

仁斎にあって、道はよるべき規準としてあるとしても、それ自身が人に実行を促す力をもたない。人々が道徳を現実化するのは、「教」の成果である。孔子の立教は、由るべき規準としての道徳を示し、それによって人々がなすべき営みとしての修為をも示した。この修為によって、人々は道徳を求め実現する。「人能く道を弘む」ことになる。仁斎における道徳の現実化には、孔子の立教が決定的に重要な意義をもつ。この孔子の立教とは、次のようなことである。

知り易く行ひ易く平正親切なる者は、是れ便ち堯舜の道にして、孔子立教の本原、論語の宗旨なり、昔し孔子古今を旁観し群聖を歴選し、特に堯舜を祖述し文武を憲章し、夫の知り難く行ひ難く、磅礴広大、窺ひ測るべからざる説を殫く黜けて、其の知り易く行ひ易く萬世不易の道を立てて以て生民の極と為す、之れを門人に傳へ之れを後世に詔ぐ、（童上五）

ここにいう核心は、道とは堯舜の道であり、その道を孔子が祖述して教を立て、後世に伝えたという点である。孔子は、諸聖人の道を広く見わたして、堯舜の道を選んで祖述した。それは、「其の中庸の極に造つて萬世の標準為るべき者は、唯だ堯舜のみ」（童下五十一）というように、堯舜の道が「萬世の標準為るべき者」、よるべき規準だからである。

「祖述」とはどういうことか。「童子問」の欄外訂正に次のようにある。

唐虞の時教法未だ詳らかならず、其の行ふ所、仁義に非ざる莫くして、未だ仁義の目非ず、（童中三）

よるべき規準としての道徳は、堯舜の道として堯舜の治世において実現していた。しかし、そこでは、仁義や君臣父子夫婦兄弟朋友の倫という名目があったわけではない。また、それをよるべき規準として、人々が実行すべき営みを立てていたわけでもない。

堯舜の治世に実現していた事態を、仁義礼智の道徳や義親別叙信の道という名目を立て、それに由って修為としての忠信敬恕の類を明示したことが、「堯舜を祖述し文武を憲章し」た孔子の立教である。孔子の立教は、堯舜・文武の実現していた道を、人の由るべき規準として確定し、具体的に名を与えて分節化するとともに、それを実行する方法を明確化することであった。孔子の立教は、道徳とそのための方法の言語的な自覚である。

もっとも、例えば、仁義と連称し、仁義礼智とまとめて語ったのは孟子であり、孔子ではない。仁斎の語る孔子の立教の内容は、「論語」にもとづくだけでなく、さらに「孟子」にも負うている。彼は、「孟子」が「論語」を正しく補完するものとした。彼は、「孟子の書、又、論語に亜ぎて孔子の旨を発明する者なり」（童上五）といい、「孟子」を「論語の義疏なり」（同前）というのである。

むろん、孔子の立教とそれを記載する「論語」の功績は至上である。堯舜・文武の道は、孔子の立教とそれを記載する「論語」によって、人々が由ってなすべき営みを知り行うことができるに至ったからである。

それだけではない。仁斎によると、孔子と「論語」における教は、現にその教化を及ぼし続けている。彼は、そのことを、次のように述べている。

大凡天下の君臣父子夫婦昆弟朋友、親しく夫子の書を讀み夫子の教に服せずと雖ども、然れども夫人《ひとびと》仁義を善し忠孝を崇む、君臣父子夫婦昆弟朋友の倫を失はざる者は、夫れ誰れが力ぞや、夫子の道、肌膚に浹《あまね》く骨躰に淪み、永く冥々の中に行るゝに非ざれば、豈に能く然らんや、（童下五十）

仁斎にあって、孔子の立教によって道徳が人々の由って行い得るものとなり、現に道徳を尊重し実行し続けているのである。この意味で、孔子の立教は極めて重要なのである。

だが、孔子がそもそも堯舜の道を選択した理由は、「知り易く行ひ易く萬世不易の理」であることにあった。道徳は、ただ孔子の立教によってだけ、天下古今に妥当しているのではない。孔子の選択した道徳が、人の知り易く行い易いものであったが故に、普遍的に妥当し得るのである。

このことは、道徳と修為が、そして、これらを分節化して明示している孔子の立教、具体的には「論語」「孟子」の教が、人々の日常的に行為実践する事柄であることを意味している。「論語」「孟子」の教が日常性をもつことを、「童子問」は、問者の問いかけのうちに「日用の要典」（童上二）であると表現している。仁斎にあって、道徳と修為が「日用」のこととしてあることは、十分に注目しておくべきことである。

道徳は、孔子の教なくしては、現にあるようにはあり得ない。他面、人々が道徳に「由って」行うことによってあり得るのでもある。道徳は、孔子の立教にもとづいて、道徳に「由つて」なす人々の修為に支えられている。このような道徳のありかたを、人々の修為のあり方の理解に立ち戻って、もう少しみることとしよう。

九、「聖人の道は、性を離れて獨り立つに非ず、性より出づと謂ふに非ず

修為は、人々のなす営みとしては「学問」である。仁斎は、すぐにふれる「拡充」について「所謂拡充存養と云ふ者は即ち教に非ずして何ぞ」（童上十二）といい、「所謂充、所謂養、即ち學問を以て言ふ」（「語孟字義」学、第二条）という。道徳を求める営みとしての学問は、人の生まれつきとしての「性」が道徳への志向性をもつこと、つまり「善」であることにおいて成り立つ。仁斎は、道徳と性との関係を、次のように述べている。

中庸には言ふ、聖人の道は初より吾が性の自然に循ふて相離れず、（中略）苟しくも人の性に循ふて離れざるときは、則ち道為り、性に循はずして獨り行ふときは則ち道に非ず、故に曰く、性に率ふ之れを道と謂ふ、言ふこころは聖人の道は、性を離れて獨り立つに非ず、性より出づと謂ふに非ず、（童上十四）

仁斎にあって、道徳は性に適合している。というより、人の性に適合していないものは道徳ではない。しかし、「性より出づと謂ふに非ず」というように、道徳は、もっぱら性における道徳への志向性に尽きるものではない。人における「性の善」つまり生まれつきの道徳への志向性は、道徳の現実化にとって不十分であり、そこに、道徳に求め至る修為のなくてならない理由がある。

人の性善なりと雖も、然れども之を充てざれば、以て父母に事ふるに足らず、則ち性の善恃む可からず、而して

學問の功、最も廃す可からず、（『語孟字義』学、第二条）

仁斎は、個己における性の有限性を明確に述べている。これが修為としての学問の必要な理由であり、それによって、個己の有限性を越えて充実した愛、さらには、あらゆる人々に対する愛としての仁徳を求めるのである。この修為としての学問のもっとも典型的なものが「擴充」である。拡充について、仁斎は、次のように述べている。

孟子の曰く、人皆忍びざる所有り、之を其の忍ぶ所に達するは仁なり、人皆為ざる所有り、之を其の為る所に達するは義なり、所謂忍びざる所為ざる所の者は、即ち惻隠羞悪の心なり、達と云ふ者は、即ち擴充の謂、盖し謂らく、惻隠羞悪の心を、至らざる所無く通ぜざる所無からしむ、（『語孟字義』四端の心、第二条）

拡充とは、例えば、惻隠としての愛の心を充実しあらゆる他者へと拡大していく営みであり、そのことによって仁に至ることである。この場合、拡充は、はじめは惻隠の心を抱き得なかったものに対して惻隠の心を抱き得るようにすることである。

これは、仁の徳を形成する方法であり、先にみた恕や忠信による修為の内実を明らかにしている。仁斎にあって、拡充は、惻隠、羞悪、辞譲、是非の心という人々に生まれつき備わっている心を、修為によって、仁義礼智の徳にまで充実拡大することである。このとき、修為として、忠信敬恕の類が核心となっている。

ここで改めて確認しておきたいことは、修為としての学問が、一方では、性の有限性を前提としながらも、他方では、性の善を前提とすることである。人には道徳への志向性が確固としてあることを、仁斎は、次のように述べている。

善教有りと雖ども、然れども人の性をし不善ならしめば、則ち道と扞格して入らず、何ぞ益あらん、惟だ其れ善なり、故に善を視ては則ち悦び、不善を視ては則ち嫉む、君子を見るときは則ち貴む、小人を見ては則ち賎しむ、盗賊の至つて不仁なる者と雖ども、亦然らざるなし、是れ教の由りて入る所以なり、蛮貊無教の邦、叔季絶學の世と雖ども、人皆化して鬼と為り魃と為らざる者は、性の善なるが故なり、(童上十六)

仁斎にあって、悪人であっても、また、孔子の立教の恩恵に浴さない野蛮な地域にあっても、人である限り、道徳への志向性を有するのである。

一〇、「學とは、效なり、覺なり」

仁斎にあって、よるべき規準としての道徳は、人々の生まれつきのうちにある道徳への志向性に根ざしている。だが、仁斎の道徳についての理解の独自性は、ここにはない。人々のうちに生来のこととして道徳への志向性を認める点では、性に善への全面的可能性を認める朱子学と大きく異なるものではない。

朱子学と対比した場合、仁斎における道徳の独自性は、孔子の立教によって、人々が道徳とそのための方法を知り、それ故に、現に道徳が現実化しているところにある。それは、孔子の明示した道徳とそのための方法が、学問の内容をなしていることを意味する。仁斎にあって、学問の内容は孔子の教としてあり、次のようなものである。

語に云ふ、子四を以て教ゆ、文行忠信、此れ孔門の定法にして初學道に入るの規矩、萬世學者違ふことを得ず、文とは詩書六藝是れのみ、行とは孝悌礼讓是れのみ、己を盡くす之れを忠と謂ひ、人と實有る之れを信と謂ふ、（童上十九）

孔子の課した学問をみると、「文」とは、孔子自身が学んだ「詩書六藝」であり、文献にとどまるのではなく、礼楽などの行為的な技芸であり、実践性を多分に含んでいる。ただし、この「文」は、仁斎の想定する学問に向かう人々においては、「論語」「孟子」と代替してよいものであろう。「孝悌礼讓」は、「孝悌」は「仁の本」（「論語古義」学而）であり、「礼讓」は「讓」と同義（童中五十三）であるから「辞讓」と重なっている。仁義の本となる愛と讓のこころである。忠信はすでにみたように孔子の指示する学問の核心である。

このようにみると、仁斎における学問の構造が明らかになってくる。人は、生まれつきもつ愛や讓の心を充実拡大することで仁義の道徳を実現するのだということを知りつつ、その具体的方法として忠信を核心的な行為として実行するのである。

愛や讓の心を直接的に充実拡大することではなく、さしあたり人々みなにある愛や讓の心を充実拡大する方法として、忠信敬恕の類の修為を実行するのである。仁斎は、このことを、仁義に「由つて」行うのであり、仁義を行うのではないと解しているのである。

このような学問は、修為の実行、つまり「徳行」（童上三十、四十）を内容とする。そして、仁斎における学問の定義は、その学問の特徴的な性格をあらわしている。彼は、学問の定義を、次のように述べている。

學とは、效なり、覺なり、效法する所有つて覺悟するなり、按ずるに古の學の字は、即ち今の效の字、故に朱子集註に曰く、學の言為る、效なり、白虎通に曰く、學は覺なり、知らざる所を覺悟するなり、學の字の訓、此の二義を兼ねて、而る後其の義始めて全し、所謂效とは、猶を書を學ぶ者初は只法帖に臨摹し、其の筆意點畫に效ふことを得るがごとし、所謂覺とは、猶を書を學ぶこと既に久ふして而る後自から古人筆を用ふるの妙を覺悟するがごとし、一義の能く盡す所に非ず、（『語孟字義』学、第一条）

仁斎にあって、学問とは、「效法」という模範に習って熟達する行の後に、「覚悟」という深い知に至るというように、二つの段階からなっている。学問は、行における熟達の後に知に至るという構造をもつのである。

極妙は一當に如かず、學者當に悟門の自ら開くを竢つべし、亦我自り之れを開發すること勿かれ、眞積み力むること久しくして怡然として理順ひ、渙然として氷釋く、之れを悟門自ら開くと謂ふ、永く己の有と為りて終身失はず、盖し實德の到る所にして專ら智見を事とする者の得て及ぶ所に非ず、正に之れを實智と謂ふ、吾が所謂上達とは此の如し、（童中六十）

これは、修為による道徳の実現が、道徳を自らに深く悟り知ってわがものとすることを可能とするあり方を示している。修為の実行は、孔子の教にならうことであり、教にならうことに熟達して悟りが開けるという、この構造は、「效法する所有つて覺悟する」という学問の定義にそのまま対応している。

この修為としての学問が、問題を内包していることは明らかである。問題は、道徳に至ることを求める学問が、道徳に至り得た悟りにおいて成就するというところにある。

「實德」があって「實智」が得られるという。「徳は仁義禮智の総名」(『語孟字義』徳、第一条)という定義からして、仁の徳の有るものが仁の徳を実に知り、悟ることができる。そうであれば、仁の徳を得ていないものは、仁の徳を実に知らない故に、仁の徳を求めないことになるのではないか。そもそも、悟りにおいて道徳に求め至る学問が成就するのであれば、道徳は「知り易く行ひ易く萬世不易の理」としての「萬世の標準」であるといえないのではないか。仁斎は、人々が道徳に求め至る学問の困難さについて、十分に意識的であった。次に、このことをめぐる事情について、みることとする。

一一、「積疑の下、大悟有り。大悟の下、奇特無し。」

仁斎は、仁を知ることの困難さと仁を知る方法について、次のように述べている。

君子慈愛の徳より大なるは莫く、残忍刻薄の心より慼しきは莫し、孔門の仁を以て徳の長と為すは、蓋し此れが為なり、仁の聖門第一字為る所以なり、苟しくも徳を知る者に非ずんば必ず之れを識ること能はず、亦之れを信ずること能はず、視て以て泛然として緊要無しと為して珍重信受することを知らず、必ず別路に随て去り、或ひは高く性命を談じ、或ひは虚静に耽り楽しみ、或ひは仁を以て理と為し性と為し知覚と為して、之れを日用に施すことを知らず、故に夫子罕に仁を言ふ者は、蓋し驟かに徳を知らざる者に告ぐるときは、則ち惟だに其の理を知らざるのみにあらず、必ず弊有るを以てなり、慮からざるべからず、子、惟だ務めて忠信を主とし、論孟を熟讀して實德を求むることを以て心と為ば、久ふして自ら當さに理會すべし、(童上三十九)

仁斎の考えるところ、道徳について、とりわけ、その中核をなす仁について、人々が知って尊重しない傾向をもつのは、人々がそれを「泛然として緊要無し」とするからである。道徳は「日用」のことであるが故に「知り易く行ひ易く」、そのことがかえって、人々が道徳を信じて実行することを遠ざける。

このとき、知り易く行い易い道徳を「珍重信受することを知らず」、実行に向かわなくなる重要な契機は、「日用に施すことを知らず」という、人々における態度である。それは、日常的な行為・実践とは別のこととして道徳を捉える態度である。この態度が、道徳は日用のことであるにもかかわらず、人々を「別路」に向かわせてしまう。

ここには、道徳と修為が知り易く行い易いにしても、それを「珍重信受する」こととは異なるという明確な認識がある。仁斎のいう悟りとは、道徳と修為とを知って実行しているというだけでなく、ここにいう「珍重信受」するあり方のことである。仁斎は、「珍重信受」を得る方法として、次のように述べる。

子惟だ務めて忠信を主とし、論孟を熟読して實德を求むることを以て心と為ば、久しふして自ら當さに理會すべし、(同前)

「忠信を主とす」という道徳を求める修為の実行と、「論語」「孟子」の熟読とによって、「實德」を求める。「實德」が得られて「理會」に至る、つまり修為と道徳を「珍重信受する」ことになる。してみると、修為の実行と論孟の熟読という「實德」を求める営み自体は、「珍重信受」ではない懐疑を抱いて、持続的になされるのである。しかも、孔子の立教にもとづく道徳と修為は、日常的な行為・実践のなかにあり、「理會」「珍重信受」してのちにも、人々の営みの内容に差異があるわけではない。

仁斎は、こうした学問の事情を、次のように述べている。

積疑の下大悟有り。大悟の下奇特無し。夙に興き夜に寐ね。夏は葛冬は裘。君は君たり。臣は臣たり。夫は夫たり。婦は婦たり。士農工商。各其の業に安んじ。言は忠信行は篤敬。此に従ふの外。更に至理無し。（「仁斎日札」『日本倫理彙編』原漢文、五、一七五頁）

仁斎における学問は、懐疑を抱きながら、営まれることである。それは、道徳を実に知る「實智」「珍重信受」が、道徳の実行そのことのなかで育まれることであり、実行と離れた知によっては得られないことによる。道徳を実に知ることは、困難であり、ただ道徳に由って求める修為という行為・実践のなかでだけ生ずる。そのことを、仁斎は、仁に即して、次のように述べている。

問ふ、仁の識り難き所以の者は何ぞや、曰く、仁を得ること固とに難し、仁の理を識ることに於いては、則ち何の難きことか之れ有らん、但だ學者其の方を失ふて自ら識り難きのみ、蓋し古人の學は専ら徳行を以て本と為、後人の學は先づ窮理を以て主と為、是れ仁の識り難き所以なり、（童上四十）

知り易く行い易い道徳を実に知り、それを得ることは、ただ道徳に由る「徳行」を通してのことなのである。

一二、むすび――「俗の外に道無く、道の外に俗無し」

仁斎にあって、道徳は、人が人であることの固有性にもとづくものであり、人が人である限りにおいて、常に何ほどか現実化していることである。その内容は、人が相互に愛の交通において一定の諸関係をとり結ぶことであり、人々のとり結ぶ一定の諸関係およびそれらの関係を成り立たせる愛の諸様態である。

仁斎は、人が人である限りにおいて現実化している道徳を、孔子が、人の固有性にもとづくことであると確定して、それ言語的に分節化し、道徳とそれを実現する方法を明示したとする。孔子は、道徳を人が人であることの固有のあり方として確定して自覚にもたらし、その実現方法とともに、言語的に開示したのである。

仁斎にあって、孔子以後の人々は、孔子の言語的開示にしたがって、道徳を知り、その実現をなし得る。それが学問である。学問とは、道徳とそれに至る方法を人の人たる固有性として実に知りかつ実行することである。

道徳が愛の交通を核心としており、それに至る方法も人と人との間における行為・実践であるから、学問が人と人との間における行為・実践であることは当然である。そして、学問が孔子の自覚にならうものであることにおいて、その成就は孔子の自覚を追自覚ないし再自覚することとなるだろう。

仁斎は、道徳に求め至る学問の過程を、次のように述べている。

　蓋し學者の道に進む、其の初め學問と日用と扞格齟齬して、相入ること能はず、眞積み力むること久しく自ら得る所有るに及ぶときは、則ち向に之を視て遠しと為る者は今始めて近きことを得、向に之を視て難しと為る者は今始めて易きことを得、漸次に近前して學問に非ざれば楽しまず、學問に非ざれば言はず、愈熟するに及び殆ど布帛菽粟の須臾も離る可からざるが如し、子女臧獲の賎米塩柴薪の細に至るまで、大凡耳目に接り日用に施す者、総て是れ道に非ずといふこと莫し、俗の外に道無く、道の外に俗無し、而して一點の俗氣も亦著け得ず、此れ是れ上達の光景、（童中六十一）

仁斎の述べる学問の熟達していく経過をみると、先の「效法する所有つて覺悟する」という学問の定義を時間的推移で示している観がある。

学問は、人が人である限り常に現前している道徳そのものを変えることではなく、道徳を充実拡大することである。人々が日常的にとり結んでいる愛の交通としての道徳そのものに変化があるわけではない。だが、学問は、道徳に由って道徳を充実拡大する営みの持続の果てに、この道徳こそが人が人としてある固有のあり方であるとの自覚に至る。「俗の外に道無く、道の外に俗無し、而して一點の俗氣も亦著け得ず」という言葉は、道徳が人の人たるあり方であることとして「珍重信受」する自覚に至ったことを証示するものである。

伊藤仁斎は、儒家として、また、彼における儒家としての独自な理解にもとづいて、孔子の立教を思索の中心軸に据えている。だが、仁斎にあって、孔子の立教は、単なる過去の出来事にとどまるものではない。それは、人の人としてのあるべきあり方を明らかにするものであり、後世の人々は、それを自らの生の場で、自らの行為・実践を通して確証していくのである。

現在に生きるわれわれが、孔子の立教という観念を仁斎と共有し得るかというと、問題はある。だが、われわれも、人の人としてのあるべきあり方の観念をもち、それを自らの生の場で確証していくという行き方をとることにおいて、仁斎と異なるところはない。そうであるとすれば、これまで辿ってきた仁愛を人としてのあるべきあり方の中心に据える仁斎の思索は、繰り返し立ち戻って参照するに値する重要な成果であるといえるであろう。

石田梅岩「心を知る」学問と貢献

清水正之

はじめに　石田梅岩と、近世徳川時代の「学問のすすめ」

石田梅岩（貞享二年―延享元年、一六八五―一七四四）の思想を、貢献という観点からふりかえる。本論では、その代表作である『都鄙問答』を中心に、他の著作にもふれるという形で彼の思想における「貢献」という問題を見ていきたい。この『都鄙問答』は、儒教的教養が広まった近世中期の思想世界のなかでの「学問のすすめ」ともいうべき書物である。梅岩流の「学問のすすめ」は、近代の福沢諭吉のそれと比較してみることも可能ならば、近世に一般化した儒学、とくに朱子学・性理学との連関という位相から、あくまでも時代に限定して考察することもできるだろう。だが、日本における〈貢献〉の思想を考えるという広範なテーマからは、近世思想史との連関、近現代的視点との連関のどちらも無視することはできないだろう。商人と近代市民、それぞれその対象は異なるが、人々の日常的生と広義の学問的修養との関係、それをつうじての社会への寄与ないし〈貢献〉、という共通の問題が横たわっているからである。

本論に先立って、梅岩の思想に少し先取りする形で立ち入っておきたい。梅岩の、「商人ノ道」の主張、すなわち、商人は社会的職分遂行という点では武士に劣るものではないという考え方、商人の蓄えた富の「主人」は商人個人ではなく「天下ノ人々」であるという見方、相場によって売値を上下させることは「天ノナス所」であって「商人ノ私」ではなく、正当な利益をあげ「職分」を勉めるなら天下に有用である（「定マリノ利ヲ得テ職分ヲ勉レバ」「自ズカラ天下ノ用ヲナス」）という公共観、等々にはそれだけをとりあげても石田梅岩の思想に沿うかたちで、貢献をみてとることができるだろう。その貢献に先立つものとして梅岩は、商人個々の「学問」を通した自己の修養が必要であると主張する。商人の徳目として梅岩は「倹約」や「正直」を重視する。「正直」については、相手に正直と信頼されることで、相互に打ち解けた「善者」としての関係が成立するのだが、その意味は「学問ノ力」がなくては分からない、それゆえ商人には学問が必要だというのだ。

梅岩の思想は、彼自身がそうであったような商家に仕える階層・人々、あるいは商家の主人であるものへの公開の講釈、あるいは問答という形をとった教えとして始まった。その後、その教えは、門人の手島堵庵（一七一八―八六）、その弟子中島道二（一七二五―一八〇三）らに引き継がれる。この思想的実践的運動の流れは、いわゆる「心学」運動として知られている。それは江戸期だけでなく、明治期をへて現在まで連綿とつづいている。石田梅岩自身の行ったと伝わる救貧活動、その後の心学派の同様な救貧・救荒活動もまた思想の貢献という側面を浮かび上がらせる。

なお「心学」という呼称は、石田梅岩自身の命名によるものではない。この点は、少し留意しておくべきことである。それが一般化したのは、京都の豪商であった手島堵庵が、梅岩の「性」という概念を「本心」といいかえて、この学問を「心学」と称するようになってからといわれる。

一　石田梅岩の時代

石田梅岩の時代は、彼に先立ち、あるいは同時代の人として、町人階級出身、あるいは町人階級出身ではないが町人の心性に共感を寄せる思想家や創作家がすでに多くでていた。『町人嚢』を著した西川如見[☆1]（一六四八―一七二四）、町人の心性や生き方を活写した文芸や演劇で活躍した井原西鶴（一六四二―一六九三）、近松門左衛門（一六五三―一七二四）等。あるいは儒家としては、自身が商人の出自である儒学・古学派の伊藤仁斎（一六二七―一七〇五）、その子伊藤東涯（一六七〇―一七三六）。江戸ではその半生から、民情に通じ儒教の脱構築的言説で一世を風靡した荻生徂徠（一六六六―一七二八）、国学では大阪の町に隠棲した僧契沖（一六四〇―一七〇一）、浜松の神官の出である賀茂真淵（一六九七―一七六九）らをあげることができよう。

『都鄙問答』のなかに、「姫路近辺ニモ内福ニテ田地高モ多ク持チタル者ナドハ、学問ヲ致サセ候處」という当時の雰囲気にふれた問答があり、当時の学問の農民等への一般化を背景に、学問をすると人柄が悪くなっていく、という危惧を対話者が表明している場面がある（『都鄙問答』巻一、石田梅岩全集上三五頁）[☆2]。学問が武士から農商の身分にもひろがっていく時代でもある。梅岩の生きた時代には、享保年間がはいる。享保年間は、思想史的には直前での、徂徠らの反重商主義的政策（農本主義）が重視された時代のあと、ふたたび重商主義的な流れになった時期でもある。梅岩以降は、本居宣長ら、江戸中期から後期にかけて農商階級の思想家が輩出することになる。

一般にいわれる「心学」（宋学でいう性理論ないし心学と区別して石門心学と称される）の創始者とされる石田梅岩を貢献という視点から見るなら、こうした時代に、商人層に、自らの存在意義・職分の意義をあらためて認識させ、その主体をささえる学問を、開放的で実践的な学という形で普及させ、それに導いたこと、そのことで石門心学という庶民的学派とその実践活動（主体の形成から窮民の救済等の社会的活動にまでひろがる）を作り出したことにある、とまずはいえるだろう。

これまでにも、近代的市民社会に通じる町人哲学、正直と倹約の経済倫理の近代的意味等々、石田梅岩の思想については、さまざまに語られ、議論されてきた。従来の多様な梅岩思想をめぐる評言は、それだけでも、石田梅岩という存在がもつ「貢献」への意義を示唆しているといえる。ここでは、そうした研究史や歴史をふまえつつ、あらためてその思想を倫理学的な検討のもとにおき、「貢献」という言葉が梅岩の思想の何にふさわしく、何を示唆するかということを考えてみることとしたい。すでに自明にも見えることも、別な視点からあらためて見ていくこととしたい。

二　梅岩評価の変遷

梅岩の思想自体に容易にとらえがたい面があるが、それとはまた別の理由として梅岩の評価が、近代になって時代の状況のなかで、その状況を反映して変遷してきたということがある。梅岩は、短期間のうちに、ときに忘れ去られ、ときに思い出されるということをくりかえしてきた。

見方の変遷という点では、戦後という狭い期間に限ってであるが、梅岩研究者、石川謙の見方を引いておこう。一九六八年の時点での石川は、「終戦後十カ年あまりにわたる心学攻撃、心学排斥の風潮とちがって、最近十カ年ほどは、再評価の傾向が擡頭して参りました[☆3]」といっている。

☆1　長崎出身。朱子学を南部草寿に学ぶ。他方で天文暦算の研究をおこなう。日本と中国の「水土」の違いを論じた『日本水土考』あるいは『町人嚢』『百姓嚢』などで町人（工商）、農民の生き方を論じる。「町人に生れて其みちを楽まんと思はば、まず町人の品位をわきまへ、町人の町人たる理を知てのち、其心を正し、其身をおさむべし」（『町人嚢』）など、梅岩的な思想に通じるものがある。「正直質素」「倹約」があるべき理であった。如見は「文学をもつて」世を渡る「今時の学者」を「士農工商の業を」をしない「遊民」と断じている（『百姓嚢』）。

☆2　『都鄙問答』「播州ノ人学問ノ事ヲ問ノ段」、石田梅岩全集（清文堂出版、一九七二）上巻、三五頁。以下、引用は「全集上三五」と表記する。

ここでいう「再評価」の中でも特に知られるのが、一九五七年に出版されたロバート・ベラーの『徳川時代の宗教』である。日本の近代化がなぜ成功したのかという思想的源泉を、近世の宗教倫理の内にさぐったこの著作では、石田梅岩はとくにその商業観にみる倫理思想に光が当てられた。そこに日本の近代化の内発性が看取されるとされたのである。

その後も、いわゆる庶民思想の関心と評価のなかで、梅岩へのまなざしも遷移した。

近年では、さらに別の視点が加わってくる。まずは東アジアのなかでの、いわば「商人道」ともいうべきものの日本的形成への関心である。東アジアの経済活動が国境をこえて活発化していく中での、問題意識である。梅岩に関心を持つ中韓、そして欧米の研究者もふえた。より理論的には、東アジア思想史研究の活発化と深化のなかで、梅岩と新儒学、宋学、さらには陽明学等との関係に新たな光が当てられている。いまのところその方向性に必ずしもまとまりはなく、先鋭な研究の最前線では、さまざまな動向がある。かつての、近代化論的視点とは別のまなざしが石田にむかう時機が来たことが反映している。

ここでの視点〈貢献〉は、似通った用語である〈献身〉とは、異なるというべきであろう。石田梅岩はその思想の構造の中で、献身の道徳が特に強調する「無私」につうじた議論をなしてはいる。たとえば、己が「欲心」を制御することをとく。しかしまた聖人ならざるものは賢人でも私欲をもつ。ましてわれわれ「常人」は欲心を完璧には制御できない。しかしまたそれゆえに「教え」によるなら、欲心をいだく常人たるものが、最低限「刑罰」をまぬがれる常人でいるか、より積極的には聖人の教えにかなう「善人」となりうるという（『斉家論』全集上二一一）。私的欲望は、自己とりわけ商人的自己の活動性の根拠とされることで、梅岩思想の全体的な思想構造の中では、単純な滅私奉公的な献身を決して説いてはいないということができる。

他方、士農工商の身分制度において、それぞれの職分という形で自己のなすべきことをいわば義務とおさえ、その外形的広がり、すなわち家ないし家政でのはたらき、天下のもとでの職分の意味、さらには宇宙というべき広がりの中で、自己の道徳的機能を重視する教えは、比喩的にいえばきわめて〈強い〉主体の創造を説いており、献身よりは貢献という言葉がふさわしいだろう。しかし、そのことを深く理解するためには、〈自我〉のみならず、梅岩的貢献が前提とする〈他者〉の有り様の把握等が、問題にされねばならない。

三　梅岩倫理思想の問題

ところで、石田梅岩の思想は一見通俗的とみえる。しかしその内実に一歩立ち入ると、その思想の概略の紹介や人生の外形的な事実から全てが理解できるような単純なものではないことが分かる。独学という思想形成に関わろうが、広く近世の儒教的（その中心であった朱子学的）思想ないし教養を土台としつつ、仏教や日本の古典を引用するそのスタイルにみられるように、既成の儒教の学派に立つという意識に乏しいことも梅岩思想を理解するときに留意する必要がある。にもかかわらず、たしかに哲学的であり思想としての骨格をもったものというべきである。

その思想は、ある部分で存在論的であり、またある部分で認識論でもあるという様相を持つが、その最も顕著な特徴は、実践的な〈指図《さしず》〉的な命題をふくむ応用倫理的側面をつよくもち、それが重要な位置を占めるところにある。日本の近世思想の流れの中を念頭に置いたとき、商人階級の自己肯定的な思想という流れにおくだけでは、石田梅岩の思想は容易に見えにくいものがある。その意味で、扱いが易しくはない思想家の一人である。

☆3　石川謙『石田梅岩と『都鄙問答』』岩波新書、一九六八年、一九五頁。この文章の載る「附録」はこの時点での内外の石田梅岩研究のよき総覧となっている。

その思想を概略的にとらえるまえに、梅岩のとらえ難さに関わることをいくつか摘記しておきたい。最初に指摘しておきたいことは、上でふれたように、梅岩が強い〈指図的《さしずてき》〉言語を発する思想家であることである。元来近世日本思想は、時代特有の道徳性を有している。その道徳的教説は、世俗の倫理を主張し、超越的価値と世俗との異質さを論じ、自らを世俗の教説であるとする傾向が強い。近世思想全体の反仏的傾向とも関わっていよう。いうまでもなくそれは梅岩自身も自らをそのながれにおく儒教思想一般の特徴であり、それが近世の傾向をつくっているともいえるのだが、なかでも石田にはそれらが強く出ている。それとともに仏教的ないし神道的教説からも摂取しており、また、世俗的でありつつ不可知なるものへのまなざしを保有している。

（一）しかしまたその指図的言語の〈指図性〉には、二つの側面がある。その議論は、つねに原理性にもどりながら、他方で日常卑近の状況、個人の境遇に関与し、その解法を指図する。『石田先生語録』等では、しばしば梅岩は、その問答において対話者の私的事情や家族関係に立ち入り言及し、解法を示す。その際の語り口の指図的な言語の力には、原理性への志向と個的状況への内在的な介入という二方向のつよい緊迫した関係が併存する。この意味での梅岩思想は〈決疑論〉的な性格をもつが、その点をどうとらえるか、という難しさである。

（二）梅岩は「心を知る」「性を知る」ことを学の枢要とすることを強調する。心を立てることは、「向上」ないし修養をめざすというその思想と連関する。だがそれは、単なる世間の受け入れでない主体的な個人をつくるものであり、その修養論は、単に内面の完成という閉じた意味にとどまらない。自分の行動に責任をもち社会を形成する自立した強い個人の確立をめざすものである。☆4 同時に、そこでの問題として「心」のとらえかたということがある。ときに、それは実体ともみえる心であるとともに、他方で機能ともいえる心でもある。梅岩自身の言葉によれば、心の「体と用」との関係ということとなる。しかし、悟る「心」の強調は、心の本体とどのように関わるのか等、けっして簡単ではない。梅岩は心は「言句ヲ以テ」伝えられるものではないと強調する（『都鄙問答』全集上四〇）。後に「本心」という概念が弟子によって付け加えられたと上でふれたが、梅岩に即したとき、心の背後にさらに「本心」という、実体的概念をたてることで梅岩の真意とできるか、難しい問題がのこる。

（三）自立した個人をめざすといっても、多くの研究や批評が指摘するように、梅岩の思想は、他方で、身分制社会の現実をそのまま受容するものである。天命として四民の身分を「士農工商共ニ、我家業ニテ足ルコトヲ知ルベシ」（『都鄙問答』全集上三七）と受容する。しかし、他方で、単に生活世界に受容的に即することを強調するのではなく、主体的に生活世界を形成していくという視点が梅岩にあり、それが梅岩の特徴の一つであるともいえる。この点でも、後に弟子たちは「心学」と自らを称することとなるが、弟子筋の心学、心の修養と、本来の梅岩的な社会観、またそこでの〈貢献〉との間には、いささか溝があるようにみえる。しかしまたその溝は梅岩自身が内包していたものともいえるように思われる。

（四）梅岩は自らの学問を、「儒学」（かつ朱子学の学統）であると規定する。他方で、仏教・神道をも同じ真理のあらわれと梅岩はみており、またそのことを強調する。信仰的な位相でのシンクレティズムと、自らの学問やその立ち位置をあくまでも儒学のなかに位置づけるありかたとの関係は単純ではない。

（五）この折衷的思想的態度は、彼の説くところの経験的あるいは世俗的な知識と、他方で、かれが一貫して維持している認識的な不可知論との関係ともおそらく連なっている。彼の世俗の倫理の強調は、他方で、超越的価値との関わりを強く示唆する。近世思想が一般に持つ超越的価値との距離感に上でふれたが、梅岩思想の位相は、その流れの中においても考察に値する問題をはらんでいる。神道への信仰を維持しながら、神はなにごとかの願望を祈るべき対象ではないという超越的存在のとらえかたなど、近世世俗主義と信仰との関係、たとえばそれは、地獄極楽を否定する

☆4 「我を立てる」という主張、あるいは自らの説く善は「善悪対々の善」すなわち相対的な善ではない、という主張等に、状況追随的でも他者指向的でもない自我のたてかたがうかがわれる等（後述）。

る近世前期の思想傾向、あるいは後の本居宣長の、神に祈ることは意味がない、とする神道の受け止め方などとも関係した射程を持つ問題でもある。

さしあたって梅岩思想をとらえがたくしている諸点であるとおもわれるものを挙げた。修養の問題にしても、信仰上のシンクレティズムにしても、梅岩をこえて、近世思想のみならず日本の思想、思想史の根幹に関わるものである。そうした日本の文化、思想の一現象としてもというべき梅岩のあり方を念頭に置きつつ、あらためて石田梅岩に向かってみよう。

四　梅岩の生涯と思想

(一) 梅岩の生涯―『都鄙問答』が書かれるまで

『石田先生事蹟』等の伝記に添って必要なことをまとめておこう。梅岩は五代将軍綱吉治世の貞享二年九月に、丹波桑田郡東懸村、今の京都亀岡の山間の村に、先祖を武士とする石田権右衛門とたねの次男として生まれた。十一歳で京都の奉公にでた。最初の奉公がどのような商家であったのか分明ではないと伝記研究ではいう。一端故郷に帰ったが、二十三歳の時再び京都に出て上京の商家黒柳家に奉公した。黒柳家は呉服商であったといわれる。しかし奉公の当初から商人を志してはいなかったという。その本来の希望は神道の布教にあったというのが、『石田先生事蹟』に記すところである。少しの暇を見つけては、書物に親しんだという。どのような書物を読んだかは『都鄙問答』等に出てくる書籍である程度うかがわれる。儒教の古典、仏教書、『徒然草』等の日本古典と多彩だが、当時盛んだった伊藤仁斎の古学派、伊藤東涯との実際的交渉、あるいは神道の教派・教義との交渉は分明ではない。

『都鄙問答』等に描かれたことからわかることは、三十五歳くらいまで自分でははっきりとしたと思っていた「人性」への確信が、揺らいだということである。『都鄙問答』では、「文学」（文章や詞作）は枝葉のこととする梅岩が、対話の相手から、おまえは一体何処で学問をしたのかとその学問の筋目・系譜に疑問をなげかけられ、対話の相手に答える場面がある。自分は変わった教えを説いているわけではないという。

「汝不審ノ所ヲ悟ルベシ。我何方モ師家トモ定メズ、一年或ハ半季聞巡トイヘドモ、我初心ト愚昧ノ病ヨリ、此ゾト心定マラズ、心ニ合ル所モナク、年月コレヲ歎シニ、或所ニ隠遁ノ学者アリ。此人ニ出会物語ノ上、心ノ沙汰ニ及シ所、一言ノ上ニテ先ニハ、早速聞取テ、汝ハ心ヲ知リト思ラメド、未知。学ビシ所雲泥ノ違アリ。毫ノ差千里ノ謬ト成ルベシト云ヘリ」（『都鄙問答』、全集上七一八頁）

特に師匠なくいろいろと巡っていたが、もともと愚昧であった身は、心定まらず長い間そのことを嘆いていた。そのような折、「隠遁ノ学者」にであった。この人物がお前は「心」を知っていない、心を知るかどうかで学びには雲泥の差があるのだ、その小さな差が千里の謬《あやま》りになるのだと、指摘したという。この隠遁者は、『石田先生事蹟』（全集上六二二―三）によれば了雲というものであった。黄檗宗等の知識も持ち、「性理ノ蘊奥ヲ究メ」た人物と紹介されている。

梅岩は、こうして、この人物を師としてなお「工夫」をつづけた。そして四十歳のこと、母親の看病の際に用事があり郷里の家で、扉をでたときに、「忽然トシテ年来ノ疑晴、煙ヲ風ノ散ヨリモ早」く「尭舜ノ道ハ孝弟而巳。魚ハ水ヲ泳、鳥ハ空ヲ飛。」ことを悟り、「二十年来ノ疑ヲ解」いたというのである（全集上六二三）。

以上、その半生については簡略にふれ、商人となったがなおその思想的確立には曲折をたどったということを確認しておきたい。『都鄙問答』や『事蹟』ではここまでだが、『石田先生語録』ではこの悟りと見えたものは、了雲によって退けられ「眼ガ残」っているとされ「性ハ目ナシ」という公案めいたものを了雲から与えられた。さらに一年ほど工夫をかさね、ある日、山から雀の鳴いている声が聞こえ、その時「忽然ト自性見識ノ見ヲ離」れることができたという。『語録』で其時のことを歌に詠んでいる。「呑ミ尽ス心モ今ハ白玉ノ赤子トナリテホギヤノ一音」がその一首である(『石田先生語録』全集上四三八—四三九)。

こうした体験が、朱子学的儒教的用語によりながらも、儒教的であるとともに仏教的な大悟やさとり、さらには言語をこえた身体的知ともいうべきものが重要な位置におかれ、さらに禅的な色彩と晦渋さを、梅岩思想にあたえていることは確かであろう。

その後、商家への奉公をつづけた梅岩は、一七二九年(享保十四年)四十五歳の時、京都車屋町通御池上る東にて、はじめて講席を開いた。講料は無料で、誰でも自由に聴講できたという。また月に三度の月次会を開いた。聴衆は徐々に増えていったという。その教えの広まりの中で、講義をまとめたと思われる『都鄙問答』が整理され校訂されたのは、開講から十年がすぎた元文三年である。翌四年(一七九二)に上梓された。

商人として身を立てようとしたものが、商人階級の教師となった曲折は以上のとおりである。

(二)『都鄙問答』という書から

『都鄙問答』は、疑念のところを問いただす質問者と梅岩自身と目される回答者による問答という形をとった書物である。伊藤仁斎の『童子問』などもそうであるが、知識の感得において、未だ十分には知っていない者を仮定し、すでに知り感得している対話者(師)との問答を通してあらたな段階に達するという形式、それも近世的な形式をとった作品である。全体の到達点はみえるが、日本思想史上の対論的作品の多くそうであるように、問い・答えともに、基礎的な概念の説明からはいり進んだ段階にはいるといった解き方はしてはいないが、梅岩の真髄をよく示す作品である。

四巻にわたる各段の題目からその内容を掲げておこう。

性を知り心を知る学問の要諦、孝行の議論、商人の道、武士の職分、鬼神および信仰、仏道論、性理をめぐる議論、神道論、天地開闢、等々である。内容的に多くを占めるのが、心を知る意味、学問の意味、そして商人の職分である。士農工商のうち、一貫して武士でもなく農民でもなく工でもない、「商」の階層の職分にもっぱら関わった議論をすすめることとなる。主題は、学問論・心の議論から職分という社会的振る舞いの問題、信仰ないし思想のこと、天地をめぐる議論というように、個人、身近な他者から社会そして自然、宇宙へとひろがるが、このひろがりこそに意味があるとみることで、この展開に沿いながら、検討してみよう。

（三）宇宙論的構成──天の与える楽しみ

『都鄙問答』の冒頭は周易の「象伝《たんでん》」からの引用、すなわち「大哉乾元、万物資始。乃統天。雲行雨施。品物流形。乾道変化各正性命也。」（全集上、三頁）で始めている（訳　世界の根元は偉大なものである。すべてのものはそこから生じ、天の秩序はこれにもとづく。雲が流れ雨が降り、あらゆるもののかたちが生ずる。この天の道が変化して、それぞれのものにその本性と生命とを与えるのである。☆5 世界の生成し変化するありかたと、その変化のうちにあって、天

☆5　梅岩の引用がしばしばそうであるように、原典の完璧な引用ではなく、ときに一般的な解釈をあえて自己流に解釈することは、留意する必要がある。この「象伝」からの引用も一部省略を梅岩は行っている。『都鄙問答』の原文の現代語訳を引く場合は、とくに注記しないかぎりは、加藤周一編『富永仲基　石田梅岩』（中公バックス　日本の名著一八）中央公論社、1997年、による。以下、現代語訳はとくに注記しない限り、同書による。

の命じたそれぞれの持ち分をあるべきようにするという、あくまでも可視のうちで経験されるつらなりをとくに取り出そうとしている。但馬城崎の温泉に弟子とともに籠もって執筆したという作品のこの冒頭の易経からの引用は、推敲のなかで付加されたという。

この文章につづく文は梅岩のものである。すなわち「天ノ与ル楽ハ、実面白《げに》キアリサマ哉。何ヲ以テカコレニ加ヘン」（天のつくりだす楽しみは、じつにおもしろいものではありませんか。それ以上つけくわえるものは何もない。）である。天に包まれた万物おのおののありかたが、いわば冷たい法則性としてではなく、天のうちに万物が包まれてある（天ヲ統ブ）光景こそ、加えるもののない楽しみであり「面白キ」ものととらえられているところに、この書の見落とすべきでないひとつの特徴がある。この冒頭は、『都鄙問答』の最後が同じく宇宙開闢論をもっておわることで、合い響きあっている。[☆6] 宇宙の本源、根元による宇宙の統合がまた変化をふくみ、それぞれその「性命」にしたがう個別存在のそのありかたを正すという易の主題からの書き出しは、全体の構造の中で、意味を持つとみることができる。高弟富岡以直は「楽」を「苦楽に関わらない」と解釈しているが、[☆7] 梅岩の付け加えた「天ノ与ル楽シミ」というこの言葉の意味は、さらに全体をみてからあらためて検討しよう。

この冒頭を宇宙論的というのは、言葉の厳密な用法としては、大げさに過ぎようが、このことは、なぜ梅岩が自らの学問を儒教と規定したかと深く関わる。そしてさらに梅岩の宗教的シンクレティズム、認識上の不可知論、言語を超えた悟り的知の性格、等にかかわることである。冒頭で「学問のすすめ」ということをいった。福沢諭吉が、「天は人の上に人を造らず」という形でおさえようとした、世界の動態と天との連関の問題に通じるものとして宇宙論的とおさえておきたい。宇宙論的天に囲繞された自然、そして人間の存在へと梅岩のまなざしは連なっていく。そうした位相にある人間のあり方に定位することから「向上」がありえ、「職分」のもつ意義も出てくるのである。

（四）都と鄙

『都鄙問答』という書名にこもる〈都と田舎〉という対比はどのような意味をもつのであろうか。

「ソノ性ト言ハ人ヨリ禽獣草木マデ、天ニ受得テ以テ生ズル理ナリ。去年ノ式ノ行ルヽヲ見テ今年ヲ知リ、昨日ノ事ヲ見テ今日ヲ知ル。コレ即所謂故ヲ見テ、天下ノ性ヲ知ト言所ナリ。性ヲ知ル時は、五常五倫ノ道ハ其中ニ備レリ」（全集上四）

易経を引いた序につづく冒頭の問答は、「故郷ノ者」が発する、小学等を講じ門人を集めている梅岩への非難めいた問いからはじまる。答える者は、鄙（田舎）から都市にでてきて学問を説いている者、すなわち梅岩自身である。田舎からの訪問者の問いは、素養がなく、教養がないはずなのに学問を説いている梅岩にむかう。

対話者は、梅岩が聖人の道でなく「異端」を説いているのではないかと疑う「或学者」の意見を紹介しつつ、梅岩が「私意ヲ以テ教ヲ立」てているのではないかという危惧を伝える。その要点は、梅岩が「性ヲ知ノ心」と「向上」の論議をしているが、そもそも「性ヲ知ル」とは古の聖人賢人のなすことであるはずだ。梅岩が悟りに至ったというのは本当なのか、梅岩には「文学」（学問・学芸）の知識がないではないか、「山賊強盗」の類ではないかと非難し、彼に田舎へかえることを奨めるのである。

☆6　こうした宇宙論的な書き出しは、『斉家論』の序でも採用している。「天」のなかでのそれぞれの職分としての「性命」、という梅岩の思想的なあり方がうかがわれる。

☆7　全集版に取られた富岡の聞き書き（『典能聞書』）による。

ここでの「鄙」なる場所は、人間の活発な流通の場所ではない。流通のなかで職分が他者との関係として理解される都のような場所ではない。「鄙」「在所」は、ひとりの口を糊することで、積極的な他者との関与がなくても生きられる場所である。問う者はその鄙へ帰ることをすすめる。食べていくことは出来るというのだが（口を養う）鄙は梅岩自身が向上という方向の中で、振り捨てなければならない場所であったと言えるだろう。しかしまた梅岩の大悟が、故郷にもどっているときのことであったことも考慮する必要があろう。都と鄙は、近代的な意味での都会とムラという一方向の図式と同質とはいいがたい。

（五）　性を知り心を知る

梅岩はこうした問いかけへの反論という問答体形式のなかで、その思想の全体的な〈結構〉を提示している。なぜ人に教えをなすのか、について答えている。その核心は「性を知る」である。人は煖衣飽食、逸居するのみで「教」がないなら、禽獣にひとしい。聖人は、父子・君臣・夫婦・長幼・朋友のそれぞれに親・義・別・序・信があるべきだとする「五倫」をもって教えを立てた孟子の語句を梅岩は引き、五倫をよく実践することを「学問ノの功」とするという。またまた『論語』の「学而篇」より「本ヲ務コトヲ多ク」することを重んじているという文を、「人倫ノ大原」は「天ニ出テ、仁義礼智ノ良心ヨリナス」ものだと解釈する。性を知ることが学問の出発点であることは、このながれを踏まえ、孟子が学問の道は外にあるのでもなく「放心ヲ求ムル[☆8]」のみといったことによるのである。「性ヲ知ルトキハ五常五倫ノ道ハ其中ニ備レリ」というべきである。

「（中庸にいうとおり）天命之謂性率性之謂道、性ヲ知ラズシテ、性ニ率コトハ得ラルベキニアラズ。性ヲ知ルヲ学問ノ初メト云。然ルヲ心性ノ沙汰ヲ除、外ニ至極ノ学問有コトヲ知ラズ。万事ハ皆心ヨリナス。心ハ身ノ主ナリ、主

ナキ身トナラバ、山野ニ捨死人ニ同ジ。其主ヲ知ラスル教ナルヲ、異端ト言ハ如何ナルコトゾヤ」（全集『石田梅岩全集』上五五）

「心は性情を統ぶ」と心をもって本来的な「性」と気質に依拠する「情」を統合するという朱子学的な基礎概念に沿いながら、梅岩流の解釈をくわえていく。性は「人ヨリ禽獣草木マデ」が「天ニ受得テ以テ生ズル理」である。そしてその性を知る時は、五倫五常の道は「ソノ中ニ備レリ」ということが梅岩の議論の核心である。宋学・性理学からみれば、心と性との間をとびこえ、「性」を知ることと「心」を知るしることが比較的容易につながる流通することに特徴があることになるだろう。性にしても心にしても、後に見るように、宋学・性理学の問題と絡んでいるので、軽々には断じることが出来ないが、議論のあるところであろう。後に手島堵庵が心を知ることをを「本心を知る」ことだと解したとされるが、この解が梅岩の真意をくみ取ったものであるか否か、理解は容易ではない。ここでは、梅岩の理解の核心に関わる問題のひとつとしてふれておく。

ともあれ、「性ヲ知ルハ学問ノ綱領ナリ」「心ヲ知ルヲ学問ノ初メトイ云」というように、心を確立することが「至極ノ学問」であるというのが確信に満ちた梅岩の弁明である。

なお、批判者の批判には梅岩が「文学」（文章詩作）に通じていない「文字に疎きもの」ということがあった。この答えは、「常躰ノ者」は文学には至れないことは認めつつ、「家業忙、記憶薄キ者多ケレバナリ」という常人のためには「行ヲ本」とするべきであるとして、文学、文字のことは「枝葉」であるという。最前にふれた、自らの悟りま

☆8　「放心」について　心得て安んじる、というような意味で梅岩は使用している。巻三で、対話者から「放心」といったり「無心」といったり、心のとらえ方がゆれているではないか、という批判を受けている。梅岩の答えは天のこころに帰ることだが、天は他方では無心である、と答えている。

での難渋した経緯はここでふれられている。

人が「孝悌忠信」のほかないことを「会得」するには文字によるのではない「修行」によるのである。梅岩の意図は、こうした一身の修養が「職分」における義務の貫徹に意味があることであり、さらには、その修養は「学問」という方法をとらねばならない、と説くことにあるのは明白である。修養は、学問によってのみ、方向性と完成への道をあたえられるということであう。そもそも修養をもって人生の目的とする思想はいろいろな形であったし、今もある。それが学問という形を経ることの意味をもつとき、一個人の学問のこころざしが社会的職分という形での貢献と結びつくことを説いたところにこそ梅岩の意図はあるといえる。

ところで梅岩においても「心ヲ知」ることは、しかしそれ自体はけっして安楽なことではない。心を知ろうとすることは、人にかえって苦をもたらすことになる、ととらえられている。にもかかわらず、多忙な「常人」、とりわけ商いに従事している「常人」が、なぜ学問にとりたてて向かわねばならないのか。

(六) 学と行い

学問では知るとともに「行い」(実践)の重要さが再三説かれる。行いにむかうことがどのような事態をよぶかということであった。

「身ニ行ザレバ賢人ニアラズ。知ル心ハ一ナレドモ、力ト功トハ違アリ。聖賢ハ力強クシテ功アリ。中庸ニ所謂、安ンジテ行ナフ聖人ナリ。利シテ行フハ賢人ナリ(「中庸」二十章)ト云コレナリ。我等如キハ力弱シテ功ナシ。或ハ勉強シテ行フ是ナリ。然レドモ心ヲ知ルユヘニ、行ハレザルコトヲ困。困トイヘドモ行ヒオホセテ、功ヲナスニ及デハ一ナリ」(全集上九)一四聖賢ではない人は力弱して功なきものである。行すなわち心を知ることは安逸をもたらさない。むしろ苦しみをもたらすのである。しかし、大切なことは、苦しみながら行うゆえに不義にならないということである。行いはとは、農みんな朝早くから農にでて、夕方星をみるまで作業し、春秋に労し年貢を出し、父母を養いよこしまなことをしないなどである。この外形的な行いこそが、心の安楽であるという。行うことにともなう苦しみは、年貢が不足するなら自らの苦しみとなることと同じだと梅岩はいう。果たすべき義務をはたせない呵責に苦しめられるからである。

このように行いが簡単なことではないのは、そもそも人にあって、「道心」と「人心」が争うという事態をまぬがれがたいからである。したがってまずは「知テ行ヒニ至ル」こと、知ることを先立てる方がはやいというのである。「心ヲ知ル」とは、普通の人が、学というかたちに踏み込むための手にしやすい最初の階梯であることとなろう。

梅岩のいう「行ヒ」はあくまでも職分として、また職分のなかでの家での行いとなる。その意味での職分論であることは先ず第一にあげなくてはならない。ついで、商人については、商家の家政の問題に連なる。それを通して、主体性をもった主体となる。主体とは職分をふまえた主体である。

学問は職分の持つ普遍性への確信に支えられていると梅岩はいう。教えの道は人倫を明らかにするのみであり、この教えは、「敵」に向かっても同様に説かれるべきものである。

「学問ノ道ハ、第一ニ身ヲ敬ミ、義ヲ以テ君ヲ貴、仁愛ヲ以テ父母ニ事、信ヲ以テ交リ、広人ヲ愍、功アレドモ不伐、衣類諸道具等ニ至マデ、約ヲ守テ美麗ヲナサズ、家業ニモ疎ラズ、財宝ハ入ヲ量テ出コトヲ知リ、法ヲ守テ家ヲ治ム学問ノ道有増カクノ如シ」(全集上三六)

道徳としての孝もまた家業・職分論として解かれる。梅岩の「孝」の強調も職分と関係する。たとえば、父母が盗みをするなら、内証にとどめることがこれが「真実ノ心ヨリノコト」である。「心ヲ知ル時ハ孝ノ道ヲソコナハズ、父母ノ悪事ヲモ止メ、父母ヲ道ニ向シム。又道アル父母ナラバ、心自ラ合ベシ。」という事態となり、これこそが「是学問ノ力ナリ」（全集下三六―三七頁）等といっている。

職分のなかで各自が果たすべきことは、孔子のいう「天命」に通じるものである。孔子の考え方を「時ノ天命ニ安ジ玉フ」と理解し、「コレヲ法トシテ士農工商共ニ、我家業ニテ足コトヲ知ルベシ」と「家業」「職分」と連関させるのである。

梅岩の職分論には、近世的な限界があることは、さまざまに指摘されるとおりである。身分制の桎梏は、梅岩の議論に明らかに反映している。たとえば、武士の職分は特別なものであると説きつつ、そのことを、慎重にも梅岩は、書物で知ったことであるが、と断っていうようなところに現れている。

（七）学の目的

梅岩の体系では、「聖人」はその最終目的にされていない。聖人という存在は、「天地万物ヲ以テ心トシタマフ心」存在だが、小人がの意識的に達することができるものではない。「心ヲ知ル」ことは小人でも可能であるが、しかしその完成したかたちである聖人の本質は、口伝では無理であり、それぞれが会得という形をとるしかない。心を「体」としてみても、「用」としてみてもいえることである。

学のもたらすものを比喩的に語った部分を引く。「聖人」のはたらきは「四海ノ水」が大船をうかべ万人をやしない、「賢人」は大河の水であって一国を養うものだが、小人は小川のみずが五町か七町の田地をうるおすくらいのものである。しかし「世ヲ助ル上ニハ違アレドモ、漸ニシテ四海ニ到トキハ一ナリ」「学テ止ザル時ハ終ニハ聖賢ニ到テ一ナリ」という境地に達することができる。常人としての「我等ガゴトキハ、欲ル心ヲ抑悪ヲ懲シ困デ勉レバ、漸ニシテ至ルヽコトヲ知ル所ナリ」というべきであるほどのものである。「天地万物ヲ以テ心トシ玉フ」聖人の境地とはことなるといえども、常人なりに達することはあるのである。聖人のありようは口伝では伝達不能であり、それぞれが会得するしかない。不可能とはいえだがしかし決して隠れてはいない真実である。

梅岩は、文字詞章にこだわる学者を「文字芸者」と非難する。書を教えるだけでは儒者ではない、身を濡らすのが儒者であると解して。「性ヲ知テ身ヲ濡ヲ儒者ト云」「性理ニクラキ者ハ、朱子ノ所謂、記誦詞章ノ俗儒ニシテ真儒ニアラズ」「心ヲ求得テ教ハ真儒ナリ」（以上、全集上四〇―四一）とさまざまに規定している。梅岩の学問は、いわゆる儒教・朱子学の哲学史を描こうとはしていいなない。しかし、その学統は、あくまで儒でなければならなかった。

五　商人と学問の意義

職分を通しての貢献という主張は、明治に訳された『西国立志編』（自助論）をはじめ、立身をとくものにおいて普遍的であり、ヴァリエーションは多くはないといえるだろう。洋の東西を問わず、その根拠をいわゆる世知におき、精神的な向上をとき、人格形成の意味を論じ、利益としての金銭にはものとしてではなくは人格的意味があるであるとすることなどである。おおくは有機的社会観を表明し、社会への「有為」性ということの意義が説かれる等々である。よって立つ立場は、緩やかな功利主義というべきものである。

では石田梅岩においてはどうであろうか。まずいえることは、その主張はいわゆる立身出世とはやや様相が異なるといえよう。普通の生活を普通におくること、そしてその生活のなかにあらわれる人格的なるものを尊重する。梅岩は孔子の高弟子貢が商人の出であること、子貢を弟子とした孔子であれ孟子であれ「禄」をうけていたことを指摘する（全集上七七—七八）。儒学の学統にある者と自覚する梅岩は「儒者は政に従者《したがふもの》なり」という。儒学の学統を学ぶ商人もまた「政」に参与している。では、商人として儒者の教えに従うものとしての社会的意味とはなにか。
「商人ノ道」においてなにを「主」とすべきか。「一銭一銭」をかさねていく商人の営利活動について梅岩はいう。

「富ヲナスハ商人ノ道。富ノ主ハ天下ノ人々ナリ。主ノ心ト同キユヘニ我一銭ヲ惜ム心ヲ推テ、売物ニ念ヲ入レ少シモ麁相《ソソウ》ニセズシテ売渡サバ、買人ノ心モ初ハ金銀惜シト思ヘドモ、代物ノ能ヲ以テ、ソノ惜ム心自ラ止ムベシ。惜ム心ヲ止善ニ化スルノ外アランヤ。」（全集上三三）

商人のもとに富が蓄積しても　欲心がなく一銭を惜しむようにすれば（「欲心ナクシテ一銭ノ費ヲ惜ミ」）天下の公の倹約にかない、天命にも適って万民が幸福になる（「天下公ノ倹約ニモカナヒ、天命ニ合フテ福ヲ得ベシ。福ヲ得テ万民ノ心ヲ安ンズルナレバ、天下ノ百姓トイフモノニテ、常ニ天下大平ヲ祈ルニハ同ジ。且御法ヲ守リ我身ヲ敬ムベシ。」）この局面でこそ、「聖人ノ道」を知り学ぶことが重要となる。聖人の道を知ることで、不義の金銀となりかねないものが、繁栄に通じるのである。[☆9]

相場についても同様である。商人は、相場をふまえ商品の値を上下させる。相場をふまえ、それに対応することも、天のなすところであって「商人ノ私」ではない。（「高時ハ強気ニナリ、下ル時ハ弱気ニナル。是ハ天ノナス所商人ノ私ニアラズ。天下ノ御定モ物ノ外ハ時々ニクルヒアリ」「日々相場ニ狂ヒアリ。此公ヲ欠テ私ノ成ベキコトニアラズ」（全集上八一）。商人の職分は農工のそれとは明白に異なる。商人が皆農工となってしまっては、「財宝ヲ通ス者ナクシテ、万民ノ難儀トナラン」という状態になるだろう。

以上のように、梅岩における〈貢献〉は職分として果たされる。しかもそれによって「公」、「天下」と梅岩が呼ぶところの公益にかなうことである。商人はその職分を通して「君ヲ相《タスク》ルハ四民ノ職分ナリ」というように政治の秩序を支えるかたちで統治に参与することである。職分をとおして「産業」に関わる万民にそれぞれの貢献があり（「天下万民産業ナクシテ何ヲ以テ立ツベキヤ。そのなかでの商人の売利も「天下御免《ゴメン》シノ禄ナリ」というべきである。職分が「天下」に対して持つ意味は、国制・制度のことなる他の社会すなわち「日本唐土」のどちらにおいても通用する普遍的なものである。

商人という存在への承認を強く主張することは梅岩思想の強いモチーフの一つである。商人はたしかに四民の底辺におかれる。しかし「何以テ商人計リヲ賤メ嫌フ」（以上、全集上八二頁）のであろうか。士農工からはずして商人が商人としての禄を受けることのみを「欲心」というのであろうか。自分は、商人に「商人ノ道」あることを教えるのである。商人が商人の道にしたがうことで、天下に貢献していることを自得することが、まさに商人にむけ教えを立て、商人が学ぶる意義なのである、というのが梅岩の自負であった。

六　梅岩思想の展開

（一）人間性と人知の限界

梅岩思想をすこし広い視野におくために最後に二つのことにふれておきたい。

☆9　「商人トイフトモ聖人ノ道ヲ不知ハ、同金銀ヲ設ケナガラ不義ノ金銀ヲ設ケ、子孫ノ絶ユル理ニ至ルベシ。実ニ子孫ヲ愛セバ、道ヲ学テ栄ルコトヲ致スベシ」（全集上三三頁）

近年、東アジアの梅岩研究がさかんになっている。二つの流れがある。ひとつは東アジアにおいての商人の位置づけという現代的問題との関係が梅岩の「商人ノ道」に即してとわれている。商人道という梅岩の主張とそれを可能にした日本近世の思想的なあり方が、東アジアの儒教的世界のなかで特異であるということからきている。しかし、その研究はなお緒に就いたものであるにすぎない。今後の展開が待たれるところである。「貢献」の意味が一層グローバル化する事態のなかで、この問題は考えていかねばならないだろう。もう一つの側面は、東アジアの思想史・哲学史のなかでの梅岩の意味である。近年、東アジアでの思想研究の交流はきわめて繁くなった。そのなかで、とくに儒教的思想は、日中韓のあいだで、思想理解の交流が盛んになっている。きわめて日本的にみえる石田梅岩も他者からのまなざしのもとにおかれるようになった。梅岩の場合はそうした場面では、宋学、朱子学的理解がとわれる。独学者であっても、その概念形成等に、アジア的な性格を見る視点がなりたつからである。たとえば『性理字義』との関係である。南宋の陳寿北渓による朱子学概念のいわば解説書であるが、その理解が多く梅岩に影響を与えているという指摘がある（ジョン・タッカー）。梅岩の心や性のとらえ方を、宋学・朱子学の性理論との関係から見ていこうという問題意識からきている。他方で、心を知る、性を知るということが、実践と深く結びつく梅岩の思想構造が、朱子学というよりは陽明学的な性格をおびるという指摘はつとになされてきたが、性理論との関係をさぐる議論は、むしろ宋学・朱子学的な流れに梅岩をおこうとするのである。☆10

私自身は、かならずしもこうした思想史上の先祖捜しに意味があるとは思えないという立場である。思想の現実との関わりの志向は、その独学という学問の形成史とあいまって、梅岩独自のかたちをとっていることもたしかである。しかしまた、哲学史的理解のながれにおくことは、一層思想の奥行きをますであろうし、「商人道」を説いた梅岩の修養的な思想のあらためての意義に正面から向かう必要はあるだろうと考えている。

そのうえで、この地域、東アジアの人間理解という問題についてひとことふれておきたい。一つは「性善」という人間のとらえかたである。梅岩はとくに『都鄙問答』において、性善という問題に多くのこだわりを見せている。性善説の擁護は、孟子をもっぱら引きながらも、その本体的な性善を説くよりも、「道心」のみでなく欲にも妨げられる「柔弱」な存在が、不義を好まないという性向とあいまって、そうであればこそ「上達」の目標として善をかかげることで行いの目的がさだまること、そのためには学をとおして、性の善であることを先立って知るほうがよい、というところに眼目があると思われる（全集上一六）。ある種方便的な性善をたてることが、苦しむことで人は不義におちいらない、とする梅岩のとらえ方の根底にあるように思われる。

この点でも、宋学との関係は、最も重要な論点になっている。巻三で宋学との問題を集中的に論じている梅岩は、考証や訓詁と全く無縁だったというわけではないが、恣意的な解釈も散見する。性理を論じた段で、対話者は、梅岩が性理の理論にたつといいながら、疑いをもっているのではないか、という問を発している。梅岩にとっても、ひとつの理論的なポイントであるという自覚がうかがわれる。性を知ることをただちに心を知ることとしてよいか、性を知ることと心を知ることとをどうつなげるか、あるいはまた、理を天命と即座に言い換えて好いのか等、多くの疑問を生じさせるのである。古学を性理の学に雑じらせているのではないか（全集上七〇―七一）という問もたてられている。

これらの諸点、とりわけ、性善説への傾きと独自の理解、性理をもって、心を知るとただちにする独自の理解等は、あらためて宋学・性理学のながれのなかで検討される必要があろうし、東アジア儒教世界の人間理解として、比較考

☆10　日本のみならず、東アジアあるいはアメリカ等の研究者の視点は、『公共的良識人』第二二七号（京都フォーラム、二〇一〇年一〇月一日発行）が、同フォーラム主催の石田梅岩のシンポジウム（『第九七回公共哲学京都フォーラム「公共する人間としての石田梅岩を日中韓で語りあう」二〇一〇年七月二三―二五日開催』）の特集記事を掲載している。論文集として片岡龍・金泰昌編『公共する人間2　石田梅岩――公共商道の志を実践した町人教育者』（東京大学出版会、二〇一一）がある。

察が求められるだろう。☆11

(二) 宗教的習合のこと―知の有り様

梅岩を日本の思想の一現象と見ることができるが、それは彼の宗教的シンクレティズムという特徴からである。それはまた、近世儒教世界のもつ世俗的な傾向と、梅岩自身の不可知の領域への広義の宗教的関り方が関わっている。『都鄙問答』は性理を論ずる巻三、巻四だけでなく、多くの段が、宗教あるいは形而上の問題に関わっている。

その議論はシンクレティズムを明確にするが、それは自覚的な梅岩の態度であった。問はその折衷主義を糺すという趣旨で立てられている。たとえば早くは巻二に神を問う段がある。そこでは、鬼神をとおざけるとする儒教に依っているとする梅岩が、神道をどう見ているかを問うている。梅岩は、世俗的な願望を祈る「手前ノ勝手ヅク」の信仰態度を批判しつつ、「万民ニ隔ナキコソ神」の本来であり、鳥居や社を「賂取リ」(全集上四八)するような神の賤しさを非難し、物質的な願望としてでなく、誠の道に適うものとしての「禱リ《イノ》」は孔子もしていたことを指摘する。そして日本には古来から日本の道があり、それは「手前ノ勝手ヅク」の願ではなく、「心ヲ清浄ニスル為」の神信仰であったとして、神道の意味を説いている。

梅岩の信仰への態度は、まさに「汝神ハ一列ノ如クニ云ヘルハ、如何ナルコトゾ」(全集上四八)と非難に値するものである。日本の神の道の意義、そして儒学の異質さを梅岩は答える。「天地陰陽ノ神」が万物をつかさどるが、それが日本ではすなわち伊弉諾尊と伊弉冉尊より始まったということである。我が国では、天皇は宗廟の神を尊び、下では万民が参宮するが、唐土では、祭礼は天子が司り、万民は祭らない。日本と唐土ではその点が異なるが、しかし、初穂をささげることは唐土でもおこなわれるという共通点はある。そうした違いはあってもこの国では、儒道をもって政に用いてきたのである。こう梅岩は主張する。

若年での禅的なものとの接点もあり、梅岩の思想には禅の雰囲気が濃くある。しかしまた、反仏教的な心性を明白にしてもいる。たとえば殺生戒をやぶることを非難する禅僧を例に取り、「先今朝ヨリ喰フ所ノ米ノ数幾粒ト云コトヲ知レリヤ」（全集上五二）と反問する段がある。大乗のおしえには有情と無情を区別することはないが、儒教によれば万物は「一理」であるとともにそこには「軽重」がある。それゆえ「聖人ノ道ハ、一理渾然タル所ヨリ行ハルヽコトヲ知リ、仏氏モ亦、本来ハ無法ナリト会得」（全集上五五）したなら、そのことは分かるはずである。

仏教は世俗ないし世法を否定することにおいて、受け入れがたい。俗と出家を混雑させてはならないのである。世法は仏法では治めることができない。しかしまた仏教も心の悟りへの階梯を教えるなかで、宗派のちがいはあれ、「無声無臭」を説く、儒教の「無心無念」に通じているのである。しかし儒仏は行いでは異なる。仏教はしばしば慈悲が過剰になることで、政道には不適である。

そもそもこの国では、世法をおさめるため「儒教仏道老子荘子ニ至ルマデ」（全集上一二四）この国のたすけとし、宗廟の神、天照太神宮をもととしつつ、それらを採用してきたのである。

実体としての浄土地獄の非在をとき、反仏的でありつつ、仏教の一定の意味をみとめ、信仰的には神道を尊ぶという梅岩の態度は、つとに前期国学者、あるいは梅岩に先行する上方の町人思想家、くだっては本居宣長等にも通有にみられるものである。商人のもつ世俗性と、神道的なものを中心としたシンクレティズムは、梅岩自身の問題をこえ、

☆11　梅岩は「生質ハ無記」（全集六二）とのべ、生まれつきの性質の存在を否定する。仁斎や徂徠あるいは宣長等に通ずる近世の古学的人間理解を共有するものである。善に向かうことはイデア的な想起でも、朱子学的な本来性への回帰でもなく、経験的なとらえかたといえるだろう。教育・学問の必要性もそこに由来するのであろう。「理」の理解も「乾トモ天トモ道トモ理トモ命トモ性トモ仁トモ云。惣テイヘバ一物ナリ」として「理ト云ハ天地ヨリ人間畜類草木マデ行ルヽ道ソレ〴〵ニ分レ備リタル体ヲ仮ニ名付テ理ト云」（全集上七二―七三）とする。世界の動静を「体用」論に依拠する「動静有テ一ナリ」とする全体論的把握が根底にあるといえるだろう。

ひろく日本の宗教性のとらえ方を考察するとき重要なものとなるだろう。

（三） 知のあり方――全体と個別

少し角度を変えて梅岩における知の様態をとして梅岩をみておこう。
冒頭で『都鄙問答』はその冒頭を宇宙論から始めているといった。巻末で梅岩は、再度天をめぐる議論にふれ宇宙論として巻をとじている。その段は、日本書紀の開闢論を奇っ怪として批判する問への答えである。梅岩はそれに意義があるとして、その本来の「微妙ノ理」は知的にとらえるものではなくそこにこもる意味を受け止めるべきとしている。「開闢ノ理ハ我一身ニモ具」（全集上一八〇）っているのであるともいう。

梅岩の理解は、宇宙とそのなかの万物にいたる動静のグラデーションと不可分である。不可知なる深遠から可視である知や学の対象となりうる手応えある世界とは、一体である。われわれの日常的な個別の世界は、背後にグラデーションをもってひろがる宇宙・天の存在に支えられているのである。生活世界に関わる梅岩の教えと学問は、その動静の全体に包み込まれるかたちで形成される。聖人さえ天地の外をみてまわったわけではないと梅岩はいう。彼の宗教的シンクレティズムもまたこうした不可知論に源泉をもっている。

梅岩にあっては、「一列ニ下々」たる「農工商」に属する商人を対象に、「人ハ全体一箇ノ小天地」として自足的な主体と教え、そのような主体をつくることを各自の課題として教えた。学問を通して自足的な主体たらしめようとすること自体が、梅岩の貢献であったといえるだろう。

おわりに結論　貢献という視点

石田梅岩の学問の流れは、のちに石門心学と称される。そのながれは、またとくに社会的慈善に積極的であった。そのことだけでも〈貢献〉を説き実践する思想潮流としてとりあげるにたるであろう。しかし本稿では、まずは梅岩の思想の構造を中心に検討した。その思想は、それ自体として矛盾や論理的飛躍を含むものである。しかし、人間の「柔弱」たることをみとめつつ、そこから学問を通して、それぞれの個別の状況や生活世界のなかで〈強い主体〉をつくりあげることを教えたこと、そこにこそ梅岩思想に沿ったかたちでの、〈貢献〉をみることができるだろう。彼の『斉家論』から、教師としての自己の姿勢を述べた一文を引いておく。

「兎角一人なりとも多く聞かせたきが我願ひなり。固《もとより》人は性善なれば皆君子の筈なり。然れども聖賢より以下は私欲あり。私欲ある者は常人なり。其中に甚おぼるゝ者は悪人ともなる。此故に教へなくんば有べからず。能《よく》教る時は善人と成。又甚おぼるゝ者も刑罰をのがるゝ常人までには成やすき所なり。是皆性善の徳ならずや。故に孝経小学などを説、其意味を知らせ心を和らげ説候まゝ老若男女共に望あらば、無縁のかた〳〵にても聞るべしと又書付を出せり」（全集下二二〇）

梅岩のめざしたものは、生活世界においてそれぞれがその思想的足場を開いていくことであり、生活世界や社交的世間から受動的に俗気のあふれた世知をくみ取るといった態のものではなかった。むしろ隠遁者の系譜に属するタイプの者が、生活世界を切り開くという思想を説き教化につくしたことの意味を我々は考えるべきであろう。もちろん彼の思想は、商人層という単一の共同性に属する主体に関わっていた。現代の多重的な帰属に生きる我々がそこから何をうることができるかは、別途考察を要しよう。

石田梅岩をよむ（テキスト）

『石田梅岩全集』上下、柴田實篇、清文堂出版、一九八二

『石門心学』日本思想大系四二、岩波書店、一九七一

『富永仲基　石田梅岩』（現代語訳）、加藤周一編、中公バックス日本の名著一八、中央公論社、一九九七

参考文献

『徳川時代の宗教』R・N・ベラー、池田昭訳、岩波文庫、一九九六

『石門心学の経済思想――町人社会の経済と道徳　増補版』竹中靖一著、ミネルヴァ書房、一九八二

『アジアの近代化と宗教』ロバート・N・ベラー、佐々木宏幹訳、一九七五、金花社、一九七五

『企業業倫理とは何か――石田梅岩に学ぶCSRの精神』平田雅彦、PHP新書、二〇〇五年

『石田梅岩』柴田実、人物叢書、吉川弘文館、一九八八

『公共する人間2　石田梅岩――公共商道の志を実践した町人教育者』片岡龍・金泰昌編、東京大学出版会、二〇一一

渋沢栄一における貢献の概念――古典に学び、生きた人

増田正昭

一、はじめに

明治天皇を描いた錦絵の一つに、橋本周延の『飛鳥園遊覧之図』というのがある。江戸時代から今日まで桜の名所である飛鳥山公園の、満開の桜の下に明治天皇が佇立されておられ、遠景である下町には煙を吐いた数本の煙突をもった工場が見えているものである。ドナルド・キーンが明治天皇紀をもとに著した『明治天皇』によると明治九年四月一四日「王子の製紙工場を見学し、飛鳥山で桜を愛でた」とあり、そのときの絵である。この錦絵にあるのは製紙工場で、当時抄紙会社と言われた日本初の洋式製紙工場であり、渋沢栄一の創立したものである。また飛鳥山はいま訪れると、北区飛鳥山博物館、紙の博物館および渋沢資料館の三館が並んでいる。またこの公園の一画はかつては、渋沢栄一の居宅があったところであり、多くの外国要人をホームパーティーに招いた民間外交の場でもあった。

この一枚の絵に描かれた事物、場所からそこに明治の産業・資本主義の発展が凝縮されていることを想起させるものである。その重要な主役を務めたのが、近代日本の「資本主義の父」といわれ、また彼を知るアメリカ人からは「グランド・オールドマン」と敬称された、渋沢栄一であった。

シンボリック・マネージャーとしての渋沢栄一

城山三郎の監訳による『シンボリック・マネージャー』（テレンス・ディール&アラン・ケネディ共著）の解説文に「シンボリック・マネージャーとは決して独裁者的な、あくの強い経営者のことではない。そうした頑固な成功者タイプとは、むしろ異質な面が多い。自ら英雄になること以上に、英雄たちを育て、配置し、ネットワークとして働かせることが、その仕事だからだ。カリスマでは務まらないし、もちろん単数でもできない。彼等はまた、近代経営学に背を向けるのでもない。それは『合理的経営者』に任せ、あるいは『合理的管理者』として処遇した上で、自らは『文化』の強化をめざす役割を荷おうというのである」と記している。ここにこれを引用したのは、まさに渋沢栄一は、現在からみても象徴的（シンボリック）経営者といって違わないものであるからである。渋沢栄一の場合はまさに文化の強化として経営倫理を掲げた。事業経営以外にも、社会事業の先覚者でもあった、彼の活動のあとをトレースしながら、彼の行動のもとになった倫理とは、貢献する心の概念とは、そしてその本にある理念とは何かを考察してみたい。『論語』に「君子は本を務む。本立ちて道生ず」（学而の二）という。渋沢栄一において、この本にある理念とは何であったかを考究してみると、彼がもろもろの社会事業、教育活動、民間外交に当たったとき、すべてが一つの理念から出発したものであったことがわかる。そこにおいてこそ彼がシンボリック・マネージャーと呼ばれるに相応しいと、私には思われるのである。

二、渋沢栄一の生涯

ここで大急ぎで渋沢栄一の人生の跡をたどってみよう。渋沢栄一は一八四一年（天保一一年）二月、現在は埼玉県深谷市の武州血洗島の富農の家に生まれた。栄一の生家は農作のみならず、養蚕のほかに藍染めの原料である藍の栽培や買い付け流通を行なうアグリビジネスをやっており、父の代には相当の成功を収めていた。

幼いころから父の躾で読み書きを習い、長じて先生につき、漢籍の修養を積んでいる。『四書五経』をはじめ、歴史物や小説なども広く読んだものである。傍ら家の仕事に関しても、父の言いつけに従い真面目に取り組んでいた。同時に父に懇請し江戸へ遊学もし海保塾や千葉道場に出入りした。

しかし時の勢いのなかで、また利根川の舟運がもたらす物のみならず情報の影響を受け尊王攘夷思想の洗礼を受け、決起を計画する。それは高崎城を乗っ取り、勢いをかって横浜の夷人居留地を焼き討ちするという無謀なものであった。しかし決行直前、京都の情勢等を見てきた従兄の尾高長七郎の反対で中止し、深谷を離れ京都へ身を隠した。もしこれが実行されていれば、水戸天狗党と同じく幕府に敗れ、処刑されて野辺の露と消え、渋沢栄一の年譜もここで終わっていたかもしれない。

京都へ行ってからの渋沢栄一は、一橋慶喜に仕える。渋沢栄一はこの間名前を渋沢篤太夫と名乗り、一橋家のために歩兵部隊を編成したり、財務を整えたり能吏として手腕を発揮する。ここで、渋沢栄一にとって一大エポックが到来する。それはフランスへの渡航である。フランスのナポレオン三世が開くパリ万博に日本代表として赴く慶喜の弟の徳川昭武の随行に選ばれたのである。渋沢栄一は、この間のヨーロッパで見聞した株式会社、銀行等の実務的知見が後年経済界で活躍する素地になった。この件については後述したい。

ところが渡仏中、慶喜は大政奉還し、時代は明治へと変わる。急遽帰国した渋沢栄一は渡仏中の残務処理を済ますと、旧主慶喜のいる静岡で旧幕臣の生計が成立つよう実質的に日本最初の公募による株式会社『商法会所』を起こし、軌道に乗せる。

一八六九年（明治二年）、明治新政府の民部省にスカウトされ、明治維新後の国家の体制整備に尽力する。この間渋沢篤太郎と称していた。このときの活躍についてはのちに改めて記したい。藩閥政治のなかで、大久保利通等と意見が合わず、四年後に官を辞する。

このあと、渋沢栄一は財界人として或いは社会事業家として真価を発揮するときを迎えるのである。土屋喬雄の『渋沢栄一』によると「渋沢栄一は五〇〇以上の企業経営に携わり、関わった社会事業・非営利事業は六〇〇以上」といわれている。また晩年は四回にわたる渡米や、中国の訪問、私宅へ多くの外国要人を招いての懇談を通して民間外交に努めた。対外関係の悪化する一九三一年(昭和六年)一一月、九二歳で永眠した。

三、渋沢栄一の業績

まず、渋沢栄一の行動の原点を探るために、一橋家に仕官したとき、官途についたとき並びに民間人としての業績を少し詳しく見てみたい。

一橋家家臣時代

高崎城襲撃の決起を中止して、故郷を去った渋沢栄一は、かねて江戸遊学中から知遇を得ていた一橋家の用人平岡円四郎の誘いでその家臣となった。一八六四年(元治元年)二月の頃である。このときの一橋家の状況は、御三卿の一家として名門の当主は、水戸烈公徳川斉昭の七男で英邁の誉れ高い慶喜であった。慶喜は幕末の混乱期、将軍家茂を補佐し禁裏守衛総督の任にあった。一橋家は代々の大名家と異なり譜代の家臣も少なく、領地も一つの城下を中心にまとまっていたのではない。関東に二万石、摂州に一万五千石、泉州に八千石、播州に二万石、備中に三万四千石の計約一〇万石の賄であった。各地には代官がいるが、用人も多くは幕府からの付け人であり、財政上も、兵力的にも脆弱な態勢であった。

そこで渋沢栄一は建議して京都守護職をまっとうする兵力を整えるため各領地へ赴き壮丁を募集し、総数で四五〇人ほど集め歩兵隊を編成した。この間京都では、平岡円四郎が水戸の尊皇派に暗殺されてしまった。次に渋沢栄一が行なったことは、一橋家の財政立て直しのための、殖産興業と藩札発行である。まず播磨等の領地で穫れる米を兵庫の蔵方任せだったのを、直接に灘などの酒蔵元に割高で販売したり、備中で産する硝石、播州の木綿などの増産を奨励した。またその売買の利便性を高めるため一橋の藩札を作ってこれを流通させた。彼の建議・手腕によって一橋家の兵制、財政は大改革が成った。武士が利殖のことを扱うのは卑しいという風潮では、往時の侍にはとてもできないことである。渋沢栄一がこの改革を行ない得たのも、若い頃の藍玉の買付け販売という経験と、天来、経綸の才を豊かにもっていたからであろう。

時代は動く。長州征伐も第一次から第二次へと進み、幕府の威信がいよいよ低下するなかで、一四代将軍家茂が二一歳の若さで急逝する。慶喜の将軍職相続の問題が起こり、渋沢栄一は「徳川幕府はもう保たないであろうから、将軍は他の親藩から継ぐこととし、慶喜はあくまで補佐役であるべしとし、一橋家の基盤を強化するために五〇万石ほどを加増すること」と進言する。しかし慶喜は一五代将軍となり、渋沢栄一も一橋家臣から幕臣となる。勤皇の志士として討幕を志したのが、ついに幕臣となったのである。

このへんの心境について渋沢栄一は自らの伝記を口述筆記させた『雨夜譚』で「一・二年の間にはきっと徳川の幕府は潰れるに相違ない。迂闊にこのまま幕府の家来になって居るときは、別に用いられもせずまた敢えて嫌われもせず、ついに亡国の臣となるに相違ない。ついてはここを去るより仕方ないが、ここは去るにはどうするがよかろうかと、思案に沈んでいた」と述べている。

ここでまた転機が訪れる。一八六六年(慶応二年)も一一月末、用人の原市之進からフランスで開かれる万国博覧会に、将軍慶喜の名代で出席する弟の徳川昭武の随員として渡仏するようにという勧めがあった。原市之進は水戸の出身で藤田東湖の従弟であり藩校の弘道館の教頭を勤めたほどの学者で、人望も厚かった。原市之進は攘夷を唱えていた渋沢栄一が夷狄の国へ渡ることを簡単に引き受けるか懸念していたが、渋沢栄一は同じく『雨夜譚』で「自分がそのときの嬉しさは実に何とも譬うるに物がなかった。自分が心で思ったには、人と云うものは不意に僥倖が来るものだ」と大喜びの様子を記している。フランスへの渡航と滞在については次の章で述べたい。

大蔵省時代

一八六九年(明治二年) 旧幕臣として徳川慶喜のいる静岡から、大隈重信の強い招請によって、已の意に反して官に出仕する。その四年弱の渋沢栄一の八面六臂の活躍は驚くべきものである。明治初期、御一新を皮肉った庶民の狂歌に「上からは　明治などと云うけれど　治まるめい(明)と　下からは読む」という時代、幕府の諸制度を凡て作り変えるという混乱の最中で渋沢栄一が取り組んだものは、

①省務を見直す改正局設置の建議。大隈大蔵大輔はそこを核に業務の整理を進めた。
②全国測量とそのための度量衡改正。
③租税制度の改正。物納から金納への改訂。
④駅逓制度　渋沢が前島密に担当させた。
⑤公債の発行と貨幣制度改定　両から円への切り替え。
⑥銀行条例の制定。
⑦立会略則　株式会社の制度を作成。

⑧廃藩置県に伴う、藩札の引換法の制定。廃藩置県という大変革は、木戸、西郷、大久保等の元勲が牽引したものであるが、その実施のための大問題のひとつに藩札の整理がありこの方針を主導した。これなしには廃藩置県はなし得なかったであろう。

ここに出てくる前島密も幕臣である。福沢諭吉の『痩我慢の説』に勝海舟や榎本武揚が明治政府に仕えたことを批判する件があるが、明治日本の国家の普請に旧幕臣達が果たした役割も大きい。これらの改革を進めれば、当然抵抗勢力との衝突も発生し、藩閥政府のなかで旧幕臣が辣腕を振るうことへの反感もあり、軋轢も免れないものであった。特に各省の年間経費の定額について大久保利通等と意見が合わず、井上馨と計った財政・経済の建白書が入れられず、官を辞することとなった。四年弱のあいだに残したもろもろの改革は二〇〇件と言われる、その量とスピードには驚嘆する。

企業経営者の活動

その後、第一国立銀行の設立にかかわり、総監役に就任するのを皮切りに、民間の経済人として活躍を開始した。このとき一八七三年（明治六年）、渋沢栄一、三三歳の秋であった。第一国立銀行と名乗っているが、いまでいう中央銀行ではなく、株式公募による民間銀行である。その株式募集の文に「夫れ銀行は猶お洪河の如し、其効用得て際限するべからず。然れども其資金の未だ銀行へ集合せざるや、啻に溝澗点滴の水に異ならず」とある。続きはいまの言葉で書くと「豪商の蔵や、庶民の懐に眠っている資金を集めて、交易や生産を盛んにさせよう」という理念を披歴している。

このようにして始めた起業の分野は金融、運輸、紡績、製紙、土木・建築、電気・ガス、化学、造船、倉庫、ホテルなど多岐にわたり、そのほとんどが日本を荷う企業として今日に至っている。その主要な企業を列記すると、みずほ銀行、東京海上、日本郵船、東京ガス、王子製紙、東洋紡、清水建設、日本セメント、アサヒビール、サッポロビール、帝国ホテル、日本経済新聞社などがある。他に田園調布の都市開発事業にも係っている。

「私も王子製紙のOBの一人として、抄紙会社の草創期の歴史を繙いてみると、渋沢栄一が明治七年に会社を起こし、八年に開業したとき最初は外国人技術者に頼っていたのを、彼の甥で書生であった大川平三郎が刻苦勉励し、製紙技術を確立したことなども大変な偉業であったことがわかる」。竹越三叉著の『大川平三郎君伝』の解説に王子製紙の元社長田中文雄が「明治における大川は、戦後におけるソニーの井深大、ホンダの本田宗一郎といった新しい産業技術のパイオニア達に匹敵すると言っても過言ではない」と寄せている。製造業ではその企業ごとに技術確立こそ生命線であり、先人の苦心の跡がある。また他の業種でもそれぞれに創業の苦難を乗り越えてきた歴史があろう。が、本稿はそれを詳述するのが目的ではないので省略する。しかしこのなかで、記しておかねばならないことは、一つに商法会議所(今日の商工会議所)の設立であり、二には証券取引所の設立である。次には多くの企業の展開のなかからその後日本を代表する財界人を輩出したことである。益田孝、大倉喜八郎、古河市兵衛、浅野総一郎、藤山雷太など錚々たる顔ぶれである。

社会事業等への取組み

渋沢栄一が社会事業に取り組む発端となったのは明治七年東京養育院に関わったのが始まりである。それは東京府が所持していた共有金の取締りを大久保一翁府知事から任されたことにある。維新後、東京府が管理しもろもろの公益事業を行なっていた。その一つに東京養育院があり、渋沢栄一は初代院長となり、六〇年間その職責を果たした。養育院は今日では東京都の高齢者施策推進室の所管となって、多くの施設が運営されている。

渋沢栄一の社会事業に対する姿勢を理解すのに次の挨拶がある。「一方に富みがまし繁昌の加はると共に落伍者も亦増加すると云ふことは、避くべからざる自然の道理でございます、故に之に伴ふ社会政策をして、その繁昌に汚点の生ぜぬやうに維持するということを努めねばならぬ、……社会の繁昌、東京市の隆昌を望みますならば、是と同時に斯かる設備を完備させねばならぬと云ふことは、必ず免がるべからざる必然の道理である、即ち窮民の多いのを悦ぶのではなくして、社会の繁昌を悦ぶ、養育院に依って社会の繁昌が擁護せらるるのであると信じまするのでございます」(東京市養育院創立五〇周年記念式の式辞)

渋沢栄一は自由競争下で経済が発展するとともに、また貧富の格差の増加という現実も見据えていた。よっていまでいうセーフティネットの整備ということにも並々ならぬ関心を抱いていたのである。養育院以外にも、多くの各種慈善事業に対しても相談に乗り、具体的に事業の組織化や会計のありかたを支援し、役職も引き受けている。

医療機関の運営支援で関わったものは、日本赤十字社、東京慈恵会、済生会、聖路加病院、結核予防会、癩予防協会、北里研究所など枚挙にいとまがない。

教育関係の取組み

渋沢栄一はまた教育関係でも多くの足跡を残している。明治八年森有礼の私塾「商法講習所」の管理を引き受け、のちに「東京商業高等学校」となる。今日の一橋大学の前身である。また大倉商業学校(現東京経済大学)設立への協力や、その他多くの大学の設立経営に関わっている。渋沢栄一は商人に学問はいらないという当時の風潮に対し、商工業の振興のためには、学問と実際の商工業とを結合し商業教育の充実により商工業者の社会的地位を確立しようとしたのである。

また女子教育にも多く携わり日本女子大、東京女学館、女子英語塾(津田塾大学)などを通し、日本の発展とともに女性の地位の向上を図らんとしたもので、そのためには教育こそ優先すべきものとの考えである。

労働問題への関心

労使関係についても渋沢栄一は先覚者であった。資本主義の黎明期から発展期において労働者の処遇は過酷なものであった。明治一〇年代にすでに工場法の必要を喚起し、整備を唱えている。労働組合に対してもこれを認め、協調すべきであることを説いた。当時の経営者としては異色である。『青淵百話』のなかで明治四〇年に「当来の労働問題」との題で記されている、そこに「社会には、漫りに貧富の懸隔を強制的に引き直さむと希ふ者が無いでもない。けれども、貧富の懸隔は其の程度に於いてこそ相違はあれ、何時の世、如何なる時代にも必ず存在しないといふ訳にはゆかぬものである。勿論国民の全部が悉く富豪になることは望ましいことではあるが、人に賢不肖の別、能不能の差があって、誰も彼も一様に富まんとするが如きは望むべからざる所……。個人の富は即ち国家の富である。個人が富まんと欲するに非ずして、如何でか国家の富を得るべく、国家を富まして自己も栄達せんと欲すればこそ、人々が日夜勉励するのである。其の結果として貧富の懸隔を生ずるものとすれば、そは自然の成り行きであって、人間社会に免れ可からざるやくそくと見て諦めるより外仕方がない。とはいえ、常の其の間の関係を円満ならしめ、両者の調和を計ることに意を用ふることは、識者の一日も欠く可からざる覚悟である」とし、社会問題とか労働問題は法律の力のみで解決できない。人間行為の王道に依ってこそ解決すべきとしている。労働団体の友愛会ができたときも協力し、財界からは裏切り者という目で見られる時期もあった。

民間外交への熱意

もう一つ渋沢栄一の対外交流等の民間外交についての事績も重要である。これについては木村昌人の『渋沢栄一——民間経済外交の創始者』に詳しく述べられている。

渋沢栄一は若き日の渡仏体験により、攘夷の無意味と西洋の文物の優位さをよく理解したのであるが、経済人としての円熟期の六〇歳を超えて初めてアメリカへ渡米した。一九〇二年（明治三五年）のことである。爾来四次にわたり渡米している。このときアメリカで実感したことは、新興国アメリカの若いエネルギーと、その農業の広大さ、鉄鋼業等産業の生産性の高さであり、その見聞からヨーロッパを凌ぐ勢いを認識した。渋沢栄一はその強さの根底にあるものへと目を向け、それは「移民社会の集合体として多様性のなかのアメリカナイズ」を指摘している。

第二回の渡米は日露戦争後、日米関係が日本の満州経営の独占に対するアメリカの反発、アメリカにおける日系移民排斥などあいまって急速に悪化するなかで打開策の一環として計画された。それは東京、大阪など六大都市の商業会議所合同の渡米実業団で、一線を引退し七〇歳になっていた渋沢栄一が強く推されその団長として一九〇九年（明治四二年）に渡米した。三ケ月をかけて五三都市を回る強行軍であった。一行はタフト大統領との会談や諸行事をこなした。渋沢栄一にとっても多くの知友を得たことが収穫であった。

第三回は一九一五年（大正四年）パナマ運河開通を祝うサンフランシスコ万博への参加で、第四回は一九二一年（大正一〇年）ワシントン軍縮会議に合わせて、オブザーバーとして参加した。国内的にはパリ平和会議後、英米本位の世界外交に対する反感と対米重視の路線の対立もあるなか、渋沢栄一は日米協力の重要性を深く認識していた。

また、中国との関係も渋沢栄一は憂慮し、経済的な結びつきを強めることが重要であるとの立場であった。一九二七年一〇月飛鳥山の邸宅に招いた蔣介石に故孫文の追憶談から始まり支那時局に関する意見交換から支那の経済的発展の焦眉の急なることを説いた。そして特別校印の論語を手渡し「己の欲せざることを人に施すこと勿れ」を引いて、両国の関係はかくあるべきと述べた。一九一四年（大正三年）に彼は中国を視察している。その感想は、若き日から漢籍で親しんだ中国の、予想外の混乱ぶりであったようだ。

また、渋沢栄一が私邸に招いた海外要人も多数に及んでいる。グラント将軍、蔣介石、タゴール、救世軍のブース大将など多彩なメンバーである。

また外交に関連して触れておきたいことに国際情報を扱うナショナル・ニュース・エージェンシーとして一九一三年(大正二年)「国際通信社」の設立である。AP通信社やロイター等に伍して日本の発信力を高めるべしとする、渋沢栄一の着眼、実行力は、何が日本に必要かを的確に見据えていたものである。

四、渋沢栄一 Who?

こうして見てくると、はじめて彼の膨大な事績に触れた人は、その幅広さに「渋沢栄一って何者?」の問いを抱かれたであろう。幸田露伴が『澁澤榮一傳』で「人は誰でも時代の人である。……たゞ栄一に至っては、実に其時代に生まれて、其時代の風のなかに育ち、其時代の水によって養われ、其時代の食物と灝気とを摂取して、そして自己の軀幹を造り、自己の精神をおほし立て、時代の要求するところのものを自己の要求とし、時代の作為せんとすることを自己の作為とし、求むるとも求めらるゝとも無く自然に時代の意気と希望とを自己の意気と希望として、長い歳月を克く努め克く勞したのである。故に榮一は澁澤家の一児として生まれたのは事実であるが、それよりもむしろ時代の児として生まれたと云った方が宜いかとも思われる」と冒頭に記している。そう渋沢栄一も時代に生み出された人と言えよう。その時代とは、多くの偉材を輩出した幕末という時代なのであった。

父の薫陶

このような人格を決定づけるものは何であったのだろうか。やはりそれは当然のことながら、生い立ち、家庭の環境、初期の教育であろう。

渋沢栄一の著作『論語講義』の為政第二の六で「孟武伯考を問う。子曰く、父母はただその疾をこれ憂う」のところで、この文義の解説のあと、自分の父母について「余のごときはあえて考道を全うしたとは放言せぬが、その心掛けはつねに怠らずにいた。余の母は非常に人情の深い慈愛に富んだ女であった。今日になってもこれを想うと涙の流れるほどありがたく感ぜられる。母は家付きの娘で、父は市郎と称し、晩香と号す。同村の渋沢宗助という家から、余の家に婿養子に参ったのであるが、父はいまになって想えば、実に非凡の人であった。極めて方正厳直、一歩も化すことが嫌いな人で、いかに些細なことでも、四角四面に万事を処置する風であったのみならず、非常に勤勉家で、相応な家産を作り出した人ほどあって、働く方の慾ははなはだ深かった。されど物惜しみなどは少しもせず、至って物質慾には淡泊の方で、義のためだとなれば、折角丹精して作り揚げた身代でも何でも、これを放擲して惜しまなかった。すこぶる気概に富んだ人であった。他人に対しても厳格であったが、小言をいいながらよく人の世話をしたものである。もし余にしてこの美質の幾分なりとも有しているとすれば、まったく父の性を受け、かつその感化による賜物であるといわねばならぬ」といっている。余談ながら渋沢栄一の論語講義は、論語の解説に加え自分の人生、歴史的人物の解釈が例として引かれ、なかには明治の元勲の人物評などが生き生きと加わったところが面白い。さらに父のことは次のように続く、また多くの書を読んだわけではないが四書五経ぐらいのことは充分に読めて、漢詩を作り、俳諧にも造詣のある風流人でもあった。同時に相当の見識を備え漫然と時流を追うというのでもなかった。自分にも一四、五歳までは読書、習字、撃剣などをさせた。時節柄息子が武士風になっても困ると、家業に精を出し、藍の買い入れや養蚕に力を入れるよう申し聞かされた。ここまでが凡そ一六、七歳までのことである。

従兄尾高藍香との出会い

本人自身、父に負うところ大としているが、忘れてならないのは尾高新五郎惇忠（号藍香）である。論語も里仁篇に至る頃から、父はその師として一〇歳年上の従兄で近村の尾高新五郎についてさらに学を修めさせた。若くして秀才の評判高く、水戸学の影響をも色濃く受けていた尾高新五郎が渋沢栄一の人格形成に大きなインパクトを与えたと想像してみてもおかしくない。多感な思春期から青年期へのときに、英俊の誉れ高く、学識もあり、武芸もこなし、かつ家業にも一流の見識を備えた従兄をもったことは彼にとって誇りであったといえよう。尾高新五郎は高崎城乗っ取り計画の首謀者であり、決起趣意書などを起草しているいわば活動家であった。と同時に単なる革命家でなく養蚕においては当時の最高水準の理論をもつ事業家でもあった。ようは、尾高家も渋沢家も小作人に土地を貸し付ける豪農型農家でなく、養蚕、藍栽培・加工・流通の経営型農家で付加価値の高さで財を成していったのである。こういう階層が石高制の時代に蓄積を得て、一方高い教養も有することが可能であったことが、日本の近代化へと繋がる底流をなしていた、という山本七平の『澁澤栄一近代の創造』の叙述は興味深い。

また、尾高新五郎の弟長七郎は、剣豪であった。これは近藤勇や土方歳三が農民の出であったように幕末期士農工商の身分的枠組みは、かなり緩みを見せてきていることがわかる。また渋沢栄一の妻は尾高新五郎の妹静で、一九歳のとき結婚している。

その後、尾高惇忠は富岡製糸所の初代所長としてその設立に奮闘する。後年は渋沢栄一の起こした国立第一銀行の盛岡支店長などを歴任している。

それと、尾高惇忠と渋沢栄一の詩心についても記したい。孫の渋沢敬三編の『青淵詩歌集』がある。渋沢栄一は青淵と号していた。いまでは漢詩を作る教養人がほとんど絶滅危惧種になってしまったが、二人の詞藻は豊かである。二〇歳頃、深谷を出て上州から信州へ藍の買い付けに行くときにも、まるで文人のごとく二人で漢詩を作り楽しんでいる。いまならディジカメで景色を切り取っていくところを、彼らは漢語を駆使して簡潔明瞭に情景を漢詩で描写している。私などは、これを読むのに新漢和大辞典を横に、こんな字があるのと閉口しながら調べたが、往時の人々は漢籍の知識も深く、躍動感のある漢文で表現することを楽々こなしていたのだ。このように折に触れ、日々の感慨を漢詩に書きとめておく思考する心のゆとりをもっている人生は素晴らしいものだと思う。と同時に羨ましいものである。

真の立志

『論語と算盤』のなかで「一生涯に歩むべき道」の節で、孟子の「窮すれば即ち独り其の身を善くし、達すれば即ち兼ねて天下を善くす。(盡心章句上九)」の引用に続いて次のように述べている。「余は一七歳のときに武士になりたいと志を立てた。というのはその頃実業家は一途に百姓町人と卑下されて、世のなかからはほとんど人間以下の取扱を受けいわゆる歯牙にも掛けられぬ有様であった。しかし家柄というものが無闇に重んぜられ、武門に生まれさえすれば智能のない人間でも、社会の上位を占めて恣に権勢を張ることができたのであるが、余はそもそもこれが甚だ癪に障り、同じく人間と生れ出た甲斐には、何が何でも武士にならなくては駄目であると考えた。……しかしてその目的も武士になってみたいという位の単純のものではなかった。武士となると同時に、当時の政体をどうにか動かすことはできないものであろうか、今日の言葉を借りて云えば、政治家として国政に参与してみたいという大望を抱いたのであったが、そもそもこれが郷里を離れて四方を流浪するという間違いをしでかした原因であった。かくして後年大蔵省に出仕するまでの十数年間というものは、余が今日の位置から見れば、ほとんど無意味に空費したようなものであったから、いまこの事を追憶するだになお痛恨に耐えぬ次第である。自白すれば、余の志は青年期においてしばしば動いた。最後に実業界に身を立てようと志したのがようやく明治四、五年の頃のことで、今日より追想すればこのときが余にとって真の立志であったと思う」と。少々長い引用であったが、一七歳までの修養期、三三歳までの波乱の立志期、それ以降の経済人としての人生と見事に切り替えがなされている。まさに達すれば兼ねて天下を善くしたのであった。

この一七歳のときというのには深い理由がある。どの伝記にも、当人の『雨夜譚』にも記されているが、代官所に呼び出された父の代理で出頭したときの様子を子息の渋沢秀雄の『渋沢栄一』では次のように書いている。五百両の御用金を命じられ、代理で来たので即答できないと突っぱねた。代官は「タワケたことを申すな。そのほうは一体お上の御用を何と心得る。これしきのことが即答できんで親の名代と申せるか。十七にもなれば女郎買いの一つも覚えたであろう。もっと分別を出せ。即刻お受けいたさぬにおいては、その分には捨て置かんぞ」と怒り出した。栄一は「父に申し伝えました上」と頑張りとうした。そして陣屋からの帰り道で、あんなロクでもない人間がただ侍というだけで大きな顔をし、人の金を貰うのにさえ威張り散らすのは、結局、幕政が悪いからだ、階級制度が間違っているからだ、という結論に達した。さらに渋沢秀雄はその伝記の思い出のなかで、「後年の父は家庭の食卓などでこの話がでると、『本当に横っ面をハリたおしてやりたいほど腹が立ったよ』と、よく円満な顔をほころばせながら語った」とある。これが武士にならねばという大きな動機になったものである。と同時にそれは体制の維持者としての武士ではなく、体制の変革者としての武士を志したのである。

五、挫折と転進の繰返し

尊王攘夷の志士

真の立志に備え、渋沢栄一は家業に精を出しながら、尾高新五郎らと相計り攘夷決行を画策する。その思想は、新五郎の決起趣意書にみられるが、尊皇に触れているのではなく、むしろ開国後の急激な経済変動・経済侵略に対する怒りともいえる。人脈を作り、資金を密かに蓄えて武器を手配しその日へと進もうとする。父へは具体的襲撃計画は言えないが、武士として立つ以上勘当されることを請うが、父は「分を守って生きる」ことを諭す。結局、父もそれを認め、一同は決起へと突き進むが、京都から戻った従兄の尾高長七郎のいまはその時勢になく決起しても打ち破れるのは必至という説得に、攘夷は中止となる。彼らは関八州見回りの目を避けるべく身を隠すことになるが、渋沢栄一も妻子をおいて故郷を去る。父は百両の資金を援助する。百両の価値はある研究によれば幕末は貨幣価値も大きく変動しているが、概ね一〇〇万円といえようか。

いったい彼らの攘夷とは何だったのだろうか。半藤一利の『幕末史』に「ところで、『攘夷』『攘夷』といっていますが、では下級武士や浪人たちはいったいどのような理論構成のもとに攘夷を唱えたのか、当然問題になるわけです。が、正直申しまして、攘夷がきちんとした理論でもって唱えられたことはほとんどなく、ただ熱狂的な空気、情熱が先走っていた。時の勢いというやつです。熱狂が人を人殺しへと走らせ、結果的にテロによって次の時代を強引に作っていく。テロの恐怖をテコに策士が画策し、良識や理性が沈黙させられてしまうのです」といっている。一方、司馬遼太郎は『花神』のなかで、攘夷のエネルギーなしには明治維新は来なかった。ともいっているが、どうであろう。

いずれにせよ、攘夷という旗印の下の血で血を洗う殺戮戦は悲惨なものである。勝海舟はテロを憎む歌を詠んでいる
うつ人もうたるる人もあぢきなき　おなじみ国の人と思えば
と、このような人の命の軽さが一五〇年ちょっと前幕末の日本の姿であった。
渋沢栄一にとって、尊皇攘夷の挫折は、のちのちの展開のためにはプラスと考えるべきであろう。彼の従弟や、同志の多くは彰義隊の騒動や、戊辰の役で戦死している者も少くない。

一橋家の家臣へ

一回目の挫折は、一橋家の家臣に登用されることで、新たな転進を図ることができた。そこでの渋沢栄一の達成した業績は時代に抜きんでたものがあったが、将軍職に慶喜が就くことになり、彼は二度目の挫折感を味わう。一橋家の家臣である渋沢栄一は、先にも記したように、農夫の子上がりの俄か武士が、幕府の崩壊は必至とみて徳川の幕引きを進言しようとしたのである。幕末人は発想と行動に優れていると思わせる。しかしことはそうならず、渋沢栄一は失意の日を送り、又浪人することも考えていた。

渡仏時に見る開放的精神

そこへもち上がったフランス行きはまったく彼の人生を違ったものへと導いていく。彼のように挫折から華やかに次への転進を図れるのも、もって生まれた運命だろうか。『雨夜譚』で彼がいっているとおり不意の僥倖が訪れたのである。

フランスにおける渋沢栄一の、行動の研究については鹿島茂の『サン・シモン主義者=渋沢栄一』が大変参考になった。サン・シモン主義とは、鹿島茂は次のように解説している。要点を述べると「フランスにおける資本主義の発

展はフランス革命やその後の混乱でイギリスや独立後のアメリカにも後れを取っていた。重工業や鉄道、商業・貿易などでもイタリアやスペインと変わらぬ、後進国グループといえた。それが一八三〇年頃『産業者による産業者のための社会』の建設を目指す思想家サン・シモンを中心に、フランスのエリート養成校であるエコール・ポリテクニク出身の若者たちにより社会的影響力をもち始めた。そして一八五一年ナポレオンの甥ルイ・ナポレオンが権力を掌握しナポレオン三世として即位すると、フランスを一気に近代的資本主義国家に変貌させるべく、サン・シモン主義者たちを活用した。彼らがまず力を入れたのは、鉄道と土木事業、銀行と株式会社だった。プロテスタント諸国が一世紀をかけて達成した近代的資本主義を短期間で実現するシステムすなわち加速型資本主義を開発し、これを上からの社会改革として実行に移した。そしてその成果のお披露目としてナポレオン三世は一八七六年のパリ万博を開催したのである」

民部公子徳川昭武を正史とする二七名の使節団がパリに入ったのはまさにこのときであった。この一行をフランス政府から任じられアテンドの役を荷ったのが、パリの元銀行家のフロリ・ヘラルトと武官のヴィレット大佐である。使節団の庶務係的役割を荷っていた渋沢栄一は、彼らとの折衝のなかで目前の文明の成果の物質的なものだけでなく、それを動かすシステムに対する理解を深めていった。たとえば、使節団の手持ち資金を公債に投資して帰国時には利益を挙げておくなど、実践的に把握していったのである。

渋沢栄一を評するとき、フランスでの経験がのちの財界人としての活躍への契機となった、といわれるが、山本七平は『渋沢栄一　近代の創造』で指摘する「確かに彼はナポレオン三世治下のパリに驚嘆した。だがこれを『埼玉の一農民がパリで開眼した』という俗説通りに受け取るなら、間違いであろうし、またここでの『重大な思想形成を通じて』『一生を日本の経済近代化にささげる決意』を固めたと見るのも、そのままに受け取るわけにはいかない。彼の思想はすでに『開眼』されていた。彼が驚嘆したのは、ヨーロッパには『古シヘヨリ薬種トシテ出シ置ルル物』が、驚くほど多く到る所にあるということ、そしてそのなかには日本経済界の、また自分の『薬』となるものが実に多いから、用いうるものはすべて摂取しようとしただけである」と。そして鹿島茂は同じ観点から「影響というものは、それを受けるべき感受性と能力を備えた人物が、いわば偶然という名の必然によって、その運命を選び取ったときにのみ現れるものだからである。いいかえれば、渋沢栄一の頭脳には、パリでサン・シモン主義に遭遇したとき、すでにサン・シモン主義を受入れるだけの受容器ができ上がっていたのである」と述べている。

目の前にあるものを視認することより、その根底にあるその仕組みを把握することは難しい。夏目漱石は『現代日本の開化』という講演のなかで「西洋の開化は内発的であって、日本の開化は外発的である。ここにいう内発的というのは内から自然に出て発展するという意味で丁度花が開くようにおのずから蕾が破れて花弁が外に向かうのをいい、また外発的とは外からおっかぶさった他の力でやむをえず一種の形式を取るのを指す」そして日本の開化は外発的だから、どうしてもこの先は悲観的にしか見ることができない、と言っている。渋沢栄一の場合は、外からおっかぶさってくるものに対し、自己の内発性なるもので、それを取捨選択できた稀有の存在であろう。それは、新しいものを受入れる精神性、それを理解しうる基礎知識、そしてそれが実践的に有用なものであることを認識できる実務経験があったからであろう。

フランスだけでなくヨーロッパを広く見聞した渋沢栄一は、鉄道、ガス、新聞、銀行、ホテル、福祉施設等を視察した。伝記のなかで彼が特に感じいったことにひとつは銀行や企業が合本組織（株式会社）で運営され、合理的な利益を追求していること、それが国富の源泉になっていること。二つに、軍人であるヴィレット大佐と元銀行家のフロリ・ヘラルトが対等の関係で官尊民卑的風潮のないこと。三つ目に、後年明治天皇に陪食した折にも語られたことでもあるが、ベルギーのレオポルドI世がベルギー製の鉄の購入を進めたことを書き遺している。一九六〇年代、池田首相がフランスでド・ゴール大統領にトランジスターのセールスマンと揶揄されたが、一八六〇年代すでに国王自らのトップセールスに渋沢栄一は新鮮な驚きを感じたものである。

彼の心のオープンさを感じる逸話をあげると、彼の渡欧時の杉浦靄山と共著の『航西日記』の朝食を説明したところで「ターブル（餐盤なり）にて、茶を飲ましむ。茶中必ず雪糖を和しパン菓子を出す。又豕の塩漬などを出す。ブールと云、牛の乳の凝たるを、パンへぬりて食せしむ。味甚美なり。同十時頃にいたり、朝餐を食せしむ。器械すべて陶皿へ銀匙並に銀鉾、包丁等を添え、菓子、蜜柑、葡萄、梨子、枇杷、その他数種、盤上に羅列し、随意に裁制し、食せしめ、また葡萄酒へ水を和して飲しめ、魚鳥、豚、牛、牝羊等の、肉を烹熟し、或炙熟し、パンは一食に二三片、適宜に任す。食後、カツフエーという豆を煎じたる湯を出す。砂糖、牛乳を和して之を飲む。頗る胸中を爽にす」とある。バターやコーヒーへのこだわりのない記述には感心する。初めての外遊でこのくらい食事に違和感をもたないのも凄い。精神だけでなく胃袋のほうも頗る開明的だったのと聞きたくなる。

このフランス滞在も、民部公子が使節の仕事を終え、各国の巡回視察をすませると、留学に切り替えて政治・軍事に秀でた次代のホープを育成しようと、渋沢栄一は考えた。しかしこれも、慶喜の大政奉還でその夢も断たれ、またもや挫折に見舞われる。帰国した渋沢栄一は会計報告を『民部様御費用決算書』として提出した。このあたりも彼の卓越した実務能力の高さを物語るものである。

日本に戻ったのちは、駿府に赴き、慶喜とそこに集まった旧幕臣たちのために商法会所を設立し、経済的基盤を確立することに尽力したことは先に述べた。

官界での方針の対立

先にも記したように、わずか三年半の間に二〇〇件にも及ぶ諸制度に手を付け改革を進めていった見識と手腕は、いまの政治家に少しでも見習ってもらいたいものだが、ここでも官途をまっとうすることなく去っていく。これは明治の国家建設に当たっての、藩閥体制との方針の齟齬によるものである。彼を官界に引いたのは大隈重信、井上馨たちであり、財政基盤の上に諸制度の確立や、兵装の整備を定額を定め目指したのに対し、大久保利通等との、とにかく国家建設を急ぎ諸外国に負けない仕組み造りを急ぐという対立である。いずれにも理のあるところではあるが、武士と言っても軽輩から志士上がりの多い明治の元勲たちと、若いころから藍流通の実務を経験した渋沢栄一とでは、立脚点が違いすぎた。渋沢栄一は井上馨ともども辞表を呈し、財政制度確立の建白書を出す。この全文は『雨夜譚』にも載っている。そのなかで政府首脳が問題としたのは、財政について数字を挙げて、その非を鳴らしたことである。簡単に言うと「国家が四千万円の収入で五千万円の支出をする。更にすでに一億二千万円の借金があり、返却の見通しもない」といいわば内部告発をしたことであった。皮肉なことに政府は、渋沢のは間違いだとして太政大臣の番外達を出し、「明治六年歳入出見込会計表」で黒字であると強弁した。後年、栄一の女婿で大蔵大臣も務めた阪谷芳郎はこの騒動が不完全ながらも毎年、政府が見込表を出すことで、やがて予算・決算の先駆けになったと評している。

かくて、政府におけるこの挫折は、国家が予算を作り公表するという、いまでは当たり前のことを行なわせることに結実する。官を去るにあたり、周囲からは、「大蔵少輔といえば、すぐ大臣への登用もあるのに、それを捨てて何故前垂れを懸ける賤しい商業界へ身を投じるのだ」という意見もあった。しかし渋沢栄一の信念は、商工業を興すことが現下の日本にもっとも重要なことと決意にあったのだ。

このあと、渋沢栄一が政府・政治のサイドに立つことはない。伊藤博文が政友会を組織するとき、彼にも入党を依頼するが断っている。また因縁浅からぬ井上馨に組閣をさせようとしたとき、渋沢栄一に大蔵大臣に就くことを要請するが、これも欣然と断っている。またこの大蔵省の時代に多くの元老、政治家、経済人と人脈を多彩に繋ぐきっかけになったことは、その後多方面で大いに寄与している。

六、基本となる倫理観念

以上、渋沢栄一の挫折につぐ挫折と、そこからの不死鳥の如き再出発と飛躍とを見たが、その後の実業界においてもすべてが順風満帆に運んだわけではない。まして晩年心を砕いた日米関係も、日中関係も意図に反して破局へと突き進んでしまったことも歴史にみるとおりである。それでも彼はつねに次の手を模索していた。それを行なわしめた行動力、指針、理念といった彼の内面は何であったのだろうか。それは次のような四つにまとめられよう。

①官を辞して民として生きるか覚悟のもとは、官尊民卑の打破

渋沢栄一の行動の基軸をいくつか纏めてみると、第一に官尊民卑の打破がある。一七歳のときの代官所での経験が、ひとつのバネになったように身分制度、士農工商の枠にとらわれない社会を目指したことである。商業者自らが矜持をもち、社会的責任を自覚することが必須であると考えたものである。福沢諭吉が『学問のすすめ第三編』で「一身独立して一国独立す」と論を張っているが、渋沢栄一も『訓言集』のなかに「およそ人は自主独立すべきものである。すなわち自営自活の精神は、実に同朋相愛の至情とともに、人生の根幹をなすものである」と述べているが、彼は官とかお上とか、それに頼る民であってはならないこと、商工業で利益を上げることがなんら恥じるものでないことを強調した。それは民が私益だけに走らず、公益に尽くす責任を強調していることにもある。

②軍事より産業優先の社会づくり、殖産興業なしに富国強兵はない

明治の国家建設における渋沢栄一のバランス感覚も目を見張るものがある。明治政府は当初から富国強兵が国家目標となっていた。渋沢栄一が官を去る元となったのも、財政規律なしの政策への反対からであった。後年ワシントン軍縮条約の側面支援で渡米したときニューヨーク商業会議所の演説で「海軍軍縮の定義がなされてより、外交上にも一転機を画し、人類の進むべき道に対して新たなる方向を示されたのは、誠に慶ばしい事である。現代の文明に根本

的な欠陥がある間は、単なる軍備縮小によって戦争を根絶し得るものでないという事は、言を俟たない。しかし今回企図された海軍軍備縮小に対し、幸いに列強が賛成するに於いては、各国民の負担する租税を非常に軽減し得ることは明らかである。軍備縮小によって多額の節約をするという事のみが、軍備縮小の目的ではない。この節約によって得られるべき資本および余力は、平和と進歩との為に用いられるべきである」と、彼の基本的考え方を明示している。

③国際感覚の重要性

若くしてフランスへいったあと、四度の渡米、また中国の視察を行なっている。彼が最も重視したのは日米関係である。長期的視野に立って、民間外交を推進した。渡米のつど両国の提携による経済繁栄を説き、ユーモアあふれるスピーチで多くの友人をもった。渋沢栄一は近代世界の国家間の問題について『訓言集』に「帝国主義は覇道の一種で王道に背いているが、社会主義もまた多数の労働者が少数の資本家を圧倒しようというにあるから、国民全体の利益を目的とするものではない」と述べている。渋沢栄一には国際感覚を受け止める、古典に裏打ちされた自己の規矩が厳然とあった。したがって、どんなときにも目前の事実に呑まれることなく、内なる基準をもっていたのだ。しかも、この民間外交という大業は、実業界から大方身を引退した六〇歳から亡くなる寸前の九〇歳までの仕事であった。

④社会事業、労働問題、教育活動への積極的参画

論語泰伯第八の六に「曾子曰わく、以て六尺の孤を託すべく、以て百里の命を寄すべく、大節に臨んで奪うべからず。君子人か。君子人なり」とあるが、君子すなわち仁なる人にこそ、年端のいかない残された児を託せる人というのは、まさに明治七年から生涯東京養育院の院長を務めた渋沢栄一のこととさえ思える。

渋沢栄一訓言集に「できるだけ多くの人に、できるだけ多くの幸福を与えるように行動するのが、吾人の義務である」と記されている。また『論語と算盤』でも忠恕の精神こそ社会事業の基本であると訴えている。現在はNPO、NGOといったかたちで行政に依らない組織の活動が盛んになって、諸問題への取り組みの幅が広がっているのは、

大変好ましいことで、これも仕組みとしては渋沢栄一が先鞭をつけたともいえよう。

論語と算盤

以上のような四本の柱が、行動の枠組みであったが、その柱を支える堅固な基礎は何にあったのだろうか。渋沢栄一はそれを『論語』に置いたのである。『論語と算盤』の最初のほうに「明治六年、官を辞して、年来の希望なる実業界に入ることになってから、論語に対して特別の関係ができた。それは初めて商売人になるとき、ふと心に感じたは、志をいかにもつべきか考えた。そのとき前に習った論語のことを思い出したのである。論語は最も欠点の少ない教訓である。そして私は論語の教訓にしたがって商売をし、利殖を図ることができると考えたのである」と書いている。それから多忙のなかでも、多くの先生について講義を聴き、研究もした。「論語は決して学者でなければわからないものではない。論語の教えは広く世間に効能のあるもので、孔子は案外捌けた方で、誰にでも会って教えてくれる、実用的卑近の教えである」と述べている。山本七平が『論語の読み方』で、自らの俗解をもつことこそ論語読みの本道として、「渋沢栄一の『論語講義』は俗解というと軽く見られそうだが、こういう多忙な人が、相当に年季の入った労作とし、こういう俗解が出るという事は『論語』が決して死せる訓詁学の対象でなく、生きた古典である証拠なのである。いわば読者の全員が、何らかの注解を基にして各自の俗解をつくり自らの規範とすること、それが『論語』の読み方であろう」と評価している。

経済と道徳の合一

近代の経営者として次の文を採り「仁を為せば即ち富まず。富めば即ち仁ならず」利につけば仁に遠ざかるというのは間違いだとしている。そうなったのは朱子が「計を用い数を用いるは、たとい功業を立て得るも、只是人欲の私にして、聖賢の作処とは天地懸絶す」と言ったのが誤解の元であり、これを別の意味にとると、したがって商人の精神は利己主義で、甚だしいのは法の網をくぐればよいという事になってしまう。そうではなくて孔子は富を正しい道を踏んで求めることを言っているのだと主張する。『論語』の（里仁第四の五）に

「富と貴とは、これ人の欲するところなり。その道を以て得ざれば、処らざるなり。
貧と賤とは、これ人の悪むところなり。その道を以て得ざれば、去らざるなり。
君子仁を去っていずくにか名を成さん。

という、実に簡潔で美しい文がある。渋沢栄一はその『論語講義』で九ページにわたりもろもろの例を引いて、解説している。そのなかで「富貴は万人の欲するところだが、これを獲得する手段方法については、慎重のうえにも慎重の態度に出ねばならぬ」と述べている。ここに渋沢栄一の道徳と経済合一論の本質がある。『論語と算盤』に「自分は常に事業の経営に任じては、その仕事が国家に必要であって、また道理に合っするようにして行きたいと心懸けてきた。たとえその事業が微々たるものであろうとも、自分の利益は少額であるとしても、国家必要の事業を合理的に経営すれば、心は常に楽しんで事に任じられる。ゆえに余は論語をもって商売上の『バイブル』となし、孔子の道以外には一歩も出まいと努めて来た。それから余が事業上の見解としては、一個人に利益ある仕事よりも、多数社会を益して行くのでなければならぬと思い、多数社会に利益を与えるには、その事業が堅固に発達して繁盛して行かなくてはならぬということを常に心していた」と。

冒頭に城山三郎を引いて、渋沢栄一こそシンボリック・マネージャーとしての名に相応しいと述べたが、自らを文化の強化をめざす役割、言い換えれば経済界のリーダーとして経営倫理の理念を明示する使命を果たしたと言えよう。

七、おわりに

アスペン研究所の二一世紀のリーダーシップという講演のなかで、哲学者今道友信は「リーダーについて考えるとき、東洋の側からの哲学的貢献の例として、私は孔子の『論語』を挙げてみたいと思います。『論語』では三つのことをリーダーの条件として挙げています。その一つは勇気です。それは反対者が何百、何千といても、自分が是と信じたならば自分の意見を主張し続ける勇気です。そして二つ目は他者への誠実さ、仁、慈愛、つまり愛です。三つ目はその究極としての自己犠牲ということになります」と述べておられた。

渋沢栄一を見ると、どんな立場でも建白を重ね実行する勇気、事業経営に当たっては仁の心、労働問題、社会事業、教育に多くの力を注いだ恕の心、また高齢になっても渡米したり、社会事業を見続けた自己犠牲の義の心はまさに前記の指摘のとおりである。この志に由って公益のためを第一義とした渋沢栄一の生き方こそ、偉大なる貢献そのものであった。

最後に亡くなる二年前の昭和四年正月に所感を表した漢詩を紹介したい。

義利何時能両全　　義と利といずれの時か能く二つを全うせん
毎逢佳節思悠然　　佳節に逢うごとに　思い悠然たり
回頭愧我少成事　　頭を回らして我が成事の少なきを愧ず
流水開花九十年　　流水　開花　九十年
　己巳元旦書感　　青淵逸人

参考文献

渋沢栄一『雨夜譚』岩波文庫
渋沢栄一『論語と算盤』国書刊行会
渋沢栄一『論語講義』講談社学術文庫
渋沢栄一『訓言集』国書刊行会
渋沢秀雄『渋沢栄一』竜門社
渋沢敬三『青淵詩歌集』竜門社
幸田露伴『澁澤榮一傳』岩波書店
土屋喬雄編『渋沢栄一伝記資料』渋沢栄一伝記資料刊行会
土屋喬雄『渋沢栄一』（人物叢書）吉川弘文館
木村昌人『渋沢栄一――民間経済外交の創始者』中公新書
山本七平『渋沢栄一　近代の創造』祥伝社
鹿島茂『サン・シモン主義者＝渋沢栄一』文芸春秋社「諸君」
T・ディール、A・ケネディ『シンボリック・マネージャー』岩波同時代ライブラリー
ドナルド・キーン『明治天皇』新潮社
半藤一利『幕末史』新潮社
竹越三叉『大川平三郎君伝』図書出版
山本七平『論語の読み方』祥伝社NON BOOK
渋沢研究会『公益の追求者――渋沢栄一』山川出版社
田澤拓也『渋沢栄一を歩く』小学館
城山三郎『雄気堂々』新潮文庫
永川幸樹『渋沢栄一　人間足るを知れ』KKベストセラーズ
大仏次郎『激流――若き日の渋沢栄一』未知谷出版

人と人との間をつなぐ貢献心
——和辻倫理学を参照して

田中美子

一 在って見えない貢献心

哲学や倫理学の研究者が語る言葉は、ともすれば上すべりすることがある。だから私は、実のある言葉を求めて、思想の専門家でない者、芸術などにたずさわる者の文章を読むことも多い。しかし、滝久雄の『貢献する気持ち』は知らずにいた。今回このような機会を与えていただき、実感のこもった言葉に出会えたことに感謝している。

滝は専門家の見すごしていた「貢献」という言葉に新しい光をあててくれた。貢献に似た概念は、たしかに従来の思想史のなかでも論じられてきた。しかし、貢献という言葉は、非常に実社会との関わりの深い言葉であるからか、思想史のなかで取りあげられることは少なかったように思われる。貢献への着目という滝のなした仕事は、さすがに企業人ならではの発想である。

貢献に近い言葉には、滝も『貢献する気持ち』のなかでくりかえし使用しているように、「奉仕」がある。この「奉仕」という言葉は、昨今注目の高いボランティア活動の日本語訳にもあてられているが、衣食住を中心とする日常生活に近いところで用いられていると言えよう。それとくらべて「貢献」は、家庭で営まれるような日常生活から離れたところで用いられることが多いように思われる。それは、貢献する主体にともなうイメージのせいかもしれない。滝の描く貢献する主体は、社会的にも経済的にも自立しており、そのもてる力を「自分ごと」だけに使うのではなく、「他人ごと」にもふりむける。貢献者はそこに「自己充足」あるいは、古くからその概念のあいまいさが指摘されてきた概念ではあるが、「幸福」を得る。「自己充足」にせよ「幸福」にせよ、人生の目的ともいうべきもののより具体的な内容として「貢献」があげられた。これまでの思想史では、どちらかというと社会的に弱い立場にある者が、「他人ごと」を「自分ごと」にしながら、人とのつながりのなかで「自己充足」や「幸福」を求めることが、論じられてきたと思う。しかし、滝は、社会的に強い者の立場から、「自己充足」や「幸福」のひとつとして「貢献心」の発揮を位置づけた。まず、この点に私は注目し、独創的であると思う。

しかも、滝には、コピーライターとしての力がある。貢献というよく使われる言葉から「貢献心」という重厚感のある言葉をしたてあげ、聞く者の耳に強い印象を与えた。そればかりではない。この「貢献心」が、自己充足の追求のなかで自然に発揮されるという点をとらえ、滝はこの「貢献心」を「本能」と呼ぶ。滝も述べるように、貢献などの利他的な行為やそれを行う精神の獲得は、これまで後天的なものと考えられることが多かった。それを滝は生得的なものと捉えるだけでなく、そこに「本能」という強い言葉をあてた。かくして「貢献心は本能である」という命題が、読者の胸につきささることになる。コピーの力である。

とはいえ、そこには問題がないこともない。「貢献心」というのは新しい言い回しであるが、そちらにとくに問題はないとしても、「本能」のほうに対しては異論も出そうである。というのも、「本能」という言葉は、用いるものによって含む意味内容が大幅に異なる、たいへん曖昧な概念だからである。しかし、この問題の検討は当該領域の専門家による研究が行われるようなので、そちらの研究にまかせたい。滝が専門家でなかったため、かえって「貢献心は本能である」というインパクトのある命題が語れたのかもしれない。実感がこもっている分、インパクトも強くなっている。

このような、力強い独創的な思想にたいして、私には何ができるだろうか。私が日本近代思想の立場から、とりわけ和辻哲郎研究者としての立場から関心をもち、さらに追究してみたいことは次の点である。

貢献心は本能である。これ自体は斬新な提言であり、また私自身は妥当な見解であると思う。しかし、貢献心は一般には、後天的に獲得されるものと考えられることもある。それは、貢献心は「食欲や性欲などの生理的欲求」［滝、一〇］と、必ずしも同じ現われ方をするわけではないからである。そして、このあたりの発言は滝自身にも揺れがある。滝は一方で「貢献を目指す心は、食欲や性欲などの生理的欲求と同じ現われ方をする」［滝、一〇―一一］と述べる。そして、「貢献心が私の言うように人間の本能であるとすれば、他者につくしたいという自然な気持ちはあらゆる人のなかにあるはずである」［滝、八二］とも述べる。しかし他方で、「そのような本能を抱いている人間にとって、貢献心が見えにくいものとなっている思考法や生活環境が必ずあって、そのために貢献心がなかなか見えてこないというようなこともしばしば起きる」［滝、八二］とも述べている。そこから、滝は貢献心が「在って見えないもの」［滝、八五］であると述べるにいたる。しかも、貢献心は「滴り落ちる水のごとく」［滝、六八］自然に発動されるという。つまり、貢献心は「在って見えないもの」でありながら、「人間に固有な本能」［滝、七七］として「自然」に発動される、ということになる。

では、本能と呼ぶに値するくらい生得的なものでありながら、自己のうちにそれがあることに気がつきにくいのは、なぜなのか。さらには、滝自身が問うように、「どのようにして、見えない『貢献心』を『自分』のなかに設定し、またそれを実感すればよいのだろうか」［滝、八二］。

貢献心の発見について滝が『貢献する気持ち』のなかで述べているのは、おもに、貢献心を発見した滝自身の個人的な契機についてである。もちろん、そのなかには、友人の兄の死という他者の経験をはたから見たという経験も含まれているが、友人の兄の死にせよ滝自身の病気にせよ、いずれも「死」という事態にかかわる経験であった。「死」は滝の思想の中核にある。実際に、滝は「メメント・モリ（死を憶えよ）」［滝、一五］という中世ヨーロッパの死生観に言及している。しかし自己の死に直面する経験によって「貢献心」が自己のなかに設定されるとしても、そのような経験はそう簡単に得られるものではないし、ふつうは進んで得られようとしないものである。そこで、本稿では次の問題を念頭において、考察を進めていきたい。

貢献心は本能と呼び得るほど自然なものであるにもかかわらず、なぜ「在って見えない」のだろうか。

二　貢献心の働く場

結論からさきに述べると、貢献心が「在って見えない」のは、貢献心の発見と発揮にともない、自己認識の改編が行われるからではないかと、私は考えている。

滝も述べるように、貢献心が発揮されれば、いままで「他人ごと」であったことも「自分ごと」になる。ややくわしく言うと、貢献心が発見されず、また発揮されないうちは、行為者が「自分ごと」と捉える範囲が、従来は自分一人だけにしか関わりのない領域や、せいぜい家族をまきこむ程度の親密な領域くらいに留まっている。しかし、ひとたび貢献心が発見され発揮されれば、「自分ごと」の領域が「他人ごと」の領域へと、徐々に浸食していくということである。つまり、自分のかかわる範囲が、拡大しているのである。この「自分ごと」すなわち、自己が行為によってかかわる範囲というものが、やすやすと見えるものではない、とまず言うことができそうである。貢献心が「在って見えない」のは、「自分ごと」の見えにくさと関わっているのである。

「自分ごと」の領域が見えにくいのは、くりかえしになるが、「他人ごと」の領域と重なり合っているからである。和辻の思想に近づける言い方になおせば、次のようになるだろう。「人と人との間」は、あるときには「他人ごと」として捉えられ、またあるときには「自分ごと」として捉えられる。つまり、「自分ごと」の領域が、「人と人との間」にあたるため、もっといえば「間」であるため見えにくい、と言えると思う。

このように、「自分ごと」の領域は、「自分」とは一致していない。「自分」とまず人が思うのは、肉体という目に見える形をもった私という「個人」のことである。さらには、その肉体を座として意識したり行為したりするところの「人格」のことである。一般的に捉えられる「自分」は、「在って見える」個別的な個人を中心にして認識されている。

見えやすい「自分」に対して「自分ごと」というのは、「人と人との間」のことである。見えやすい肉体をそなえた個人と個人の「間」は、目立たず見えにくい。しかも、この「間」は、和辻倫理学の文脈でいえば、たんに並んで立っている人と人との間のような物理的空間のことではない。和辻がこの「間」のことを、「実践的行為的連関」と冗長に表現するように、この「間」は行為にともなって実現される人と人とのひろがりやつながりのことである。逆にいうと、行為のないところでは「間」そのものが「ない」のである。

つまり、「自分ごと」の領域である「人と人との間」は、「間」としてたんに目立たず見えにくいだけでなく、主体の行為にともなわなければ現われないという点でも見えにくいものなのである。

貢献心の発揮される「場」が見えにくいことが、こうして多少なりとも明らかになった。では、「在って見えない」貢献心そのものは、どのようにして見出されるのだろうか。それを、和辻倫理学を手がかりにして、さらに考察していこう。

三　人と人との間の見えにくさ

前節の冒頭で、私は、自己認識の改編が行われるために、貢献心が「在って見えない」のではないかと述べておいた。貢献心が発揮されれば、自分の行為がおよぶ範囲としての「自分ごと」が、「他人ごと」の領域まで浸食しはじめる。この変化が、行為のおよぶ範囲だけで進むのではなく、行為の主体までをも変えてしまうのではないか。この点が、本稿で扱いたい問題点である。

貢献心の発動は、「他人ごと」を「自分ごと」に変える。それにともない、自己認識も変容せざるをえない。貢献心が発見、発揮される前の自分と、それ以後の自分とは同じではない。西田幾多郎も「個人あって経験あるにあらず、経験あって個人あるのである」［西田、四］と述べている。新たに獲得された自己は、それ以前の自分とくらべて、よりひろがっているはずである。それは、「他人ごと」を「自分ごと」に変えていき、「人と人との間」を自己の内部として捉えるような自己である。自己のうちに他を見る自己である。和辻ならこれを「人間」、すなわち「人と人との間柄」と呼ぶだろう。

和辻はその倫理学において、「人間」をけっして「個人」とは捉えなかった。「人間」という日本語が、「個人」を表わすと同時に人間の「全体」をも表わすという点を深く受けとめ、「人間」の本質が「個と全体の二重性」にあるのではないかと考えた。そこで和辻は、つぎのように言った。「人間とは人と人との間柄である」と。

このテーゼもまた、「貢献心は本能である」というテーゼのように、インパクトがある。そこで、和辻倫理学といえば「間柄」と、すぐに連想されることになった。ところが、この「間柄」という言葉は、思想を展開する過程ではたいへん使いにくい。ここには、日本文化を理解するさいの格好のキーワードである「間」が、訓読みのまま「あいだ」として生かされているのに、活用されていないのは残念なことである。

さて、人間が個と全体の二重性であり、それは人と人との間柄のことであるというテーゼに人々が瞠目したのは、それが一般の通念と異なっていたからである。日本人は日常的に「人間」という言葉を、「個人」の意味でも「人類」の意味でも用いながら、「人間」が「人間」であるゆえんを、とくに「個と全体の二重性」や「人と人との間」においていない。だから、人生に思い悩み、そもそも人間とは何だろうと考えるとき、つい個人の生き方や全体的な人間らしさのほうに考えが進みがちである。宗教思想などで関係としての自己に言及される場合であっても、それは神などの超越者とかかわる個人であって、和辻倫理学における人と人との間柄とは同一ではない。あるいは、社会学的な立場から、人間が哲学的に考察される場合もある。しかし、こちらの場合には、個人としての生き方を問う視点が希薄である。つまり、「人間」を個と全体の「二重性」や人と人との「間柄」において追究しようとすることは、習慣になじんだ目には特異に映るのである。もっとも、真に独創的な思想のほとんどは、一般の人が陥りがちな先入観を排除することで成り立っているようにも思われるが。

人間の本質が二重性や間にあるという見方は、一般的かつ習慣的な見方と異なっている。これと同じように、「貢献心は本能である」という見方も、通説とは異なっている。一般に「本能」という「生まれもって備わっている欲求や欲望」は、自己保存のために働くと考えられている。したがって、本能は基本的には利己的なのである。「利己的」の「己」が「個体」を指す場合には、個体の生命維持が優先される。「己」が「種」や「類」である場合には、たとえ個体に不利益があっても種や類の存続発展が優先される。しかし、いずれにせよ、利己的であることに変わりはない。滝のいう「他者にたいして自分を生かしたい」［滝、一一二］とする気持ちや「与える歓び」［滝、一一一］とは、ニュアンスを異にしている。このニュアンスのちがいは、たんなる動物と人間のちがいに起因していると思われる。人間は、たんなる生命維持だけでは満足できない、ということなのだろう。

したがって、動物にはないが人間にはある「本能」、人間だけに「生まれもって備わっている欲求や欲望」を捉えなおす必要がある。しかし、この課題は私の専門ではないので、推測の範囲を出ない。ここでは比較行動学の正高信男の見解を参考にして、一言だけ述べておきたい。人間はサルと比べてはるかに高いコミュニケーションにたいする欲求をもって生まれてくる。コミュニケーション機能を高めるために、人間は生存にかかわる機能を犠牲にしてまで、ことばを発する能力を身につけたようである〔正高、五四―七一〕。ここからとりあえず言えるのは、人間は生得的に人とつながりたいという欲求をもっており、人とつながることだけで、つまりそれが生命の維持に直接かかわらなくても、満足を得るということである。つまり、「本能」という言葉をめぐって人間観を捉えなおすと、人間が本来的に人とつながりたい欲求をもっていることが見えてくる。

このように見てくると、滝の人間観と和辻の人間観とは、かなり深いところで通じあっているように思われる。私たちは本稿で、貢献心がなぜ「在って見えないのか」を考えている。滝の人間観と和辻の人間観に共通点が多いなら、和辻倫理学を参照することで、その理由の一端をさらに明らかにすることができるかもしれない。そして、「どのようにして見えない『貢献心』を『自分』のなかに設定し、またそれを実感すればよいのだろうか」という問いにたいしても、少しは答えられるのではないだろうか。

四　公私の表裏一体

これまでの考察から、本稿の視点が確認できたと思われる。ここからは、和辻の言説を具体的に読んでいこう。そして、貢献心が「在って見えない」ことの考察を一歩深め、貢献心の発見と発揮に必要な点を、和辻倫理学から提示してみたい。

共同の目的を達成する営みに、参加し、貢献することは、言いかえれば、きわめて公共的な行為である。また、貢献心を公共精神と捉えることもできる。この公共的であることと、私的であることとは、和辻の『倫理学』「第3章人倫的組織」でくわしく論じられている。和辻は、公共性の発揮されている人間関係や共同体を、「人倫的組織」と呼び、この第3章で人倫的組織の立ち入った分析をしている。和辻の見方で特徴的なのは、公共的存在と私的存在が同じ一つの共同体の表裏であると捉える点である。ある一つの人倫的存在は、その内部で程度の差はあれ、なんらかの公共性が発現されており、その意味で公共的存在である。しかし、その人倫的組織が外部から見られた場合、しかもそこに閉鎖性が認められた場合、その人倫的組織は私的存在と呼ばれる。つまり、人倫的組織は「うち」では公共的であるが、「そと」からは私的である、ということになる。

和辻倫理学において、私的であることとは「公共性の欠如態」である。しかし、これは私的存在に公共性がまったくない、という意味では決してない。公共性をまったく含まない私的存在というものはないのである。和辻はこのように述べている。「欠如するのは本質的に有るものである。本来無きものは欠けることはできない」〔倫理学（二）、九〇〕。では、和辻は公共性をどのようなものと考えていたのであろうか。和辻は次のように定義している。「公共性は参与の可能性であり、参与とは公表や報道において可能にせられる」〔倫理学（二）、八七〕。

このように和辻倫理学は、私的存在のなかにも公共性が含まれているという見方をとる。したがって、和辻倫理学において最も私的な存在は、じつは「個人」ではなく「二人共同体」だということになる。「個人」が私的存在でないのは、「個人主観を中心点とする遠近法的な空間界時間界」〔倫理学（二）、八九〕が「もし欲すれば互いに参与し合うことの可能な、その意味において公共的な世界」〔倫理学（二）、八九〕だからである。さらには、「個人的存在はその独特な個性が発揮せられればせられるほどかえって顕著となり、あらゆる人の参与を呼び寄せる」〔倫理学（二）、九二〕からである。それに対して二人関係は「ただひとりの相手以外のあらゆる他の人の参与を拒むところの存在」〔倫理学（二）、九五〕である。とくに異性との二人関係は、あらゆる人の参与を拒みながらも、ただひとりの例外に対しては「徹底的な相互参与を求める」〔倫理学（二）、九五〕点で、「うち」においてはすべてが公共的でありながら、かえって「そと」にたいしては私的存在として己れを現わすのである。このように和辻倫理学の説く人倫的組織は、私的存在と公共的存在という二重性を帯びている。

五　献身的な奉仕

ところで、滝のいう「貢献」は、先に述べておいたように、家族などの属する生活圏からは離れたところで、しっくりくる言葉である。生活圏では、「献身」や「奉仕」のほうがなじみやすい。二人共同体を最も私的な存在と捉え、二人共同体から考察をひろげていく和辻倫理学では、後者の「献身」や「奉仕」がよく登場する。二人共同体を形成することは、そこに公共性が実現することであり、それ自体が二人の間の共同的かつ公共的な目的である。しかし、私的な二人共同体が世間に公認されたものである夫婦は、和辻倫理学においてより人倫的な組織として認められている。そこで、第三者の参与を拒み、「夫婦の和合」（一五六頁）を目ざすことは「夫婦の道」であるとされる。そして、夫婦の道はより具体的に「婦《つま》の道」と「夫の道」に区別されるという。

婦《つま》の道の道として第一にあげられるべきものは「やさしさ」であろう。婦の夫に対する愛を生活の全面にわたって表現するのはこのやさしさであると言ってよい。特に婦の立場にとって特徴的なのは、このやさしさがただ心的な交渉においてのみならず、夫の身辺の些事に対する細かい心づかいや、衣食住のすべてにわたる夫の傾向・特性などについての行き届いた理解、それに対する暖かい配慮などとして現わされるという点である。これらの些末事はその有する意義においては決して些末事ではない。たとえば食事は単なる食欲の問題であって夫婦の愛の中枢に関するところがないとは言い切れないのである。夫の好む食物を夫の満足するように心をつくして料理するということは、文字通りに己が「心づくし」を夫に食せしめるのであって、実に端的に愛の表現である。同様に婦は夫に己が「心づくし」を着せ、また夫を己が「心づくし」の中に住まわせることができる。とすれば、日常の衣食住は単に物質的なことに過ぎぬのではなく、まさに婦の愛の世界、愛の光景であることができる。婦が内を治めるとか内を守るとかいうことは、古来強調せられた通りに、実際に重大な人倫的意義を担っているのである。

その他婦道としては「つつましさ」「奥ゆかしさ」「しとやさか」等をあげることができる。夫婦の私的存在において婦として限定せられた女は、その私的存在に対する第三者の参与を拒む。その拒否が存在の全面にわたって「つつましさ」として現われるのである。それは男に対する己れの魅力の露出を抑制し、簡素な外面によって内面の豊かさを押し包み、いかなるそぶりによっても己れの私的存在を漏洩しないようにする。このようなつつましさが心がけと訓練によって一定の態度にまで仕上げられたとき、そこに「しとやかさ」が現われる。それは包むことにおいてかえって内面の豊かさを現わし、秘することにおいてかえってその魅力を高めるのではあるが、しかし当人にとってはあくまでもそれらは隠されたものなのである。この二重性からしてそこに「奥ゆかしさ」が感ぜられる。これは行為の仕方に対する感じであって行為の仕方そのものではないが、しかしちょうどこういう感じを起こす行為の仕方があり、またかかる仕方を身につけている人もあるのである。ここで「ゆかしい」と言われるのは心が往かむと欲すること、秘められたものに心がかれることであって、当人が自ら示そうと欲しない優秀性をその欲しない態度から透見することにほかならない。芭蕉は「納簾《のうれん》の奥ものゆかし北の梅」という句によって気品ある一人の女を表現した。そこには「納簾」がなくてはならないのである〔倫理学（二）、一五七―一五八〕。

ただちに続けて、和辻は次のように述べている。

このような婦道に対して夫の道は何であるか。それは「男らしさ」にほかならない。それが特に夫道の云為《うんい》せられないゆえんなのである。夫は夫婦の私的存在の防衛者として婦を己れの背後にかばい、一切の責めを正面から受ける態度を執らなくてはならない。その夫としての「男らしさ」が夫の婦に対する献身的な奉仕なのである。従ってこの男らしさを欠くものは夫としての道にはずれたものになる。イプセンはノラの家出を描くに当たって、その夫にちょうどこの男らしからぬ態度を取らせた。それによって彼はノラの家出を正当化しようとしたのである。夫の男らしさは婦の存在を背負って立つところにある。それによって婦のやさしい献身的な奉仕がその充分な意義を発揮し、婦の作る愛の巣が人倫的意義を載せる車となり得るのである。婦道を婦道たらしめるのは夫道であると言ったのはこの意味にほかならない。かくして夫は婦の奉仕を己れの主我的快楽のために使用することなく、共同存在の実現の行為として、それ自身に意義あるものたらしめる。またこの仕方でのみ夫は婦《つま》の奉仕を受けながらしかも婦《つま》の人格を単に手段としてのみ取り扱うことなく、同時に目的としても取り扱うことができる〔倫理学（二）、一五八―一五九〕。

六　小さい世界における繊細な心情

男女の平等が謳われて久しい現代の私たちにとって、和辻の発言にみられる「男らしさ」や「女らしさ」といった規範は、時代錯誤に感じられなくもない。また、そうした点が批判されることもある［関口、二二三―二三二］。たしかに、『倫理学』では、婦の道と夫の道がはっきりと区別されている。とはいえ、記述の分量からも分かるように、和辻は明らかに婦の道に力点をおいている。それは、婦の道のなかで説かれた「やさしさ」「つつましさ」「奥ゆかしさ」「しとやかさ」といった徳目が、女性のものというよりは日本のものとして捉えたいと和辻が考えていたからである。そうした和辻の意図は、『風土』から窺うことができる。

和辻が日本的なるものについて語るとき、比較の対象になっているのは西洋である。『風土』では、西洋の人間の風土的な型が、「牧場《まきば》」に見出されている。西洋の自然が、牧場を形成できるほど、つまり雑草に悩まされないほど従順であり、しかも合理的であるため、そこで暮らす人間は自然を合理性に基づいて支配するようになった。牧場型の人間は、合理性に基づいて自立的に行動する。そこで、個人は自立するようになり、社会は自立した個人の共同によって公共的に作られている。和辻はこのように西洋社会について述べながら、日本社会と比較するのであるが、その一節に日本的な徳目についての言及があるので、そこを見てみよう。

しかるに垣根の内部の小さい世界においてはその共同は生命を危うくするということき敵に対するものではなかったとともに、また容易に献身的な態度を引き出し得るごとき自然的な情愛にもとづいたものであった。夫婦、親子、兄弟、——そこでは義務の意識よりも愛情が先立つ。個人は喜んでおのれを没却しつつそこに生活の満足を感じ得る。共同が「個人」を待って初めてその意義を発揮し得るとすれば、個人が喜んでおのれを没却するこの小さい世界においては共同そのものが発達し得なかったのは当然であろう。そこで人々はおのが権利を主張し始めなかったとともに、また公共生活における義務の自覚にも達しなかった。そうしてこの小さい世界にふさわしい「思いやり」、「控え目」、「いたわり」、というごとき繊細な心情を発達させた。それらはただ小さい世界においてのみ通用し、相互に愛情なき外の世界に対しては力の乏しいものであったがゆえに、その半面においては、家を一歩出づるとともに仇敵に取り囲まれていると覚悟するような非社交的な心情をも伴った［風土、一九八—一九九］。

和辻はここで西洋社会の公共性と対比させつつ、日本社会の公共性について語っている。西洋においては個人は自立している。そこで、自立した個人が共同して社会を営もうとするところに、公共生活が成立している。ただし、その範囲は、昔ならば城壁の内部、現在ならば国境の内部である。これらの内部では、人々が外部の共同の敵に対して団結し、共同の力をもって自分たちの生命を守るために、公共性が成立するのである。

それに対して、日本では「城壁」にあたるのが「家」である。「城壁」の内部と比べて「家」の内部は「小さい世界」であるため、「義務よりも愛情が先立つ」。そこで日本人は「繊細な心情を発達させ」ることになったが、それは西洋の公共性とは異質なものであった。このように和辻は述べ、「思いやり」、「控え目」、「いたわり」といった徳目を男女の別なく日本的なものとして扱っているのである。

また、「心情の発達」ということについて、和辻は『風土』の別の箇所でも言及している。ここの考察も、西洋社会との比較において、日本の性質が取りあげられている。明治以降、世界的に文明論が流行するなかで、日本も含めた東洋は「半野蛮」、あるいは「半開」と位置づけられてきた。「文明」化された西洋からは、東洋が「原始的活力」のある場所に見えたからである。こうした見方を念頭において、和辻は次のように述べている。

ヨーロッパ的でないことがどうして直ちに「原始的」であり得よう。たとえば日本の生活のごときはその「原始性」を失っている点においてはむしろヨーロッパ以上である。ヨーロッパ人がその生活の機械化にかかわらずなお多分に保っている「子供らしさ」のごときは、日本人には到底見られない。その点においてはヨーロッパ人の方がむしろ原始的活力に富むとも言われよう。とともに衣食住の一切の趣味に現われた「渋み」や「枯淡」への愛好、あるいは日常の行儀における「控え目」や「ゆかしさ」に対する感じ方のごときは、ヨーロッパ人の理解し得ざるほどに洗練されたものである〔風土、二〇八―二〇九〕。

少し寄り道が長くなってしまったが、確認したいことは、このことである。和辻は「控え目」や「ゆかしさ」や「やさしさ」のような美徳が、従来の西洋の倫理学では充分に捉えきれないと考えており、それらを日本的な「繊細な心情」として取り出している、ということである。『風土』ではこれらの心情がとくに女性のものとは限定されていなかった。こうした考えが和辻にあったため、「やさしさ」などを説く婦の道に、力点がおかれたものと考えられる。

和辻のあげる徳目が、日本に特有のものであるか、女性に特有のものであるかといった問題も重要ではあるが、本稿の課題から逸れるため、ここではこれ以上立ち入らない。日本的なるものが一般に、西洋的なるものと比べて女性的であるということであろう。本稿では、和辻がこれらの徳目を、和辻自身にとってなじみ深い日本社会の中から見出したということに注目しておきたい。

七　ともに生きるという充足

では、こうした徳目は、和辻の人間観にどのような形で生かされているのだろうか。

和辻にとって、人間が人間らしく生きるということは、人とともに生きるということである。そして、「ともに生きる」という構えのなかに、すでに共同で人間関係を築こうとする公共性が発揮されているのである。外部からはもっとも閉鎖的で公共性を欠くかに見える二人共同体ですら、その内部ではお互いの献身的な奉仕という公共性にあふれている。こうした公共性が、人間の人間らしい生の根っこのところに見出せるというのが、和辻の人間観なのである。

したがって、この「人間」は、たんに生命の維持を目的とするような動物とは異なっている。和辻は動物との違いをことさらに言い立てないが、和辻のいう「人間」とは、動物とは異なる「人間らしさ」を根本のところでもっているのである。それが、「人と人との間」を生きることとして提示されたのであった。

このような人間像のもとでは、生命の維持にとどまらず人間らしく生きようとすることで、人は満足を得るだろう。「ともに生きる」ということは、共同の目的である。それに参与することは、間柄としての「人間」を実現することである。人間としての自覚をもち、人と人との間を生きることは、それだけですでに自己充足の源となり得るのである。

したがって、自己充足をもたらすものが、もっとも私的な二人共同体の場合には、相互の献身的な奉仕だということになる。共同の目的は、やや古めかしい言い方をされていたが、「夫婦和合」である。ただし、夫婦和合が共同の目的で、その実現に参与する行為が献身的な奉仕というだけでは、いまだ二人共同体という「小さい世界」にしか当てはまらない話になってしまう。そこで、和辻は『倫理学』において、人間の共同体が徐々に外へと同心円状にひらかれていく様《さま》を論じており、公共圏を拡大していくことを試みている。しかし、どんなに公共性の成立する「内部」が拡大しても、感情や心情がベースになっているという点に変わりはないのである。

「献身」や「奉仕」が「小さい世界」に向けた公共的な行為であるならば、「貢献」はより「大きい世界」における公共的な行為であると言えよう。とはいえ、「献身」や「奉仕」と「貢献」は、はっきりと区別されるものではない。一方が、より生活圏に近い小さい世界で働くとすれば、他方は、より実社会に近い大きい世界で働くというように、段階的なニュアンスの違いがあるだけである。そこで、最も私的な二人共同体において働く献身や奉仕が、どのようにして、より大きい世界へ向けて働くようになるかを、簡単に述べておこう。代表的な変化として、二人共同体の閉鎖性が打ち破られ三人共同体になるところを、見てみる。

二人共同体が私的であるのは、あらゆる第三者の参与を拒むところにあったのだが、和辻はこの共同体に唯一参与できる第三者があるという。それは、いうまでもなく子である。子の誕生によって、二人共同体は、夫婦であり続けながらも、子にとっての父母になる。つまり、子の誕生という第三者の参入によって、二人共同体の性質が変化するのである。その変化にともない、いままで相互に向けられてきた愛情が、子へも向けられるようになる。和辻はこの変化を次のように述べている。

子が幼少である間は親子の関係は主として養育の関係になる。親は子の身体の健全な発育に努力するのみではない。言葉を教え、技術を教え、行為の仕方を教え、総じて子の存在の全面的な展開に力を尽くすのである。この努力は子に対する限りなき慈愛において行われる。しかもこの慈愛は通例子の内の可能的な人格に対する充分な尊敬をさえ含んでいる。嬰児の行く末がいかなるものとして思量せられるにもせよ、かかる思量を超えた無限に深い意義が嬰児の養育そのものに認められるのは、嬰児における可能的な人格の神聖性に基づくのである。子の養育が親にとって労苦であるにもせよ、親はこの労苦において愛の充たされることを感ずる。健やかに育つ子の姿は、手段としての価値を担うのではなく、それ自身において親の喜びであり福祉なのである［倫理学（二）、一七八］。

同様の記述は、『倫理学』の別の箇所にも見出される。

この親子の間柄には、今たくましい青年となっている子がかつて嬰児として、そのころまだ若かった父と母とに慈しまれたこと、特に母親は幾千度となくこの嬰児を抱き、愛撫し、あやしつつ哺育したのであること、あるいはまた彼が幼児として、さらに少年として、日夜に父母の深い配慮を受けつつ、その健やかな成育やその愛らしい言動をもって父母の生を充たしていたこと、などの数え切れない過去が、現に生きているのである［倫理学（三）、一〇六］。

先に引用したほうで述べられていたように、子への配慮は大人同士の配慮とは異なっている。子は未熟であるため、大人に向けられるのと同様の敬意を受けるわけではない。それにもかかわらず、子の人格は、尊敬の対象になる。なぜなら、親の慈愛は、たんなる現在のありのままの子に注がれるだけではなく、「子の内の可能的な人格」にも注がれるからである。したがって、そこには、まだ実現していないが「可能的な人格の神聖性」が見られている。つまり、見えない可能なものに対して、父母は積極的に献身的な奉仕を行うのである。

こうして、献身的な奉仕が、見えない可能なものへも向かうように変質し始めたならば、社会的な「貢献」との区別はほとんどなくなっている。そこに、可能的な人間関係をも「自分ごと」として受け止める素地ができているからである。そこでは、相手に対する思いが、「奉仕」や「貢献」といった形で、やがて発動されるであろう。さらに見落としてはならないのは、そこで愛が充たされるという「自己充足」までも感じられることである。

八　「個人」から「人間」へ

本稿は、滝の提唱した「貢献心は本能である」という哲学的見解に賛同し、なぜ貢献心は在って見えないのか、また、どのようにすれば貢献心を自分のなかに見出せるのか、という問いを、和辻倫理学を参照しながら考えてきた。その過程で、滝の人間観と和辻の人間観の近さに、問題解決の鍵が求められた。その内容をふりかえり、貢献心の発見と発揮についての本稿の考察をまとめよう。

滝は、貢献心を本能としてもつ人間を、「ホモ・コントリビューエンス」として捉えた。これは、人とのつながりを欲求し、人と人との間に人間らしい生の所在を求める点で、和辻の人間観と共通するものがある。和辻倫理学においては、さまざまな程度の差があるという前提つきではあるが、人間はその根源に還ろうとするものだと言われている。言いかえれば、人間は人と人との間をあるべき形でつなぎたいという欲求を、根本のところでもっているのである。この欲求は人間関係を成立させる方向で働くため、倫理的かつ公共的な行為として現われる。その一例が、「やさしさ」、「心づくし」、「いたわり」や「控え目」などといった「献身的な奉仕」であった。こうした欲求が、より大きい世界へ向けられれば、「貢献」として発動されるだろう。

さて、貢献心という「本能」が在って見えにくいのは、「人間」をつい「個人」として捉えてしまうからである。貢献心を発見しやすくするためには、人間らしさを「個人」から考えようとする人間観から、人間として生きていることの意味、人間らしさの所在を「人と人との間」に認める人間観へと改めることが必要とされる。つまり、自己認識の根拠を「人と人との間」に置くのである。

人間として生きているという実感や、その思いが充たされる場を、人と人との間に求めていくことは、初めのうちは難しいかもしれない。しかし、人間らしい生の根源が「人と人との間」にあると認識することで、その間をつなぐ貢献心を自分の中に設定することが、少しは容易になるにちがいない。

参考文献

※文献は引用順に記載した。引用あるいは参照した箇所は、本文中に[著者姓、頁数]の形式で記した。なお、和辻哲郎の著作のみ[書名、頁数]の形式で記した。

滝久雄『貢献する気持ち』紀伊国屋書店、二〇〇一年。
西田幾多郎『善の研究』岩波書店（岩波文庫）、一九五〇年。
正高信男《まさたかのぶお》『0歳児がことばを獲得するとき』中央公論新社（中公新書）、一九九三年。
和辻哲郎『倫理学（二）』岩波書店（岩波文庫）、二〇〇七年。
関口すみ子『国民道徳とジェンダー』東京大学出版会、二〇〇七年。
和辻哲郎『風土』岩波書店（岩波文庫）、一九七九年。
和辻哲郎『倫理学（三）』岩波書店（岩波文庫）、二〇〇七年。

第四部

「貢献心」は本能か？——オペラに基づく批判的考察

関根清三

プロローグ

滝久雄氏の『貢献する気持ち』という御著書の内容は多岐にわたるが、その基本の主張は、「貢献心は本能である」というテーゼに集約される（八頁）。その意味は差し当たり、「貢献心」が、（一）賞賛される「美徳」（九頁）ではなく、「自己犠牲への希求」（一〇頁）や「愛」（同）とは一線を画すること、また（二）誰にも「生まれながらに備わっている本能に起因し」（同）、「私たちが自分のために表現する欲求の一つとして、きわめて自然に生まれてくるものなのだ」（一一頁）という、二点に要約されるだろう。そして滝氏の全体としての意図は、（三）「他人のため」（七三頁）が「自分のため」（同）となるような、日常の生活での自他の「幸福」（同）な共生を是としたいという点にあるように見える。

滝氏の意図を達成するためには然しながら、未だ多岐にわたる批判的検討が必要に違いない。「貢献する気持ちの研究」と銘打った本プロジェクトの趣旨は、そうした考察を各方面から加えることにある。筆者は特に、（一）「貢献心」は本当に、「愛」や「自己犠牲への希求」と異なり、「美徳」ではないのか、また逆に、（二）なぜ「貢献心」は総ての人が「生まれながらに備」えていると言えるのか、という二点をめぐり、オペラを題材として、批判的検討を試みたい。[☆1] 一七世紀イタリアに発し、特に一九世紀、ドイツやフランスにも波及して隆盛をきわめ、その後何度もその終焉がささやかれながら、未だ少なからぬ支持者を擁す、オペラというこの総合芸術は、恐らくこの点の検討に資するところ少なくないように思われるのである。

一　プッチーニ『ラ・ボエーム』

ジャコモ・プッチーニの初期のオペラ『ラ・ボエーム』は、一九世紀パリのカルチエ・ラタンのアパートの屋根裏に住む、芸術家の卵たちとその恋人たちの青春の詩を歌い上げた、佳品である。詩人ロドルフォはお針子のミミと同棲するが、ミミは結核を患い、貧しいロドルフォに養生させる力はない。二人は別れる決心をし、ミミは貴族のパトロンに養われる身となる。然し死期を悟った彼女は、最期、ロドルフォのもとで死にたいと、住み慣れた屋根裏に帰ってくる。屋根裏の仲間たち、哲学者のコルリーネは自分の外套を、ムゼッタは耳飾りを売って、薬を買いにやり、ムゼッタは更にミミの冷たい手を温めるために自分のマフを持ってくる。こうした優しい心遣いが、滝氏の言われる「本能」としての「貢献心」の発露の例となるだろう。プッチーニの音楽は、しばしば恋人の画家マルチェルロと派手な痴話喧嘩をするムゼッタに、こうした優しい心根もあることを、二幕の「私が町を歩くと」の華美なアリアとはうってかわった抑制のきいた旋律で、巧みに表わす。また《古い外套は、擦り切れても、富や権力に屈しなかった。袖を通したのは、貧しい我々のみだ。楽しい日々が過ぎ去った今、さらば、我が忠実な友よ》と、質屋に持って行く前の外套に感傷的に語りかける、コルリーネの短いアリア「外套の歌」も、朴訥な男の、仲間の役に立ちたい真情を伝えて感銘深い。

然しこれらが、オペラ全体から見れば、ロドルフォの悲痛な叫びで終わる、ミミの死の場面に至る挿話であり、この大団円の効果を増す伏線に過ぎないことも、また事実であろう。聴衆は外套の歌にホロリとさせられはするが、ミミの死の場面のように嗚咽慟哭にまでは至らない。ロドルフォが、ミミの病気の回復のために貢献したがっていたことは、三幕の雪降りしきる朝方、居酒屋の前でマルチェルロにミミの病状を訴える場面などに明らかだが、それはオペラの主題とはならない。主題は、貢献心を含むけれど、それだけでは済まない燃えるような恋心なのである。オペラという芸術は大概、こうした恋愛をめぐって展開し、究極まで振れないと終わらない。オペラは総じて大劇場空間で、オーケストラを従えた巨声美声が朗々と歌い、振幅が大きい所にその特徴があり、日常の貢献心だけでは済まないのである。そしてその燃えるような愛は死によって挫折して、涙をさそう。或いはしばしば死を賭した場面で試されるのである。オペラにおける貢献心の考察は従って、非日常における貢献心の可能性あるいは不可能性を問う試みとなることを、強いられる筈である。

さて詩人ロドルフォには、未だ別の貢献の可能性があった筈であろう。一つは、夢見がちなボヘミアンの詩人生活を捨てて、ミミの薬代を稼ぎ出す労働に従事する道。彼がどの程度の詩才に恵まれていたか知らないが、これは何らかの自己犠牲の道となるだろう。もう一つは、こうした希望に満ちた若者たちが、貴族に身を売らなくても生きていけるような、格差のない社会の実現に邁進する道である。『ラ・ボエーム』というオペラは、そのどちらの道に行く才覚もなかった普通の若者の挫折に、普通の我々も涙する類いのオペラだが、自己犠牲と社会改革に展開するオペラもないわけではない。

☆1　専門的な楽曲分析は、筆者の手に余るとしても、譜例をたくさん掲げて説明を加える用意をしていたが、技術的な理由から割愛せざるを得なくなった。ただオペラのテクストを読むだけでも、「貢献心」の検討という所期の目的は達成される筈で、この点が本考察にとって、さほどの瑕疵にはならないことを願っている。

二　ジョルダーノ『アンドレア・シェニエ』

先ず社会改革の方から見るならば、フランス革命を背景とした幾つかのオペラが想起されよう。作曲年代順には、ヴォルフガング・アマデウス・モーツァルトの『フィガロの結婚』、ウンベルト・ジョルダーノの『アンドレア・シェニエ』、そしてフランシス・プーランクの『カルメル派修道女の対話』が、その代表となる。このうち『フィガロの結婚』はカロン・ド・ボーマルシェの原作にあった貴族社会への風刺や抵抗が、ロレンツォ・ダ・ポンテの台本では検閲を恐れて大方除かれているし、『カルメル派修道女の対話』は一四人の修道女が次々に断頭台に消えて行く話であるから、共に直接の社会改革とは関わらない。『アンドレア・シェニエ』こそ、――これまた恋愛が主題であるけれど、副題として――社会改革への眼差しを豊かに備えた作品である。以下、これについて見てみたい。

それにしても同じパリの詩人とはいえ、シェニエはロドルフォとは随分違う。ロドルフォが、一八三〇年頃、王政復古に対する七月革命当時なのに、政治色は乏しい詩人の卵の設定であるのに対し、シェニエは、フランス革命前夜からロベスピエールの恐怖政治に至る一七九〇年前後、社会の革命のために生き、そして死んでいった、実在の詩人なのである。

ジョルダーノのこの四幕ものオペラは、『ラ・ボエーム』と同じく、ルイジ・イルリカが台本を担当しているが、その政治的視点は顕著に異なっている。☆2 一七八九年冬、コアニー伯爵の別荘の夜会が舞台の第一幕が既に、次の点を描き出す。すなわち、革命前夜の貴族たちの、没落を予感しつつアンシャン・レジームにしがみつく姿と、その下僕として営々と報われない労働に従事してきたカルロ・ジェラールの怒りと反抗である。その夜会に招待されたシェニエは、伯爵の娘マッダレーナに田園詩でもと求められ、詩情は恋と同じく気まぐれなものと断る。娘はその答えに吹き出し、シェニエは憤然として、即興詩「ある日、青空を眺めて」を歌い出す。この冒頭のアリア[☆3]でシェニエは、祖国への愛、貧しい人たちへの同情、圧制への非難を、劇的に歌い上げ、マッダレーナは心ひかれ、立ち聞きしていたジェラールも感動する。

二幕以降は、その五年後、革命後のパリが舞台だが、そこにシェニエの理想は実現されておらず、貧困と暴力と恐怖が支配している。没落し独り身となったマッダレーナは、かつて夜会でその情熱的な詩を聞いたシェニエに、唯一頼る人と打ち明け、シェニエはこの純真で美しい娘に、死が引き離すまで離れないことを誓う。

ところが、オペラによくあることだが、そして大抵バリトンがその役回りなのだが、ここでも主人公の美しい女性に岡惚れする男が登場する。ジェラールがその人である。彼は伯爵邸の下僕ながら密かにこの高嶺の花に憧れていたのであり、革命後ロベスピエール派の重鎮となった今、彼女を探し出そうとしていた。密偵がやっと彼女を探し出してジェラールが駆け付けると、彼女はシェニエと愛を語り合っている。ジェラールは彼女を拉致しようとして、シェニエと決闘となり、刺される。然しここが彼の立派なところだが、シェニエにマッダレーナのことを託し、シェニエもロベスピエール派から狙われているから気をつけろと忠告する。シェニエが去った後、味方が駆け付けて、誰に刺されたか聞かれても、ジェラールは見知らぬ男と答えるのである。ここまでが二幕。

三幕は革命裁判所の法廷。ここでジェラールは揺れる。シェニエが捕えられ、マッダレーナは行方が知れない。シェニエを告発すれば、マッダレーナが姿を現わすに違いないという密偵の助言にのって、告訴状を書いてしまうので

☆2 なお『ラ・ボエーム』では『トスカ』『蝶々夫人』の場合と同様、筋書きをイルリカが書いた後、ジュゼッペ・ジャコーザが叙情的韻文に直したという。『シェニエ』にジャコーザの協力はない。

☆3 『アイーダ』冒頭のラダメスのアリアと並んで、喉が温まらないうちに歌われる、テノール殺しの難曲である。

ある。「国を裏切る者」という権力者に都合のよい罪名で告訴することを恥じつつ、マッダレーナへの慕情とシェニエへの嫉妬に揺れる心のうちを、ジェラールは有名なアリアに託して歌う。マッダレーナは直ぐ現われ、ジェラールは恋を告白する。驚いたマッダレーナは、シェニエの身代わりになるという、切々たるアリア「亡くなった母を」を歌い、ジェラールはその献身的な真情に打たれ、告訴を撤回しようと法廷に走るが、時すでに遅くシェニエの処刑が決定する。

ここで「貢献心」という本稿のテーマに立ち帰って、ジェラールの心を振り返っておこう。彼は下僕として、伯爵家に「貢献」しようと身を粉にして働いてきた。然しそれに感謝する感性も教養もない、《それだけの名誉を手にいれるために、生まれるということ以外なにもしていない[☆4]》貴族という輩に愛想が尽きた。彼は貴族社会と決別し、革命によって貧しい人々に「貢献」しようとした。また憧れていたマッダレーナを守る「貢献」をした。然しそれらの「貢献」にも共に挫折するのである。革命は貧者を恐怖政治によって支配する新しい体制を作り出しただけであり、彼を愛さない女性は、彼の「貢献」が迷惑でしかない。ここに「貢献」ということの一筋縄では行かない困難が露呈してくる。この困難については、ここでは一先ず問題の指摘に留め、その先の展開については、後述することとしたい。[☆5]

さてこう書いてくると、『アンドレア・シェニエ』は『カルロ・ジェラール』と改題した方がよいバリトンがタイトル・ロールのオペラかとも思われようが、そうではない。「貢献心」というテーマとの関連で注目されるのがジェラールであるというだけであって、このオペラの主題は飽くまで、ロブストのテノールとリリコ・スピントのソプラノで歌われる、シェニエとマッダレーナのドラマティックな愛である。実際、ジェラールには先の「国を裏切る者」というアリアがあてがわれているだけだが、シェニエは冒頭の即興詩だけでなく、三幕の法廷の場で名誉ある死を訴える「私は兵士だった」、最終四幕では、処刑を前にマッダレーナへの愛と詩の女神との別れを歌う名歌「五月の晴れた日のように」を、加えて二幕ではマッダレーナとの愛を誓い合う美しい二重唱、四幕フィナーレでは死に臨んでマッダレーナとの劇的長大な二重唱を歌い続けるのである。[☆6] マッダレーナは明日処刑される女囚の身代わりとなって牢獄に入り、シェニエと共に断頭台に赴く。そこで歌われる二重唱が「私の不安な魂も、貴方の傍らで安らぎを得ました」で、純愛に殉ずる二人の、永遠の愛の凱歌である。

これは「貢献心」という概念を殆ど超えた、究極的な愛の姿であるけれど、貢献心の突き詰めた帰趨を或いは暗示するのかも知れない。

☆4 ボーマルシェの『フィガロ』五幕の有名なセリフ。

☆5 新国立劇場・情報誌『ジ・アトレ』二〇一〇年八月号に掲載された、ジェラールを演ずるバリトン、アルベルト・ガザーレの分析は、この知的な歌手らしいものであった。再録しておく。「権力を掌握することと、愛に勝利することは、ひとりの人の内面におけるまったく異なる二つの局面なのですが、彼は愛情における非充足感を、政治力を悪用することで打ち消そうとするわけです。複雑で今日的な人間行動のパターンです。イタリア人っぽい、とも言えますよね。恥ずかしながら、現代のイタリア人は権力を利用できる立場にあると、理想のためだけに使うとは限りませんから（笑）。ですがこれはフランス革命の副産物というか、それによってでき上がった世界共通の近代以降の人間の姿なのかもしれません。かつては壮大な理想に燃えて、死をも恐れなかった人物が、権力の座につき、その権力ゆえに己の尊厳を危険にさらす、という姿です。私がジェラールを演じるときは、彼をそのようにとらえますが、幸い、今、自分はこの役を演じやすい状況にあると思っています。というのは、私自身、ありのままの自分を他人に見せられる年齢なので。理想に燃える青年のありようを自分と同種のものとも感じられますし、同時に、壮年期に近づくと精神がどう変化するかも理解できる年齢に近づいていますから。」

☆6 殆ど出ずっぱりで、これらの劇的な歌を歌うことのできるロブストのテノールは数が少なく、この名曲がそう頻繁に上演されない所以である。NHKのイタリア・オペラで一九六一年、日本初演をした稀代のドラマティック・テノール、マリオ・デル・モナコも、鳴りやまない拍手にアンコールをしたいが、その余裕がないほど重いオペラなので申し訳ないと語ったという逸話が残っている。筆者が実演に接したのは、一九八一年、ウィーンでプラシド・ドミンゴ、四半世紀飛んで、二〇〇六年、ボローニャ・オペラの引っ越し公演で、ホセ・クーラくらいだが、共に終幕のアリアの最後のB音はかすれた。

このオペラで後一つ「貢献心」に関わる挿話について付言しておくならば、それは三幕の寄進の場面である。国家の窮乏に際し、民衆は金や装身具を寄進する。そこに盲目の老婆が現われ、自分に唯一残された宝、末の息子を国に献げると申し出、人々の感動を誘うのである。プロレタリアートとは元、自分の子供（ラテン語のProles）以外に富を持っていなかった階層の人々を指す言葉であった。その人々の「貢献」を語る、心を打つ場面である。

三　ヴェルディ『オテロ』

オペラには、岡惚れするバリトン役が多いと書いた。その中でジェラールは、「貢献心」をわきまえた、例外的な好漢と言うべきであろう。むしろ多いのは、貢献心のかけらもない、悪漢たちである。中でも、ルートヴィッヒ・ファン・ベートーヴェンの『フィデリオ』における刑務所長ドン・ピッツァロ、ジュゼッペ・ヴェルディの『オテロ』の旗手イアーゴ、プッチーニの『トスカ』の警視総監スカルピアらは、悪の化身のような男たちである。オペラは総じて、非日常にまで振れると書いた。それは愛においてだけでなく、憎しみにおいてもそうなのだ。

イアーゴの場合を考えてみよう。二幕で彼は「無慈悲な邪神の命ずるままに」という所謂「イアーゴのクレド」として知られるアリアを歌う。これはシェークスピアの原作にはなく、台本を担当したアリゴ・ボイートの創作である。

「俺を動かすのは俺の悪魔。俺は信じる、無慈悲な邪神（inesorato Iddio）を。
俺は信じる、みずからに形どり俺を作り出した、残忍な神（Dio crudel）を。
そして怒ったとき、俺はこの神を呼ぶ。

俺は賤しい胚種や原子から生まれたのだ。

俺は極悪非道だ。人間であるが故に。

そして俺は俺の中に、本能的卑劣さ (il fango originario) を感じる。

そうだ！これが俺の信条だ。

……

俺は信じる、正直者は嗤うべき道化だと。……

彼の中にあるのは、総て偽善 (bugiardo)。

涙、口付け、眼差し、犠牲と名誉、総てこれ偽善。

そして俺は信じる、揺り籠の胚種から墓場の蛆に至るまで、邪悪な運命の戯れに過ぎぬと。

死神が散々嗤い者にした後やってくる。

そしてそれから？ それから？

死は、無にほかならぬ (La morte è il nulla)。

天国なんて、古臭い法螺話だ。」


イアーゴがなぜ執念深く、オテロの嫉妬を煽り、デズデモーナ殺しへと駆り立てるのか、シェークスピアの『オセロ』には、デズデモナへの岡惚れや、キャッシオの副官昇進への妬み等、伏線が張られていないわけではなく、ボイート＝ヴェルディの『オテロ』もそれを踏襲しているが、それだけでは説得力に欠ける嫌いがある。それに対して後者では、このクレドで総てを説明し尽くすのである。理由など取り立てなくとも、「本能的な卑劣さ」が、悪行へと彼を追いやるのだ。そしてその「卑劣さ」「悪魔」「無慈悲な邪神」を見ていない「正直者」は、「偽善」者に過ぎないというのである。イアーゴは他者の益になることのために「貢献」するどころか、ひたすら他者の害になることを画策する。そしてそれが、人の「本能」だと言い放つのである。

イアーゴのように「信条」を吐露するわけではないが、似たり寄ったりの悪漢、ドン・ピッツァロやスカルピアの場合にも、「貢献心」のかけらも見られない。ドン・ピッツァロは政敵フロレスタンを獄舎に捕らえ、それが発覚しそうになると殺そうとする。スカルピアは、加えて女好きであり、歌姫トスカの肉体を手に入れるため、恋人の画家カヴァラドッシを拷問にかけ処刑しようとする。☆7

逆に「貢献心」に満ちた善意あふれる女性もいる。オテロの妻、デズデモナはその典型であろう。彼女は夫の副官カッシオが、酒に酔って不祥事を起こして失脚すると、可哀想に思って夫に執り成す。悔いている部下に貢献したいのである。然しそれが、イアーゴに吹き込まれて、二人の中を疑っているオテロを苦しめるということが分からない。「何故あなたのお声は乱れて聞こえるのでしょう。どのような痛みがあなたを苦しめているのでしょう」と無邪気に問う。苦しんでいる夫に貢献したいのである。然しその「貢献心」が仇になる。年取り、黒い肌で、愛の手管も知らぬ自分を、妻は嘲っているのだと疑心暗鬼に陥った、このムーアの武将は、妻が苦しみを和らげようと差し出したハンカチを邪険に振り払って、「出て行け、一人になりたいのだ」と叫ぶ（二幕）。「貢献心」が空回りし、相手に貢ぎ物をもたらすどころか毒を盛り、廻り回って自分の首を絞めることがある。デズデモナは、嫉妬に狂った夫に呪われ（三幕）、文字通り首を絞められて殺されるのである（四幕）。

以上、本章ではフランス革命を背景とするオペラ、中でも『アンドレア・シェニエ』を取り上げ、そこから話は幾つかのエピソードへと脱線した。革命に戻るならば、それが虐げられた人々を解放するという事実から、社会改革こそすべての災いを癒し、世界からすべての悪を根絶する、と考えられたのは、歴史上繰り返される、一般化による誤りである。この誤りの先に、エイブラハム・J・ヘッシェル[☆8]なども言う通り、「だが結局我々は、預言者と聖者が常に知っていたこと、すなわち、パンと権力だけでは人類を救えないという事実、を発見した」のである。更にその先に「神に対する畏怖だけが鎮めうる残虐行為への欲情と衝動が存在する。聖性のみが風穴をあけうる、窒息させるような利己主義の壁が人間にはある」と、ヘッシェルのように、宗教の方向に進むわけではないオペラの世界の考察は然しながら、革命による「貢献心」の成就ではなく、自己犠牲による「貢献心」の貫徹という、先に指摘したもう一つの位相へと進むこととなる。

☆7 カヴァラドッシは、美しい二つのアリアと、トスカとの甘い二つの二重唱を歌う二枚目の設定だが、元来二幕のVittoria!の叫びに象徴されるような、ナポレオンの革命思想に共鳴する戦士であり、アンジェロッティをかくまい拷問に堪えて理不尽な権力に抵抗する気概を持っている。スカルピアは二幕で、形だけカヴァラドッシの処刑免除を指示し、国外への通行証を書いて、代わりにトスカの肉体を求める。トスカは近寄ってきたスカルピアを刺し殺し、この通行証を持ってカヴァラドッシの処刑場に駆けつける。有名な「星は光りぬ」のアリアを歌い、一人死ぬ覚悟であったカヴァラドッシは、駆け付けたトスカの「優しいこの手」がそのようなことをしたと知って感謝し彼女を慰めるが、空砲による銃殺と聞いていたトスカの期待を裏切って、彼は実は実弾で殺される。このままでは、カヴァラドッシも空しい希望を抱いて、スカルピアの嘘によって殺された、甘い夢想家といいうことになりかねないが、スペインの名テノール、ジャコモ・アラガルの名演技は、この点を補って余りあった。すなわち、彼は「優しいこの手」の二重唱でトスカを慰めつつ、自分の死を予感した別れを告げ、そして兵隊たちの銃口が向けられると、通行証を怒りと恐怖をもって握りつぶすのである。もう自分は死ぬのだから、この通行証は必要ないことを知ったリアリストの革命家の姿が、ここに結実する。これは誰か演出家のつけた演技というよりも、アラガルの解釈であるらしいことは、ミュンヘン、ヴェローナ、東京で、それぞれ異なる演出の舞台で彼がこの演技をしたことから推測される。

☆8 A. J. Heschel, God in Search of Man. A Philosophy of Judaism, 1955, p. 169〔A・J・ヘッシェル（森泉弘次訳）『人間を探し求める神――ユダヤ教の哲学――』教文館、一九九八年、二一四頁。

四　ベートーヴェン『フィデリオ』、ワーグナー『さまよえるオランダ人』『タンホイザー』

邪悪な男たちに対する、自己犠牲的な女性たちの対比は、オペラにおいては際立っている。因みに作曲家はみな男である。中でも、ベートーヴェン『フィデリオ』のレオノーレ、リヒァルト・ワーグナー『さまよえるオランダ人』のゼンタや、『タンホイザー』のエリザベートといった、ドイツ・オペラの系譜が先ずは注目されよう。ここには、ヨハン・ヴォルフガング・フォン・ゲーテの『ファウスト』から、ゲルハルト・ハウプトマンの『あわれなハインリッヒ』に至るドイツ文学・演劇に内在する「永遠に女性的なるもの」への憧憬と、その女性の犠牲的な愛によって男に救済がもたらされるという、基本思想が看取されるだろう。

『フィデリオ』は、政敵で刑務所長のドン・ピッツァロに監禁されていたフロレスタンを救い出すために、妻のレオノーレが男装して刑務所に入り、夫を救い出す物語である（なおフィデリオは男装の時のレオノーレの偽名だが、岡惚れは必ずしもバリトンの専売特許ではなく、これを男と思って慕う、マルツェリーネというソプラノが登場するのは御愛嬌である）。大臣の視察で悪事が露見しそうになったピッツァロがフロレスタンを剣で刺し殺そうとした時、「下がれ！（Zurück!）突き刺すなら、まず私の胸を突き刺せ（durchbohren）」と一喝して、これを救ったのはレオノーレである。しかも用意周到な彼女はピストルをピッツァロに突き付け、大臣到着を待って、夫婦は二人して救われるという、ハッピー・エンドが用意されている。

ワーグナーの二つのオペラもハッピー・エンドで終わるが、それは男たちにとってであって、主人公の女性たちは、フィデリオより自己犠牲的で、悲劇的な死に至る。

『タンホイザー』のタイトル・ロールは、ヴェーヌスの館で逸楽の限りを尽くし、その罪の赦しを得るためにローマに向かうが、教皇から救済に値しないと宣告される。絶望してヴェーヌスの愛欲の館に戻ろうとするタンホイザーは然し、エリザベートが自分の命と引き換えに彼の罪を贖ったことを知り、留まって息絶える。彼の罪が赦された印が現われて幕となるというのが、このオペラである。

『さまよえるオランダ人』は、かつて悪魔に助けを求めたせいで、永遠に海を彷徨う運命にある。然し七年に一度だけ上陸し、永遠の愛を誓う処女に巡り合えば救われるという。二幕一場のバラードで、夢見がちな少女ゼンタは、その物語を語り、「私こそ貞節によって貴方を救う妻です。天使様、どうか彼に引き合わせてください」と叫び、周囲の娘たちから「気がふれた（Sie ist von Sinnen）」と呆れられる。彼女はオランダ人と会って、その人と知り、貞節を疑って出航したオランダ人に向かって、永遠の愛を誓い、海に身を投じて彼を救済するというのが、この物語である。

この二人の女性、エリザベートとゼンタが、なぜこの相手を愛と救済に値する男だと見極めたのかは然しながら、オペラのどこからも分からない。彼女たちがそうした貞淑な純愛に、観念的に憧れていたことは分かるけれども……。より現実的で、しかも後述するとおり、より自己犠牲的な愛は、私見によれば、『トゥーランドット』に登場する女奴隷リューにおいて、もっと説得的で突き詰めた形で呈示されるように見える。

五　プッチーニ『トゥーランドット』

プッチーニの、この最後の未完のオペラは、伝説時代の北京を舞台にしている。紫禁城に住むトゥーランドット姫は、かつてこの城に攻め込んだタタール軍の兵士のため非業の死を遂げたローリン姫の恨みを晴らすため、異国から求婚に訪れる若者たちに三つの謎をかけ、解けない者を処刑する、冷酷非情な処女として知られた。然しその美しさにひかれ、数多の若者が謎に挑み、そして首をはねられてきた。タタールの王子カラフも、戦いに敗れて彷徨う中、この姫を見て謎に挑むことを決意する。盲目の父王ティムールと、その手を引き世話をする女奴隷リューは、必死に止めるが、カラフの決意はかたい。カラフを密かに慕うリューは「王子様、お聞きください」というアリアで、謎が解けない時は自分たちも死ぬと涙ながらに訴え、カラフは心を動かされて「泣くな、リュー」というアリアで優しく女奴隷を慰めつつ、必ず謎を解くことを誓う。二幕第二場がその謎解きの場面だが、王宮前の広場に群衆が集まるなか、カラフは見事にこの三つの謎を解く。それでも異国の若者に私を渡さないでと父の皇帝に訴えるトゥーランドットに、カラフは明日の朝までに自分の名が分かったら死のうと応じる。皇帝は日の出とともにカラフを我が子と呼びたいと告げて、第二幕が終わる。

続く第三幕は、夜の闇のなか、男の名前が分かるまで誰も寝てはならぬという姫の御布令を聞きながら、カラフが有名なアリア「誰も寝てはならぬ」に託して、私の口付けに姫の冷たい心も溶けるだろう、と愛と勝利の確信を歌う。ところが衛兵がそこへ、リューとティムールを引き立ててくる。リューはティムールをかばって、私だけが名前を知っているが、それは私だけの秘密と叫ぶ。拷問に必死で堪えるリューに、トゥーランドットは尋ねる。

「その揺るぎない力は、どこから来るというのか」。

リューは敢然と応える。

「王女様、それは愛からです。
私の心に秘めた、密かな愛は、広く深く、この責め苦さえも甘味に思えるほどです。

御蔭で御主人様に贈り物をできるからです。
沈黙を貫くことで私は、王女様をあの方に向けることができます。
たとい総てを失っても、かなわぬ夢さえなくなっても。」

姫は苛立ち、群衆は白状させろとわめきたてる。リューは、これ以上拷問に堪えられるか分からなくなり、トゥーランドットに向かって「お聞きください」と、あらゆるオペラの中で最も心をうつアリアの一つ、「氷のような姫君の心も」を歌い出す。

「氷で心閉ざした貴女様も、炎の熱には負けて、
あの方を愛するでしょう。
きっと愛するでしょう。
夜があける前に、私は力尽き、この目を閉じます。
あの方の勝利を願いながら。
今度もまた勝てるようにと。
夜があける前に、私は力尽き、この目を閉じます。
二度とあの方を見ずにすむように、永遠にこの目を閉じます。」

歌い終わったリューは、傍らの衛兵のもとに駆け寄り、その短剣を抜き取って、みずからの胸に突き立てる。衛兵に押さえられていたカラフは、身を振り切って駆け付けるが、その足元でリューは息絶え、トゥーランドットは己が

目を覆い、群衆はその死を悼む。

「リュー、善意の人よ。
どうか、我らを赦してくれ。
善い娘だった。
心優しい娘だった。
安らかに眠れ、
詩のような娘よ」

と、葬送の合唱とともに群衆は去る。ここまでが、癌を患っていたプッチーニが生前作曲できた部分であり、後は友人のフランコ・アルファーノが遺稿を参照しつつ補筆した(二〇〇一年にはルチアーノ・ベリオの版も作られている)。カラフはトゥーランドットに接吻をし、トゥーランドットは皇帝と群衆の前に、若者の名が分かった、その名は愛、と叫んで全曲の幕となる。

リューの死の場面、これを聴いて涙しない人は、そもそもオペラと縁もゆかりもない人であろう。[☆9] そしてここに再び、女性の自己犠牲というテーマが出てくるのである。だがそれは、先に見た『フィデリオ』や『さまよえるオランダ人』『タンホイザー』等、ドイツ・オペラのこのテーマの扱い方と、何か一味違う気がする。それは何なのだろう。毅然としている点だろうか。否、それなら、夫をかばって自分も殺せと叫ぶ猛女フィデリオだって負けない。いや、もっと毅然としている。

実際に死ぬ点だろうか。否、それなら、ゼンタもエリザベートもしている。

愛する相手が悪くない点だろうか。確かにタンホイザーは、エリザベートの純愛に値するとも思えない一線を越えた罪人であろう。然しフロレスタンは悪い男ではない。

では失恋する点だろうか。核心に近づいてきたようだ。エリザベートは微妙とはいえ、タンホイザーがその亡骸に身を伏せて救われる限り、死後とはいえ恋は成就するのである。ゼンタも死ぬことによってオランダ人と結ばれるのである。ましてフィデリオはフロレスタンとの恋というより夫婦愛だが、夫を救ってそれを取り戻した。フィデリオの奮闘は自分の幸福を取り戻すための奮闘であり、エリザベートも自分の清らかな愛に相応しく恋人が変わることを願い、恋に恋した乙女ゼンタもひたむきとはいえ、自分の初恋を大事にしたのである。そうしていずれも双方的な愛が成就するのが、如上のドイツ・オペラの結末だった。『トゥーランドット』でも、オペラ全体としてはカラフとトゥーランドットの恋が成就するのだが、リューの恋は成就しないのである。そもそも王子に対する女奴隷の密かな慕情であり、王子は別の女性を恋するのだから、リューに希望はない。その点が如上の例と一線を画す勘所ではあるまいか。

更に言うならば、この報われぬ恋にもかかわらず、リューという娘は、一途に相手のことを思っている。あるいはカラフだけでなく、トゥーランドットのことも、ティムールのことも思っている。その無私の思い。これが我々の胸を打つのではないか。

☆9　もっとも私もいつも泣くとは限らない。演奏の力量ということがあり、聴き手の調子ということもある。二〇〇四年、ウィーンの国立歌劇場で、クラッシミーラ・ストヤノーヴァのリューを聴いた時は、時差ぼけがあり、高校時代、東京で、また留学時代、フランクフルトで聴いて以来、久しぶりで記憶を辿りつつ、何かが共振しつつ嗚咽慟哭を抑えられなくなった。ミレルラ・フレーニばりの美声と、端正で真摯な歌唱様式をもちつつ、フレーニほどのスターダムにのし上がらない、この名歌手の記念に付言する。なお、本論集の中で拙文は、オペラという題材ともども言わばイロモノ的位置づけを目指しており、以下でも敢えて意図的に、オペラで泣くという、この愉快な現象の出自にこだわっていること、諒とされたい。

「貢献心」に立ち帰るならば、カラフの恋が成就することに貢献したく、トゥーランドットが冷たい心を恋に溶かすことに貢献したく、老いたティムールが流浪や拷問の苦しみを免れることに貢献したく、他者のことを思って、咄嗟に反応するリューには、自分がない。だからこそ群衆も、「善意の人」であり「心優しい娘」であったと、その亡骸の前に頭を垂れ、悔いて、これを弔うのである。

そしてだからこそ聴き手も、現実にはあり得ないかも知れない、この「詩のような娘」に涙するのではないか。然し愛といい、貢献といい、突き詰めたところ、ここまで行かざるを得ない位相があることを、プッチーニは最期のこの作品で、我々の目の前に突き付けたのである。

私には確かに、ベルカントの美声を偏愛する傾向がある。ドイツ・オペラよりイタリア・オペラを好む所以である。然しこのオペラ論においては、両者を均等に扱うことを企図していたのである。ところが筆は、アルプスの南へと、太陽へと、どうしても逸れて行くことを如何ともし難かった。ここに至って、その隠れた理由が少し明らかになったようだ。それは、「貢献心」というテーマに本質的な点を、どうもドイツ・オペラよりも、イタリア・オペラの方が如実に示してくれるからではなかったか。例えば『オランダ人』のゼンタの死に殆ど感動しそうになりつつも、ここで感動してよいのかという薄皮一枚の疑念が、感動を押し留めるという経験が、私の乏しいワーグナー体験には付き物であった。[☆10] 後述する、ワーグナーの生涯とも連動して、どうもドイツ・オペラには、エゴが色濃く残るように感ずるのは、或いは私の管見であり、内在的な理解の不足に過ぎないのかも知れないし、そう単純な図式でイタリア・オペラとの異同を論じきれる筈もないことをわきまえないわけではない。

然し残された紙幅は限られている。ここでは、この作業仮説に一先ず乗っかって、心おきなくイタリア・オペラへの偏愛を語り切って終わりとしたい。『トゥーランドット』が余りに非日常的な究極の無私の貢献を描いているのに対し、もう少し日常の、究極の一歩手前の貢献について語っている、然し『トゥーランドット』に優るとも劣らぬほど、私が涙する究極のオペラについて語りたいのである。

六　ヴェルディ『シモン・ボッカネグラ』

オペラにおける「貢献心」の探求は、革命と死という両極端に奔りがちとなる。『ラ・ボエーム』第四幕のような、日常のささやかな「貢献心」だけでは、オペラの本領は発揮されなかったからである。然しここに、革命と関わらないわけではなく、死とも関わらないわけではなく、然し日常の「貢献心」にもふんだんに触れる、ヴェルディの隠れた名作がある。『リゴレット』『トロヴァトーレ』『椿姫』と、『仮面舞踏会』『運命の力』『ドン・カルロ』『アイーダ』という中期の絢爛たる傑作群の中間に位置しつつ、一八五七年、フェニーチェ座での初演（九作品でヴェルディに台本を提供したフランチェスコ・マリア・ピアーヴェが台本を担当）は前記いずれの作よりも成功しなかったが、晩年『オテロ』の構想を練りつつ、熟練の限りを尽くした改訂（台本改訂は『オテロ』『ファルスタッフ』の台本を担当し、自身『メフィストフェレ』の作曲家でもあったアリゴ・ボイートが担当し、一八八一年、スカラ座で上演）によって、私見によればヴェルディの諸作の中でも際立った感銘を与える名作へと高められた『シモン・ボッカネグラ』が、それである。

☆10　乏しい体験と言いつつも、私は『恋愛禁制』から『パルシファル』まで殆どの作品を一九八〇年代のミュンヘンで観ている。それでも例えば、『ニュルンベルクのマイスタージンガー』のフィナーレで、若い者たちの恋の成就に「貢献」したとはいえ、勝算の乏しい老いらくの恋の慕情を抑えただけのハンス・ザックスの歌に、もっと直截的な自己犠牲を知っているイタリア・オペラのファンが、果たして感動できるものであろうか。

このオペラは、一四世紀のジェノヴァを舞台として、プロローグと三つの幕から成る。シモン・ボッカネグラはジェノヴァ共和国のために働く海賊で、貴族ヤコボ・フィエスコの娘マリアと愛し合っていた。二人の間には娘が生まれていて、シモンはピサの海辺に住む老婆に預けていた。然しフィエスコは身分の違いから結婚を認めず、マリアは館に幽閉されて泣き暮らしている。プロローグは、そのフィエスコの館の前で、平民党のリーダー、パオロとピエトロが、シモンをジェノヴァ共和国の総督に担ぎ出そうと相談しているところから始まる。シモンは、総督になればフィエスコもマリアとの結婚を許すかもしれないと考え、二人の申し出を受ける。皆が去った広場に、憔悴したフィエスコが出てきて、マリアが死んだことを「悲しい胸の内は」というバスの名アリアに託して歌う。通りかかったシモンが、マリアとの結婚の許しを願うと、フィエスコは孫を渡せと迫る。シモンは、実は育てていた老婆が亡くなり、子供は三日の間泣きつつ途方に暮れて彷徨った後、行方が知れなくなったことを物語る。ここで既に幼女の可愛そうな姿を思って、聴衆の涙腺はゆるむのである。孫が戻るまで和解しないと言い捨ててフィエスコが立ち去った後、シモンは館の扉がなぜか開いているのに気づいて中に入り、マリアの遺体を発見する。狂乱しつつ館からよろめき出てきたシモンに、折りしも民衆は駆け寄って、新しい総督に選ばれたことを告げ、歓呼の声をあげる。（因みに、プロローグはボイートの加筆部分。一幕第二場、三幕の婚礼の合唱等に、ボイート＝ヴェルディの改訂が入っている。）☆11

続く三つの幕は、その二五年後の話となる。

第一幕第一場は、グリマルディ伯爵邸の庭。シモンとマリアの行方不明の娘、母と同名のマリアは、グリマルディ伯爵に拾われ、アメリアと名付けられていた。然し、伯爵はすでに死去しており、アメリアはその屋敷でアンドレアと名のる後見人と住んでいた。アンドレアこそ、平民派に政権を奪われ没落した貴族フィエスコであったが、アメリアが実の孫だとは知らない。ある朝、アメリアは幼い頃の悲しい思い出に耽り、愛する恋人ガブリエレ・アドルノのことを思う。ガブリエレは父をシモンに殺され、アンドレアと通じて貴族派の復権を画策している。アンドレアからアメリアが孤児であることを告げられつつも、ガブリエレはアメリアとの結婚を望む。そこにシモンが狩の帰途、来訪し、部下となっていたパウロとの結婚をアメリアに勧める。アメリアは自分には恋人がいると答え、自分の身の上を語る。それを聞いて行方を探し続けていた実の娘ではないかと気づいたシモンは、胸のロケットを開き、アメリア

☆11　一八八一年の改訂版の上演は成功し、ヴェルディも満足したと伝えられているが、普通の意味ではこの作品は地味で渋めである。その真価が一般に理解され出したのは、一九三〇年代以降、特にメトロポリタン・オペラにおいてだと言われる。また一九七〇年代、スカラ座の芸術監督だったクラウディオ・アバドが、名バリトン、ピエロ・カップチルリをタイトル・ロールに蘇演して、喝采をもって迎えられるようになった。

本稿は、作品を読むことを主眼とし、演奏については、注で簡単に触れるに留めてきたが、この作品については、私の中で或る演奏と密接に結び付いている。一九七六年、NHKのイタリア・オペラで、カップッチルリのほか、全盛期のニコライ・ギャウロフ、輝かしい美声のジョルジョ・メリーギ、デヴューしたてのカーティア・リッチャレルリ、安定したロレンツォ・サッコマーニ等の名歌手にオリヴィエロ・デ　ファブリツィースの指揮で聞いたのが初めてであり、三年後スカラ座で、アバドの指揮、カップチルリに、フレーニ、ジョルジョ・ランベルティらの名演や、八〇年代、ミュンヘンでレナート・ブルゾンの主演にも接したが、大感激とまではいかなかった。然し、二〇一〇年八月、映画館でのメトロポリタン・オペラの同年二月六日の公演を見、二〇一一年二月二二日、NHK―BSで放送されたものを再度見て、私の感激は頂点に達した。これは、映画を見、あるいはエアチェックした好事家の読者と体験を共有するため、ここでは少し多めに演奏にも触れることとしたい。

この演奏の配役は、シモン・ボッカネグラ（ジェノバ共和国の御用海賊　のちに初代総督）が、バリトンのプラシド・ドミンゴ、マリア・ボッカネグラ（シモンの娘　アメリア・グリマルディと変名）はソプラノのアドリエンヌ・ピエチョンカ、ガブリエレ・アドルノ（ジェノバの貴族）はテノールのマルチェルロ・ジョルダーニ、ヤコポ・フィエスコ（ジェノバの貴族　のちにアンドレア・グリマルディと変名）にバスのジェームズ・モリス、パオロ・アルビアーニ（ジェノバの金糸職工　のちに総督腹心の廷臣）がバリトンのスティーヴン・ガートナー、メトロポリタン歌劇場合唱団および管弦楽団、指揮、ジェームズ・レヴァイン、演出、ジャンカルロ・デル・モナコの布陣であった。

なお本稿のリブレットの翻訳は種々の対訳を参照しつつの私訳だが、このオペラに関しては殆ど小林英夫訳に依拠している（NHK編『オペラ対訳選書18、歌劇シモン・ボッカネグラ』日本放送協会、一九七六年）。

の掛けていたロケットの肖像と同じマリアであることを発見する。あの二五年前行方知らずとなりずっと探していた娘が、今美しく成長し、ここで父と再会する。父は「そなたは我が娘だ（Sei mia figlia）」と万感を込めて歌い、娘は「お父様、心が貴方をお父様と呼んでいます（Padre, padre il cor ti chiama）」と応ずる。しかも父は「優しい父がおまえに楽園を開くだろう」と語り掛け、娘は娘で「お父様、いつも娘がおそばでかしづくでしょう。気のふさぐような時は、涙をぬぐってさしあげるでしょう」と和し、共に相手のことを一途に思い合う。言わば「貢献する気持ち」に溢れた父子なのである。涙が滂沱のごとく流れる。

この美しい二重唱のあと、アメリアの美貌と財産を狙っていたパウロが物陰から姿を現わすが、シモンから結婚は無理だと告げられ、アメリアを誘拐することをピエトロと画策するところで第一場は終わる。

第二場は、所変わって総督の宮殿の会議室。総督シモンは一段と高い総督の席に坐し、左右に貴族派と平民派の評議員が居並ぶ。[☆12] シモンはジェノヴァとヴェネツィアが平和条約を結ぶことを、評議員たちに説いている。そこへアメリアを、パウロの手下の誘拐犯から救い、これを殺した、ガブリエレが連行されてくる。黒幕がシモンだと思ったガブリエレは、シモンに向かって剣を挙げる。そこにアメリアが駆け込んできて、「私を刺して」と割って入る。そして「総督さま、ああ、助けて。アドルノを助けて」と懇願し、下手人は別にいると言う。乙女の命を賭した行動に、[☆13] 聴衆は胸をつかれる。下手人は貴族だと、平民派は言い、貴族派は、いや平民だ、と言い合って、互いに斧と剣を振り上げていがみ合う。シモンは超然とした態度でその両派の争いを制し、朗々と歌う、「平民、貴族。残虐な歴史の人民。……私は悲しむ。諸君の栄華の偽りの祝い事を。私は叫びたい、平和と、私は叫びたい、愛と（E vo gridando: Pace! E vo gridando: Amor!）」と。**E vo gridando: Pace! E vo gridando: Amor!** をヴェルディはシモンに二回歌わせ、最後の **gridando** の Fis の音を、シモン役のバリトンは朗々と至情を込めて伸ばす。この声の力だけで泣けてくるのだ。[☆14] 敢えて「貢献心」と結び付けて付言すれば、国の平和のために命を賭すことを辞さないシモンに、またアメリアのように愛のためであれ、二幕のガブリエレのように義のためであれ、命を献げる用意の出来ている人々の「貢献心」に、我々は心を揺さぶられるのである。貢献とは元、貢ぎ物を献げるの意であり、その貢ぎ物は畢竟、身とも命ともなる。貢献は、勝義には献身ともなり、命を献げることともならざるを得ない筈なのだ。

さて幕の締め括りは、こうである。下手人がパウロだと見抜いたシモンは、パウロに向かい、下手人に呪いをかけるよう迫る。自分に呪いをかけざるを得なくなったパウロは、恐れ戦きつつそれをするところで、幕となるのである。そしてこれは、第二幕の悲劇に続く、巧みな伏線となる。

第二幕は総督の部屋。シモンへの恨みに燃えるパオロは、シモンの水差しに毒を注ぐ。パオロはガブリエレを牢から出し、アメリアが老総督の慰みものになっていると嘘をつく。逆上したガブリエレは、「心に炎が燃える」という激情的なアリアで、シモンにはかつて父が殺され、今度はアメリアまでも奪われるのかと怒り狂い、入ってきたアメリアに、総督を愛してるのか、と詰め寄る。[☆15] 説明する間もなく、シモンの足音が聞こえ、ガブリエレはテラスに隠れる。アメリアはガブリエレを赦免することを懇願し、シモンは娘の恋人が敵対派であったことに驚きつつも、それに

☆12　デル・モナコの演出は、中世の名画を思わせる重厚なものであった。

☆13　加えて、それを演じるピエチョンカの思い詰めた表情にも、と付け加えたい。

☆14　ドミンゴも朗々と響き渡らせたが、三〇年前に東京とスカラ座で二度聞いたカップチルリはもっと長く伸ばした記憶がある。だが、そこにどのようなドラマが込められているのか解さなかった若造に——或いはひょっとすると、声量を固辞することに傾いたカップチルリの歌に——、涙のなの字もなかった。然し幾つもの場面やメロディーは覚えていて、そういう自分の過去と響き合って泣けてくるということもある。因みに二〇一〇年八月、映画館で観た時は病後であり、エアチェックしたものを実際観たのは三月中旬で大震災の後であった。感動は聴き手の心や体の調子とも、微妙に関係してくる。いずれにせよ、これがオペラ、就中ヴェルディの醍醐味だが、声の力だけで泣けるものであることを、ドミンゴの歌で改めて思う。

☆15　このアリアは難曲であり、ジョルダーニも後半声がかすれた。かつて聴いたメリーギも、後半ブレスの支えを失っていた。因みに録音を含めて最も優れているのは、アリア集のCDにおけるわが市原多朗であろう。

同意する。そして一人にしてくれと言って、毒の入った水差しの水を飲み、そのまま眠り込む。ガブリエレはテラスから入ってきて、総督を殺そうとするが、アメリアが戻ってくる。目覚めた総督は「この胸を刺せ、無礼者」と言い、なぜお前がここに入り込んだか言え、とパオロの名を言わせようとしても、ガブリエレは「死も、拷問も恐れはせぬ」と応じる。どちらも死を恐れぬ男たち。そしてシモンは悲しげに歌う、「ああ、お前は親の仇を討った。私も気の毒なことをしたと思っていたが、お前は天上の宝を盗んでしまったのだ、我が娘を」、と。間を置いて、La mia figlia という、この言葉には、一幕一場の二五年ぶりの再会のとき、お前を mia figlia と呼べる感激を歌っていたシモンの万感の思いが繰り返される。それを聴いて、父を殺された憎しみと、恋人への誤解と嫉妬に苦しんでいたガブリエレの憎悪は溶けて行く。ヴェルディは何と美しい旋律をテノールに与えたことだろう。テノールの Suo padre sei tu! で始まる三重唱。三者三様の歌詞がまた素晴らしい。

ガブリエレ「この人の親が貴方とは！
赦してくれ、アメリア、僕の愛は、思い上がった、ねたましい愛だった。
何を隠そう……僕は刺客なのです。……
僕を死罪にしてください。僕は貴方をまともに見られない。」

アメリア「天国から貴方の娘をお守り下さるお母様。
お父様の心にも私を憐れんでくださるよう、お口添えを。……
この人はただ愛が過ぎたために罪を犯したのです。」

総督「わしは彼を救ってやり、敵に手を差し伸べるべきか？
そうだ、リグリアに平和よ、輝け。
旧怨は水に流し、わしの墓場がイタリア友好の祭壇となれ。」

感動的な三重唱が、アメリアのハイCで締め括られた後、テラスから貴族派の暴動の声が聞こえてくる。自派に帰れと言う総督に、いえ私は総督の慈悲を貴族たちに伝え、それでも彼らが武器を捨てないなら、貴方とともに戦うと応ずる。シモンは二人の結婚を許可して、二幕は終わるのだ。

終幕第三幕は、再び総督の会議室。貴族派の反乱は鎮圧され、それに与したパウロは処刑場に向かう。パウロは、イアーゴ、スカルピア、ドン・ピッツァロという、常人の想像を絶する三大悪漢に比べれば小ぶりで哀れな悪人である。自分が擁立した総督が自分を斥け、アメリアへの岡惚れが成就せず、この手の悪へと走ることは、誰でも分らなくはない筈だ。パウロは会議室を通って連行されて行き、そこに釈放されたフィエスコがいるのを見て、シモンに毒を盛ったことを告げる。フィエスコが娘の復讐をシモンにしようと身を隠すところへ、毒のため足元もおぼつかない総督が入ってくる。[☆16] そこにフィエスコが姿を現わすと、総督は意外にも喜び、貴方は二五年前、マリアとの間の娘を差し出せば、私を赦してくれると言ったが、娘は失われてそれができなかった、然し今それができる、アメリアこその娘なのだから、と語る。ここで二人の和解の二重唱。また涙に暮れる場面である。

フィエスコ「私は泣く。

☆16　もはや、周囲もよく見えず、ただならぬ状況に自分が陥っていることを自覚している総督を、デル・モナコ＝ドミンゴの演出はよく出していた。

お前が天に代わって私に語るから。
お前の同情のうちにも天の叱責を感じる。」

総督「さあ、貴方を抱かしてくれ、ああ、マリアの父よ。
貴方の赦しが、わたしの魂には、何よりも慰めとなるだろう。」

フィエスコはパオロから、シモンが毒を盛られたことを聞いたと告げる。そこへマリア（アメリア）がやってくる。シモンは素早くフィエスコに語る。「黙って、そのことを言わないでくれ。今一度、彼女を祝福してやりたいのだ」と、自分の死よりも娘の将来を気遣うのだ。瀕死の状況で床に倒れていた総督は、ここで毅然として立ち上がり、娘とその恋人を祝福する。総督は一途に娘のことを思う。「マリア、勇気を持ちなさい。お前に大きな苦しみが迫っている。……わしに最期の時が鳴ったのだ……然し神様が、おおマリアよ、お前の腕の中で、息絶えるのをお赦しくださったのだ」。何という愛、そしてまた何という謙虚。ガブリエレの父のアドルノを殺し、プロローゴではフィエスコに懇願した後それを斥けられると「鬼畜のような奴らだ」とののしり、暴動や、平民・貴族の争いに悩まされ、パオロをアメリアと結婚させるためには、まずグリマルディ家の亡命者への赦免状で懐柔し、決して単純ではない権力争いの渦中を生きた元海賊のこの男が、然し基本は正直で、死の覚悟ができており、若き日の恋に殉じ、恋人を奪った敵対派の父に赦されることを望み続け、最後に和解ができ、若き日の恋人との間の忘れ形見と再会できたことに心底よろこび、然し、と思ったら、その娘を敵対派のガブリエレに奪われ、腹心の部下の裏切りで毒殺される、そうした運命に翻弄され続けた人生だったのに、「然し神様が、おおマリアよ、お前の腕の中で、息絶えるのをお赦しくださったのだ」という一事に感謝して、その人生を肯定して果てる、そういう最期でありたいではないかと、聴衆は涙する。
続く四重唱。若い恋人たち、マリアは
「いいえ、貴方は死にません。
愛が死の氷を打ち負かすように、天上から私の苦しみに憐憫が応えてくれましょう。」
と、そしてガブリエレも
「おお、父上、父上、僕の胸はひどい憤りで引き裂かれそうです。……
楽しい愛の一時は何と早く過ぎ去ったことでしょう。」
と、それぞれ楽観や怒りをそのままに出し、老フィエスコは、
「しゃばの幸福はたまゆらの悦楽だ。
人間の心は絶え間ない涙の泉だ。」
と悲観し、それに対して総督は、
「慈悲深い大神よ。天国からこの人たちを祝福してください。

私の殉教の荊を、彼らのために花に変えてください。」

と歌う。

彼の思いは更に、この争いの絶えないジェノバの市民の和解と平和に向かい、貴族派のガブリエレ・アドルノが自分の後の総督になること、フィエスコにその遺志をかなえてくれることを託して、最後に優しく「マリア！」と呼んで、倒れたまま、動かなくなる。マリアは、若き日の恋人の名前であり、娘の名前であった！☆17

エピローグ

プロローグで指摘した、二つの問題に戻って、考察を結びたい。

まず（一）の問題から考えてみよう。「貢献心」は本当に、「愛」や「自己犠牲への希求」と異なるものなのか、という問題。

これについては然しながら、既に答えは明らかであろう。オペラという振幅の大きい芸術を考察することによって我々は、日常の「貢献心」がしばしば、死を賭した「愛」として試され、「自己犠牲への希求」として極まる場面に遭遇せざるを得ないことを、縷々指摘してきたのである。「貢献心」と、「愛」や「自己犠牲」とは、決して異なるものではなく、同根の思いの、日常と非日常という違う場面における、別の呼び名に過ぎなかった。「他人のため」が「自分のため」にもなる「貢献心」の予定調和を超えて、「愛」が「自分」を殺して「他人のために」「犠牲」となる死にまで究極せざるを得ない場面があるという、古代のギリシアの悲劇（『タウリケのイピゲネイア』）やヘブライの預言者

（第二イザヤの五三章）以来、繰り返し指摘されてきたテーマを、オペラも形を変えて先鋭化するのである。そしてそもそも、非日常とは畢竟、死に面する場面であり、日常の生はいつ襲ってくるか知れない死に接している限り、日常と非日常を截然と分けることは出来ない筈なのだ。

では（二）の問題はどうだろうか。なぜ「貢献心」は総ての人が「生まれながらに備」えていると言えるのか、という問題である。

まず「貢献心」が、或る人に「素朴な幸福感」（滝前掲書、七四頁）を残し、「感謝の念」（九六頁）を与えるとしても、

☆17　スペインのアントニオ・ガルシア・グティエレスの原作と言われるが、ピアーヴェが書き、ボイートが改訂した台本だけでも、これだけ首尾一貫し、他のオペラに見られない、緊密な内容を誇ると言ってよい。まことに感銘深い。これにヴェルディの壮麗で高貴な音楽がつき、ドミンゴを初め豊麗な声と、一四世紀ジェノヴァの重みのあるデル・モナコの舞台、それにダイナミックで流麗なレヴァイン＝メトロポリタンのオケと合唱。作曲は台本に息吹きと奥行きを与え、演奏はこれを更に立体化して、声とオーケストラ、演出と美術を統合した豪奢な建造物とする。オペラの醍醐味である。

中でも六九歳のドミンゴが際立っていた。三〇年前、ウィーンの『アンドレア・シェニエ』で全盛期のドミンゴとカップチルリの共演も聴いているが、当時から声の大きさと張りは、カップチルリが三割がた上であった。その旬のバリトンを六九歳のテノールがバリトン役で歌うのと比較すれば、やはり声楽的には劣ると言わざるを得ない。然しそんなことはどうでもよい位、ドミンゴの存在自体が立派なのだ。

ドミンゴという稀有の天才の四〇年間を同時代人として見、聴いてきた僥倖に感謝せざるを得ない。癌を患って、その激痛の中の集中と覚悟なども共振して感動を呼ぶのだ。この公演の一週間後、二月一三日に、ドミンゴは東京のアレーナ引っ越し公演で『オテロ』、『カルメン』、『シラノ・ド・ベルジュラック』からそれぞれ第四幕を一幕ずつ歌い、翌一四日『アイーダ』一晩を指揮したが、激痛で苦しみ、すぐニューヨークに戻り検査、大腸癌と分って、三月初めに手術。その四五日後の四月半ばミラノのシモンで復帰したわけだから、この『シモン』の公演では癌と分かっていなくとも腹痛を抱えていた筈である。録画日は上映の最後に知ったこととはいえ、この稀有の天才の、テノールのあらゆる役どころを演じきって、今やバリトンの老け役の大役にまで手を広げて行く、成熟と老成、オペラ界への愛と「貢献」、シモンと通ずる世界への平和の祈り、そういったものが共振して、大きな感動の一要因となったことは確かであろう。

誰でもが「生まれながらに備」えているという結論は、出て来ないことを指摘しなければならない。「貢献心」が多くの人に善い感情をもたらすという事実から、「貢献心」は総ての人が生来「誰でもが一様に抱いている……『本能』」(同、六八頁)だと言い切ることは、一般化による誤謬推理でしかないからである。

実際いくつかのオペラを通観しただけでも、例えばデズデモーナのように、他者に貢献したくてたまらない人もいるし、イアーゴのようにそれを偽善とみなし、他者を貶めることが人間の「本能」だと考える者もいたのである。

少なくともこう言い換えるべきではないか。誰でも、他者に対して「貢献する気持ち」を、生来持っていると信じたいが、他方、他者に貢献するよりも、自分の利益だけ追求したい気持ちが、生来人間にあることも指摘しなければ、均衡を失する、と。むしろそのせめぎ合いの中で、人はその都度、他者に貢献する方向へと向かうべき存在なのではないか。

一つ付言する。「貢献」と「貢献心」の関係について。この間の事情はいささか複雑であるだろう。

デズデモーナはオテロとカッシオに貢献したいと腐心したが、オテロにとってそれは煩わしく、また嫉妬心を煽るばかりで、本当の貢献とはならなかった。主観的な貢献心が、客観的な貢献にならないこともあるのである。また逆の場合もある。主観的には他者に貢献する気持ちなど更々なくとも、それが客観的には他者に大きく貢献する場合。オペラのリブレットの分析に終始した本稿では触れなかったが、オペラが世に出るまでの背景には、枚挙に遑がないほど、その手の皮肉な例が多い。

夫と一六歳の小間使いとの間を疑って、後に解剖で処女と判明した娘を自殺にまで追いやった妻の嫉妬と、それに伴うごたごたから逃げて、『西部の娘』を完成したプッチーニ、ナチス政権下、後にやはり自殺するユダヤ人の作家、シュテファン・ツヴァイクに幾多の被害を与えつつ、『無口な女』の制作に奔走したリヒァルト・シュトラウス等々の事例もすぐ思い当たるが、最たる例はワーグナーであろう。己の利益と功名と愛欲と、そして――それらと複雑にからみあった形で――己の創作のために、これほど周囲に害毒をまき散らし、友や他者への「貢献心」に欠けた男も珍しい。楽長を務めていたドレスデン宮廷劇場が『ローエングリン』の上演を拒否するや、切れて革命派に転じ暴動に加担し、ただ平穏な生活を望む最初の妻ミンナを捨て、国外に追放されるや、チューリッヒで邸宅を提供し援助してくれた豪商オットー・ヴェゼンドンクの若い妻マチルデとの恋に落ちて『トリスタンとイゾルデ』を書き上げ、その初演を担当した指揮者ハンス・フォン・ビューローの妻コジマを彼から奪って、再婚するのであった。ワーグナーに「貢献心」のかけらもあるようには見えないが、その数多の創作が、爾後の音楽史に、少なくともワーグナー愛好家に、どれだけ「貢献」したか計り知れない。

ワーグナーで想起されるのは、また次のエピソードである。同時代のフェルディナンド・ヒラーという二流の指揮者兼作曲家の作品を、現在知る人は殆どいないだろう。然し彼は次の言葉で、歴史に名を残したのである。ワーグナーが『ローエングリン』の台詞を書き上げ、作曲に取り掛かる前に朗読会を催した時、その創作に「貢献」したい余り、ヒラーはこう言ったのである、「ワーグナーが、自分でこれを作曲するというのは遺憾だ。彼の楽才は、その詩才ほどではないから」、と。

御し難いかな、「貢献心」である。「貢献心」がそのまま「貢献」につながるとは限らないし、「貢献心」の欠如が、一概に「貢献」につながらないとは決めつけられないのである。

もう一つ付言したい。滝氏は「貢献する」という言葉を人に対して用いておられ、本稿もその線で書き進めたが、ずっと違和感を感じていた。「貢献する」という言葉は元来、人にではなく物事に対して用いられる言葉だからである。例えば「オペラ界に貢献する」、「福祉の推進に貢献する」という風に。これは英仏独語においても、同様である。

例えば、contribute to the victory, contribuer à édifier, zur Wissenschaft beitragen 等。「自己犠牲」や「愛」の文脈で「貢献する」という言葉が用いられてこなかったのは、或いは単にそういう理由からかも知れない。人に役立つ、とか、彼女の力になる、から始まって、人を愛する、人の犠牲になる等の言い回しが、この文脈の正しい用法の筈なのである。

纏めよう。

貢献する気持ち、あるいは愛する気持ちが、誰にでも「生まれながらに備わっている」(前述(二))とは言い切れない。イアーゴのような例があるからである。いやあれはボイートの観念のこしらえ物に過ぎない、現実には貢献心というものは「在ってもなかなか見えない」(滝、一一三頁)だけなのだと未だ主張する場合には、だったら同じ程度の蓋然性をもって、貢献しない気持ち、あるいは他人のことをどうでもよいと思ったり憎んだりする気持ちも、人には生まれながらに在ることを認めねばなるまい。すると、その二つの気持ちの葛藤を超えて、人を愛し、物事に貢献するに至った人は、やはり「美徳」(前述(一))を修めたのであり、賞賛に値するのではないか。たといそれが、「ありきたりな発想法」(同、九頁)に戻ることだとしても、「ありきたり」を超えることは、そう容易なことではなく、またそれが事柄の真相を古来の人々が見抜いた知恵である限りにおいて、「ありきたり」でかまわないだろう。

(一)(二)を合した意味での、「貢献心は本能である」という滝氏のテーゼは、従って遺憾ながら成り立たないというのが、オペラという視角から検討した、本稿の結論となる。しかしそのことは、(三)「他人のため」が「自分のため」となるような、日常の生活での自他の「幸福」な共栄共存を肯定しようとする、滝氏の善き意図と意欲に、異を唱えることではあり得ない。オペラは所詮、祝典劇的な非日常性をもって本領とし、我々は、その題材と作家たちの極端な例に振り回され過ぎたかも知れない。その端々で例えば、シモンとその娘が日常において互いに貢献しようとすることに涙する我々は、イアーゴの対極にあるような滝氏の善きお働きへの敬愛の念を禁じ得ないのである。究極の非日常に至る一歩手前の日常の中で、「他人のため」が「自分のため」となる幸福な「貢献」を、私も、冒頭で引用した哲学者コルリーネのように、いささかの感傷をもって、願う者にほかならないことを申し添え、滝氏の思いに和しつつ本稿の考察を閉じることとしたい。

犠牲と承認——ヘーゲルの人倫的共同論とその破綻

栗原隆

序

『精神の現象学』に到るヘーゲルの思索の展開を概観する時、我々は、自由な共同をめぐる問題が一つの基軸であったことを見ることができる。しばしば「生き生きとした関連」(SW. I, 376, 400, u. 406:GW. IV, 55 u. 447:GW. VI, 330) と称された自由な共同、それはヘーゲル哲学が形を結んでゆくのに伴い、理想から現実の内に在るものへと在所を移し、自由な共同を創出しようとする実践的課題は理論的課題へと変質していった。そうしたヘーゲルの共同論の展開に、私たちは、ルソーの『社会契約論』からカントを経てフィヒテの『自然法の基礎』へと、つまり個人的権利の全面譲渡説から承認論への展開に相応する推移を見ることができる。とはいえ、共同を構築するヘーゲルの論理が、「犠牲」から「承認」へと移行したのではなく、「犠牲」の論理は終始貫徹される。本稿は、ヘーゲルの共同論の展開を追うことを通して、ヘーゲル哲学の基本性格として胚胎している「犠牲」の構造を「貢献心」に通じるものとして、幾らかでも明らかにすることを課題とする。

一　我々がその為に生き、死ねるもの

「ドイツは最早国家ではない」(SW. I, 452R:Vgl. I, 461)。これは、フランクフルト時代からイェーナ時代にかけて書き継がれた『ドイツ憲法論』に見られる言葉である。ドイツは、世界史の近代を画する(Vgl. SW. I, 533)国家統一の機を逸し(Vgl. SW. I, 530f.)、多くの領邦国家に分裂したまま、「全き悲惨」(SW. I, 554)に瀕していた。このように「帝国を諸々の国家へと解体する原理」(SW. I, 527)をヘーゲルは、ドイツ人の固執した自らへの拘り、すなわち「ドイツ的自由」(SW. I, 453, 466, 527, 573, 574, 575 u. 576)なるものに見る(Vgl. SW. I, 517 u. 581)。「ドイツ的自由」とは、「個別者の自由意志に固執して普遍者への服従には反抗する」(SW. I, 517) という「わがままな自立性」(SW. I, 526)を意味する。ヘーゲルは、ドイツに統一的な国家権力が成立しなかった原因を、「頑固」(SW. I, 465 u. 581)なドイツ人が「自らを克服して、個々の部分がその特殊性を社会の為に犠牲に供し(aufopfern)、こぞって普遍者の内へと合一し、自由を至高の国家権力への共同の自由な服従の内に見出す」(SW. I, 465f.)ことができなかったところに見た。公共的で普遍的な権力は、私的なものへと分解されてしまったのである(Vgl. SW. I, 456, 467 u. 469)。「正義は成就されよ、ゲルマニアは亡ぶとも!」(SW. I, 470:Vgl. GW. IV, 58)という句が、「ドイツという国家建築物は、個々の部分が全体から剝奪した諸権利の総計に他ならない」(SW. I, 469)と見たヘーゲルの痛憤を物語っている。

このように、私的で個別的なものを、公共的で普遍的なものの為に犠牲に供するところに統一国家の実現を捉える考え方は、ヘーゲルのベルン時代から一貫したものであった。ヘーゲルにとって、哲学的思索の初発の課題は、統一的な「国民精神を形成」(SW. I, 34 u. 42:Vgl. SW. I, 12)するべく、「我々の自然そのもの」(SW. I, 29f.)に依拠しつつ、ドイ

ツ民族を啓蒙することであった（Vgl. SW. I, 22f.）。国民全体を道徳的に教化する（Vgl. SW. I, 98）ために、ヘーゲルは「普遍的な人間理性」（SW. I, 37:Vgl. I, 33 u. 73）に基づく教説をもつ公共的な国民宗教を構想した。しかるにヘーゲルの見るところ、実定的なキリスト教は「人間的自然の堕落」（SW. I, 209:Vgl. SW. I, 93, 97 u. 98）を説き、信者から自律性を奪い（Vgl. SW. I, 140）、イエス個人の権威への「無制約の服従」（SW. I, 143）を求めた。信者は、国家や社会に対する関心を持たないまま、イエスに従っていたと見たわけである（Vgl. I, 120）。こうした「私的宗教」（SW. I, 31, 40, 42, 71, 72 u. 89）は、ヘーゲルに依れば、政治的自由を奪われ（Vgl. SW. I, 206 u. 213）、その関心を日常の私生活と所有に限定された（Vgl. SW. I, 101, 213 u. 400）ローマ人の間でこそ、ふさわしいものであった。帝政ローマの市民の魂からは、「共和国」（SW. I, 205）、つまり「祖国や自由な国家」（SW. I, 211）という「理念」（SW. I, 205）は消え失せ、「あらゆる活動性、あらゆる目的が個人的なものに関連し、一つの全体、即ち一つの理念のためには、もはやいかなる活動もなかった」（SW. I, 206）からである。

こうした「あらゆる政治的自由が失われ、市民の権利が与えるのはただ所有の安全についての権利だけで、今や所有が市民にとっての全世界を充たしていた」（ibid.）状況を、ヘーゲルは「自然の顚倒」（SW. I, 211）と呼ぶ。しかし、それはまた、ヘーゲルにとって、当時のドイツの状況と重なり合うものでもあった。それに対し、ヘーゲルの見るところ、国家によって経済活動が支配されていた古代ギリシアの共和国では、「万人が自由で自立的であった」（SW. I, 290）。「自由人としてギリシア人やローマ人は、自ら立てた諸法に服従し、自ら自分たちの指導者とした人に聴従し、自ら決めた戦争を行ない、自分たちの事柄のために、自らの所有を捧げ、自分達の情熱を尽くし、数多くの生を犠牲にした（opfern）（……）各人は、公共的生活、並びに私的生活や家庭生活においても自由人であって、自分の法に従って生きていたのである」（SW. I, 204f.）。ここで語られる「自由」や「犠牲」の内実はどのようなものであったのか。

ヘーゲルは、「市民の権利」（SW. I, 206）、「市民の自由」（SW. I, 290）を、所有権に限らず、市民が公事、国政において主体的な役割を果たすところに捉えていた。したがって、自由である前提として共同が考えられなければならないことになる。ヘーゲルは、古典古代の共和国に、「自分で立てた法律に従う自由、平時には自分で選んだ官憲に、そして〔有事には〕自分で選んだ軍司令官に従う自由、自分が協力して決めた計画を遂行する自由」(SW. I, 206) の実現されているのを見る。それは政治的な自律と言ってよい。共和国において自ら定めた法に服従することは、自律という観点から見れば、自由の実現に他ならない (Vgl. SW. I, 179)。こうした服従と自由の合致した共同こそ、ヘーゲルの求める自由な共同なのである (Vgl. SW. I, 465f.)。そして、共和国の実現を個別者が「生の目的」(SW. I, 207) として捉え、私的生活の安楽さに埋没することなく、公共的なもののために生を尽くすことによって自らを超克してゆくところに、「犠牲」の意味があった。

公共的なもの、普遍的なものが共和国を意味するなら、私的なものは「家庭生活」(SW. I, 205) を、すなわち経済活動を意味することになる。こうしてヘーゲルは、共和国に、「人間がそのために生き、そして死んでもよいと思うような普遍的な理念」(SW. I, 207) の実現を見た。したがって、ヘーゲルにとって「犠牲」は、むしろ個別者の自己実現を遂げるものであった。「自由な共和主義者が、自分の国民の精神の中で、自分の祖国のために自分の力と生命を尽くした」(SW. I, 99) ところに、ヘーゲルは「公共的な徳」(SW. I, 99 u. 100:Vgl. SW. I, 206) を見た。彼は「自分の理念のために、自分の義務のために働いた」(SW. I, 99) からである。私的活動を公共的活動のために犠牲に供することで拓かれる共同が、自由な共同だと見なされ得たのは、人間の「道徳的自然」(SW. I, 71 u. 91) に立脚するものだとされているからである。

意志の自律という観点から共同を論ずるヘーゲルにとって、「〔自分自身で自分の法を立て、その法の取り扱いに対してはひとえに自らに責任がある、という〕権利を譲渡 (Veräuserung) することでその人は人間たることを止める」(SW. I, 190) ものであった。我々はこのような考えに、「自分の自由の放棄、それは人間たる資格、人類の権利、ならびに義務をさえ放棄することである」（契約論二二頁）と述べたルソーの『社会契約論』の影響を見逃すことができない。ヘーゲルはテュービンゲン神学校在学当時、ルソーを英雄視し、『エミール』『社会契約論』『告白』を絶えず読んでいたという（Vgl. Dok. 430）。ルソーは『社会契約論』で、自然状態に留まることのできなくなった人々が、相互に約束を結んで社会秩序を立てるに到ることを、社会契約として論じた（契約論一五頁、二八頁以下参照）。各人が結合するにあたってルソーは、周知のように、各人にその権利の全面的譲渡を求める。そしてその代償として各人は、「その統一、その共同の自我、その生命およびその意志を受けとる」（契約論三一頁）という。ここにルソーは、共和国、政治体が成立するのを捉える。その際、ルソーによれば、「各個人は、いわば自分自身と契約している」（契約論三三頁）ので、「自分自身にしか服従」（契約論二九頁）しないというわけである。

　このような自分自身との契約が可能になるのは、各個人が、人間としては自分の特殊な利益を心がける特殊意志を持っていると同時に、市民としては公共の利益を心がける一般意志をも持っているからである（契約論三五頁、四六頁）。「各人は自己をすべての人に与えて、しかも、誰にも自己を与えない（契約論三〇頁）ということが成り立つのも、自分の内なる一般意志と契約するからである。一般意志の目ざす「公共の幸福」（契約論四二頁）、「公けの利益」（契約論四六頁）こそ、国家を建てる目的に他ならなかった。

　公共の幸福、公共の利益に与かることによって、市民は国家によって保護されることになる。そのためには、特殊な利益を追求する特殊意志を克服することが前提される。こうして、社会契約によって個々人は、自然的自由と無制限の権利とを失うものの、市民的自由、ならびに一般意志によって承認された所有権とを得ることになる。つまり、社会契約によって、市民としての自覚に目ざめ、「義務の声が肉体の衝動と交代」（契約論三六頁）するようになる。「これまで欠けていたところの道徳性」（契約論三六頁）が、市民の行為に付与されることになる。しかも、市民は「各人が全員にたいし、全員が各人にたいし」「同じ条件で約束」（契約論五二頁）し合うので、自然的な不平等に代わって、「道徳上、および法律上の平等」（契約論四一頁）が生まれる。そこで、社会契約によって市民が得るものの内に、「人間をして自らのまことの主人たらしめる（……）道徳的自由」（契約論五七頁）も算入される。ここに、「自分自身にしか服従せず、以前と同じように自由である」（契約論二九頁）ことの意味がある。すなわち自律である。市民に政治的な自律が保証されている、つまり、市民が、国家の法律に服従する臣民であるとともに、政治的な主権者でもあるところに、ルソーは「服従と自由の合致」（契約論一二九頁）を捉える。こうして、個人的権利の全面的譲渡を求めることは、共和国の市民としてふさわしい公徳心を啓蒙する（契約論六一頁、九七頁）ことに繋がるのである。従って、「意志から自由を全くうばい去ることは、おこないから道徳性を全くうばい去ること」（契約論二二頁）と同じことになる。こうしてルソーは、個人の公共性を啓蒙することを通して、共同性を創出しようとしたのであった。

二　ただ心胸の内でのみ抱かれる

ルソーの一般意志説は、その性格や成り立ちの暖昧さなど、大きな問題をいくつか孕んではいた。しかし、その一方で、カントの「目的の国」の理念へと継承されて行った面を見逃すわけにはゆかない。『人倫の形而上学の基礎付け』でカントが展開した「目的の国」とは、各々の理性的存在者が、「自己自身とすべての他者を、決して手段としてのみ扱わず、常に同時に、目的自体としても扱う」（KW. IV, 66）ことによって拓かれた「理性的存在者達の一つの体系的結合」（ibid.）である。各々の理性的存在者は、人倫的に良い心持ち、すなわち徳によってのみ、「目的の国の立法的成員たり得る」（KW. IV, 69）。従って「目的自体（理性的存在者）の普遍的な国」（KW. IV, 101）は、相互に尊重し合う人々が「普遍的に立法する意志」（KW. IV, 64）の自律に基づいて建設した道徳的な共同体であり、「自ら立てた法則にのみ従う理性的存在者の尊厳という理念」(KW. IV, 67)に基づいている「壮大な理想」(KW. IV, 101)である。しかも、意志の自由に基づいているのであるから(Vgl. KW. IV, 67)、自由な共同の理想というわけである。

こうしたカントの「目的の国」を概観すると、ルソーの共同論の影響を受けたヘーゲルとカント両者の懸隔の大きさに、驚きを禁じ得ない。三者とも共同においてこそ自由があると考えている。しかし、共同を創出する際に、個別者の自由と権利とをどのように扱うか、という点に大きな違いがある。つまり、共同のために市民の個人的権利を犠牲に供するか否かが、そしてその「犠牲」の実質が問われなければならない。

ルソーは私人の権利の全面的譲渡を求め、ヘーゲルは共和国全体のために個別者の自由の自己犠牲を求めた。カントにあっても、確かに目的の国が達成される為に、「理性的存在者の私的目的の内容すべて」(KW. IV, 66)を捨象することが求められる。しかし、「我が内なる道徳律」に立脚するカントは、「理性的存在者なら、彼自身の本性上、予め、可能な目的の国の成員たるように規定されていた」(KW. IV, 69)と考えていた。だからこそ、「こうした〔目的の国を可能にする〕立法は、各々の理性的存在者自身において見出され、その意志から発し得るものでなければならない」(KW. IV, 67)とされたのである。

このようなカントの自律を、ヘーゲルは、『キリスト教の精神とその運命』で批判して、自分の義務の命令に従う者は、確かに奴隷とは違って「主を自分の内に頂いてはいるものの、同時に自己自身の奴隷でもある」(SW. I, 323)と述べる。カントの道徳律にヘーゲルは、「自分自身の法則への部分的な隷属」(SW. I, 359)を、つまり、支配するものと支配されるものとの対立(Vgl. SW. I, 326 u. GW. IV, 59)を見出した。フランクフルト時代の諸断片、とりわけ『キリスト教の精神とその運命』でヘーゲルは、自律の限界が愛によって解消され得ることを論ずるに到る(Vgl. SW. I, 338, 362 u. 370)。「自分自身を再び見出す生の感情」(SW. I, 346 :Vgl. SW. I, 246 u. 382)たる愛に、共同性を創出する「生ける紐帯」(SW. I, 357 u. 394)が求められたのである。こうした考え方自体すなわち、カント主義に身を寄せていたヘーゲルの、カントからの離反に他ならず、自律を共和国の根拠と見做す立場を離れたヘーゲルは、共和国を、「全体が各々の部分の外に在るものの、各々の部分も、同時に一つの全体、一つの生である」（SW. I, 374）という有機的全体たる「生の国」（SW. I, 376）として捉え直した。しかし、「生けるものにおいては、その部分は全体と同様に、というよりも同一の一なるものである」（ibid.）という生の論理は、共同を拓く原理として有効であっただろうか。

例えば、愛によって結ばれた共同を、ヘーゲルは「神の国」の理念の下に集った初期キリスト教徒の間に見た。この「神の国」における共同は、「所有の全領域を越えて高まる」（SW. I, 335）ことを求めたイエスに従い、「愛によって相互に関連付けられている人々」（SW. I, 394）によって成り立っていた。彼らは、所有権を放棄し（Vgl. SW. I, 394ff. u. 403）、「最高の自由から生ずる関連」（SW, I. 400）を結んだはずであった。しかし、彼らの共同が現実の国家と対立するに到り、逆に、彼らは「国家から斥けられた私人」（ibid.）に堕し、「自由の喪失と生の制限」（ibid.）を蒙るという皮肉な結末を迎える。

このように、愛による生の合一が「ただ心胸の内でのみ抱かれる」（SW. I, 401:Vgl. Nohl, 326Anm.）に過ぎなかったのは、愛による共同が所有を捨象したところで結ばれるものであった、ということに尽きる。愛による生の合一は、個別的な生から見れば、「対立せるものの無化」（SW. I, 247）のために、「全き献身」（ibid.）という形をとる。ヘーゲルにしてみれば、所有権への固執（Vgl. SW. I, 250）や権利意識（Vgl. SW. I, 328）などという個別性の感情は、愛を萎えさせ、合一を妨げるもの（Vgl. SW. I, 334）であった。しかし、ヘーゲル自身、所有の放棄を説くイエスの教説（Vgl. SW. I, 333ff.）を「繰り言」（SW. I, 333）と見なす一方で、近代における「所有の運命」（SW. I, 333:Vgl. SW. I, 424ff. u. 439）を認めざるを得ない。「生ける統一」（SW. I, 361:Vgl. SW. I, 384 u. 405）、「生き生きとした関連」（SW. I, 376, 400 u. 406）は、個人の所有権を認めた上で成り立つものでなければならなかった。もとより、ルソーも「各構成員の身体と財産を、共同の力のすべてをあげて守り、保護する」（契約論二九頁）ために、社会契約を構想したのであった。

しかし、個別者の意識を私益から共同の利益へと向けなければならない。こうして、共同を拓く契機として語られていた「犠牲」(Vgl. SW. I, 107, 202, 205, 206 u. 424f.) の内容が、主観的な反省意識へと内面化される (Vgl. SW. I, 331f.)。他方で、自分は義務を果したという意識を持つことによって、「自分を義と確信して他人を貶める」(SW. I, 332) 態度が生じ、それは「偽善」に通じ、「愛の国から転落」(SW. I, 335) することに繋がる。イェーナ時代の「信と知」や「自然法論文」でヘーゲルは、道徳性を「個別者の人倫」(GW. IV, 409:Vgl. SdS. 57)、「ブルジョアもしくは私人の人倫」(GW. IV, 468) として規定する一方、主観性を廃棄することによって「普遍者と特殊者との同一性」(GW. IV, 479:Vgl. GW. IV, 409) を内面から構成するものを人倫として捉える。そして人倫の具体化をヘーゲルは、国民の内に (Vgl. GW. IV, 477 u. 479:SdS, 8, 84 u. 91)、つまり、古典古代におけるように、「習俗と法とが一つであった」(GW. IV, 482) 全体 (Vgl. GW. IV, 479) のうちに見るのである。

しかし、一八〇二年秋以降に書かれた『ドイツ憲法論』によれば、「一つの人間の集合が、自分たちの所有の総体を共同で防衛するために結束している」(SW. I, 472) ところに国家は存立する。市民社会を射程に収めたという意味でヘーゲルは、初めて『社会契約論』と同じ地平に立ったと言えるのかもしれない。国家権力の統一性は確保されなければならない。だが、「それぞれ規定的な範囲の欲求のために為される市民の自由な活動」(SW. I, 481) が「至高の国家権力」(ibid.) を侵すことのない限り、統治府は市民に「生き生きとした自由と独自の意志」(SW. I, 474:Vgl. SW. I, 482 u. 485) を認めなければならない。言うなれば、ヘーゲルは市民社会を国家の内に位置付けようとする。しかしそれは、古典古代の共和国をモデルとして共同を構想する枠組みを超える問題であった。共和国は、経済活動という私的活動を、国家の公共的活動によって支配し、抑制するところに成り立ち得たからである (Vgl. SdS, 84)。こうして人倫的共同論は、古典古代の共和国をモデルとしながら、近代市民社会を包括する国家のあり方を構想しようとするその成り立ちから、アポリアを抱えていたのである。

三　自らの分を知る時

一八〇一年の『差異論文』でもヘーゲルは、個別者がその自由気ままという「無規定性」（GW. IV, 55）を放棄して、「自己自身をアウフヘーベンする」（ibid.）ところに、「生き生きとした関連という真正自由な共同」（ibid.）を捉えている。こうした個別的な自由の全面放棄は、フィヒテの『自然法の基礎』における自由観を批判する意図の下で展開されていた。

フィヒテによれば、「ヒトというものは、（……）人々の間にあってのみ一人の人間となるのであり」（GA. I-3, 347）、「人間という概念は類という概念なのである」（ibid.）。ただし、理性的存在者が主体たり得るのは、自らの外に他の理性的存在者を対立的に想定する（Vgl. GA. I-3, 349）ことによる。彼らは自由な理性的存在者である以上、それぞれ自分の自由の領域を設定して行動する（Vgl. GA. I-3, 350）。しかし、平和状態、即ち社会（Vgl. GA. I-3, 326）において相互に安全に生きるためには、他者を侵害してはならない。主体と他の理性的存在者とが、相互に条件付け合っているなかで、それぞれ自らの自由を制限し合っている（Vgl. GA. I-3, 350）。こうした「知性と自由とによる相互作用の関係」（GA. I-3, 351）、理性的存在者相互の「法関係」（GA. I-3, 358）を拓く契機を、フィヒテは相互承認として論じたのである。つまり、承認論は、「自由な存在者そのものの共同はどのようにして可能であるか」（GA. I-3, 383）という問いへの答えであった。フィヒテによれば、「私はどんな場合でも、私の外の自由な存在者をそうした自由な存在者として承認しなければならない。言うなれば、私の自由を、彼の自由の可能性を把握することによって制限しなければならないのである」（GA. I-3, 358）。こうしてフィヒテにあっては、相互承認が達成されるために、「汝の隣の他人も自由であり得るように、汝の自由を制限せよ」(GA. I-3, 387)と、個人的自由の制限が求められたのである。「理性的存在者の共同は、自由の必然的な制限によって制約されているものとして現れる。(……)そして制限の概念が自由の国を構成する」GW. IV, 54)という『差異論文』の論述は、フィヒテの共同論を批判したものであった。ヘーゲルにとって、「人格と他の人格との共同は、本質的には、個人の真の自由の制限としてではなく、むしろその拡張だと見なされなければならない。最高の共同は最高の自由なのである」(ibid.)。ところがフィヒテは、「互いに一緒に生きている人格間の信義」(GA. I-3, 425)が喪われた後でも、「相互的な安全性やあらゆる権利関係」(ibid.)を保つために、強制法なるものを構想した。それは、「意志をして、自己自身によって自らを規定するよう、合法的自由を以て維持し得るものだけを意欲するよう」(GA. I-3, 426)、「機械的な必然性」(GA. I-3, 427)を以て強いる法であった。これをヘーゲルは、其の自由の「無化」(GW. IV, 55)と見なす。強制という外面的な作用は、およそ自由という概念に矛盾する、とヘーゲルは考えたのである(Vgl. GW. IV, 446:GA. I-3, 427)。

「私的意志と共同意志とが綜合的に合一されている一つの意志を発見すること」(GA. I-3, 433)を「全法哲学の課題」(ibid.)としたフィヒテは、共同論の基礎を意志に求めたという点では、ルソーに倣っていた(Vgl. GA. I-3, 400)。しかし、ルソーの全面譲渡説に対し、フィヒテが共同を拓くにあたって求めたのは、個人の権利の一部譲渡(Vgl. GA. I-4, 17f.)、つまり「制限」であった。ルソーにあっては、議論の出発点は個人の安全であったが、フィヒテにあっては、全体の完成(Vgl. GA. I-4, 15)が眼目なのである。こうしてフィヒテは、国家市民契約を結ぶ両当事者を、個別者と国家との間に見る(Vgl. GA. I-4, 18)。その結果、フィヒテにあっては、共同意志が、個別者の意志からかけ離れたものであり(Vgl. GA. I-3, 401)、権力者たちによって代表される(Vgl. GA. I-3, 447)と見なされた。これをヘーゲルは、「人倫の概念と人倫の主体とが分離」(GW. IV, 442)していたと批判するのである。

ヘーゲルによれば、フィヒテの共同は「悟性国家」、「機械」(GW. IV, 58)であり、フィヒテの実践哲学は「原子論の体系」(ibid.) に他ならなかった。しかし、そのことはまた、フィヒテが市民社会をも射程に収めていたことを物語るものである (Vgl. GW. IV, 477 u. SW. X, 321)。市民社会は個人の自由な経済活動が、制限を受けながらも認められる圏域だからである。

だがヘーゲルは、「道徳性の学」(GW. IV, 186) を、個々人の「諸関係についての識見」(ibid.) と規定する。ヘーゲルは道徳を個別者に、人倫を国民に、それぞれ内面から支えるものとして割り当てる。「道徳の内容は、完全に自然法の内にある」(SdS, 57) と語る時、ヘーゲルは個別者を全体のうちに包括したところに人倫的共同を捉えている。「否定的なものよりもむしろ肯定的なものが本性上先行するのであって、アリストテレスの言うように、個別者よりも国民が本性上先行している」(GW. IV, 467)。このように全体の連関の中で個別者を把握することを、人倫の哲学の課題だと見なした (Vgl. GW. IV, 483f.) ヘーゲルは、共同のモデルを、古典古代の人倫的な共同に求めていたと言える。

『自然法論文』においても、「自由は個別性の無化である」(GW. IV, 447) とされる。個別者がその個別性を「否定的に措定し、アウフヘーベンし、外化し得る」(GW. IV, 448) ところにヘーゲルは、「個人の人倫的本性」(ibid.) を、「生き生きとした関連」(ibid.) を拓く契機を見るのである。個別者が自らの個性を否定することは、「強制 (Zwingen)」ならぬ「抑制 (Bezwingen)」と称される。抑制において個別性が、「否定的な絶対性もしくは無限性」(GW. IV, 447f.) へ転化することをヘーゲルは期待した、という訳である。なかんずく、絶対的な抑制作用を、ヘーゲルは「死」に見る (Vgl. GW. IV, 448 u. SdS, 46)。「死において純粋な個別性は、自分自身の反対、即ち普遍性なのである」(GW. IV, 448) という論述は、個別者がいかに自らの自由に固執しようと、死が個別者を無化して、普遍者の下へ返してしまうことを想起させる。死は、個別者が自らの個別性を全うした時に現れる普遍性への入口である (Vgl. SdS, 71)。「死」と語ってはいるがこの場合、死は必ずしも肉体の死を意味するものではなく、むしろ、言わば大義に生きることをも含意する (Vgl. GW. IV, 449 u. SdS, 58)。

殺人も人倫も、同じように生きている個別者を廃棄する旨を述べて、ヘーゲルは次のように付け加える。「とはいっても、人倫は生けるものの主観性を、即ち理念的な規定性をアウフヘーベンするのであるが、殺人は生けるものの客観性をアウフヘーベンする」（SdS, 40）。ヘーゲルの言う「死」は、何よりも個別者の主観性の上に、意識の上に及ぶものであることがわかる。ヘーゲルは抑制を、「絶対的な人倫的統体性が国民に他ならないという肯定的なことを前提」（GW. IV, 449）した上で、「否定的に絶対的なもの、もしくは無限性の契機」（GW. IV, 449）として位置付けることによって、個別者の個別性を抑制する機序としたのである。

「自分の国の習俗に従って生きる」（GW. IV, 469:Vgl. SdS, 57）という人倫的生活は、私的生活がまだ反省されず、経済（家政）活動が自立していないところで成り立つものであった。しかし近代に到り、経済活動の安全性こそ国家の中心課題にまでなった（Vgl. SW. I, 439）以上、古典古代の人倫的統一をモデルとしているヘーゲル自身、「普遍的な相互依存性の体系」（GW. IV, 450）、「あらゆる欲求の普遍的な体系」（SdS, 66）と称した経済活動の領域を、共同論において基礎付けなければならなかった。従って、ポリスに範型を求める人倫的共同論は、必然的にアポリアに陥らざるを得なかったのである。そこでヘーゲルは、「人倫の統一」（GW. IV, 476）を、「対立せるものを自らの内で無化し、把握するところの統一」（GW. IV, 453）だと、無媒介的な統一ではなく、対立を含むものだと捉え直す。その上で、古典古代の世界の道具立てを借りて、私的な活動、個別者の権利を、人倫的共同論において認めようとするのである。

ここに、「絶対者が永遠に自己自身とともに演ずる人倫的なるものに於ける悲劇」（GW. IV, 458）の幕が開く。ヘーゲルの念頭に在るのは、アイスキュロスの悲劇『エウメニデス』、つまり、「差異において存する権利の諸力たるエウメニデスと無差別な光の神たるアポロンとが、オレステースをめぐって、アテーナイ市民という人倫的有機体の前で争ったかの訴訟の結果」（GW. IV, 459）である。ヘーゲルは既に、『キリスト教の精神とその運命』で、生の破壊に伴い、エウメニデスが出現することを語っていた（Vgl. SW. I, 343）。

その文脈に沿って「人倫の悲劇」論を読み解くなら、人倫の自然的統一を無自覚的に体現していたオレステースは、自ら母を殺害することによって生の全一性を分断した時、まさに「自己自身の生を破壊したに過ぎなかった」(SW. I, 343) のである。「自然は全一なるものであるから、破壊された者と同じだけ破壊した者も破壊されているのである」(SW. I, 338)。生とポリスの自然的統一を破壊した時、自然的統一の子、オレステースは自己矛盾に陥り、運命に見えることになった。事実、オレステースは、「父の仇を討て」という命題と、「血を分けた者を危めてはならぬ」という命題との二律背反に直面した。前者の命令を発したのは、公共的生活の論理を代表するアポロンであり、後者の命題を奉じて「母親を危めた者を、家々から追い出す」べくオレステースを追うのは、家族生活の論理を代表するエリーニユスである。すなわち公的世界の論理と私的世界の論理との矛盾が、オレステースの行為によって明るみにもたらされたのである。しかしまた、運命の宥和が語られた。『キリスト教の精神とその運命』では、破壊した者が自らの分かたれた生を再び見出すところに、「人倫的なるものにおける悲劇」をも貫いている「愛による運命の宥和」の背後にあった「対立は再合一の可能性である」(SW. I, 345) という論理が、「人倫的なるものにおける悲劇」をも貫いている。女神アテネは裁判において、アポロンとエリーニユスとの争闘に決着をつけてオレステースを救う。しかも、エリーニユスを守護神エウメニデスとしてアテーナイの市内に祭ることによって、アテーナイの更なる発展を図り、大団円をもたらすのである。

こうした「人倫の悲劇」論は、どのような意味を持っていたのか。ヘーゲルにとって悲劇は、相容れない双方が同じ権利で対立し合い、運命に巻き込まれ、その中で双方とも亡びに到って自分の分を知らされる、というところに成り立つ (Vgl. SW. XVIII, 447 u. 514)。運命は自らの生の喪失を認識する時に立ち現れる、と『キリスト教の精神とその運命』でヘーゲルは繰り返し述べていた (Vgl. SW. I, 344f.)。運命・モイラは、有限者の有限性、つまり分を映すものであり、悲劇とは有限者のそうした限界を呈示するものであった。『エウメニデス』にあっても、結局のところ、無反省的な公的生活の原理と、同じように無反省的な家族生活の原理とは、オレステースをめぐって対立し、アテーナイ市民の前で、互いにその限界を知らされることになる。そのうえで、裁判の結果、新たに法の下の共同が創出されたのである。しかし、ポリスの自然的統一が自らの定めを知る時、それはポリスの亡びに他ならない。「人倫の悲劇」論は、「生き生きとした統一」(GW. IV, 482) の亡びと法の下の共同への展開を、人倫の場面において、オレステース悲劇の形象を借りて呈示しようとする試みであった。人倫は、「自分自身の一部を意識的に犠牲とすることで、否定的なものに権力と領国とを譲渡する」(GW. IV, 485) ところに捉え直されたのである。

私的な権利と公共的な権利とのいわば相互犠牲の上に、ヘーゲルは共同を捉え、これを「闘争における運命の承認」(GW. IV, 459) と語ったのである。これに対してフィヒテは、占有が法的共同においては、所有として承認されることを既に論じていた (Vgl. GA. I-3, 418)。しかるにヘーゲルは、「占有が所有になり、およそ特殊性が、それも生ける特殊性が同時に普遍的なものとして規定される」(GW. IV, 451) 契機を、「同一性によって」(ibid.) としか語り得なかった。ヘーゲルは、単に、公共的領域と私的領域、そして犠牲という構図で共同を論ずることしかできなかったのである。もとより、個別者の占有が共同において所有として承認されるためには、個別意志が普遍意志と見撤され、「主体が (……) 普遍性の形式へと受容される」(SdS, 26) ことが成り立っていなくてはならない。逆に言うなら、承認論を展開するためには、個別的なものと普遍的なものへと関係付ける原理が必要である。だからこそ、ヘーゲルにあって承認論が展開されるには、いわゆる『実在哲学』における意識論の受容を俟たなければならなかったのである。

四　悉く己が心胸の墳墓に埋め

一八〇二年秋以降の『ドイツ憲法論』では、古典古代的な共和国を実現することは、「今日の国家の規模の大きさからして」（SW. I, 479）不可能だという認識が明かされる。とはいえ、『人倫の体系』やいわゆる『実在哲学（I）』においても、「欲求の体系」（SdS, 80:Vgl. SdS, 66）や「共同性と相互依存性との巨大な体系」（GW. VI, 324）と称される生産労働や経済活動の領域は、国民の内に包括され、個別者の自由の全面放棄（Vgl. GW. VI, 315R）が求められもした。こうした「過渡期の不幸」（GW. IV, 484）の中で、ヘーゲルは承認論の受容を余儀なくされたのである。

「承認されたものとして、一つの事物は、個別的な占有にして同時に普遍的な占有である」（GW. VI, 325）という。この承認された普遍的な占有をヘーゲルは、「所有」（ibid.）とも呼び替える。いかにも、ヘーゲルも市民社会の論理に与したかのように見える。しかし、ヘーゲルの承認論とフィヒテの承認論との間には大きな違いがあることを、見逃してはならない。フィヒテにあって承認は、理性的存在者の権利を認めるという意味を持つとともに、自由の自己制限を要請した。この自由の自己制限をフィヒテは、「目的を把握することによって」（GA. I-3, 350）なされる、と考えた。こうした言わば目的の国の実現をめざすところでは、承認をめぐって自由が衝突し、抗争が生じることはない。

それに対しヘーゲルは、承認を、自己実現をめざす個別的な意識の運動として捉えた（Vgl. GW. VI, 307）。その結果、ヘーゲルにあっては、各々の個別的な意識が「他者を自分の個別性の全範囲から排斥する」（GW. VI, 308）なかで、自らの統体性を確認しようとする「闘い」（ibid.）が承認に先立つことになった。その結果、各々の個別的な意識は、承認を得るために「他者の死」（GW. VI, 310）を目指さなくてはならないことになる。しかし、ここには矛盾がある。つまり、個別的な意識は、承認を得るために、生を賭けることによって自らの安閑とした個別性を脱する（Vgl. GW. VI, 310f.）か、或いは自らの承認を実現するために「相手の意識をアウフヘーベンする」（GW. VI, 312）かの相克に直面することになるからである。こうした「承認そのものに於ける絶対的矛盾」（ibid.）によって、「言わば意識は他者の死に、並びに自分の死に向かわなければならず、死の現実性においてのみ存在している」（ibid.）ことが明らかになる。

だが、こうした「死への準備」（GW. VI, 313）にこそ、ヘーゲルにとって承認の意義があった。個別的な意識の死は、意識が個別性を脱して「意識の絶対的実在へ、即ち人倫へ移行する」（GW. VI, 281）契機を意味していたからである。

ヘーゲルが承認論で証したことは、「個別的な統体性は、それがかかるものとして自らを保持し、存在しようとする時には、自己自身を絶対的に犠牲に供し（aufopfern）、自らをアウフヘーベンし、かくして自らの狙っていたのと反対のことを行なう」（GW. VI, 312）ということであった。『実在哲学（Ⅰ）』の初稿は、これを「承認の純粋に否定的な側面」（GW. VI, 312G）と規定した。しかし、やがてそれを抹消して、「意識そのものの認識がもたらす意識自身の自己内反省」（GW, VI, 312）と書き直した。このように改稿されたのは、ヘーゲルが承認を、個別的な意識がその直接性を脱して自己認識に到る、という内面的な運動の論理として捉えたからに違いない。すなわち犠牲は、肉体の死ではなく、個別的な意識からの脱却に見定められたのである。

「生き生きとした関連」（GW. VI, 330）という共同も、「個別的意識と絶対的意識との関連」（ibid.）として見られる。こうした人倫的共同が拓かれるにあたって、ヘーゲルは次のように述べた。「いかなる作文も、いかなる契約も、いかなる暗黙の、もしくは言表された原始契約もない。個別者はその自由の一部をではなく、全て放棄（aufgeben）し〔なければならない〕」。彼の個別的自由はただ彼の我意（Eigensinn）、即ち彼の死なのである」（GW. VI, 315R）。ルソーの影響を、個別者の自己否定をめぐるヘーゲルの思索から看て取ることはできるが、ヘーゲルは契約説に与しない。ルソーの共同論は個人の自由意志に基づいていた。それをヘーゲルは、個人の内に即自的に普遍意志が前提されていた

(Vgl. GW. VII, 257)、と見る。こうした、個が全体に先立つという思想の対極にヘーゲルは立っていたのである。『実在哲学（II）』でも、「普遍意志こそ第一のものであり、本質である。そして個々人は、自己否定（Negation ihrer）によって、外化と形成によって自らを普遍的なものとしなくてはならない。普遍意志は個々人に先立つ」（GW. VIII, 257）と書いてヘーゲルは、その欄外に「アリストテレス——全体は本性上、諸部分に先立つ」（GW. VIII, 257R）と加えた。他方、個別者が法的人格（Vgl. GW. VIII, 215 u. 249R）として普遍的に妥当する契機を、ヘーゲルは承認に見る。承認されることによって、個別者の意志は「普遍意志」（GW. VIII, 221 u. 229）、「共同意志」（GW. VIII, 232G u. 247）となるのである。確かに『実在哲学（II）』に到ってヘーゲルは、個別者の自由の「全面放棄」ではなく、「制限」（GW. VIII, 215 u. 222R）を求める点で、フィヒテと同じように、市民社会の地平に立つ。しかし、ヘーゲルの承認論は個別意志の自己知を拓く点で、フィヒテの承認論を一層内面化したと言える。承認を求める「生と死を賭けた闘い」（GW. VIII, 221）の中で意識は、自らが独立的であることを知ることによって、「自己内で完全に反省した意志」（ibid.）、「知を有する意志」（ibid.）となる。こうした「自分についての知」（GW. VIII, 220f.）がその妥当性を認められるところに、ヘーゲルは承認を捉えたのである（Vgl. GW. VIII, 213）。

「個別者の意志と普遍者の意志とが〔直接的に〕同じ意志である」（GW. VIII, 262R）のは、ヘーゲルの見るところ、「ギリシア人の美しい幸福な自由」（GW. VIII, 262）に他ならない。プラトンの国家論が「絶対的な個別性の原理を無しで済ませている」（GW. VIII, 263R）のは、「美しき公共生活が万人の習俗であった」（GW. VIII, 263）からである。しかし、近代市民社会は、個別的で自由な経済活動が相互に依存しあいながら展開される社会である。ヘーゲル自身、古典古代の共和国をモデルにしていては、国家とはまた別の、市民社会を、国家の中に位置づけるという時代の要求には応えられないことを自覚するに到ったのであろう。「個体性と普遍性とのこうした統一は、今や二重の仕方で現存する」（GW. VIII, 261）と書いた欄外にヘーゲルは、「生き生きとした統一——古代の人倫」（GW. VIII, 261R）と書き加えた。「人倫の国」(GW. VIII, 262) は、近代に到って「より大きい対立と形成」(ibid.) を招来せざるを得なかった。ヘーゲルはここに、むしろ「より深い精神」(ibid.) の実現を見る。今や同一人物が、「個別的なものを目的とする側面からはブルジョアと呼ばれ、普遍者を目的とする側面からはシトワイアンと呼ばれる」(GW. VIII, 261) 時代なのである。

こうして近代に到って個別性が確立したからこそ、なおのこと個別者がその個別的意志を犠牲に供して普遍的なものたり得る、とヘーゲルは考えた。つまり法律の制定が念頭に置かれている。しかしそれは、権利主体を保護するという点で (Vgl. GW. VIII, 242)、普遍的なものの側でも犠牲を払うことでもあった (Vgl. VIII, 254)。「個別者は、法律の支配する共同において自らの〈自己〉を知るとともに、自らの本質をも知る――つまり、そこにおいて自らが保持されているのを見出す」(GW. VIII, 260)。法治国家において個別者が自らの分を、即ち自分を知るという「近代の原理によって、その直接的な在り方をしている個々人の外的で現実的な自由は喪われるが、彼らの内的自由、思想の自由は保持される」(GW. VIII, 263f.)。ヘーゲルは、犠牲に供した個別者の自由を、自らを知るという内面的な自由で購おうとするのである。

例えば宗教である。宗教においては、「絶対的に普遍的なもの」を対象として、「普遍的な知」を自らの内面に直観することによって、「自己内への還帰」(GW. VIII, 280) が生ずる。しかし、宗教において「精神は、この世界の彼岸で自分と宥和しているに過ぎない」(GW. VIII, 281) のであり、しかも、「自らを表象するに過ぎない精神」(GW. VIII, 286) に留まる。

これに対して「精神の自己知」(GW. VIII, 286) を構成し、精神の出来事を把握することは、哲学の業とされる。「ヘーゲルは「宥和の享受と現存在とがここに在る、ここで自我は絶対者を認識する」(ibid.) と断言する。そして続けて、「それはこの〈自己〉である」(ibid.) と書いたのである。今やヘーゲルは、哲学者の内に「個別者と普遍者との不可分な結合」(ibid.) を見るとともに、哲学知に対して、「回復された直接性」(ibid.)、即ち「国民精神」(ibid.) の把握を求める。しかし、哲学知のうちに国民統一の回復を求めようとするのは、「国家は狡智である」(GW. VIII, 264R) と書かざるを得なくなり、古典古代をよすがにした自由な共同の範型を見失った「哲学者」ヘーゲルの自己正当化ではなかったのだろうか。

「精神は充たされた自由である」(GW. VIII, 277) と書いてヘーゲルは、欄外に「(γ) 人倫、自己自身を確信した精神、(……) それは、心胸を己が心胸の墳墓へと、その喜びと受苦とを悉くひっくるめて埋葬し、あらゆる罪や犯罪を自己自身で赦し、そしてあたかも何も出来しなかったかのようにやってきた」(GW. VIII, 277R) と書き加えた。ここに私たちは、ヘーゲル自身、哲学体系を構築するために、若き日の実践的理想を、幾多の悔恨や痛憤とともに、心胸の内に埋めたことを物語っているかのように思うのである。

結語

若きヘーゲルの共同論を貫いた犠牲の論理は、ヘーゲルの思索の内に通奏低音として響き続けた。個別者の権利を共同において位置付けるべく、ヘーゲルがフィヒテから受容した承認論は、個別性の超克を招来する承認をめぐる闘いにこそ重きが置かれた。近代の原理とされた個別性は、これをもってむしろ犠牲に供されるところにその意義が捉えられた (Vgl. GW. VIII, 274)。『自然法講義草稿』でヘーゲルは哲学を、「戦争の観念的な補完」(Ros. 132) として位置付けようとした。戦争は個別者を死の可能性にさらし (Vgl. GW. IV, 450 u. GW. VIII, 275)、哲学は有限性を無化するという否定的側面をもっていた (Vgl. GW. IV, 208)。他方、ヘーゲルは、「回復とは、知という抽象へ意識の在り方を受容することである」(GW. VIII, 221) という認識に貫かれていたといっていいだろう。しかし続けて、「狡智が知であり、自らの内で在ることであり、自らについての知なのである」（ibid.）とも書いた。そこに我々は、歴史の内にではなく、ヘーゲル哲学の内に、「理性の狡智」が貫徹されているかのような思いを新たにするのである。

見てきたようなヘーゲルの語る「犠牲」は、ヘーゲル哲学に胚胎する論理、すなわち有限な認識が、知の進展に伴って自らが担う制約性を自ら否定することを通して、制約を被らない認識へと脱却するという論理に適うものであった。従って、犠牲といっても、自らの肉体の死をかけるものではない。むしろ、個人が私利・私欲を離れて公益や大儀に就くという意味で、いわば「貢献心」だと見て良い。ヘーゲルがこうした論理に辿り着いたのは、古典古代の共和国をモデルにして、近代市民社会を考えるという、いわばアポリアに陥ったからこその結果だったということを考え合わせると、私たちにはやはり、何かしら狡智めいたものに想到せざるを得ない。そしてその窮地からの脱出が、知において普遍性を内面化するところに向かったことは、ヘーゲル哲学そのものを成り立たせたものこそ、ある意味では狡智であったと言わざるを得ないように思われるのである。

《引用略号》

ローマ数字は巻数を、アラビア数字は頁数を示す。なお、Rは欄外文を、Gは削除文を意味する。

テキストは、次の略号をもって表示する。

Dok.………Dokumente zu Hegels Entwicklung. Hrsg. v. J. Hoffmeister(F. Fromman)
GA.………J. G. Fichte : Gesamtausgabe der Bayerischen Akademie der Wissenschaften.(F. Fromman)
GW.………G. W. F. Hegel : Gesammelte Werke.(Felix Meiner)
KW.………I. Kant : Werke in sechs Banden.(Wissenschaftliche Buchgesellschaft)
Nohl.………Hegels theologischen Jugendschriften. Hrsg. v. H. Nohl(Minerva)
Ros.………Karl Rosenkranz : G. W. F. Hegels Leben(Wissenschaftliche Buchgesellschaft)
SdS.………G. W. F. Hegel : System der Sitlichkeit(Felix Meiner)

SW.………G. W. F. Hegel : Werke in zwanzig Bänden.(Suhrkamp)

ルソーからの引用は、岩波文庫版に拠り、「契約論」をもって出典を表記する。

《付記》

なお、ルソーについては、矢島羊吉「ルソーの『一般意志』とカントの倫理学」（福村出版刊『増補　カントの自由の概念』所収）、ならびに村上保壽「ルソーの社会契約の本質と構造」（『山口大学教養部紀要』第九号所収）から多大な教示を得た。

メメント・モリ、または先駆的決意性

森一郎

はじめに――或る学者の死

「メメント・モリ（死を憶えよ）」――『貢献する気持ち』は、このモチーフを印象深く告げて始まる。著者の滝久雄は中学生のとき、友人の兄の死を、いわば「哲学的な出来事」として受け止めたのだという。その高校生は、がん告知を受けた直後には遊びに耽ったものの、死の三ヶ月前から一心不乱に勉強するようになり、最期まで学ぶことを貫き通した。その執念には、「死んだら終わり」といったやけっぱちの考え方とは違う、何かがある。中学時代の滝は、そう直感した。死の淵までひたすら学習し続けることで生を走り抜けた若者の文字どおり必死な姿が、著者のその後の哲学的探求の出発点となったのである。

ひとは死に直面するとき、本来の自己に立ち帰ることがある。迫り来る死の避けがたさを真正面から受け止め、その自覚から翻っておのれにふさわしい状況内行為を摑みとろうとする、このようなあり方のことを、かつてマルティン・ハイデガーは「先駆的決意性」と名づけた。西洋古来の“memento mori”の教えが、この哲学説に甦ったとも言えるだろう。終末医療の現場で問題となる「死の受容」には還元されない、活動的・能動的な「臨死の倫理」を、「先駆的決意性」から基礎づけることだってできるかもしれない。しかし、だからといって問題が片付くわけではない。生硬な概念を弄んで分かったつもりになるのではなく、あくまで、卑近な現実の生活経験に差し戻して考えること。「死を死として能くする」という人間の規定を、空疎なお題目としてではなく、死すべきわが身に引き受けること。本稿ではこうした血肉化の作業のために、『貢献する気持ち』の流儀に倣って、範例を一つ挙げてみたい。私の年長の友人であった或る学者の死という実例を、である。

以下では、渡邊二郎（一九三一―二〇〇八年）という人物を、メメント・モリの思想、または先駆的決意性という概念を考えるうえでの恰好の見本として取り上げる。

昭和一ケタ生まれの渡邊は、一九六二年、当時世界最高水準のハイデガー研究書を弱冠三十歳で世に問い、二年後には東京大学哲学科の助教授となった。その後も、専攻の近現代ドイツ哲学研究の方面で傑出した業績を次々に発表、学界に揺るぎない地位を確立した。東大教授を停年後は、放送大学で十年間教え、七十歳で退職したが、研究意欲は減退するどころか、ますます精力的に著述や翻訳、講演等にいそしんだ。七五歳になろうとする二〇〇六年夏、珍しく不調を訴え、検査の結果、膵臓にがんが見つかった。余命いくばくもないと診断された渡邊は、どうしたか。

病室で彼がまず行なったのは、自分のこれまでの仕事を網羅的に列挙したリストの作成であった。膨大な数の著作、論文、翻訳、書評、随想等を書誌として纏めるその作業を、三ヶ月かけて完成させてからは（翌年春、自費出版）[☆1]、ハイデガーに関する新たな研究書の執筆に没頭していった。自宅で療養を続けながら、一年にわたって集中的に取り組み、その年の暮れには、四百字詰原稿用紙換算九百枚に及ぶ原稿が成った。入稿後は病状が悪化し再入院したが、病院のベッドに横たわりつつ刊行に向けての作業を続けた。校正の指示を書き込んだ原稿一式を見舞いに訪れた弟子に託したその三日後、二〇〇八年二月、享年七六歳にて逝去。遺著は、同年五月に盛大に行なわれた偲ぶ会の日に合わせて

☆1　渡邊二郎『備忘のための著作目録　私の哲学上の著述活動およびそれと関連する諸活動の概略』西田書店、二〇〇七年三月、一―一三一頁。本書を以下『著作目録』と略記。

出版された。☆2

生涯を哲学研究に捧げた或る学者の壮絶な死――この事例からわれわれはどんなことを学ぶことができるだろうか。

読むこと、考えること、書くこと

思索一筋とはいっても、渡邊は無趣味で無粋であったわけではない。文学や音楽を愛し、芝居や音楽会によく出かけた。談論風発の酒席を好み、ドイツ語の歌を披露したりもした。若い時には、詩や小説の創作に手を染めたという。散歩、庭いじりから手料理まで、日常を愉しむことにも長けていた。そういう渡邊にとって、日常的でありかつ尋常ならざる、物との係わりがあった。そう、書物との付き合いである。彼が学究生活の大半を過ごした自宅の書斎に入ると、主人なきその部屋に、「知への愛」に劣らず、「書物への愛」が今でも立ちこめているのを、ひしひしと感ずる。哲学書、とくにドイツ語で書かれたテクストの読解にかけては無双の読み手であった彼は、読むことから学びとった考えることを、書くことに具現させては数多のテクストへ編み上げていった。この文献学者にして哲学者は、本質的に作家だったのである。「血をもって書かれたもの」（ニーチェ）☆3を愛好し、また自分に要求することで、この文の人は、膨大な著述を物していった。渡邊二郎という人の生涯は、遺された著作群にすべてが尽くされているといっても過言ではない。だからこそ、病を得た彼は真っ先に、『著作目録』の完成に心血を注いだのである。そしてそれは――「あとがき」にあるとおり――、「そのような自己確認の基礎作業を行わないと、自分の存在が、自分にとってさえも、風塵のように飛び散って、不確かなものとなってしまう危機感」（『著作目録』一二五頁）ゆえであった。後述するように、この自己総括作業は、「終わり」である以上に「始まり」であった。

次いで渡邊は、まだやり残していた仕事の一つにひたすら邁進していく。ハイデガー没後に発表され「第二の主著」とも言われる『哲学への寄与』の精緻な読解の仕上げ作業にである。密度の濃い一年間で、彼は、抗がん剤投与という重度の加療の身にありながら、分厚い研究書を一冊書き下ろすという離れ業を、見事やり遂げることになる。「上巻」に予定された部分しか結局出なかった、とトルソーに終わったことを難ずる者はいないだろう。『研究覚え書き』のどのページを開いても、これを書かなくては死んでも死にきれないと、全身全霊でハイデガー研究者としての総決算を果たそうとした、告白とも絶叫ともつかぬ著者の鬼気迫る思いが伝わってくる。まさに「血をもって書かれた」この遺書を前にしては、「先駆的決意性」という言葉の響きすら軽すぎるのではないかと思われるほどである。

ハイデガー研究で学界デビューした渡邊は、同じくハイデガー研究で学究的生を締めくくった。『哲学への寄与』の本邦初の本格的研究書であったこの遺作は、それ自体「始まり」であったが、彼の死はもう一つの、いっそう大きな「始まり」を地上にもたらした。研究と著述に捧げた生涯の全容を伝える著作集全十二巻の刊行がそれである。

死後に著作集が出るほどの人でも、作品があちこちに散り散りとなって、どれがどれでどこに何があるか見当もつかなくなっているケースが多い。それらを網羅的に収集し書物として編集するには、遺された者たちに、気の遠くなるほど遠大かつ煩瑣な渉猟作業が課せられるのが常である。これを見越してか、渡邊は、前述のとおり、がん宣告を受けた直後、残された貴重な時間を相当費やして、自身の総作品目録を一冊の本に纏め上げた。その長大なリストを、書斎の本棚に大事に並べてあった自著作品群と照らし合わせれば、夥しいテクストを、さほどの苦労なく、著作集用

☆2　渡邊二郎『ハイデッガーの「第二の主著」『哲学への寄与試論集』研究覚え書き――その言語的表現の基本的理解のために――』理想社、二〇〇八年五月、一―三七九頁。本書を以下『研究覚え書き』と略記。

☆3　渡邊の好んだ一句「血をもって書け」が出てくる『ツァラトゥストラはこう言った』第一部の章のタイトルは、「読むことと書くことについて」である。文献学者にして作家であった哲学者の決意表明が記されている。

の原稿として組み立て直すことができる。これに沿って編集しさえすればよいのだよと、『著作目録』は遺族に語っているかのようであった。一冊が丸々、故人の遺言であったことになる。

そしてじっさい、かの遺稿＝意向にほぼ沿った形で、没後二年有余のうちに、総計七千頁超の大規模著作集の刊行が始まり、著者生誕八十周年の秋、予定どおり完成した。[☆4] 学問的達成と文学的芳香を兼ね備えた文章を集成した各巻六、七百頁に達する十二巻が毎月配本され、一年後に全巻完結というのは、奇蹟に近い出来事である。だがそこには、遺族の献身的尽力とは別に、おのがいのちと引き換えに世に遺した書き物をゆめ散逸させてはならぬとの著者自身の燃えさかる執念が働いていたのである。

あと三つ、読むことと書くことへの思索者の執念が育んだものに寸言しておきたい。

渡邊は翻訳の大家でもあり、ドイツ語の難解な哲学書を流麗な日本語に移し変える名人だった。ハイデガーの主著『存在と時間』の改訳を晩年に果たした彼が、次に取り組んだのは、ほかでもない、「第二の主著」の翻訳だった。版権の問題で公刊は不可能と分かったうえで、ほぼ全文をひそかに訳していたことが、死後明らかとなった。パソコン内に残されていた四百字詰原稿用紙換算千五百枚余の訳稿データは、二十部限定出版された。[☆5]

翻訳家としての数ある仕事のなかでも、エトムント・フッサールの主著『イデーン』第一巻の訳業は傑出していたが、その完結編に当たる『イデーン』第三巻の訳出作業を、別な担当者による第二巻翻訳完成前に、渡邊は少しずつ行なっていた。こちらも死後に、本文の半分近くの訳稿がパソコン内に見つかり、それを引き継いだ弟子の努力により、第一巻と同じ書店から、完訳が「共訳」で出版された。[☆6]

渡邊は、ドイツ語を話すことと書くことにも秀でていた。海外に知己も多く、求められてしばしばドイツで講演し、またドイツ語論文を寄稿した。それらのテクストを一巻に集めて彼の地で出版するという、ドイツ語論文集の企画が徐々に進められ、著作集完成のちょうど一年後、ドイツの出版社から刊行された。[☆7]

以上三つの刊行事業は、『研究覚え書き』や『著作集』のように当人の遺志が実現されること以上の産物である。しかしいずれも、非凡な読み手にして書き手であった哲学者の執念が生み出した、来たるべき思索の「始まりの余韻」[☆8]だと言うことができよう。

渡邊が死の数週間前、病状が急速に悪化しつつあった頃、万感の思いを込めて「時間が足りないなあ」とポツリ呟いた音声が残っている。なるほど、この大学者に、やり残したことはまだ幾らでもあったことだろう。だが他方で、彼は臨終間際、「私は欠如していません」と家族に言い残している。為すべきことを成し遂げ、まったきありさまへと実らせた者の馥郁たる安らかさに、死者は達したのである。

☆4　『渡邊二郎著作集』全十二巻、高山守・千田義光・久保陽一・榊原哲也・森一郎編、筑摩書房、二〇一〇年一〇月より刊行開始。二〇一一年九月完結。以下『著作集』と略記。

☆5　マルティン・ハイデッガー『哲学への寄与』渡邊二郎試訳、千田義光編、私家版、二〇〇九年八月、一―四〇七頁。

☆6　エトムント・フッサール『純粋現象学と現象学的哲学のための諸構想《イデーン》　第三巻　現象学と、諸学問の基礎』渡辺二郎・千田義光訳、みすず書房、二〇一〇年一一月。

☆7　Jiro Watanabe, *Zwischen Phänomenologie und Deutschem Idealismus. Ausgewählte Aufsätze*, Hrsg. v. Y. Chida, Y. Kubo, I. Mori, T. Sakakibara u. M. Takayama, Duncker & Humblot, Berlin, 2012, S. 1-298.

☆8　渡邊が最晩年に情熱を傾けて読解したハイデガーの遺著『哲学への寄与』の本論第一部はAnklangと題されている。渡邊はこの語を「鳴り響き」と訳しているが、私自身は、形容矛盾を厭わず、「始まりの余韻」と訳したい誘惑に駆られる。辞書的には、「なごり・かつてを想起させるもの」、「共鳴・共感」、「和音」といった意味のこのドイツ語を、ハイデガーは、古代ギリシアにおける「第一の始まり」以来の形而上学の歴史が完成＝終末を迎えようとしている現代、思索の「あらたな始まり」への移行のかすかな予兆が響き渡っていることを宣べ伝えるべく、用いているからである。鳴り響いているのは、終わりと始まりの「和音」――不協和音も和音のうち――なのである。

「先駆的決意性」とその転機

ここで今一度問おう。この学者の生き死にから、われわれは何を学べるだろうか。

渡邊は、彼自身がライフワークとして究めようとしたハイデガーの学説そのままに、本来的な「死への存在」を生き切ったのだと、私は思う。その最期の日々からひとは、「先駆的決意性」とは何であったか、を学び直すことができるのである。

だが、その前に再確認しておかねばならないことがある。病死目前の学者が最後の力を振りしぼって研究に邁進したことを、「死への先駆」という概念に重ね合わせるのは、初歩的な誤りだと指摘する向きがあろうからである。

じっさい、ハイデガーの言う「先駆的決意性」とは、寿命の尽きた病人や老人が死に臨んで従容として示す「覚悟」とは異なり、いつ誰にとっても絶えず問題となるおのれの死の可能性への係わりを意味すべきである。「人間は生まれるやいなや、もう死んでおかしくない歳に十分なっている」[☆9]――これが、『存在と時間』の死の分析を導くモットーであった。だとすれば、死の間際に至ってはじめて、おのれの生の有限性を自覚するのでは遅すぎるということにもなろう。ピンピンして老病の翳など微塵もないうちに、死を「先取りする」ことこそ肝要なのだ、というわけである。

たしかに、「死への存在 (Sein zum Tode)」という概念は、年齢や健康にかかわりなく、各人の生きているがままのあり方を、生来的《アプリオリ》かつ無差別に規定するものである。人間誰しも死に差しかけられて生きており、その点では経験も境遇も関係ない。

ただし、「死への存在」には大きく分けて二通りあるというのが、ハイデガーの言い分である。つまり、本来的なそれと非本来的なそれである。せわしない日常を生きるわれわれは、死のことなど構っていられないから、そんなの関係ないといった風情でよそよそしくふるまっている。世のひとは日々死んでいくが、それはそれとして穏当に処理される。死との関係は、さしあたり隠蔽され、たいてい忘却されている。つまり、日常的な「死への存在」とは、非本来的なそれである。これに対し、死の可能性を自分自身の問題として直視し、それを可能性として持ちこたえるのが、本来的な「死への存在」である。これが「死への先駆（Vorlaufen in den Tod）」と呼ばれる。そして、先駆という仕方でおのれ自身に先んじつつ、自己の内奥から呼びかけてくる「良心」の声に耳をすませ、最も自分らしい実存可能性を摑みとる境地が、「決意性（Entschlossenheit）」である。よく生きること、つまり幸福の追求が、各人の人生において繰り広げられるのであって、現世という戦場に打って出る先駆的決意性は、死という終点に平安に辿り着くための慰めでも気休めでもない。

それはそうなのだが、しかしだからといって非本来性がなくなるわけではない。生きている間じゅう、のべつまくなしに先駆しつつあることは、われわれにはどだい無理である。死のことばかり考えていたのでは萎縮して陰気な人生しか送れない。お気楽に生きること、それが日常であり知恵ですらあることには変わりないのである。そんな人生の一瞬、死すべきいのちの閃光に刺し貫かれ、自分の全生涯が一挙にその意味を開示される凝縮した時間を生きるということが、ごくまれにある。そのあるかなきかの遭遇《アクシデント》を、それゆえハイデガーは、「瞬間（Augenblick）」と名づけた。瞬間は「永遠」へ至る道であるとは、形而上学の由緒正しき理説だが、世界内存在に踏みとどまろうとする現世哲学にとっては、「立ち止まる今」から超時間性へと飛翔することではなく、人生のただなかで行為することこそ、問題の中心である。「瞬間」に襲われた者は、そのつどの具体的状況において大事なことは何であり、そのためには

☆9　M. Heidegger, *Sein und Zeit*, 15. Aufl., Niemeyer, 1979, S. 245. 以下、本書からの引用は、略号 SZ を添えて、括弧内に原書の頁数を記す。原佑・渡邊二郎訳『存在と時間』（全三冊、中公クラシックス、二〇〇三年）をはじめ、邦訳書には、原書頁数が欄外に記されているものが多い。

何をしなければならないかが、豁然と見えるようになるのである。

だとすれば、死への存在が本来的となり、生を輝かせるには、やはり何らかのきっかけが必要だということになろう。誰でも「死への存在」にウスウス気づいているのに、いや気づいているからこそ、そ知らぬフリをしているのだから、そのヴェールを突き破る何かが立ち現われなければならない。そして、そういう跳躍板の最たるものが、不治の病なのである。もちろんその他にも、脱出困難な危機、癒しがたき挫折、別離の悲痛、取り消せぬ負い目、といった「受難」の数々が、人生行路にはあろう。そればかりではない。一冊の本との出会いによって、つまり純然たる読書経験によって、先駆的決意性へと目覚めさせられることだってありうるのである。

『貢献する気持ち』の冒頭に登場した、死にゆく若者は、まだ高校生であった。十分若いが、死ぬにも十分な年頃であった。かりに不治の病に取り憑かれなかったら、この青年がかくも真剣に勉学に没頭するなどありえなかっただろう。がんを宣告されてはじめて、わが身の有限性に思い至り、そこから向き直って、いのちの炎を激しく燃やし尽くしたのである。三ヶ月という短い間、彼は先駆的決意性の「瞬間」を生きた。そのとき生はあたかも一個の全体となり、十数年の歳月がそこに凝集するに至ったのである。

『貢献する気持ち』の著者となる滝も、中学生のとき友人の兄のそのような生死に接して漠然と使命感に目覚めたのち、しかしそれ以上なかなか進まなかった。二度目の転機は、三十代半ば過ぎ、骨の病気をみずから患って「死を予感した」ときに訪れた。これをきっかけに、いのちを活かすことへの希求が、貢献心の研究という形で、高められ深められていったのである。また、被爆によって白血病に冒された身で絵筆をとり続けた平山郁夫、朝鮮戦争で敵軍に捕えられ処刑寸前に命拾いし政治家を志した金大中、といった本書に出てくる事例にしても、苦難の襲来をきっかけとして自己本来の為すべきことを摑みとる「転回」のドラマにほかならない。

人間という迂闊な生き物は、「死を忘れるな《メメント・モリ》」と言われ続けても、死すべきわが身の定めをそれでもついうっかり忘れてしまう。そしてそれも当然なのである。人間はべつに死ぬために生まれてくるのでも、死へとまっしぐらに生きているのでもないのだから。前向きに生きるためにこそ、死へと先駆する機縁が、ことさら与えられなければならない。

では、本稿の主人公たる渡邊二郎の場合は、どうであったか。

幼いときから天皇のために死ねと教え込まれ、思春期を迎える頃、東京大空襲で被災し、虚無が現前する光景を目撃した。と思ったら今度は、敗戦を境に今度はあらゆる価値の転覆を目の当たりにしてたじろぐ。ニヒリスティックになった青年が、「死への存在」というハイデガーの思想に親近感を抱いたことは、想像に難くない。ちょうど滝久雄が、プラトンの対話篇からソクラテスの生死を学び知って、知人の兄の死に感じたのと同質のものを古代ギリシア哲学に見出し、また二五歳のときに出会った一行の言葉に心底動かされたのと同様に、渡邊にとって、ハイデガーをはじめとする哲学書との出会いは、それまでの名状しがたい私的体験に、くっきりと形を与える機会となった。その後、学者としての華々しい経歴のウラで味わった様々な苦衷や憤激も、「死への先駆」の思想の血肉化をますます促進したにちがいない。死の思索に人一倍親しんでいたはずのその彼に、しかし、がん宣告は、まったく新しい機縁をもたらすことになる。先駆的決意性の思想は、それだけの重みは他にありえないほど、それほど重い重しとして彼にのしかかった。人生のその「瞬間」、最重量級の重みに耐えた彼は、この期に及んで自分が大切にしなければならないのは何か、そのためには今何を為すべきかを、まざまざと見てとったのである。

不治の病を宣告されてから一年半、渡邊は絶命の際まで、力のかぎりおのれ本来の生を生き、学問的生涯をまっとうした。最期の日々の、静謐さのなかにも凝縮された一刻一刻は、ちょっとでも触ると血がドクドク噴き出してしまうくらい、濃密な一途さをそなえていた。本来的な「死への存在」とはこういうことだ、と彼は実地で示してくれたかのようである。死を目前にして先駆的決意性の権化となったハイデガー学者がやってみせたことから、われわれは何を学ぶことができるだろうか。そう改めて問わなければならない。

終わりと始まりの共属と、始まりの二重性

ハイデガーは「死への存在」を、「終わりへの存在」として定式化した。「死でもって表わされている終わることは、現存在〔そのつどの私——引用者注〕が終わりに達していること（Zu-Ende-sein）を意味するのではなく、この存在者の終わりへの存在（*Sein zum Ende*）を意味する」（SZ 245）。われわれは、臨終に至ってはじめて終わりを迎えるのではなく、終わりをつねにすでにうちに孕んだ生を、時々刻々生きている。しかしだからといって生者は、もっぱら終わりへと関係づけられているのみではない。われわれの生は元来、終わりへの存在でありつつ、それと等しく根源的に、始まりへの存在なのである。渡邊はまさにこのことを、最期の日まで病魔と闘いながら身をもって示したのだった。

「始まりへの存在」という言葉を使ったのは、ほかならぬハイデガーである。死という終わりを問題にするだけでは「一面的」だとして、「誕生」という「もう一つの〈終わり〉」を対置し、「始まりへの存在（Sein zum Anfang）」（SZ 373）というもう一つのテーマを切り出して幕を開けるのが、『存在と時間』の歴史性の分析なのである。そしてそれは、「死への存在」、なかんずくその本来形としての「先駆」を、肉付けすることでもあった。

ここでわれわれが出会っているのは、終わりと始まりの共属の間柄にほかならない。

先駆とは、人生の終末をボーッと眺めることではない。おのれに襲いかかる実存の端的な不可能性としての死を、あくまで可能性として持ちこたえ、耐え抜くことであり、そこから一転して、死によって縁どられた爾余の実存可能性をくまなく見通し、かくしておのれに最も固有な「よき生」を摑みとり、その成就に向かって突き進むことである。

こうした前進性格からして、先駆とは元来、終わりへの存在であるに劣らず、始まりへの存在なのである。とはいえ、どんな「死への存在」も、つまり人生がおしなべて、「始まりへの存在」だと主張するのは、おそらく言いすぎだろう。始まりも終わりもなく同じことの繰り返しがダラダラ続くのが日常であり、それが生活というものだからである。だが、そういう淀みなき日常に、前述のように、何らかの転機が訪れることがある。断絶を意味するその裂開は、終わりでありかつ始まりである。何かが新しく始まるためには、それまでの何かが終わらなければならない。終わりがなければ何も始まらないのである。

われわれはそのつど現に死への存在である、とは、生は終わる前にすでに終わっている、ということである。しかしそれでいて、生は終わったあとでも終わらない。すべて終わったつもりになるのは、いつでも早すぎる。先駆とは、つねに遅咲きなのだ。ちょうど、早熟のデビューを果たし、半世紀にわたってハイデガーを研究し続け、功成り名遂げた学者が、死の数日前まで書き下ろし研究書の出版に余念なかったように。

始まりは、そのように終わりと共属するのだが、それとともに注意すべきことがある。始まりは二重化されて生起する、という点である。始まりのこの二重性をも、渡邊の生き死にから、われわれは学ぶことができる。

ハイデガーによれば、先駆的決意性は、われわれの実存が根底から「時間的」に規定されていることを浮き彫りにする。「将に来たらんとする」可能性としての死や、転機として訪れる「瞬間」については、すでに述べたが、始まりはむしろ第一次的には、「過去」からやって来る。より正確にいえば、「過ぎ去ってもはやないもの」ではなく「かつて既に在り現に存し続けるもの」という意味での、「既在性（Gewesenheit）」のほうからである。おのれが何であったか、何でありえたか、という来し方の全体を、私は、私の「本質《ヴェーゼン》」をなすものとして、おのれのうちに携えている。いや逆に、そういった丸ごとの既在性が、現在の私を、氷山の一角のように携行していると言うべきかもしれない。そんな私が、何かを新しく始めることへと、前のめりしないで乗り出していけるとすれば、それは、既往の深き地平へと遡行することによってはじめてなのである。ハイデガーはこの既在性の捉え返しのことを、「反復（Wiederholung）」と呼ぶ。先駆とは同時に遡行なのだ。

先駆が空疎さを免れうるのは、この遡行を通してである。われわれがそのつど具体的にどのような実存可能性を切り拓いてゆくかは、死を見つめてみるだけでは分かりっこない。この世に投げ入れられてよりこのかた積もり積もったおのれ自身の存在の厚みへと立ち戻り、私に委ねられた既在の可能性、なかんずく、現代まで伝承されてきた往古の人びとの既在の可能性を、先取りしつつわがものとして摑み直すこと以外に、始まりはありえない。実存の「時間性」は、かくして「歴史性」という形で具体化されるのである。

死を間近にした渡邊は、若き頃そこから学者としてスタートを切った哲学者のテクストに、今一度立ち帰ることを改めておのれに課した。しかも、当時は読むことの叶わなかった「第二の主著」の徹底究明に新境地を拓き、ハイデガー研究に新たな光を投ずるためにである。ハイデガー研究者渡邊二郎の五十年後の再デビュー。それは、新資料に拙速に飛びつくのではなく、テクストを読み抜き、訳し切ったうえでの、満を持しての新参であった。遺作となった『研究覚え書き』には、「第一の始まり」への回帰がおのずと「あらたな始まり（der andere Anfang）」を生起させるという意味での、始まりの二重性が如実に示されている。新しい始まりは、新奇さの追求によってではなく、原点への歩み戻りによってはじめて打ち開かれる。将来は原初にやどる。

時間性の本来的時熟としての「先駆し反復する瞬間」は、将に来たらんとする死を先取りしては、おのれの既在性を取り返して第一の始まりを反復することで、今ここにあらたな始まりを築く。終わりへの存在が、始まりへの存在へと打ち返され、かつそれが第一の始まりとあらたな始まりに分極し、その両極が振動し連動することで、おのずと「出来事」として生起する。まさにここに「歴史」が稔るのである。

ハイデガー研究史上の「第二の主著」『研究覚え書き』を世に送り出すことで、現代日本のハイデガー研究史を劃した渡邊は、死の直前、もう一つ重要な「始まり」に挑んでいた。おのれの哲学上の全業績をリスト化するという整理作業は、一見後ろ向きに見えて、じつは、新テクストの研究書を書き下ろすことに優るとも劣らず、前向きであった。なぜなら、それを基礎として自分の膨大な仕事が組織的に後世に遺贈されることを、彼ははっきりと見越していたからである。著者の死後ほどなくして、全十二巻の著作集の刊行が始まった。収録作品の大多数は再刊だが、たんなる新装版ではない。『著作集』ほどの大がかりな出版事業を、「新しい始まり」と呼ばずして何と呼ぼうか。

ところで、或る学者の最晩年の事績という具体例に即して見てきた「先駆と遡行」の連動には、じつは、単独者の生き死にというこれまでの道具立てでは説明しきれない、広大な奥行きがそなわっている。それは、個人の著作集が当人の死後刊行されるという単純な事実からもすぐ分かる。誰も一人では始められないのである。少なくとも、出来《しゅったい》したかと思うとたちまち古び、飽きられて投げ捨てられる「新奇なもの《ニュース》」とは異なり、終わりに裏打ちされてつねに新しさを失わないもののみを、「始まり」と呼ぶとすれば。第一の始まりの反復としてのあらたな始まりは、たった一人の人間のなし能うものではない。始まりを築き、創設するという、真にその名に値する「出来事（Ereignis）」は、複数の人びとの共同事業としてのみ生起しうる。☆10 しかもその場合の共同性は、共時的であるばかりではなく、通時的でもある。世代を跨ぎ時代を隔てた人びとの連携が、そこに息づくのである。

そればかりではない。真の始まりは、人間のいのちを超えて存続する事物なしには、たとえば書物という「実体」を欠いては、そもそも保たれることができない。死すべき者たちと存在性格を異にする「自立」した物たちに守蔵されてはじめて、始まりは始まりたりうる。物は始まりを宿らせ、匿《かくま》う。渡邊の例で言えば、『著作目録』は、死者と生者との間の約束を可能にしたし、『著作集』は、著者と将来の読者との「遣り合い」☆11 の場をしつらえたのである。

☆10　本節のここまでの議論はおおむね、拙著『死と誕生　ハイデガー・九鬼周造・アーレント』（東京大学出版会、二〇〇八年一月）の枠内にあるが、これに続く議論は、同書出版後の経験——世代間協働と物への配慮——に根ざしている。

われわれはそのように物に制約されており、おのれ自身の拠りどころとして大切にすべく、物へと差し向けられている。

メメント・モリ、または死への先駆という主題は、かくして、「死を超えるもの」へと行き着かざるをえない。しかもそれは、宗教や形而上学の話に限られない。永遠回帰する自然の営みならざる、この世界に住む人びとの営為たる歴史の次元が語られる以上は、そうなのである。時代を異にする人びとへの顧慮と、時を超えて存続する物たちへの配慮という二重の倫理が、そこに展望されてくることになる。

共時間性の二重の次元──「共同存在」と「もとでの存在」

事物へ関わる態度と他者へ関わる態度とが、根本的に異なっていることを強調し、それぞれ「配慮（Besorgen）」と「顧慮（Fürsorge）」と呼んで区別することを提案したのは、『存在と時間』のハイデガーであった。両者はそれぞれ、「もとでの存在（Sein-bei）」、「共同存在（Mitsein）」とも表現される。物と人を相手とするこの二様の「志向性」を孕みつつ、自分自身へと関わって態度をとっているそのつどの私のあり方の全体が、「気遣い（Sorge）」という術語に定式化されたのである。道具に気を回し、他人に気を配り、わが身を気に懸ける存在者──こうした「気遣い（cura）」としての人間」観が、古来伝えられてきたことにもハイデガーは注意を促す（vgl. SZ 196ff.）。物たちとの関わり、人びととの関わり、そして自己自身への関わりが、等しく根源的であり、各々が他に還元されえない独自性をもつことの発見は、世界内存在の現象学の輝かしい功績の一つと言えるだろう。

だが皮肉なことに、物たちとの関わりと人びととの関わりというこの二側面を、ハイデガーは必ずしも考え抜いていないと評されることがある。本来的な「死への存在」、つまり先駆において、死という「最も固有で、没交渉的で、追い越しえない可能性」（SZ 250）がひたすら迫ってくるとき、事物や他者は総じてどうでもよくなり、ただただおのれ自身の存在しうることへと投げ返される。では、死への不安に襲われ「単独化」されるその瞬間、事物のもとでの存在や他者との共同存在は、どのような様相をあらためて呈するのか――このもっともな疑問にハイデガーは明確に答えていない、というのである。

自己への気遣いに集中する本来的な時間性の時熟において、事物への配慮と他者への顧慮は、いかにして折り合いをつけられるのか。この問題に、ハイデガー解釈史上最もこだわった一人が、ほかならぬ渡邊二郎であった。このハイデガー学者の絶えざる関心は、物たちのもとでの存在と人びととの共同存在をも含み込んだ形での、まったき世界内存在の真相究明にあったと言ってよい。この問題連関を指し示すことに、彼は初期以来のハイデガー研究において並々ならぬ力を注ぎ、☆12 また晩年には、「言語」「美」「歴史」「自己」といった主要論題に即して、本来性の諸相を独自に掘り下げていった。☆13 傑出した哲学史家として、本来性と非本来性との絡み合いの論理を求めてドイツ哲学史に深々と分け入り、ヘーゲルの弁証法にその導きの糸を見出したことも、思い起こされよう。☆14

☆11　ハイデガーの『哲学への寄与』の本論第二部は、Zuspiel と題されている。渡邊はこの語を「投げ渡し」と訳しているが、私は「遣り合い」と訳す。時代を隔てた者たち同士が、一対に組み合わせられ、時を超えて遣り取りし遣り合いを演ずるという意味での、世代間の対話・対決を、意味すべく選ばれた語だからである。拙稿「出来事から革命へ――ハイデッガー、ニーチェ、アーレント――」（ハイデッガー研究会編『ハイデッガーと思索の将来――哲学への〈寄与〉――』理想社、二〇〇六年九月、所収）、および、森担当の同書「序」を参照。

☆12　『著作集』第一部を形づくるハイデガー研究集成の四巻（とりわけ第一巻「ハイデッガーI」および第三巻「ハイデッガーIII」）所収の諸論考を参照。

☆13　『著作集』第三部を成す四巻（第九巻「解釈・構造・言語」、第十巻「芸術と美」、第十一巻「歴史と現代」、第十二巻「自己と世界」）所収の諸作品を参照。

しかし私が思うに、本来性の問題連関がいかなる広がりをもつかを生身の生き生きしたありさまで示してみせたのは、最晩年の渡邊の生き方そのものであった。そこに証しされた「先駆し反復する瞬間」には、「もとでの存在」と「共存在」がいかなる本来化を蒙るかが、例証されているのである。

『存在と時間』の著者ハイデガーが、古代人アリストテレスを「おのれの英雄」(SZ 385)として選び、『形而上学』や『ニコマコス倫理学』にひそむ既在の可能性を反復したように、『研究覚え書き』の著者渡邊は、ハイデガーの遺著『哲学への寄与』にひそむ可能性を甦らせようとした。第一の始まりとの「遺り合い」でもってあらたな始まりを開くという仕方での、故人との共同存在可能性がここには見出される。そればかりではない。『研究覚え書き』を書き記していた渡邊は、同時代のハイデガー研究――『哲学への寄与』の邦訳はすでに出版されていた――と真っ向から対決しようとしたが[☆15]、同時にそれは、自身もその流れに棹差す近代日本のハイデガー研究の豊かな蓄積を糧にしてであった。また、孤独な思索と著述に沈潜する傍ら、知友との交わりを人一倍重んじた彼は、来たるべき世代のハイデガー研究者に自分の仕事を贈ることで、哲学研究の未来に寄与すべく全力を傾けた。同時代人と切磋琢磨するだけではなく、かつて在りし人びとと一緒に在り、将に来らんとする人びとと協働する――歴史的裾野をそなえた、こうした奥行きある「顧慮」の本来的あり方を、渡邊は、通時的学問継承という形で具現してみせたのである。

このような、他者との本来的共同存在の地平的広がりを支えるのが、事物のもとでの存在のもつ時間的伸び拡がりである。ここで範例となりうるのが、書物のもとでの存在なのである。歴史性の議論のさい、ハイデガーは、「建造物や施設」と並んで、「書物」を、「歴史をもつ」「道具や作品」の例として真っ先に挙げていた(SZ 388)。建物――ここでハイデガーが思い浮かべているのは大学の建物であろう――が、歴代の人びととの住処となり、通時的連帯の拠点となりうるように[☆16]、書物は、過去―現在―未来の人びとをつなぐ絆の役目を果たす。古典との出会いは、まさに死者との出会いであり、その邂逅可能性を引き継ぎ、受け渡してゆくことは、次世代への責任に属する。書物への愛としての「文献学（Philologie）」の精神は、本来的な配慮と本来的な顧慮との交差点で育まれるのである。

ここで、「読むこと、考えること、書くこと」について、あらためて考えてみよう。

或る個人の学問的営為としては、まず本を読み、次いで自分で考え、かくて文章を書く、という順序で事は進むように見える。だが、この営みは単独でなされるのではない。読むことは、書かれたものを介して書き手へと関わる態度であり、既在の人びとと存続する物たちを前提する。それらをよすがとして、考えることが成立するかぎり、思考とは他者との共同事業であり、かつ物象に条件づけられている。自己を見つめる思索が、かりに本来性を意味するとして、どのみちそれは顧慮的かつ配慮的な気遣いであらざるをえない。同じことは、書いたものを介して読み手へと関わる態度としての、書くことについても言える。考えたことがその場で雲散霧消することなく存続するためには、書き留められて何らかの物質的形態に定着させられなければならず、のちのちまで保存されて読み継がれるものとならねばならない。書くことは、このように、刹那ごとの孤立した行為ではなく、事物と他者へと関わる世界内存在の重層的なかたちなのである。その場合、事物のもとでの他者と共なる存在は、もっぱら現在に関わるのではなく、時間的な伸び拡がりをそなえている。いつか誰かに読まれることを想定しなければ、誰も書こうとはしないだろう。

☆14　『著作集』第二部に纏められた哲学史研究四巻、とくに第六巻「ニーチェと実存思想」中の『ニヒリズム』と、第八巻「ドイツ古典哲学II」所収の諸論文を参照。

☆15　現在の本来形である「瞬間」が、歴史的―歴史学的に肉付けされると、「今日《こんにち》の脱現在化（Entgegenwärtigung des Heute）」という形態をとる（SZ 391, 397）。「反時代的考察」と題されたニーチェの現代批判を考えてみればよかろう。この含蓄ある用語を、渡邊はかつて「現成化の剝奪」と訳したが、改訳版では「現成化の否定」となっている。今を絶対的尺度として歴史を査定する現在中心主義への抵抗・離脱を表示するには、旧訳も捨て難い。

☆16　拙稿「世代をつなぐもの――東京女子大学旧体育館解体問題によせて」（『UP』第四三九号、東京大学出版会、二〇〇九年五月、所収）参照。

『著作目録』にしろ『研究覚え書き』にしろ、渡邊本人のためだけに記されたわけではない。書くことは、読者となる将来の人びととの協働行為なのである。そしてその不可欠の仲立ちとなるのが、存続する物たち、つまり書物なのである。☆17

　考えることは、そのつど、読むことと書くことと組みになって、既在—現在—将来の脱自的統一を形づくる。だが、そのうちの現在という一契機——「現代の批判」としての「今日の脱現在化」——だけが他者や事物に関わるのではない。思索者は、対話・対決という仕方で同世代の人びとと交わるのみならず、文献解釈という仕方で既在の人びとと、また著作執筆という仕方で将来の人びとと、いつでも共に在る。そして、不在の人びととのそのような共同存在が、死すべき者たちに可能となるのは、死を超え世代を乗り越えて存続する物たちのいわば「共—脱現在化」のおかげなのである。

　事物のもとでの存在と他者との共同存在は、時間性のうちの現在の奥行きをなすばかりではない。両者は、既在性と将来とに遍く亘って、時間性の広大な地平を織り成すのである。時間性とは、その意味で、「共—時間性（Co-Temporalität）」なのである。念のために言い添えると、この場合の「共—」は、人びととの共同存在を意味するだけでなく、物たちのもとでの存在をも意味する。共時間性《コ・テンポラリテート》の二重の次元を具えつつ、顧慮し配慮する気遣いが輻輳し交錯するのが、まったき世界内存在の実相なのである。

　この種の絡み合いをべつに難しく考える必要はない。哲学者渡邊が文献学者かつ作家としてわれわれに実地に示してみせてくれたことが、そのまま実例となる。われわれが手にしている『研究覚え書き』と『著作集』という物たちが、共時間性の実相を雄弁に語っているのである。☆18 いや、それればかりではない。いやしくも「古典」と呼ばれる書物はすべて、もとでの存在と共同存在の次元において「時熟」する。それを繙くとき、われわれは物たちによって「共—脱現在化」させられ、かくして「不死」に与るのである。

おわりに――「貢献心」と「世界への愛」

ハイデガーの時間性の議論を続行しようとする本論の考察は、『貢献する気持ち』の内容からは遠く隔たってしまったかに見える。だがそれは見かけにすぎない。むしろわれわれは、まさにここで「貢献心」の現象に出会う。配慮し顧慮する気遣いが、先駆的決意性において本来化され、かつ共時間性の二重の次元に伸び拡げられるとき、「前世」と「後世」に対する「現世」内的な応答・責任が生ずる。時代を超えて存続する物たちを配慮しつつ、世代を隔てて遣り合う人びとを顧慮することは、自己自身への気遣いの本来形でありうる。「貢献心」とは、この「世代間倫理」と別物ではない。そして、そのさらなる別名こそ、「世界への愛」にほかならない。

世界とは、世界内存在するこの私の住処であると同時に、作り出され使い続けられる物たちの事物世界であり、かつ死すべき生まれ出づる者たちの共同世界である。事物世界と共同世界を織り込んで成り立っている、この私の世界

☆17 サルトルのデビュー作『嘔吐』は、「一冊の書物」が予告されて終わる。主人公ロカンタンは、歴史学研究を捨て「一篇の小説」を書くべく、パリへ向かう。「本が書かれ、それが私の背後に残る瞬間が必ずやってくる。そして本の多少の光明が、私の過去の上に落ちるだろうと思う。そのときおそらく私は本を通して、嫌悪感なしに私の生涯を思い出すことができるだろう」(Jean-Paul Sartre, *La Nausée*, in: Œuvres romanesques, Gallimard, 1981, p. 210;『嘔吐』鈴木道彦訳、人文書院、二九七頁)。物の介在によって時間性が成り立つのだとすれば、「即自」と「対自」は、ただ分離併存しているのではなく、同時的かつ継起的に絡み合いつつ相互共在していることになる。サルトルの作品が、本人の死後も、新たに訳され読み継がれていくように。

☆18 拙稿「世代は乗り越えられるか――或る追悼の辞――」(東京女子大学紀要『論集』第五九巻2号、二〇〇九年三月、所収)では、主に『研究覚え書き』という事例を下敷きにしながら、テクストを介しての間世代対話について述べた。本論は、この追悼文の続編という面をもつ。

は、私が生まれ落ちるずっと前からこの地上に存立し続けてきたし、しばしの滞在ののち私が立ち去ってもしぶとく存立し続けるであろう。いのちを超えて存続する地平全体、それが「世界」なのである。

他人に尽くしたいと思う気持ちは、徒手空拳で発揮されるのではなく、何らかの道具によって必ず媒介されている。他者との共同存在は、事物のもとでの存在なのである。のみならず、物たちのもとでの人びとと共なる存在は、既在性と将来の地平へと開かれてこそ具体化されうる。たとえば、一冊の書物、一棟の建物。あるいは、著作集や街並み。それら存続する物が世代をつないで「時熟」するとき、物への配慮は、同時に、時代を隔てた人びとへの顧慮となる。遺贈された物たちを保有し、委譲することは、前代への尽力にして後代への率先であり、その「脱現在化」そのものが、同時代への貢献ともなる。

『貢献する気持ち』で、貢献心は「自然な本能」として捉えられている。「他者に対して自分を生かしたい」と思うのは、自己犠牲というよりは、「自己主張」なのだという。まさにそのとおりである。ボランティアとは自己実現の作法にほかならず、寄贈行為も愛社精神も幸福追求のかたちなのだ。「自己の欲求」が貢献心という形をとるのは、死への先駆にもとづく本来性の達成がさまざまな具象化を経ることを証ししている。

死すべき者たちが、いのちを超えたものに思いを寄せ、それを大切にすることは、滅私奉公でも悪しき物象化でもなく、世界内存在する自己自身をその本来性において具現させることである。それは、自己への愛であると同時に、世界への愛なのである。

メメント・モリから、「世界への愛 (amor mundi)」へ。死について考え抜くことは、終わりへの存在であるとともに始まりへの存在であるわれわれが、死を超えて存続するものへのまなざしを学びとる「不死のレッスン」である。それに習熟するとき、死んだら終わり式のニヒリズムは乗り越えられるにちがいない。

プラトン主義と自然主義――滝久雄『貢献する気持ち』の哲学的な分析

加藤尚武

一　自然主義

滝久雄『貢献する気持ち』（紀伊国屋書店二〇〇一年）をひらくとまず「貢献心は本能である」という基本テーゼが示される。「貢献心は、すべての人の身に備わる、自然的な自発性の可能性である」と私は解釈したい。この主張を「自然的自発性の立場」と呼んでおく。

この自然的自発性に対して、知的・反省的な「自己犠牲への希求」とみなす従来の考え方が対比される。「一般的には貢献を目指す心は、人間のもっとも高尚な知性を実現させる手段と考えられ、むしろ精神的にも磨かれた『自己犠牲への希求』に起因するものであるとされてきた。つまり従来から、貢献しようとする志とは自分を取り巻く他者や、彼らが暮らす社会、文化、環境などに対して心が開かれ、愛がこれらに向けられたときに現れる人間の性質の一つであると考えられているのだ。」（『貢献する気持ち』一〇頁）

この引用文のなかから「人間のもっとも高尚な知性を実現させる手段」、「神的にも磨かれた自己犠牲への希求」、「人間の性質の一つ」という言葉に光を当ててみれば、自己犠牲心への従来の味方との対比が、明らかになるだろう。

自己犠牲心とは、伝統的な西洋倫理学の枠組みでいえば、完全義務ではなくて、不完全義務、万人にそれをもつことが強制されるような（obligatory）徳ではない。しかし、それを示すことには絶大な賞賛が寄せられる（meritorious）。自己犠牲心は、達人徳（virtuose Tugend）ともみなされる。

そのような自己犠牲心の例としては、アウシュヴィッツ収容所で、他人の身代わりに餓死刑を受けたコルベ神父（Maksymillian Maria Kolbe 1894-1941）の行為が著名である。その根拠は、彼の身体にそのような精神をはぐくむ要因があったというよりは、究極的には精霊の働きとみなされるだろう。精神が肉体の束縛（たとえば食欲）を突き破って働いたとみなされ、その精神の力は究極的に「自然ではないもの」に由来すると考えられる。

滝久雄は、「貢献心」が自然的であることを強調する。

「ところが〈貢献心〉を本能として、自分を他者のために役立てたいと志す自然な気持ちを〈自然から授けられたもの〉と見るのが、これから私が主張するところである。それは知性からのものではなく、生まれながらに備わっている本能に起因していて、自然に湧き出してくるものである。つまり〈貢献心〉とは、けっして後天的なものではなく、むしろ先天的な欲求なのである。」（同前）

この引用文から、「自然な気持ち」＝「自然から授けられたもの」＝「知性からのものではなく、生まれながらに備わっている本能に起因」＝「自然に湧き出してくる」＝「後天的なものではなく、むしろ先天的な欲求」（同前）という論のつながりを指摘することができる。

「自然な気持ち」の例として、機嫌のいいときの赤ちゃんの笑顔、運動会の競走で一等をとった子供の充足感をしめす表情、仕事を終えて風呂に入っている農夫の表情などを挙げてみて、その自然さがどこにあるかを考えると、誰かに見せようと意図してるのではない、意図なくして湧き上がってくる感情であるというような言い方が許されるだろう。

自然にこみ上げてくる感情、自分では意図することもとどめることもできない感情が、考えられている。

二　反自然主義の源流

これに対して「自然的自発性」を否定する見方がある。「自然的なもの、身体的なものはすべて自然因果性の支配を受けている。一見すると、まったく自発的に見える食欲、性欲でさえも、自然因果性の支配下にある。因果性によって、食べたいと思わされている意識は、本当の意味での自発性をもたない。真の自発性がなり立つためには、自然因果性を受けつけないという条件が必要である」という理論である。

この理論はカントが次のように表現している。「意志とは、生物が理性的である限りでもつ一種の因果性である。自由とは、この因果性がこの因果性を決定する別の諸原因から独立して作用しうる場合の、この因果性の特性である。理性をもたないすべての存在者の因果性の特性は、別の諸原因の影響によって活動するように決定されるので自然必然性である。（中略）自然必然性は作用原因の他律である。どの結果も別の何かが作用原因を因果性へと決定するという法則に従ってのみ、可能だからである。自律とは自分みずからが一個の法則であるという意志の特性である。〈意志はすべての行為において自分自身が一個の法則である〉という命題が意味するのは、〈信条それ自体をも一個の普遍的法則として対象化できる信条にしか従わないで行為する〉という原理のみである。これはまさに定言的命法の法式であり道徳性の原理である。それゆえ、自由な意志と道徳法則の下にある意志とは同じである。」（カント「道徳形而上学の基礎付け」、岩波書店版『カント全集』第七巻九〇頁の平田俊博訳を参照した。）

「自然的自発性は、すべて自己愛にもとづく、獣性を帯びたエゴイズムである。この自己愛の所在は、友情においてすらその存在が確かである」と主張するカントを論駁するために、シラーは「走れメロス」の原作となった詩を書いた。ベートーヴェンの第九交響曲の歌詞「喜びによせて」にも、カント批判の主張が込められている。カントによれば「喜び」は感覚的な快楽であって、自己愛と結びつく。これを批判するために「喜び」が「すべての人を兄弟にする」という歌詞をシラーは示した。

カントは自由の因果性が自然因果性から自由であるためには、道徳法則を意志の規定根拠として採用することが不可欠であると論じている。

「理性的存在者は、叡知者としては自分を悟性界の一員に数える。この悟性界に属する作用原因にほかならない自分の因果性を意志と呼ぶ。他面では、自分が感性界の一断片であることも理性的存在者は意識している。感性界では彼の行為は、意志と呼ばれる因果性のたんなる現象として見いだされる。しかし、どうしてこうした現象がその因果性から出てくるのかという可能性については、私たちがその因果性をよく知らないので洞察できず、むしろその代わりに、感性界での理性的存在者の行為は別の現象によって決定されたものとして、つまり欲望や傾向性によって決定されたものとして、感性界に属するものとして、洞察されなければならない。」(同前一〇〇頁)

人間そのものが、カントによれば英知界の一員であると同時に感性界の一断片でもあって、そのつながりとか、境界とかを知ることはできない。人間は「二世界的」なのである。悟性界とか英知界とか言われているものは、プラトンのイデアの世界である。つまり、カントの反自然主義の究極のよりどころは、プラトンのイデア界である。それはソクラテスがプラトンに教えたことでもある。このイデア説がユダヤ教、キリスト教、イスラム教の教理に組みいれられて、反自然主義の巨大な流れを生み出した。

三　メメント・モリと使命感

滝久雄は自分の「メメント・モリ」体験を次のように述べている。

「私がはじめて哲学的な出来事に直面したのは、中学二年生の時だった。きっかけとなったのは、友人の兄の死である。それはまだ高校生だった彼が、がんを告知され残された数か月の生命を、どう過ごしたかを知ることからはじまった。彼はがん告知の直後、それまでになく一心不乱に遊びはじめたという。ところが死の三か月ほど前になると、思い立ったように勉強をはじめ、もう二度と遊ぶこともなく死の淵まで学習することでひたすら走り続けた。短い人生でやり残した学習を、彼は限られた生命の期間でやり尽くそうとしたのである。」（『貢献する気持ち』一四頁）

他人の死について知るという経験が、なんらかの契機になって、自分のそれまでの生を反省し、「今の向こうに」そのつどの未来をつぎ足し、つぎ足しして生きるのではなくて、死の時点から振り返って、その未来から現在へと時間を逆流させせて、自分の人生の全体について、「これでいいのか」という思いに達する。これが「メメント・モリ」体験である。

愛する人、親しい人の死から、この経験が始まることが多いが、雷にあって「修道士になる」と決心したマルチン・ルターや、ドストエフスキーのように銃殺される瞬間に皇帝の恩赦のしらせが届くという劇的な経験の例もある。ハイデガーは『存在と時間』で「先駆的決意性」として、ヤスパースは「限界状況」として論じている。

滝久雄は、自分の「メメント・モリ」体験を、ソクラテスの決然たる死と重ねて受け止める。

「私の胸のなかでは、死を賭したソクラテスと、不治の病を宣告された友人の兄の姿が重なって見えた。つまり死をもって自分の真理を証明しようとしたソクラテスの思いと、死んでこの世界から消滅してしまうにもかかわらず学習に取り組んだ友人の兄の姿は、二四〇〇年の時空を隔てて共通項のようなものを私に暗示していた。」（同三五頁）

日常性とは違う次元にある、より高次のものが共通項にあり、この高次のものへと、具体的な行為、生活、活動は集約され、その高次のものから具体相は照射される。生活の多様性は一者へと収斂し、一者は多様へと放射される。この収斂と放射の構造が成り立つことが、使命感である。

「この両者の共通項とは何なのだろうか。おそらくそれは心の内側にあった何かが、死を直前に控えた危機的な状況のもとで、両者をどうしようもなく熱い思いでつき動かしてしまう心の叫び声として聞き分けられるものだったといえる。しかもこの「使命感」の背景には、他人から言われたのではなかなかできないことを敢えて行うといった、自覚的な哲学がうかがえる。また死に直面した両者の行動には、自己と自己がもつ哲学との乖離《かいり》は見られない。言い換えれば、理性で感じる真理は、死という危機的な局面に際して本当の姿を現し、その真偽が行為者自身の生命の最期を賭した闘いとして問われるのであろう。また、おそらくこのような使命感を生んだ貢献心は、生命の終末を自覚した人であれば、例外なく訪れるものと推察される。」（同三五頁）

ソクラテスの場合には善のイデアであり、イデアへの思いの強さが、ソクラテスの死を支えている。しかし、イデアは哲学史の常識では、反自然主義の元締めである。ギリシャ的、ユダヤ的、キリスト教的、イスラム教的イデア主義は、それぞれの教義のなかで霊魂不滅を基礎づけ、人びとの生活を死後の裁きに備えるようにと促す。この反自然主義は、「貢献心は人間の本能である」という自然主義とは、まず異質であることを心に留めなければならない。

四　ソクラテスという転換点

アリストパネスの『雲』は、ソクラテスを笑いものにした作品で、ソクラテス自身も観客といっしょになって笑っていたと言われる。劇中にソクラテスが天体を観察する場面があり、それはアテナイで「哲学者といえば自然哲学者だ」と思われていたので、ソクラテスも「自然哲学者」とみなしてしまうというアリストパネスの強引なこじつけだと解されてきた。ソクラテスは自然哲学を切って捨てて、魂へと人びとの目を向けさせた精神革命の遂行者とみなされてきた。

天野正幸『哲学の原点』（左右社、放送大学叢書、二〇一六年）には次のように書かれている。「哲学史の書物を繙く、たいていは、哲学の歴史を紀元前六世紀のイオニアの哲学者タレースにまで遡っている。しかしながら、本書では、以下に述べるような理由によって、ソクラテスにまでしか遡らない。

第一に、……ソクラテス以前の哲学者たちの哲学は自然学的である。

第二に、そもそも「ソクラテス以前の哲学者たち」の書物は断片的にしか伝わっておらず、したがって我々は、仮に彼らに「哲学」があったとしても、それを体系的に知ることができない。

第三に、ソクラテスが新たな局面を切り拓いたことも確かである。もっとも、ソクラテスも書物を書き残さなかったのであるが、我々はプラトンの作品からソクラテスの哲学を知ることができる。

第四に、そもそもsophiaというギリシャ語は、ソクラテス以前には『知恵の愛求』における『知恵』という意味は持たなかった。それゆえ、『知恵の愛求』という名に本当に値する最初の哲学者はソクラテスである。」（四頁）

私は、この断絶感は哲学史家が作り出したもので、歴史的な事実とは違うと思う。西洋哲学史の研究では「ソクラテス以前の哲学者は自然哲学者、ソクラテスは魂の哲学者で、霊魂の不滅への確信をその死に際の態度で示した」という定説がデンと居座っている。

この断絶イメージの問題点は、プラトンの全体像が「魂とイデア」に偏って描かれて、プラトンの自然哲学がまるで無視されているということである。哲学の中心が「自然から魂に不連続的に転換する」ということが歴史的に起こったとするなら、それに関連する事象が指摘されなくてはならない。ソクラテス以前の哲学者像が、アリストテレスなどによって残された断片をつないで再構成された経緯が、無視されて、すでにでき上がった「ソクラテス以前の哲学者は自然哲学者」というイメージが歴史的な実像であるかのように誤解されている。

G・E・R・ロイド『初期ギリシャ科学』(山野耕治、山口義久訳、法政大学出版局)の警告に耳を傾けた方がいい。「ソクラテス自身がギリシア思想の転換点を示しているという考えは当を得ているが、しかしかれの重要性とプロタゴラスのようなソフィストたちの重要性は、科学よりはむしろ道徳哲学の領域にある。ソクラテスの弟子として、プラトンは道徳的論点については師ソクラテスの情熱的関心を共有したが、しかしまたソクラテスとは違って、プラトンはギリシア科学の発展のうちにおけるひじょうに重要な人物でもあった。」(九六頁)

メメント・モリが、日常性の次元を超えたイデアへの扉を開くという見方に、哲学史的な「ソクラテス以前の哲学者は自然哲学者」という偏見が重ねあわせにされる危険がある。それを避けるためには、ハイデガーのプラトン観を見ておかなくてはならない。

五　ハイデガーのプラトン観

ハイデガーがプラトンのイデア説が大嫌いであったことをどう考えたらいいのだろう。ハイデガーの文章はとても難解なので、渡邊二郎「ハイデッガーのプラトン観一瞥」（渡邊二郎著作集、筑摩書房、第三巻）を引用して、解説する。

「一、原初において、存在は、ピュシス［自然：立ち現れ］とアレーテイア［真理：顕現］であった。二、しかるにプラトンにおいては、存在者がその恒常的現存性においてウーシア［実体：恒常的現存在］としてあるその存在者性にのみ、専ら注意が向けられて、それがイデアと捉えられ、三、それは存在者の側から存在者の側に向けて、それの成り立つアプリオリな［あらゆる経験に先行する］条件という形で存在を捉えたものにすぎず、しかもその存在がイデア、エイドス［共通本質］という存在者の本質的形姿であるかぎり、それに照準を合わせた確知の正しさに、今や真理の核心が存することとなり、四、かくしては、やがて、一切の現実を、イデー［理念］や価値に準拠して測定し、支配するフマニスムス、近代主観性の形而上学の登場が用意されたことにほかならず、五、こうして、存在が、存在そのものとしては、潰滅させられ、思索されずに無《な》みせられる、無《ニヒル》、すなわちニヒリスムスが、すでにプラトンにおいて隠された形で胚胎したという結論になる。」（九四頁。引用文のなかの数字は加藤の挿入、［カッコ内］は、加藤がこの論文のなかから拾い挙げた言葉で補ったもの。）

この内容を次のように要約してみる。

一、ソクラテス以前のターレスやアナクシマンドロスでは、存在とは自分からありのままの姿を現わしているもののことであった。

二、プラトンが、変わりやすいものは仮象だ、本当の存在は永久不変だという考えから、イデアが本当の存在に仕立て上げられた。存在そのものではなく、存在の恒常的現存性に視点を移してしまった。
三、イデアは、変化する存在者から変化しない存在者にむけて、経験する前から存在した条件に合うように存在を解釈している。
四、このイデアが、理念、理想、価値というような形で、現実を支配するべきものとみなされる。人間が、イデアの側に立って、自然を支配するというヒューマニズムの迷妄に陥ることになった。
五、プラトンがイデアを語ったときから、存在は無にされて、ニヒリズムの軌道が敷かれた。

ハイデガーの見方からすれば、ギリシャ哲学がイデア論に向かったことが間違いのもとである。ソクラテス以前の哲学、それは自然と霊魂の対比を前提とする意味での「自然」哲学ではない。

メメント・モリとイデア論が必然的に結びつくのではなくて、ハイデガーのメメント・モリ解釈「先駆的決意性」は、イデア論がなくてもメメント・モリがなりたつことを示している。

キリスト教の世界でも、仏教の世界でも、「死を忘れるな」という戒めは、あの世に行く準備をしなさいという意味であった。あの世が存在することを忘れるなという意味でもあった。ハイデガーは、そのような来世信仰がなくても、自己の全体性をあるより高次の視点から意味づけ、使命感をもって生きることは可能だと告げている。死という終末の時点から逆に現在の自分に向かっていくという終末論的時間構造が、メメント・モリでなりたつ。

私は、滝久雄が一面で「貢献心は本能である」と、自然主義的な自発性の立場を強調したが、他面でメメント・モリ体験から使命感として貢献心を受けとどめるという側面があり、この二つの側面は、ひとまず異質であると留意することにした。

メメント・モリとプラトニズムとの結びつきについては、ほとんどの西洋哲学史がそれを積極的に主張することはなくとも、否定することはできないという姿勢を保つと思われるのに対して、ハイデガーは、メメント・モリを拠りどころとしながら、プラトンのイデア説を根本的に否定するという態度を示している。

六　自己愛

ハイデガーは「ソクラテス以前の哲学者は自然哲学、ソクラテスが魂への関心を説いた」という、おおくの哲学史記述がみとめている記述を、間違いであるとみなしている。その間違った哲学史像に従うことで、知らず知らずのうちに、自然哲学と精神哲学の断絶を受け入れてしまう。

この断絶を消してしまおう。専門的な哲学の訓練を受けた人には困難かもしれないが、自然哲学と精神哲学の断絶はないという想定のなかに身を置いてみよう。そうすれば次の引用は、比較的むりなく理解できる。

「人間は本来、自分の本能を自然に愛するようにできている。本能をあるがままに感じて、しかも虚無感や無常観から解放されたその瞬間に、貢献心は「在って見えなかったもの」から「見えるもの」へと飛翔する。それはしばしば本能のように逆らいがたい力動で、眠っていた理性を突然呼び覚ますこともあれば、また前述の友人の兄の場合のように、危機的な状況下で発動される使命感を生むこともある。」(『貢献する気持ち』六二頁)

本能のかたちをとった貢献心も、使命感のかたちをとった貢献心も、ともに「眠っていたもの」の目覚め、見えないものから見えるものへの飛翔として、広い意味での自然主義的な仕方でとらえられる。

「人間は本来、自分の本能を自然に愛するようにできている」という言葉は、キリスト教的な原罪観とは対極的な位置にある。カントの「自己愛＝悪の源泉」という思想とも対極的である。

「善の萌芽が自己愛でありえないのは確かである。自己愛は、私たちのすべての格率の原理として仮定されるなら、あらゆる悪の源泉にほかならない。」（カント「たんなる理性の限界内の宗教」、北岡武司訳、『カント全集』第一〇巻、岩波書店、六〇頁）

誰にも迷惑をかけずに自分の好きな食べ物を食べることが悪なのかと、カントに聞いてみよう。カントは、選択一般を格率の選択だという。私が、馬車を降りるときに「右足から降りる」なら、それが私の格率なのである。すべての行為は、私が選択した格率の支配下にある。格率の選択は、道徳法則か、自己愛（エゴイズム）かのどちらかである。道徳法則は、形式的でなければならない、実質があってはならない。「汝の意志の確率が普遍的な立法の原理となるように行為せよ」という定言命法が、道徳法則である。
「人間がよい人間と呼ばれるのは、自己のうちに置かれた道徳法則に向かう動機を格率に採用している場合だけである。」（同六〇頁）
「幸せを願うという意味での自己愛を格率に採用することは自然的である。しかしこの自己愛が理性的なのは、一つには目的に関して、最大でもっとも長続きするような安寧と共存しうるものが選ばれ、一つには幸福を構成するこれらの要素にたいして、もっとも有効な手段が選ばれる場合だけである。この場合、理性は自然的傾向性［欲望］の下女の役目をつとめるだけで、そのために採用される格率は道徳性とはなんの関係もない。この意味での自己愛が選択意志の無制約な原理とされると、道徳性にたいして測りがたく大きな抵抗を生み出す源泉となる。」（同六〇頁）

カントの場合、自分で自分の行為を決定できるのは、自分が道徳法則を知っているからである。カント以前の段階だと、自分で自分の行為を決定することは不可能だから、すべての行為を、神の意志を伝えることのできる聖職者に決めてもらうという態度が正しいとみなされた。カトリックの司祭が、信者を導き、信者の告解を聞くという制度が敷かれていた。ルターが、万人司祭説、聖書主義を掲げてそれに反抗したとき、そのもっとも深い根になる信仰の内容は「義認論」にあったと言われる。

「信仰は私たちの内部で行なわれる神のわざであって、それは私たちを変化させ、私たちを神から新しく生れさせ、そして古いアダムを殺して、私たちを心も、気持も、想念も、すべての力も、まったく別の人間とし、そしてかならず聖なる霊を伴ってくる。ああ、信仰とは生き生きした、いそいそしい、よく働き、力強いものだから、絶えず善を産みださないではいられないのだ。信仰はまた、善きわざが行われるべきかどうか問いもせず、問われるよりも先に善きわざをしてしまい、そして常に善きわざを行っているのである。」（ルター「聖パウロのローマ人への手紙への序言」、翻訳は伊藤利男『経験主義と自己証明の文学』人文書院、五九頁。なおルター『キリスト者の自由、聖書への序言』石原謙訳、岩波文庫、七六頁参照）

「信仰は私たちの内部で行なわれる神のわざ」、人間のわざではないという点が眼目である。カトリック教会から自由になるということは、信仰する者の主観性の擁護、個人の主権性の主張ではない。反対に極端な自己否定を含んでいる。

ルターとカントは、人間の原罪を認める点では共通である。ルターは、自己の内なる神のわざをよりどころにして、救いの可能性をつかむ。カントは、自己の内なる道徳律によって自律を達成する。人間の原罪という観点からすれば、「人間は本来、自分の本能を自然に愛するようにできている」という滝久雄の言葉は、けっして受け入れられないだろう。

個人の自律が、原罪説と明確に分離されるのは、西欧の哲学ではJ・S・ミルの「他者危害原則」においてである。個人は法律の許す限り何をしてもいい。法律が個人の行動に規制を加えることが許されるのは、その個人の行動が「他者危害」を含む場合に限られるという考え方である。ここで世俗的な自由の観念が確立される。

七　ゲーテ

「小鳥たちがあたりの森にさえずり、数知れぬ蚊の群が赤い落日のなかに元気よく踊りまわり、沈む陽の最後のきらめきとともに草むらから甲虫がぶんぶん飛び立つ。ぼくの立っている堅い岩から水分を取っている苔や、やせた砂丘の斜面を這っている灌木が、自然のふところ深く燃えている神聖な生命を、ぼくに明らかに示して見せてくれる。ぼくは、あふれるばかりの豊かさを感じて、まるで自分が神になったような気がするのだ。」（『若きウェルテルの悩み』第一部　井上正蔵訳、旺文社文庫、七九頁）

この文章のなかにある要素を、分析してみよう。外部の自然に感じるものが内部にある自然である。外部に観察して見て取った自然とは違うものがある。「堅い岩から水分を取っている苔」というのは、自然科学者でもあったゲーテが観察してデータをとって確かめたことのある事実である。目の前の色彩感にとんだ光景と対比して、暗い見えない自然の営みが、イメージとして重なり合う。心の奥底にある自然が、目の前の光景に現われているだけでなく、自然の奥底にあるものが、輝き出ている。「自然のふところ深く燃えている神聖な生命」を感じて、「自分が神になったような気がする」。この感情は「汎神論的感情」と名づけておいていいと思う。

これと滝久雄の言葉を対比すると、雰囲気や色彩感はまったく違うのに、構造的にはとてもよく似ている。ことばを差し替えてみよう。

「人間は本来、自分の内なる神、自然のふところ深く燃えている神聖な生命を自然に愛するようにできている。根源の生命をあるがままに感じて、虚無感や無常観から解放されたその瞬間に、その根源性が〈在って見えなかったもの〉から〈見えるもの〉へと飛翔する。それはしばしば自己の根源の力として逆らいがたい力動で、眠っていた生命を突然呼び覚ますこともあれば、また危機的な状況下で発動される使命感を生むこともある。」

ドイツの精神史では、その内なる根源性が、ルターでは「私たちの内部で行なわれる神のわざ」であり、カントでは「わが胸の内なる道徳律」であり、ゲーテでは「自然のふところ深く燃えている神聖な生命」である。

文化史的にいえば、ルター主義はキリスト教の原罪観を強化するという一面と、その神との和解の根拠となる信仰を「内なる神」としてとらえ返す内在化の一面とをもっていた。ロマンティシズムが、内なる神を内なる自然に置き換えることで、原罪観を払しょくする。ルネッサンスの芸術と宗教が、ボッカチオやボッティチェリに見られるように、原罪観への復帰という道をたどったのに対して、ロマンティシズムは、原罪観を払しょくして世俗的市民文化を築きあげるのに寄与する。今日、私たちが「華やかな美しさ」として受け止めているものは、ロマン派の芸術の生み出したものであり、マーラー(一八六〇—一九一一)の音楽、クリムト(一八六二—一九一八)の絵画、ホフマンシュタール(一八七四—一九二九)の文学にその爛熟した姿を見ることができる。

八　カントの存在根拠と認識根拠

カントによれば人間は、一面では自然的で、自然の因果性のもとにあり、他面では、英知的であって、自然の因果性から自由であることを道徳法則によって知る。「自由は道徳法則の存在根拠であるが、道徳法則は自由の認識根拠である。」(『理性批判』、岩波書店版『カント全集』第七巻、一二五頁)もしも人間が自由でなければ、道徳法則を意志の規定根拠とすることができない。

道徳法則とは、カントの場合「汝の意志の格率が普遍的な立法の原理となるように行為せよ」という定言命法である。殺すと脅かされても偽証しない。他人の物は、その他人が死んでしまっても、自分のものにはしない。自殺しない。約束は守る。どんな状況でも嘘はつかない。こういうことをカントは道徳法則の実践であると考えていたので、その内容は禁欲的である。そこでカントの言葉の置き換えをしてみよう。

「自由は禁欲の存在根拠であるが、禁欲は自由の認識根拠である」となるが、ほとんどの人は理解することも、受け入れることもできないだろう。吸いたいたばこを吸わないことに自由が存在するとか、我慢することで「自分の自由」を実感するとか言うのは、とても不自然である。

しかし、この「自由」ということばを「誘惑に負けない力」と置き換えてみると、「誘惑に負けない力は道徳法則の存在根拠であるが、道徳法則は誘惑に負けない力の認識根拠である。」この「道徳法則」をさらに「禁煙」と置き換えてみよう。「誘惑に負けない力は禁煙の存在根拠であるが、禁煙は誘惑に負けない力の認識根拠である。」その内容はまったく常識的で、だれでも理解できる。

「誘惑に負けない力」は、人の存在の内部にあるもので、直接には見えない。「禁煙」は、外部に現われたもので、目に見える。その二つの極のあいだに同一性が成り立たなくてはならない。同一性をどうやって確かめるのか。カントはそれが不可能だということがわかっていたのだろうか。

経験的に同一性を確かめることができるのは、外なるものと外なるものをならべてみる場合である。一般に内なるものと外なるものの同一性を確かめる方法はない。しかし、表現について、通常、人は内なるものが外に表現されたのだと考える。

心性と行為、感情と表情、病原と症状、内面性と作品などなどについて、「この作品には作者の品性が現わされている」などという批評の言葉を使う。品性と作品を並べてみることはできないのに。「どういう品性が現われているのですか」と尋ねれば、「それは作品を見ればわかるでしょう」という答えが返ってくる。「内なるものが外なるものに表現される」という表現論の枠組みに疑問を抱く人もいる。しかし、内なるものが外に現われるという表現論の枠組みを使わないで、行為や芸術について理論を組み立てることはむずかしい。そこで「取扱注意」という心がけを忘れないようにしながら、この表現論の枠組みを使うことにする。

九 「自然」という言葉の意味

中国・韓国・日本で共通に使われている「自然」という言葉は、現在では西欧語の「ネイチャー」の訳語としても、無理なく機能している。しかし「自然」が、もともと副詞的性格が強く、その副詞が名詞化されて、その名詞がさらに転用されて「ネイチャー」の訳語として定着することによって、現代的な意味での「自然」の概念が成り立っている。

もともとの副詞的な意味とはなにか。伊東俊太郎『自然』(三省堂、五二頁)に、荘子の引用がある。

「ある無名な人が言った、お前は、お前の心を恬淡無欲な境地に遊ばせ、お前の気を空漠静寂の境涯に合わせ、物の自然のあり方に従って、自分の勝手な心をさしはさまないようにしたなら、天下はうまく治まるだろう。」(『荘子』「応帝王篇」三)

「自分の好き嫌いの感情によって、自分の身を傷つけるようなことはせず、いつも自然のあるがままにまかせて、いたずらに生の欲望を増長させることはない。」(『荘子』「徳充符猛扁」六)

要するに荘子の「自然」は、意図的な行為の排除を意味する。荘子の「自然」を、ゲーテの「自然のふところ深く燃えている神聖な生命」と比べると、消極主義が徹底している。西洋思想ではルソーの教育論につよい消極主義があり、「なにも教えるな。教えれば自発性を抑圧する」という主張となる。自然主義のひとつの形は、消極主義である。

心の奥にあるものが、外に出てくるとき、意図的な態度をまじえないということが、自然な表情を生み出す。この「心の自然な発露」を「心の自発的発露」と言い換えていいだろう。現代の日本語で「自然」という言葉が使われたとき、「心の自発的発露」と「物質的自然が原因になっている」という二つの使い方があるように思われる。

滝久雄の次の引用文のなかの心の内発的自発性のとらえ方と、「自然」という言葉の用法に注目してみよう。

「私たちは社会のなかで、いつしか他者に尽くすことをしはじめる。家族に対しても同僚に対しても、また先輩や後輩に対しても、他者に貢献することで、私たちはある種の「救い」のような明るさの感覚に目覚めて、そこではじめて安心できるようになる。なぜならそこでは本能を否定することもなく、しかもその一方で、他者に尽くすことが悪いことではありえないからなのだ。事実、他者に対峙して発動されるこんな心の一面は、あたかも本能が発動される時のように自然に作動して、しかもどんな倫理や道徳律に反することもない。そこで再び地下水は高い地点から低い地点へと滴りはじめ、私たちは知らぬ間に自然な寛ぎに包まれていることに安堵する。そんな人間の、他者のために働きかける自然な気持ちを、私は『貢献心』と名づけている。貢献心は本能だ。本能とは、人間が生きていくために自然から授かった生来の能力であって、目的をもって後天的に身につけるものではない。それは人間の因果律に属し、自然に湧き出してくるものであって、それゆえ人間の合目的律に属するものではない。」（『貢献する気持ち』七一―七二頁）

私がこの著作を最初に読んだときに、つよく印象づけられたのは「他者に貢献することで、私たちはある種の救いのような明るさの感覚に目覚めて、そこではじめて安心できるようになる」という言葉だった。

「救いのような明るさの感覚に目覚める」とは、どういう心理状態だろう。ハイデガーの文章のなかに、暗い森の中の道を歩いていると、突然、樹木がなくて青空がぽっかりと穴のようにあいているところに出てくるという場面がある。その場所を彼は「ひらけ」（das Öffene）という。この「ひらけ」の感覚が、「救いのような明るさの感覚に目覚める」ことととてもよく似ている。「救いのような明るさ」といえば、上から差し込む光を思い浮かべる。森の中の「ひらけ」では、視線が自然に上を向くだろう。そして閉じ込められていた状態から、開かれた状態への開放感を味わうだろう。

「他者に対峙して発動されるこんな心の一面は、あたかも本能が発動される時のように自然に作動して、しかもどんな倫理や道徳律に反することもない。そこで再び地下水は高い地点から低い地点へと滴りはじめ、私たちは知らぬ間に自然な寛ぎに包まれていることに安堵する。そんな人間の、他者のために働きかける自然な気持ちを、私は『貢献心』と名づけている。」（同）

進もうとして心は、他者に出会うと阻止される。「他者に対峙する」とは、そういう阻止感をともなう。他者は不安をかき立てる。次の瞬間にどういう出方をするかわからないという当惑感を引き起こす。それが他者の他者性である。

じつは困惑しているのは相手の方だとわかると、救いの手立てが見えてくる。心は、相手のために前に進むことができる。救う行為が「あたかも本能が発動される時のように自然に作動」する。食べたいという自発性、見たいという自発性と、その自発性の流れが、抵抗なく発露するという点で、本能と変わらない。

「そこで再び地下水は高い地点から低い地点へと滴りはじめ、私たちは知らぬ間に自然な寛ぎに包まれていることに安堵する」という文章は、とても映像的である。心の自発性の発動を、ほとんど象徴的に表現しているのが、「地下水は高い地点から低い地点へと滴りはじめ」というイメージの重ね合わせであるが、この重ね合わせ（暗喩）は、心の発動が、自然の奥底にある隠れた力の発動でもあることを告げている。

「本能的な感情のもとで、私たちは、倫理や道徳の基準へ向かうよりも明快に、快楽の原則へと結びつきやすいものである。それは否定されるのでも肯定されるのでもなく、あたかも地下水が厚い岩盤の、目に見えない隙間に滲み出し、しかも高い地点から低い地点へと滴り落ちるもののようこ、自然な状態と受けとわることができる。」（同六八頁）

「にもかかわらず、私たちはまた、本能にどこかうしろめたい感覚を抱いて生きている。そして「自分」から発する本能を、どう合理的に否定して生き抜くかといった葛藤を背負い、身の回りの倫理や道徳といったものに解決の糸口を探ろうとする。しかし、けっして地下水は厚い岩盤に永遠に閉ざされるものではなく、また低い地点から高い地点へと滴り落ちはしない。なぜならそれは自然ではないからだ。」（同七〇頁）

「こんな心の一面は、あたかも本能が発動される時のように自然に作動して、しかもどんな倫理や道徳律に反することもない。そこで再び地下水は高い地点から低い地点へと滴りはじめ、私たちは知らぬ間に自然な寛ぎに包まれていることに安堵する。」（同七一―二頁）

これらの「水滴の比喩」は、本能と道徳性が根源的な自然の摂理において一致するという「自然主義」のもっとも深い層を表現している。この深い層に働いているのは、自然の因果律の全体を含む全自然的動向である。「心の自発的発露」としての自然と「物質的自然が原因になっている」という「自然」の二つの使い方が、ここで繫がっている。

一〇　伊藤仁斎

本能と道徳性がどこかで繫がっているという考え方は、原罪説の影響のある文化では見られない。儒教思想のなかの朱子学から生まれた「性理学」の日本的展開のなかに、それはみられる。

「かれ（伊藤仁斎）の哲学の基本になる、生生の哲学は、易にもとづくとともに、仁斎の死をのりこえた闘病生活の実践をとおしてたしかめられたものではないであろうか。さらには、その後、間もなくはじめて結婚し、先妻尾形氏、後妻瀬崎氏とのあいだに、五男三女を得ているのも、生生こそ宇宙の本体であるという認識を、現実においてたしかめるものであったと思われる。末子の五男蘭隅《らんぐう》が生まれたのは、仁斎六十八歳のときであるが、老年にして子を得た点では、八十四歳の蓮如には及ばないにしても、相当旺盛な生命力の所有者であったとはいい得るであろう。『童子問』中巻第六十七章において、〈天の活物為る所以の者は、其の一元の気有るを以てなり。一元の気は、猶人の元陽有るがごとし。飲食言語、視聴動作、身を終うるまで息むこと無し。正に其の元陽有るが為めなり。若し元陽一たび絶すれば、忽ち異物と為って、木石と異なること無し。〉という元陽の語が、中国では、セックスと結びついて使用されることがしばしばあることを、仁斎が知らないことはなかったであろう。巷間伝えられる、仁斎が房事において、甚だ真摯であったという逸話は、ただの話柄として見過ごされないものがあるように思われる。」（清水茂、岩波文庫『童子問』解説、二七九頁）

ここに引用されている文章は、現代の日本語に直せば、「天が生きているのは、なぜかと言えば、一元の気をもっているからである。一元の気は、人間の場合、生命力（元陽）をもつのと同じである。飲食する、言語をつかう、視る、聴く、動作をするということは、死ぬまでやまない。それは生命力（元陽）があるからである。もし生命力（元陽）がいったん絶えてしまうと、たちまち異物と為って、木石と異ならない」となるだろう。

すると今度は、「一元の気」がどういうものなのか知りたくなる。仁斎の『語孟字義』天道章のなかの言葉を、子安宣邦『江戸思想史講義』（岩波書店）が解読して見せてくれている。

「天地の間は一元気のみという自らの発言の真意を、仁斎はここで天地を一大箱に譬えて説明しようとしている。いま六片の板をもって箱を作ったその箱に緊密に蓋をする。箱の中には自ずから気が満ちてくる。やがてそこに黴状のものが生じる。黴状のものが生じれば、やがてそこに小さな虫も生じてくるのは自然の理であると仁斎はいう。ここで箱が天地の譬えであり、箱の中に満ちる気は陰陽であるという。陰陽の運動によって天地に化生する万物が、箱の中の気によって生ずる黴や虫に譬えられている。こうした比喩によって仁斎は、箱の中の気はどこから来たわけでもなく、どこから生じたわけでもなく、箱があれば自ずからそこに気が満ちるのだという。だから、天地の間は一元気のみだということが知れるのだと仁斎はいう。」（子安宣邦『江戸思想史講義』岩波書店、一〇八頁）

自然の全体は、ひとつの元になる気が変化を維持しているものなので、連続一体等質の生命体であるということになる。動的質料的一元論と言ってもいいと思う。その根源的存在には、一種の理法が貫かれており、その理法を人間が自分自身のうちに感じ取ることで使命感、生き甲斐に満ちた生存、張りのある気持ちがなりたつ。

子安宣邦は仁斎の次の言葉を引用している。「仁は性情の美徳にして、人の本心なり。蓋し天地の大徳を生と曰ひ、人の大徳を仁と曰ふ。而して所謂仁とは又その天地生生の徳を得て、以て心に具ふるものなり。」（子安宣邦『伊藤仁斎の世界』ぺりかん社、二二四頁）

この文章は仁斎の若いときのものだそうである。「仁」というのは、ふつうに理解すれば「思いやり」であるが、仁斎に「貢献心は仁ですか」と尋ねれば、彼は「そうだ」と言うにちがいない。そこで「仁」を「貢献心」と置き換えて、仁斎のことばを現代語訳してみよう。

「貢献心は人間本性に本能としてそなわる美徳である。貢献心は、人の本心である。天地の大徳を生と言い、人の大徳を貢献心と言う。そして貢献心とはその自然の生命力の力を受けて、人間の心に具わったものである。」大宇宙（天地）の大徳が生であり、小宇宙（人）の大徳が貢献心（仁）である。

子安宣邦は、この立場を仁斎は捨てたと言うが、私には捨てていないと思われる。子安が引用する晩年の仁斎の立場は、こう表わされる。

「陰陽相推して天道成る。剛柔相錯て地道立つ。仁義相済して人道備はる。而して其の相推し、相錯り、相済す所以の者を求むるときは、則ち亦ただ是れ自ら相推し、相錯り、相済すのみ。物有て然らしむるに非ず。故に天の道は陰陽に尽き、地の道は剛柔に尽き、人の道は仁義に尽く。若し夫れ天道を陰陽の外に求め、人道を仁義の外に求むる者は、道を識る者に非ず。」（子安宣邦『伊藤仁斎の世界』ぺりかん社、二二五頁）

「陰の力と陽の力が互いに推し進めあって天の道ができる。剛の性質と柔の性質が互いに混ざり合って地の道ができる。仁（思いやり）と義（正義）が互いに補い合って人の道ができる。互いに推し進め合うもの、互いに混ざり合うもの、互いに補い合うものの元の姿を求めても、ただ相互作用の中にあるものしか出てこない。相互作用以前の元の実体があって相互作用が成り立つのではない。故に天の道は陰陽の相互作用に尽き、地の道は剛柔の相互作用に尽き、人の道は仁義の相互作用に尽きる。天の道を陰陽の外に求め、人の道を仁義の外に求める者は、道を識る者ではない。」

若い仁斎が「大徳」と呼んだものが、晩年の仁斎では「物有て然らしむるに非ず」という非実体論、相互関係論に変化しているが、そのどちらでも天の理法と人の道は根源的には同一なのである。

「中国の自然観では、自然界には文字どおりおのずから然る秩序すなわち自然の理法（天道）があるとされ、しかもその自然の理法が人間社会の理法と同一のものと思念されるのが通常であった。つまり自然（天）と人とは同じ原理・法則のもとに動いていると考えられたのである。これが『天人合一思想』であり、中国思想の顕著な特徴の一つとして常に挙げられるものである。」（池田秀三『自然宗教の力』一五七頁）

若い伊藤仁斎も、晩年の伊藤仁斎も、この「天人合一思想」にのっとっていると考えてよいと思う。

これはギリシャでは、アナクシマンドロスに見られる。しかし、プラトン主義の登場はギリシャ的な「天人合一思想」を根底から覆した。それに抗議したのがハイデガーである。ハイデガーは、現在さまざまな角度から支持と批判を受けているが、なぜかそのプラトン批判を受けとめなおすという姿勢を示すハイデガー研究者は皆無である。

ギリシャのアナクシマンドロスに中国の易経が対応する。易経を合理化した朱子の自然主義（天人合一思想）を、性欲と言う本能と仁という貢献心とを接近させるところまでもっていった思想――官僚主義的な朱子学を町民化した思想が、伊藤仁斎によって語られている。仁斎は孔子の「学んで時にこれを習う、またよろこばしからずや」という言葉を解釈して、「一度学んだことをときどき復習すると、知識が広がり、道理がはっきりし、まるでぐっすり眠って不意に目覚め、ちんぽが突然立ち上がったかのように、爽快でたまらない」（『論語古義』貝塚茂樹現代語訳、日本の名著一三、中央公論社、四四頁）と述べる。知識を確かめる喜びを、「ちんぽが突然立ち上がったかのように爽快」と形容した人は、古今東西、伊藤仁斎以外にはいないと思う。

西欧文化のなかでプラトン主義は、反自然主義の巨城となって、キリスト教的な原罪観を支えつづけてきた。存在（Sein）と義務（Sollen）の二分説は、二〇世紀初頭のムーアによる「自然主義的戯謬批判」によって、その二分説を方法論的に強化する方向に向かったが、方法論主義の枠のなかで実在論を立ち上げても、たんに形式的な実在論に終わってしまった。方法論主義の貧困という限界を背負ってしまった英米のアカデミックな倫理学に対しては、実務的な応用倫理学が続々と誕生するという事態となった。

自然主義を正面から受け止めようとすれば、プラトンからカントをへてムーアに達してまだ影響を保ちつづけている存在と義務の二分説を根底から否定するという嵐のなかに立たなくてはならない。英米の倫理学説の陰に隠れていれば安心と思い込んでいる日本のアカデミシアンも自然主義の奥行と幅をしっかりと見据えるべきである。

存在と義務のプラトン主義的二分説にたいして、天人合一的自然主義を対置することが、粗野な思想的バーバリズムのように思われなくなってきたのは、ダーヴィニズム、動物行動学、分子生物学的遺伝学が、自然と精神のあいだの壁に次々と穴をあけ始めたからである。その風穴から吹いてくる自然主義の風は、キリスト教から原罪説を吹き飛ばすだろうし、仏教から輪廻説を吹き飛ばすだろう。そうなると倫理＝禁欲主義という色彩もまた吹き飛ばされるだろう。倫理のそういう未来像を孔子はこう語っていた。「子の曰く、これを知る者は、これを好む者に如かず。これを好む者は、これを楽しむ者に如かず。」（『論語』雍也第六、金谷治訳、岩波文庫、一一七頁）

滝久雄には『やらなければならないことは、やりたいことにしよう！』（PHP、二〇一〇年）という著作があるが、私には孔子の言葉のあとを追っているように見える。

利他主義の文献——最新事情

加藤尚武

「利他主義」という訳語が「利己主義」という言葉のあとから作られたことからもわかるように、哲学文献のなかでは「利己主義」に付随して「利他主義」にも触れるという流儀が、いまでも踏襲されている場合がある。（たとえばP. Singer (ed.): A Companion to Ethics 1991）

しかし、人間の根源的な態度・本能としての愛、思いやり、貢献心を正面から見据えようとする新しい傾向が現われてきている。利己よりも利他、超越的というよりも自然的という姿勢のなかで、利他主義についての論点の構え方の新旧の潮の変わり目が、さまざまな文献のなかに見えてきている。

文献の内容が、利己主義の正当化から利他主義の現実性の実験的証明へと移行しつつあると同時に、学際性の進展が、伝統的な哲学・倫理学から、実験的社会心理学、進化生物学との連携という方向で進んでいる。

一　英語圏を代表するマクミラン社哲学辞典

古い標準的な見方はマクミラン社の哲学辞典（Borchert (ed.) Encyclopedia of Philosophy, Macmillan 2006）のなかの「利他主義」

(Altruism) の項目 (Charlotte R. Brown 2005) によく表わされている。約一頁半、一〇段落の記事であるが、重要な事項をそつなくまとめている。一、古代の哲学者にとって、慈悲 (benevolence)、同情 (compassion)、人間性 (humanity) は主要な徳ではなかったが、一九世紀になってコントが「利他主義」(Altruism) という言葉を打ち出して、それが社会問題の解決の道だと唱えた。二、キリスト教の思想家によって慈善 (charity) が最大の神学的な徳とみなされた。三、この伝統を引き継いでハチソンは、万人がキリスト教的な愛の能力をもつと主張した。「彼は他の二つの型の慈悲 (benevolence) を区別した。小さな集団や特定の人びとに向けられる愛、親の愛や友情と、憐れみ (pity)、共感 (sympathy)、感謝 (gratitude) のような特殊的な感情とである。キリスト教的な愛が慈悲の最上のものである。それに背かないかぎりで、他の二つのものもよいものである。」四、ハチソンの考えはキリスト教よりもラディカルである。徳を慈悲に還元してしまう。ハチソンは、最大多数の幸福の最大化という功利性の原理を導き出す。五、「後に功利主義者たちは、この功利性の原理を道徳的な正しさの中心に据えるが、それをキリスト教的な愛というハチスンの根底にあるものからは引き離している。」功利主義の最大化主義からすると、飢えた人を助けることは慈善ではなくて義務である。

第六段落以後では、ヒューム的利他主義とカント的利他主義に分ける。六、ヒューム、バーナード・ウィリアムズ、フェミニストの一部では「貴方が他人を助けるのは他人を愛するからである」という立場をとる。七、「利他主義は行為に対する合理的な要求ではないが、ウィリアムズは同情的な反省が我々を特定の個人に対する愛によって動機づけられた慈悲的な欲望から、もっと普遍的な利他的態度へと動かすのであろうと考える。」八、フェミニストの一部は、ケアの倫理の方が正義の倫理よりも、人間の関係に適していると主張している。九、これに対してカント主義の立場では、利他主義は行為に対する合理的な要求である。「自分が助けを必要とすると知りながら、誰も助けないという方針であるような世界を望むことは不整合である。ゆえに我々は困っている人を助けることを望まざるをえない。カントはまた人間性を目的自体として扱うという要請を基にして善意の義務を論じている。」一〇、「トーマス・ネーゲルは、他人の理由が直接に自分に理由を与えると考える点でカントに従っている。誰かがあなたに彼を苦しめることをやめさせようと欲していると考えてみたらいい。どうして、そのように扱って欲しくないという彼の欲望が、あなたに止める理由を与えるのだろうか。直観の水準では、ネーゲルの主張は、誰かがあなたにそうしたとするなら、あなたはそれを望むだろうかという問いに訴えている。……ヒュームとカントは、利他主義を特定の欲望というタームで説明するか、行為への理性的な要求として説明するかという点では、一致しないが、利他主義の力が、共通の人間性から発生してくるとみなす点では一致している。」

このように英語圏の思想家を中心にして、利他主義にかかわる論点のもっとも基本的な対立点を明らかにしている。

二 ネーゲルの「利他主義の可能性」（一九七一）

トマス・ネーゲル（Thomas Nagel ユーゴスラヴィア生まれのアメリカ人）の「利他主義の可能性」（The Possibility of Altruism, Princeton 1970）は、二〇世紀という利他主義の文献が極度に少ない時代にあって、人間が純粋なエゴイストであるはずはないという常識的な人間観を明示するという役割をはたした。

「エゴイズムは、各個人の行為の理由と行為への可能な動機づけは、どのように関心が定義されようとも、彼自身の関心、欲望から発生するはずだと思っている。ある人格の関心は、このような観点で、他の関心を動機づけることができる。あるいは、彼の関心と結びついている場合にのみ、彼に理由を与える。あるいは、同情、憐れみ、あるいは慈悲と同じような彼の感情の対象となる。こういう哲学的な立場を採る人びとは、自分が心理的な事実として、エゴイストであると信じているかもしれない。しかし、私は、このタイプの純粋種が存在するかどうか疑う。」（八四頁）

感覚的な痛みの次元では、われわれはそれを共有することができない。しかし、痛みによる理由づけ、説得という次元になると、共有可能性から逃れることができない。以下の引用では、ネーゲルが、英米哲学の世界にありながら、要素主義的なアトミズム的な還元主義の発想法を避けて、「私的言語を認めない」というヴィトゲンシュタイン的、巨視的に見れば「私が私につける理由は私が他人につける理由と同じ」というカント的な発想法で語っている。

「An egoist who needs help, エゴイストたるもの、たとえ助力が必要ではあっても、before concluding that anyone else has reason to assist him, 誰かには彼を助ける［当然の］理由があるなどと［虫のいい］結論を下す前に must be able to answer the question 'What's it to him? 他人にとって彼の要求とは何かという問いに［じつは、なんでもないと］答える能力があるはずだ。

He is precluded from feeling resentment, 彼には［他人から冷たくされても］うらみ・つらみを感じる資格がない。which embodies the judgment that another is failing to act on reasons with which one's own needs provide him. そもそも、うらみ・つらみというのは、私の必要が彼にもたらす理由によって他人が当然するべきことをしそこなっているという判断を体現しているものだ。

No matter how extreme [is] his own concern 彼自身の問題がどれほど極端であっても the egoist will not feel that this in itself need [to] be of interest to anyone els エゴイストであるからには、この問題がそもそも他人の関心事である必要があるということは、頑として感じようとはしないものだ。

The pain which gives him a reason to remove his gouty toes from under another person's heel does not in itself give the other any reason to remove the heel, since it is not his pain. 痛みは彼の痛風のかかとを除去する理由を彼にあたえるが、その同じ痛みが他人のかかとのもとでは、それ自体、かかとを除去するいかなる理由も与えない。それは彼の痛みではないからだ。

Anyone who thinks he is an egoist should imagine himself in either role in such a situation. 自分がエゴイストだと思っている人は、そのような状況のなかでなんらかの役割をはたしている自分を思い浮かべているにちがいない。Can he truly affirm that the owner of the heel has no reason whatever to remove it from the gouty toes? 彼が、［タテマエ上］かかとの持ち主であっても痛風のつま先から、ともあれ、それを除去する理由をもたないと［医師に］言われたら、それを本気で受け入れることはできないだろう。Particularly if one owns the toes, it shows a rare detachment not to regard the pain as simply in itself a bad thing, which there is reason for anyone to avert. 特殊的にもしも誰か［他人が］がつまさきを所有していると仮定しよう。痛みそれ自体は、避ける理由となるような悪いものだからという理由だけで痛みに構わないでいるというまれな無関心を示すことになる。

It is difficult, in other words, to resist the tendency to objectify the negative value which one assigns to pain, or [which one] would assign to it if one experienced it, regarding the identity of its owner as irrelevant. 言葉を換えると、人が［通常］痛みに割り当てるような否定的な価値、あるいは人がもしもその痛みを経験するなら、人が痛みに割り当てるような否定的な価値を、その痛みの持ち主の同一性を無関係とみなすことによって、客観化しようとする、傾向に抵抗することはむずかしい。

The procedure may be different for different kinds of reasons, 理由の種類の違いに応じて、この［客観化の］手続きも違うかもしれない。but the idea is the same しかし、アイデアは同一である。that in accepting goals or reasons myself 自ら目標や理由を受け入れることにおいて、I attach objective value to certain circumstances, 私は客観的な価値を特定の状況に帰属させる。not just value for myself; 私にとっての価値を帰属させるのではない。similarly when I acknowledge that others have reason to act in their own interests, 同様にして、私が、他人が彼らなりの諸関心で行為する理由をもつということを是認するとき、these must finally be reasons not just for them, その諸関心は、究極的に

は彼らにとってだけではない諸理由であるにちがいない。but objective reasons for the goals which they pursue or the acts which they perform. 彼らが追求する目標のための客観的諸理由、彼らがなす行為のための客観的諸理由なのである。……

The arguments with which I am familiar all focus on egoism as a universal position, and [I] find incoherencies in the judgments 私は、その判断のなかに which it requires a man to make about other people, 他の人びとのためになることを人に要求するが、and in what it requires him in general to urge or support. しかも、一般的に説得したり支持したりすることを要求するという点に、不整合があると思う。

I wish to suggest, on the other hand, that ethical egoism is 私が示そうとしたことは、他方で、倫理的エゴイズムは、already objectionable in its application by each person to his own case, すでに各個人が自分の場合にそれを当てはめるということにおいて、and [in its application by each person] to his own reasons for action. そして、各個人が行為の自分自身の理由に当てはめるということにおいて、すでに反駁可能であるということである。」（Thomas Nagel:ThePossibility of Altruism, Princeton 1978 p. 85）

三　リッターの歴史哲学辞典

これに対してリッターの哲学辞典（Joachim Ritter ed. Historisches Woeterbuch der Philosophie,SCHWABE & CO 1971）の Altruismus（利他主義）の項目では、ヨーロッパの思想家をもっと重視している。（R. K. Maurer が担当）「アルトルイズムの概念はその事象的な内容としては、すでに後期ストア主義にあり、倫理学のユダヤ的伝統、とくにキリスト教的な伝統のなかに存在すると思われる。しかしこの概念の特殊近代的な意味はコントによって得られたのである。コントがおそらく「アルトルイズム」(ラテン語の他者 alter からエゴイズムに対抗して造語)という言葉の創始者である。伝統的には、他者への配慮は、神への義務、共同体、自己自身に根ざしていたが、これに対してコントは倫理学を社会的な関係のみから展開することを追求した。」ここではアルトルイズムという概念の近代での成立が、倫理学の脱キリスト教化＝人間存在の社会性の確立＝社会学の成立の過程として描かれている。

　コントのアルトルイズムは、倫理学的自然主義(道徳的な価値を自然から説明する立場)の先駆的な形態として、今日の脳神経科学にまで通ずるような、問題点をカバーしている。

「彼は共感、社会性、アルトルイズムの始まりはすでに動物にあると洞察した。人間の場合には、他者への生命は、さしあたり蓋然的(問題的)になる。なぜなら個体と類を同時に保持している本能の自然的な優勢が精神のより高次の発達のおかげで犠牲にされているからである。精神のより高次の発達が精神と心情(Herz)との〈宿命的な分離〉をもたらす。この分離こそ人間の統一(Einheit des Menschen)にとって主要な問題となる。」(A. COMTE: Système de politique positive (1851ff.) 1, 611.)

　人間とは精神の発達によって本能を抑圧している生物である。文化とは本能の抑圧のシステムなのだというフロイトの思想の原型がここにある。そしてもしも本能が十全に発揮されたならば人間はもっとそのアルトルイズムを十全に発揮できたはずだという視点は、本能の解放は人間の反社会性の発揮となるという見方とは正反対である。自然人のなかにこそ本来の社会性がある。この自然性と精神性の相克は克服される。

「しかし、まさにこの発達を根底として、人間は――自然的ではあるが、しかし純粋[に自然的]ではない家族を媒介にして――社会化の傾向を伸ばし、文明を展開する。文明は一般にあらゆる個人的な、利己的な傾向の持続的な除去とアルトルイズムの増大という特色をもつ。」(A. COMTE: Système de politique positive (1851ff.) 3, 69.)

文明による本能の抑圧という側面に対して、文明によるアルトルイズムの増大という側面が問題を建設的な方向で解決してくれる。

「最後には、自発的で、自然的、生得的なアルトルイズムが発生する。このようなアルトルイズムは人間に、社会の包括的な統一のなかで、感情、悟性、行為の新しい統一をもたらす。」(A. COMTE: Système de politique positive (1851ff.) 3, 589; 4, 20.)

「自発的で、自然的、生得的なアルトルイズムが発生する」という言葉は、矛盾に満ちている。「生得的なものが発生する」というのは、「丸い四角」、「木製の鉄」と同様の矛盾であるとコントを批判する人がいても不思議ではない。しかし、もしかしたら「自発的で、自然的、生得的なアルトルイズム」をもつと言うことは人間存在の真実なのであるかもしれない。

このR. K. Maurerによる記述は、さらにコントの思想の内的な対立層にまで及んでいるのだが、その部分は省略して、イギリス思想へと場面を転換する記述を引用する。

「英国では、伝統的な、神学に基礎づけられた隣人愛の倫理がゆっくりと解体して一方では感情の倫理学が、他方では合理的な社会経済倫理学となり、その解体を通じてアルトルイズムにおける新しい違ったかたちの総合が準備されていた。このようにしてシャフツベリ、ハチスン、スミス、ミル、H・スペンサーが、アルトルイズムの表現を引き継ぐ。まるでアルトルイズムの表現が純粋なアルトルイズムを追い詰めて不合理に導いたことによって、アルトルイズムの表現が、コントのラディカリズムを回避したかのように見える。アルトルイズムに対するエゴイズムの優位を証明し、その先駆者の功利主義的なアルトルイズムを〈適切な限度に制限されたエゴイズム〉として賞賛するということによって、コントのラディカリズムを回避した。」

難解な記述であるが、筆者はコントのアルトルイズム倫理からイギリスの制限エゴイズム倫理への転換の説明をしようとしている。人間は近い隣人には好意をもつが、関係の遠い人には冷淡だというのが、ヒュームの人間観の基本線である。倫理の目的はエゴイズムの否定ではなくて、エゴイズムの制限となる。

筆者はコントの思想から必然的に英国の思想が生まれて出てきたという説明を強行しようとしているが、そこには無理がある。

そしてイギリス思想の極限としてスペンサーを取り上げて、その思想の一端を次のように表現する。「適合の究極目的では、他者に障害をもたらすようなエゴイズムはもはや不可能になる。なぜなら人間はその神経構造の変化を通じて蜂や蟻という種と同じ社会的な動物へと突然変異するからである。」

進化によるエゴイズムの克服という極端に楽天的な思想である。それは「人類の道徳性が進化しつづける」とか、「人間の社会が革命によって根本的に変革される」とか、「人間の生活水準はつねに向上していく」とか、さまざまな形をとるが、進歩の思想の影響は非常に大きかった。

リッターの哲学歴史事典の R. K. Maurer による記述は、スペンサーにつづけてニーチェ、マックス・シェーラーの思想の紹介をしている。これによって、英語圏で書かれたアルトルイズムの思想家群像とはずいぶん違った思想家群像が、描かれている。現在ならば、当然、シモーヌ・ウェイユやエマニュエル・レヴィナスの思想が、そこに書き込まれるべきだろう。

四　ネイデルホッファー他編「道徳心理学」第二部のアンソロジー（Willey-Blackwell 2010）

「道徳心理学」（Moral Psychology）という言葉は、古そうに見えて新しい。「道徳心理学は、人間が道徳性について考え、道徳的判断を下し、道徳的な状況で行為する仕方の研究である」(p. 1)と書かれているが、それでは「倫理学」とどこが違うのかよくわからない。「道徳的な認知と行為を理解すること(to understand moral cognition and behavior)が当面の目標である」(p. 1)というのだが、「道徳心理学者は、すくなくとも、規範的理論化(normative theorizing)のうえに経験的抑制(empirical constraints)を置く能力をもたねばならぬ」(p. 1)という。そして哲学、進化論、ゲーム理論、社会心理学などを統合する学問だという。しかし、この本(T. Nadelhoffer, E. Nahmias, S. Nichols (ed.) Moral Psychology, Willey-Blackwell 2010)に採録されたテキストは、ほとんどが伝統的な哲学・倫理学のテキストであって、そこに経験的・実験的なデータを基にした議論が、シームレスにというべきか、突然の乱入のごとくというべきか、つけくわわってくる。

全体の構成は第一部「理性と情熱」、第二部「利他主義と利己主義」、第三部「徳と性格」、第四部「行為者と責任」、第五部「道徳的直観」となっていて、第二部「利他主義と利己主義」(pp. 84-159)に、かなりの重要度が与えられている。

この第二部に採録されているのは、次の八篇のテキストである。

一、プラトン「国家編」抜粋(Selections from Republic Plato)

二、ホッブス「リヴァイヤサン」、「自然法と政治の原則」抜粋(Selections from Leviathan and The Elements of Law Natural and Politic Thomas Hobbes)

三、バトラー「人間性」、「説教集」抜粋(Selections from Human Nature and Other Sermons Joseph Butler)

四、ハチスン「美と徳の観念の起源」抜粋(Selections from An Inquiry into the Original of our Ideas of Beauty and Virtue Francis Hutcheson)

五、ダニエル・バトソン「動物は社会的どれくらいか、人間のケア能力」抜粋(How Social an Animal: the Human Capacity for Caring C. Daniel Batson)

六、ロバート・トリヴァース「相互的利他主義の進化」(The Evolution of Reciprocal Altruism Robert L. Trivers)
七、E・ソーバー、D・S・ウィルソン「進化論と非利己的行為の心理学」(Summary of Unto Others: The Evolution and Psychology of Unselfish Behavior, Elliott Sober and David Sloan Wilson)
八、シュワルツ「どうして利他主義は不可能……そして遍在的」(Why Altruism Is Impossible... and Ubiquitous Barry Schwartz)

ここにジョゼフ・バトラー（一六九二―一七五二）の「説教集」を採録したのは卓見である。これは、非常に普及度の高い思想書で、ヒューム（一七一一―七六）やスミス（一七二三―一七九〇）の前駆思想という意味もあり、日本で一度も翻訳されたことがないというのは不思議である。ハチスンとバトソンのあいだには大きすぎる時代的断絶がある。

ダニエル・バトソン「動物は社会的どれくらいか、人間のケア能力」（一九九〇）のあとに出たバトソン「利他性の人間学」(Altruism in Humans, Oxford 2011) がすでに邦訳されている（菊池章夫、二宮克美訳、新曜社　二〇一二）。この「利他性の人間学」が利他主義の歴史のなかで画期的な意義をもつことはやがて多くの人びとに認識されることになるだろう。バトソン（一九四三―）は、非常に精力的に大量の論文を書いている人で、人間という動物の利他性を実験社会心理学的な手法で確証することをめざしている。

その学説の核心を「共感―利他主義の仮説」(Empathy-Altruism Hypothesis) と呼んでいる。困っている人を見ると「助けてほしいだろう」と思う気持ちを誰もがもつという常識的な「よきサマリア人」の仮説である。しかし、このような利他主義に対して、それを「本当は利己的な動機にもとづいているのだ」というラ・ロシュフーコーの「箴言」のような説明が数々だされる。「自分が困ったときに助けてもらいたいからだ」というのは「相互的利他主義」の立場である。「困っている人を見ていると不愉快になるので、その不愉快を除去するためだ」とか、「やましい気持ちを減らすためだ」とか、さまざまな説明がある。

この数年間に英米で出されているあらゆる論文と実験例を参照・検討（サーベイ）して、「見返りを期待しない」純粋な利他主義が存在することを、実験社会心理学によって明らかにするというのが、バトソンのやりかたである。コンピュータ・ネットワークの発達したおかげであろう。関連する文献や実験例のほとんどすべてを参照・検討する形で書かれている。

「もしも共感—利他性仮説が正しいとしよう、すると我々は人間のケアの能力に関する一般的な見方を根本的に見直さなくてはならないと思う。というのは、我々には利他的に動機づけられる能力があると言うことは、究極の価値(terminal value)として、つまり利用価値(instrumental value)としてではなく、他人の福祉に関して面倒を見ることができると言うことである。我々は他人の福祉をそれ自体として追求し、自分の利益のために追求するのではないという可能性がある。」(T. Nadelhoffer, E. Nahmias, S. Nichols (ed.) Moral Psychology, Willey-Blackwell 2010 p. 123) バトソンは人間観についての壮大な展望をもっていることがわかる。

バトソンの次に採録されているのは、トリヴァース「相互的利他主義の進化」(Robert L. Trivers: The Evolution of Reciprocal Altruism) であるが、この人は生物学者で、主著『生物の社会進化』(Social Evolution 1985) の翻訳(中嶋康裕、福井康雄、原田泰志訳、産業図書、一九九一)も出ている。非常に広い意味での生物の社会性を進化論的に研究した書物である。その社会性のひとつの形が利他主義である。生存競争のなかでは不利になるような利他的な行為が、どうして進化の過程のなかで成立したかが説明を要する点である。バトソンの場合には「人間の動機としての利他主義」の存在証明が主要なテーマであったが、トリヴァースの場合は、すべての生物の社会性の客観的指標を問題にしている。この視点の違いは、非常に大きい。アリやミツバチの労働専門の個体は、別の個体の利益のために働いている。生物のさまざまな社会性のなかにヒトの利他主義が位置づけられる。

「ヒトという種の相互的利他主義は、一定のコンテキストのなかで、すべて知られた文化のなかで行なわれる。ヒトの利他主義の完全なリストを作れば、次のような型の利他的な態度が含まれるだろう。一、危険(事故、捕食、種内の攻撃）のときの救助、二、食糧の分かち合い、三、病人、けが人、子ども、老人の世話、四、道具の分かち合い、五、知識の分かち合い。――行為のこうした形式のすべては与える者にとっては、少ないコストという基準に合致しているし、受ける者にとっては大きな恩恵となっている。」（一二八頁）

ヒトの利他主義が、いつごろから発生したかという点について、トリヴァースは「洪積世のあいだ、もしくは、それ以前に、ヒト科の諸種が相互的利他主義への進化の前駆的条件に出会っていただろう。それは、長寿、低い離散率、小規模の相互依存的、恒常的、社会集団での生活、および両親によるケアの期間の長さである。主要な関係は、緩やかな、リニアでない現存のチンパンジーのような性格のもので、もっと厳格なリニアな性格のヒヒのような関係ではなかったと思われる」（一二八頁）と述べている。

ヒトとしての相互的な利他主義の特徴がどこにあるのかという問いに、トリヴァースは直接には答えてはいないが、道具と分業との関連が示唆されている。「才能の多様性が狩猟者と採集者の結合体では通常現存すると思われる。たとえばある特定の道具の最良の製作者が、別の道具の最良の製作者であるとは限らないし、またその道具の最良の使用者であるとも限らない。利他的な行為は、参加する個体の特殊な才能を重視するかたちで交換可能になるので、才能の多様性が関係のシンメトリーに貢献する。」（一二九頁）この「関係のシンメトリー」という言葉は、「AにとってB」の関係が「BにとってA」とそっくり同じ形をしているということを表現している。将棋やチェスのゲームでは、ゲームの開始時点での駒の配置がシンメトリーになっている。「もちつもたれつ」とか、「情けは他人のためならず」とか、相互性を表現する多くの言葉のなかで「シンメトリー」は、ロールズなども使っているが、とてもわかりやすい。

実際の人間関係では、ゲームと違ってシンメトリーが視覚的に見えるわけではない。見えないシンメトリーを認知するには当然、「人間の相互的な利他主義の基になる心理的システム」が存在すると考えられるが、そのシステムがすでに十分に研究されているとは言えない。「現在、ヒトの進化の期間にわたって実践されてきた相互的利他主義のディグリーに関する直接の証拠はない。また、ヒトの遺伝子的な基盤に関しても、直接の証拠はない。しかし、次のように想定することは理に適う。相互的利他主義は、ヒトの最近の進化における重要な因子であったということ。利他的な態度を喚起する情緒的な態度という基になるものが、重要な遺伝子的な構成要素をもつということ。同様の想定から、あらかじめ次のように言うことが許される。」と述べて、トリヴァースは一〇項目の予言を示している。

①複雑な統制システム。相互的利他主義には、いつでもタダ乗り、お為ごかし、忘恩、偽善などの可能性があるので、相互的利他主義にもさまざまな程度の違いが出てくる。

②友情と好き嫌い。好きな人には便宜を図るという道と便宜を図ってくれる人を好きになるという双方向的な関係があるかもしれない。

③道徳的譴責。恩知らずの人には、利他主義を控えめにする。忘恩の徒にお返しをしろ、今後は助けてやらないぞと脅したりする。村八分にする。殺してしまう。

④感謝、同情、利他主義のコスト・ベネフィット比。コスト・ベネフィット比がよければ利他主義に拍車がかかるのは一般的な傾向で、感謝の気持ちをも左右する。

⑤罪障つぐないの利他主義。忘恩とか不人情とかの過ちを犯した人が、つぐないの気持ちから利他主義の実践をすることがある。

⑥巧妙ないかさま (subtle cheating)、擬態の進化 (evolution of mimics)。

この項目は、モリエール的なおもしろさがあるので、原文と対訳で引用しよう。マンデヴィルの影響かもしれないが。

「Once friendship, moralistic aggression, guilt, sympathy, and gratitude have evolved to regulate the altruistic system,

selection will favor mimicking these traits in order to influence the behavior of others to one's own advantage.
（ひとたび友情、道徳的譴責、罪、同情、感謝［というような心理的システム］が、利他的なシステムを統御するまでに進化を遂げてしまうと、他人の行動を自分の優位のために左右するために、自然選択にとってはこうした［利他主義の］傾向の擬態が好都合である。）

Apparent acts of generosity and friendship may induce genuine friendship and altruism in return.
（見かけのうえでの感謝と友情が逆に本物の友情と利他主義を導き出すということ［嘘から出たまこと］もあろう。）

Sham moralistic aggression when no real cheating has occurred may nevertheless induce reparative altruism.
（こけおどしの道徳的譴責も、本当はいかさまがおこなわれていない場合にも、つぐないの利他主義を導き出すかもしれない。）

Sham guilt may convince a wronged friend that one has reformed one's ways even when the cheating is about to be resumed.
（いかさまがただ勘繰りにすぎなくとも、思い過ごしの罪障がぬれぎぬを着せられた友人を説得して行ないをただすことになるかもしれない。）

Likewise, selection will favor the hypocrisy of pretending one is in dire circumstances in order to induce sympathy-motivated altruistic behavior.
（同様にして、同情が動機となる利他主義的な態度を導き出すために、ひとが悲惨な状況にいるふりをする作り話もまた、自然選択にとっては好都合であろう。）

Finally, mimicking sympathy may give the appearance of helping in order to induce reciprocity, and mimicking gratitude may mislead an individual into expecting he will be reciprocated.

（ついには、同情の擬態でさえも、心ならずもの援助を生み出して、相互性［助け合いの実績］を導き出すこともある。そして感謝の擬態は、個人を相互性［互恵待遇］への期待へと誘い込む。）

It is worth emphacizing that a mimic need not necessarily be conscious of the deception; selection may favor feeling genuine moralistic aggression even when one has not been wronged if so doing leads another to reparative altruism.

（擬態が必ずしもだまされたという憤激の情となるとは限らないということは強調されてよい。ひとがぬれぎぬを着せられているのでない場合に本物の道徳的譴責を感じることが他人につぐないの利他主義をさせることになるなら、自然選択にとっては好都合であろう。）」（一三二頁）

⑦巧妙ないかさまの暴露（Detection of the subtle cheater）、信用に値すること（trustworthiness）、信用（trust）、疑惑（suspicion）。だまされている個体は長生きができないから、いかさまを暴いた方が、自然選択にとって有利である。動機と結果が一致して信用が可能になる方がいい。

⑧利他的なパートナーシップの設定。相互的な関係（互恵性）を確立した方がいい。友人から未知の人、さらには敵にまで利他主義を拡張する。もともとヒトは未知の人の方により利他的な態度を示すのかもしれない（まれびと、遠人愛）。

⑨多元的相互行為。他者に学ぶ。いかさまをする人の扱い。利他主義の普遍化。交換のルール。

⑩発達の弾力性。

このようにトリヴァースは、興味深い倫理的な社会性の発達過程をやがて実証されるであろう予言のかたちで示している。

五　E・ソーバー、D・S・ウィルソン『進化論と非利己的行為の心理学』(Summary of Unto Others: The Evolution and Psychology of Unselfish Behavior, Elliott Sober and David Sloan Wilson)

著者のひとりE・ソーバーの別の著作には邦訳がある。エリオット・ソーバー「科学と証拠」(松王政浩訳、名古屋大学出版会、二〇一二) の原題は、「証拠と進化——科学の背後の論理」(Evidence and Evolution, The Logic behind the Science, Cambrige 2008) で、前半が生物統計学、後半が進化論であり、その前半が翻訳されている。

ソーバーは進化論の哲学者であって、D・S・ウィルソンとの共著『進化論と非利己的行為の心理学』は、さまざまな領域で引用されている重要文献である。この論文の成立の事情は、こう書かれている。「集団選択の仮定は、一九六〇年代の進化生物学においては、一見壊滅的な批判のえじきとなっていた。『他者に向かいて』(E. Sober and D. S. Willson "Unto Others" 1998) では、我々は [時流とは] 反対に、集団選択は概念上整合的であり、経験的に十分に記録されている進化の原因であると論じている。その上我々は集団選択がヒトの進化でとくに重要であると論じている。『他者に向かいて』の第二部で、我々は心理的エゴイズムと心理的利他主義の問題を考察している。人間は他人の幸福に対する究極の動機をもっているのか。我々は、この問題に関するこれまでの心理学的哲学的な作業では結論がでないと思う。我々は、人間は究極的な利他的動機をもつという主張のための進化論的な論点を提案する。」(一三五頁)

彼らは一九九八年に単行本『他者に向かいて』を刊行した。二〇〇七年に論文「他者に向かいてのまとめ」を雑誌に発表した。それがこのリーディングス『道徳心理学』(二〇一〇年) に採録されている。I、イントロダクションにつづいて、II、進化論的利他主義——『他者に向かいて』第一部——では、主として一九六〇年代の進化生物学者のあいだでの生物社会学的な論争を扱っている。III、心理的利他主義――『他者に向かいて』第二部――で人間学・哲学的問題と生物学的検証との接点が追求されている。IV、進化論的利他主義、心理学的利他主義、倫理学は、論文全体の「まとめ」にあたる比較的短い部分である。最後の言葉は「第三者の目で見て囚人のジレンマとなるような状況は、実際にはないかもしれない。清算はふつうドル建てか、さもなくばなにかはっきりした金融商品などで「情け容赦なく」測られる。しかし、人びとが互いにケアをし合っていれば、問題が金のやりとりではないかぎり、人びとが相互行為のなかで協力することを選ぶなら、人びとは不合理的ではない。エゴイズムの狭い形だけを考えると、そういう行為が不合理に見えてくる。あえて結論を出すなら、人びとが不合理だということにはならない。しかし、エゴイズムの想定に再考の必要があるということは結論になるだろう」となっている。利己主義、快楽主義に対して、利他主義が決定的な勝利を収めるという帰結を導き出してはいないが、利他主義の可能性に道を開いたかたちになっている。

さかのぼってIII、心理的利他主義について、さらに詳細に報告しておきたい。その主要な狙いは「心理的利己主義」を打ち倒すことである。「利己主義は、社会科学に強力な影響を及ぼしている。そして普通の人びとの思考のなかにも大きく侵入している。」（一四〇頁）こういう状況に決定的な打撃を与えるという狙いで、一、利己主義の明確化、二、心理学的な論点、三、哲学的な論点の群れ、四、進化論的アプローチという構成になっている。利己主義批判を、心理学的なレベル、哲学的なレベルから進化論的なレベルに引きつけて、利他主義の基礎づけに科学的な客観性を与えることが、エリオット・ソーバーたちの試みである。心理学的なレベルでは、バトソンの立場を味方につけたうえで、さらにその先を狙う。

「バトソンは、彼の共感―利他主義仮説をさまざまな種類の利己主義の主張に対して検証する。共感―利他主義仮説は、共感が人びとに利他的な究極の欲求を抱く原因となるということを確証する。我々は、バトソンの実験がある種の利己主義を拒否するのに成功しているが、利己主義を拒否する永続的な問題が残っていると判断する。一連の観察

によって利己主義の一形態が拒否されるかと思うと、データで否定されない他の形態が考え出される。」（一四一頁）

すると、快楽主義、利己主義にたいして利他主義が人間の本性であることに、自然科学的な完全な証明をおこなうということが、E・ソーバー等のめざすところとなる。「心理的なモティーフは、進化生物学で使われている意味で、近接メカニズム（proximate mechanism）である。ヒマワリが太陽に向かって回るとき、そうすることを引き起こすようなメカニズムが、ヒマワリに存在しているにちがいない。屈光性（phototropism）が発達（進化）しているなら、屈光の行為を引きおこす屈光メカニズムもまた発達（進化）しているはずである。似たような関係で、人間において援助するという行為形式が、進化論的な適応であるならば、個人に援助の行為を引き起こす動機もまた発達（進化）しているにちがいない。（一四三頁）

この著者たちは、ヒトが相対的にながい期間にわたって育児をするという特徴が、ヒトの利他主義を進化させてきたという因果関係を、確実にするために、いくつかの補助原理を提案している。

直接対間接の原理（D／I）：「もしも酸素水準と上昇とは完全とはいえないが連動しているならば、そして、もしもD（直接）が酸素水準を、I（間接）が上昇を検出するのと少なくとも同じ程度に検出するならば、D（直接）の方がI（間接）よりも、信頼度が高い。」（一四四頁）

「一よりも二」（Two is better than One）の原理：「もしも酸素水準と上昇とは完全とはいえないが連動していて、しかも、D（直接）もI（間接）も、酸素濃縮の、間違いがあるとはいえ、信頼できる検出器であるならば、D（直接）とI（間接）の共同作業は、それぞれの単独作業よりも信頼できる。」（一四四頁）

こういう原則の実用性について私はあまり期待していない。この原則が証明可能であればトートロジーであり、トートロジーでないとすれば、その適用実例の信頼度は、この原則と独立でなければならないと思うからだ。親子関係に見られる利他主義は、人間の動機一般としての利他主義とどのように進化論的に結合していったかが問題になるだろう。世代間倫理の進化論的な基礎づけになるかどうか。興味深い点である。ソーバー等の「世代間関係だからこそ実証可能だ」という論点の構え方も、重要である。

「生殖の成功には、新生児の産出だけが含まれるのではない。この新生児が生殖年齢に達するということが含まれる。自分自身の身体の存続ではなくて、自分の子どもの身体の存続が重要なのである。これと違って快楽主義は、有機体が関心をもつのは根源的に自分自身の意識の状態だけである。」(一四六頁)

かつて進化論は利己主義の倫理の重要な後ろ盾であったが、ソーバーたちは進化論が世代間利他主義の論拠になるという道を進んでいる。

六　シュワルツ「どうして利他主義は不可能……そして遍在的」(Why Altruism Is Impossible … and Ubiquitous, Barry Schwartz, 1993)

この題名は、「この論文の趣旨として、個人主義、アトミズム、利己主義という想定に挑戦する異なった一組の想定のもとで、利他主義が不可能ではなくなり、そして遍在的であるということが明らかにならなくてはならない」(一四九頁)という言葉が示しているように、二〇世紀後半の心理学が「利他主義は不可能」という観点から「利他主義は遍在的」という観点に転換したとき、基本的な視点の転換があったということを明らかにする」という狙いを示している。「歴史的に、心理学はいくつかの理論的な想定によって導かれてきた。それらは深く浸透していて、気づかれることはまれだった。その想定とは、方法論的個人主義であり、心理的アトミズム、利己主義であり、自然主義である。」(一四八頁)

このような基本的な視点の転換がおこなわれるなら、「自己利益の最大限を追求する個人の選択の結果」を基礎的なものとみなす近代経済学が、根本から存立を脅かされることになる。「コミットメントの現存が社会科学における利己主義の想定をまったく新しい光のなかに投げかける。経済的な決定をおこなうときに、この利己主義が正しいなら、人びとは自分の利益を最大にするような選択肢を選ぶと想定される。人びとはコミットメントに根差す道徳的な選択に背いてまで、自己利益に根差す経済的な決定をするように選択しなくてはならない。……近代の社会科学のほとんどが、人間の選好・選択に関するもっとも根本的なアスペクトを与件とみなしている。」(一五六頁)

筆者シュワルツは、一九七〇年から一九九〇年にかけての主として心理学領域の論文を丹念に読み込んで、経済学との関連、発達心理学との関連などで鋭くはないが妥当な指摘をしている。

七　ドリス編『道徳心理学ハンドブック』(John M. Doris & Moral Psychology Research Group Oxford 2010)

編者のドリスは、ワシントン大学の哲学・心理学の教授で、この両領域にまたがる学問領域の開拓者である。「東洋の不吉なことわざ(好時、魔多し)が思い起こさせてくれるように、興味深い時に生きることが、必ずしもいいことではない。しかし、道徳心理学にとっては、興味深く、かつ好い時がついにやってきた。人間の心性と人間の道徳性にまたがる領域を研究することが、いままでにないほどまでに花開いたのである。この心躍らせるような研究環境が生まれた理由は、前例のない学際性(interdisplinality)である。哲学の研究者でもあり、人間科学の研究者でもあるような研究者が、それぞれの領域のしがらみを乗り越えたところに湧き立つ源泉からの資源を自由にあてにすることができる。」(一頁)

ドリスたちのグループ（Moral Psychology Research Group）は、二〇〇三年に結成されて、このハンドブックが、その成果だという。学際研究の開発という点では、フローデマン編「学際性ハンドブック」（Robert Frodeman ed.: The Oxford Handbook of Interdisciplinarity, Oxford UP 2010）が興味深く、これは学際性一般を扱っている。アメリカ各地の研究者とドイツのビーレフェルト大学の研究者の共同研究の成果である。物理学、数学、生物学、芸術、宗教と文字通り人間文化の全領域をあつかっている。これらは、二〇一〇年以前から進められていた学際研究の成果であるが、「二〇一〇年前後から、ツイッターやフェイスブックなどのソーシャル・ネットワーキング・サービス（SNS）やスマートフォンが日常生活に溶けこみ、情報環境は大きな変革期に入った。その変革を四つのキーワードで表わせば、ソーシャル、モバイル、クラウド、スマートということになるだろう。」（辻井重男『暗号』講談社学術文庫、二〇一二年、四頁）という事態を考えに入れると、さらに変化が現われてくることが予想できる。ネット上の情報源によって学際研究の可能性は飛躍的に拡大している。タコツボに居座る純粋主義のアカデミズムがあらゆる領域で破たんしていく。それによって本物のアカデミズムが生き残るなら歓迎すべきことだが、粗悪な学際研究が氾濫する一方で、粗悪なタコツボ主義も生き残るという時代になる恐れは十分にある。

ドリス編『道徳心理学ハンドブック』は、一、道徳性の進化、二、道徳心理学というマルチ・システム、三、道徳的動機、四、道徳的情緒、五、利他主義、六、道徳的推理、七、道徳的直観、八、言語と道徳理論、九、規則、一〇、責任、一一、性格、一二、幸福、一三、人種と人種認知という構成である。「徳」という項目が不在であることが気がかりになる。

利他主義の項目は、Stephen Stich, John M. Doris, Erica Roedder の三名が執筆している。その目次を作ると次のようになる。

一　哲学的背景

目次を見ればわかるように、バトソンの共感―利他主義仮説をさまざまな角度から検討するという内容が、この論文の中心部分を占めている。バトソンに対していくつかの批判的論点を出しては見たが、大筋ではバトソンに賛成だという歯切れの悪い結論を出している。

「共感―利他主義仮説は、共感が［他人を］助けようという本物の利他主義的な欲求――困っている人の幸福を願う究極の欲求――を引き起こすのだという断定を下している。この共感―利他主義仮説が、目標となる人物に対する共感を抱いている人がつねに目標人物を助けるという予言をしているわけではないということは注目に値する。人びとは典型的なさまざまな紛糾した欲求をもっている。そして、すべての紛糾が、共感が強く勧める方向で解決されるとはかぎらない。」（一七五頁）

人間が一定の状況でどのように行為するかという事実問題に決定的な解答を与えることはできない。それはカントが何度も注意してきたことで、カントの立場に立てば「何が義務であるか」に答えることはできても、「何が事実であるか」には一義的な答えをえることができない。バトソンなどの「道徳心理学」が事実問題として「どのように行為するか」について検証しようとするなら、その条件を明らかにする必要がある。

一見利他的にみえる行為もじつは利己主義に動機づけられているというラ・ロシュフーコー的な見方に対して、利他主義が究極の動機であるということを確証しようとするのが、バトソンの論証スタイルであるが、そのラ・ロシュフーコー的な見方の代表的なものが、嫌悪―喚起―低減仮説（the Aversive-Arousal Reduction Hypothesis）である。「誰か困った状態にある人を見ると、嫌悪感が引き起こされる。バトソンの言う個人的な苦痛personal distressである。これが、この不快感を除去する欲求へと導く。」（一七六頁）これが嫌悪―喚起―低減仮説の内容である。

この問題でドリスがバトソンをどのように批判したか。「共感―利他主義仮説を嫌悪―喚起―低減仮説と比較するための実験計画を立てるさいに、バトソンは二つの異なった変数を操作せざるをえない。共感が援助行為（helping behavior）を生み出すのに果たす役割を決定するためには、高共感の被験者と低共感の被験者を比較しなくてはならない。逃亡しやすさが援助行動の尤度に及ぼす効果を決定するためには、バトソンは立ち去ることがある被験者にとって他の被験者よりも明らかに負担増になるように実験を設定しなければならない。すると四個の実験条件が存在することになる。低共感被験者に関して、逃亡が（1）容易と（2）困難、高共感被験者に関して、立ち去りが（3）容易と（4）困難とである。バトソンの集約によれば、嫌悪―喚起―低減仮説による予言と共感―利他主義仮説による［援助行動の発生率の］予言とみなされるものは、二つの図表で示される。［ここでは図表の内容を文章化する――加藤」嫌悪―喚起―低減仮説による予言では、低共感・逃亡容易なら発生率は低く、低共感・逃亡困難なら発生率は高く、高共感・逃亡容易なら発生率は低く、高共感・逃亡困難なら発生率は高い（非常に高い）。共感―利他主義仮説による予言では、低共感・逃亡容易なら発生率は低く、低共感・逃亡困難なら発生率は高く、高共感・逃亡容易なら発生率は高く、高共感・逃亡困難なら発生率は高い。決定的な差異は、高共感・逃亡容易の枠にあり、［共感―利他主義仮説による予言では］逃亡が容易で、共感が高い。この条件のもとでは、バトソンの主張では、利己的な嫌悪―喚起―低減仮説の予言は、援助行動低率となり、共感―利他主義仮説による予言では、援助行動低率となる。」（一七九頁）

こうした実験について、その結果を他の実験結果と比較したりすると、さまざまな問題が出てきて、必ずしもバトソンのだした結論とは一致しないという批判は、当然あってしかるべきであるが、このドリスの吟味は、バトソンも実験の改善をするかもしれないという言葉で締めくくられている。

まとめ

利他主義の観点から見て注目すべき関連文献に、クラインマン他『他者の苦しみへの責任』（坂川雅子訳、みすず書房、二〇一一）、ポッゲ『なぜ遠くの貧しい人への義務があるのか』（立岩真也監訳、生活書院、二〇一〇）などの書物が刊行されている。

また利他主義という概念の中心にある「共感」についてもAmy Coplan & Peter Golde ed.: Empathy Oxford 2011などが刊行されていて、それらが学際的であるという点でも、興味深い挑戦となっている。

日本の若い研究者が、新領域に挑戦しようとするよりは、伝統的な領域の重箱の隅の隅をつつく傾向にあること、ポストの取得などの実利的な目的に対して最小限の努力で最大限の効果を狙う傾向があることなどが、報告されている。

インターネットでさまざまな領域の学術文献が自由に閲覧できるようになると、日本の若手の研究者が、中国や韓国の若手に対して相対的に沈没する可能性がある。開かれていく巨大なデータに対してどのように対応するか。ひとつの答えは、学説や文献の状況報告を共有することによって、共有する集団内でのデータ処理の効率を高めるということである。

あとがき

この論文集には、滝久雄『貢献する気持ち』（紀伊国屋書店　二〇〇一年）で中心となっている「貢献する気持ち」もしくは「貢献心」に関して書かれた人文科学・社会科学・自然科学の論文を集めている。執筆をお願いする段階で、東京大学文学部倫理学研究室主任（当時）関根清三教授、北京大学の人文科学研究所（故）卞崇道教授には、特別のご尽力をしていただいた。

一、編集の方針

習慣や伝統にとらわれずに、学問の世界にはじめて姿をみせた「貢献心」という心性について、あらゆる研究領域から、可能な視点を出してもらって、「貢献心」研究の将来の展開に備えることが、論文集作成の狙いである。

貢献心は、まず経営学の基盤となる人間関係論に位置づけられ、ドラッカーには「貢献心」研究の萌芽がある。そして生物学ではE・O・ウィルソンの「社会生物学」（一九七五年）以来、集団のために自己犠牲的な働きをする個体の行動は、重要な研究対象となっている。伝統的な倫理学の領域では、完全義務（だれもが守るべき最低限度の倫理）、不完全義務（達人の行為として賞賛される超義務）の領域に、利他主義の一領域として貢献心は位置づけられる。倫理的英雄の振る舞いは大衆芸術では重きをなす主題である。最近では、自発的に無料で質の高い情報をインターネットに提供する行為が、情報文化の質の高さを維持するのに貢献している。あらゆる領域の貢献、寄与、自己犠牲が、視野に収まるようにと配慮した。

伝統思想の領域では、プラトン、ユダヤ・キリスト・イスラム教、中国、日本の思想をカバーしているが、原罪説から伊藤仁斎まで両極端にまたがる幅広い論文が含まれることになった。原罪説を基盤として、どちらかというと禁欲主義の倫理を伝えてきた文化のなかには、世俗主義と反世俗主義の対立が渦巻いている。こうした状況を、それぞれの伝統文化が並立しながら、過去から未来へとつながっていくというイメージ（諸文化のトインビー的並立）で描き出すという手法だけでなく、原罪説も輪廻説もない世俗化の徹底した自然主義の倫理だけが実質的な社会倫理となっていく（自然主義の進行）というイメージもありうるという手法を私は採用したいと思った。

滝久雄の思想と一見、無関係に見える論文も採録されているが、拙稿「プラトン主義と自然主義」で、それらのつながりが見えてくるようにしたつもりである。最近の英語の哲学文献では、「自然主義」（naturalism）を主題とするものが、散見されるようになってきている。この主題が、自然と精神、東洋と西洋、前近代と近代など、あらゆる既成の思想史的文脈が大変動する可能性を秘めているようにも思われる。滝久雄の思想は、そのような大変動を生き延びる宿命のような強さをもっている。

すでに集められた論文集では十分には触れられなかった思想的な文脈について、コメントを加えておきたい。

二、経営学としての展望

滝久雄『貢献する気持ち』が、出版されたとき質の高い好意的な書評に恵まれた。書評からは、高いセンシビリティ、独創的な指摘、豊かな教養などが、印象づけられたが、人間関係学、とりわけ経営学の新しい展望をひらくものとして評価する批評もあった。本書の末尾、第五章はP・F・ドラッカーの影響を受けた経営学思想であり、筆者が、人文系の学者ではなく、東京工業大学工学部の出身で、現役の経営者であるということから、経営学の新しい指標として受け取られたのは当然である。

「企業の役割は、歴史的にみてもさまざまな社会の分野に拡がっていて、今後もさらに拡大していくことが予測される。たとえば市場経済の拡大とともに交通網が拡張し、雇用が促進され、有効需要が創出されて、さらに高度な需要に対応するために行われる研究開発は、さまざまな分野の科学的成果を取り込んで、精緻化、複雑化する技術を消費者の生活に応用するという、社会にとって重要な役割を果たしている。このような意味で、企業は社会の発展を促し、社会は企業の拡大再生産を促す相互媒介的な関係にあると言えるのかもしれない。そのため企業が存続することは、企業自体のみならず社会にとっても不可欠な意味がある。」（『貢献する気持ち』一五五頁）

経営学というと、企業内の人間関係をコントロールして、企業の利潤を最大にするような効率性の追求という存在理由を思い浮かべる人がいるかもしれない。たとえばテイラー（F. W. Taylor 1856-1915）の科学的管理法では、人間の作業工程をストップウォッチで測定し、一日の作業量（task）の達成度に応じた賃金を決定する。彼の『科学的管理の原理』（The Principles of Scientic Management 1911）が、経営学の古典とみなされている。

メイヨー（E. Mayo）のホーソン工場の実地調査（一九二七―三二年）では、継電器の組み立て作業の効率を高める要因は、作業員のあいだに芽生えた、実験に選ばれた誇りなどの「没論理的行動」（nonlogical behavior）であることが判明した。チャップリンの映画『モダンタイムス』（1936）は、作業効率の機械的追求がどれほど非人間的な結果を生むかということを指摘する役割を果たした。

ドラッカー（P. F. Drucker 1909-2005）は、最終的には、企業を利潤を追求する手段として位置づけることを止める。企業は、社会の体質を根本から支える役割を果たしており、企業にとってその意味での社会貢献を果たしつつ存続することがもっとも重要なのである。社会の全体主義化を防ぐことこそ、企業の究極の存在理由であり、利潤は経営の目的ではなく、結果にすぎないという。

ドラッカーの「貢献」重視説は、利潤否定論以前の論点である。『効果を出す経営者』（The effective executive,1967. 邦訳題名は『経営者の条件』上田惇生訳、ダイヤモンド社）第三章の「To focus on contribution is to focus on effectiveness. 貢献に焦点を合わせるということは、つまるところ、成果をあげることに焦点を合わせることである。」（同訳書）という言葉に要約される。「貢献」は「結果としての功績」に還元され、貢献の動機は無視されている。ドラッカー『明日を支配するもの』（MANAGEMENT CHALLENGES FOR THE 21 CENTRY 1999、上田惇生訳、ダイヤモンド社）第六章の貢献論も同様である。

ドラッカーにたいして「彼の利潤目的否定論には、若干の論理的飛躍はあるが、既成の論理にとらわれずに現代企業の現実を直視して展開した彼の主張は、多様な影響を現代経営学全般に与えた」（岡本康雄編著『現代経営学辞典』同文館、一九九六年、六三頁）という批評は妥当なものであろうが、なぜ経営学者が利潤否定論という飛躍した奇説を述べたのかという疑問は残る。

後期ドラッカーは、利潤を目的としない、ＮＰＯ活動、メセナ（文芸の擁護）などの企業の社会貢献に企業の重心が移動していく事態をとらえている。「利潤が目的でないならば、経営にどのような動機が成り立つのか」という疑問に、滝久雄の「貢献心は本能である」という言葉は答えている。滝は、帰結主義的な意味での功績から動機へと「貢献」のシフトを転換した。

企業買収に関して滝はこう述べている。「このような企業環境にあって、経営者も社員も熾烈に見える環境変化に右往左往してはならない。けっしてそれを是認するのでも反対するのでもなく、あるがままの市場の環境としてそれを遵守し、なお企業を存続させることに情熱を注ぐのが企業に携わるすべての人たちの第一の責務であると私は考えている。」（同、一六〇頁）

企業がマネーゲームに翻弄されても、企業で働く人にとって、企業はたんなる生活の手段ではない。生きる意味を支える場所である。企業は利潤追求の手段として機能しているが、同時に利潤を超える生きる意味を作り出す場としても機能している。

ドラッカーの「イノヴェーション理論」を読むと、それがあまりにもシュンペーター『経済発展の理論』(一九二六)のなかの「創造的破壊説」に依存していることに驚かされる。両者がともにウィーンの学問的雰囲気のなかで育ったことを考えれば不思議ではない。シュンペーターの「創造的破壊説」のひとつの解釈は、レーニンが革命で行なったような破壊を、資本主義体制内で実行するのでないかぎり、資本主義は社会主義に革新というゲームで敗北するという危惧だったかもしれない。

ドラッカーの利潤否定論も、利潤を否定してでも企業が社会貢献を成し遂げるのでないかぎり、資本主義は存在理由がないという危機感を背景にしていたと解釈できるかもしれない。労働者は利潤追求の手段であるから、経済性が成り立たないなら雇用を止めるべきだという原則に、ドラッカーも滝も同意していない。「貢献心は本能である」というテーゼは、「企業の存在理由は社会貢献である」というテーゼと釣り合っているのではないだろうか。経営学というと企業経営に奉仕する実用的で、非学問的なアイデア集というイメージをもつ人もいるが、経営学の枠のなかで、企業経営の限界に挑戦するような思索も生まれている。

三、獣性否定論の系譜

教室で「貢献心は本能である」という説が間違いである理由を挙げなさいという質問を出したら、その模範解答は次のようなものだろう。一、本能とは食欲、性欲などの欲望を意味します。本能は人間が、他の動物と共有する本性から生まれます。二、弱肉強食が動物的な本性から生まれるもので、自分以外のすべてのものを、自分の欲望充足の手段とみなすことが本能の特徴です。三、ゆえに他人の利益、共同の利益にたいして、人間が本能としての欲求をもつことはありえません。

ホッブスの言葉に「人間は人間にたいして狼である」というのがある。この人間観の背後には、「動物は本性として利己的である」という動物観がある。人間のうちにも、動物と同じ本性がある。この本性、すなわち獣性を否定することが、教育、道徳、倫理、法律の目的であるという考え方を獣性否定論と呼んでおこう。キリスト教は、獣性否定論を原罪論という教義に仕上げた。

私は、内なる人としては神の律法を喜んでいるが、わたしの肢体には別の律法があって、私の心の法則に対して戦いをいどみ、……わたしをとりこにしている。……私は心では神の律法に仕えているが、肉では罪の律法に仕えている。」（パウロ『ローマ人への手紙』七章二二―二五）

人間に霊と肉という二つの側面があって、およそ肉体につながれた意志や欲望は、すべてアダムの犯した罪によって、すべての人に伝わっている。人間が罪から逃れられるのは、肉から離れて存在するイデア、そのイデアをもつ霊魂によるのであって、自力では罪から逃れられない。

原罪は性欲と同じではないという解釈も可能であるが、原罪説を仕上げたアウグスティヌス（三五四―四三〇）の場合、性欲の支配を逃れられない自分の悲惨さを嘆いている。

しかし、性欲を自然な欲望として肯定的に受け止めたいという願いは、ルネッサンスの芸術作品を生み出して、人類の精神史を彩っている。また、十九世紀を中心とするロマン派の芸術もまた恋愛の喜びを称えている。

原罪説から逃れようとする思想的努力は、近代では大まかにいうと二手にわかれた。イギリス人のロックは「人間の心は生まれたときには、空白の粘土板と同様である」とのべて、「肉体を離れても存在するイデア」を否定した。

神様とのあいだの橋を切り捨てる作戦である。

ドイツ人のカントは、学問の合理性を支えるためにはイデア的な知が必要であると考えたが、まったく純粋な形式的な道徳律は、肉体からの因果的支配を受けないので、道徳律によって人間は自律できると主張した。ゲーテは、自然の大きな生命が自分の魂のなかで躍動しているが、これは神だと歌い上げた。ヘーゲルは、魂が論理の導きでだんだんに高い境地にすすみ、最後は神様と同じところにまで到達すると主張した。これらは神様の乗っ取り作戦である。

二十世紀の後半になると「空白の粘土板」仮説は信用されなくなった。生物学者のE・O・ウィルソンが、こう語っている。

科学者はとうの昔に、脳は無地の石板で、文化は何もかも学習によってこの石板に刻みつけられるという考えを放棄している。(Scientists long ago abandoned the idea of the brain as a blank slate upon which all of culture is inscribed by learning.)

この古めかしい考えによれば、進化がなし遂げたことはすべて、莫大な量の長期記憶にもとづく並外れた学習能力の結果にほかならない。(In this archaic view, all that evolution has achieved is an exceptional ability to learn, based upon an extremely large capacity for long-term memory.)

(E・O・ウィルソン『人類はどこから来て、どこへ行くのか』斉藤隆央訳、化学同人、二〇一三年)

ウイルソンに「ロックか、カントか」決めてくださいと言えば、「カント」と答えるだろう。英米の哲学界では、カントやヘーゲルを再評価する動きが起こっている。

「貢献心は本能である。」(同、八頁)

「目に見える世界では人や動物、美やモラルが常に移ろい流れるのに対してして、プラトンのイデアの世界は永遠に不変なものとして存在する。」（同、四一頁）

教室で「この二つの文章は両立可能ですか」という質問を出せば、「両立不可能です」という答えが出る。「貢献心は、すべての人が生まれつき持っている遺伝的形質の現れです。そのために貢献心の発露は、外部からの強制、教育などの影響によらない無作為の自発性です。将来、大脳生理学などが発達すれば貢献心を科学的に認識することが可能です。プラトンのイデアは、感覚を通じて観察される自然世界をすべて虚妄と見なして、身体のない霊魂の世界にあるものですから、この二つの文章は両立不可能です」という回答がだされるだろう。

現代の生物学は、文字どおりプラトンの「イデア」を認めるわけではないが、「貢献する気持ち」というような高度の社会性を含む心性が、DNAによって遺伝的に伝えられる可能性を否定していない。「空白の粘土板」仮説が否定された結果、プラトンの「イデア」と同じ機能を果たす生物学的システムが存在するのではないかという研究に非科学的というレッテルを貼ることができなくなった。

四、サーヴェイの必要

ここに採録された論文は、財団法人、ホモコントリビューエンス研究所のホームページに「貢献する気持ち研究レポート集」として二〇一一年から二〇一七年にかけて掲載された。同じように掲載された徳倫理学に関する論文（翻訳）は、加藤尚武・児玉聡編『徳倫理学・基本論文集』（勁草書房、二〇一五年）となって出版されている。『徳倫理学・基本論文集』の方は、最近の英米の研究動向をつたえる目的で選ばれた。文系の研究機関では、しばしば「サーヴェイ」（survey）と呼ばれる研究動向の報告書である。この論文集も、狙いは同じであるが、最大限領域の幅を広くとって、人文科学、社会科学、自然科学の領域にまたがっている。また時代も古代哲学から、現代の先端科学におよぶ。「貢献心は本能である」というテーゼを基礎づけるには、どうしてもそのような広がりになる。

研究者が実際に「貢献心研究」で論文を書くとすれば、もっと具体化の方向で絞り込んだサーヴェイが必要になるが、そのサーヴェイを企画するときに本書が不可欠であろうと思う。

ひとりの研究者が実績を挙げるか否かの決定要因は、まず当人の資質と努力であろうが、現実には、研究者の属する機関のサーヴェイの能力にかかっている。ノーベル賞をえた日本人の研究者でアメリカの研究機関で受賞対象の研究をしたという例がいくつも報告されているが、そこにはかならずサーヴェイの能力にたけた研究指導者がいる。

二〇〇二年にノーベル物理学賞を受賞した小柴昌俊氏の受賞の弁に「最近の論文を二〇編ほどあつめてみんなで勉強会をしていて、その成果が受賞にむすびついた」という言葉があった。御自分ひとりの成果ではないという謙遜の気持ちを表わされたのだと思うが、その二〇編の論文をどのようにして選んだかを考えると、そこにサーヴェイの働きがあったのだと思う。

日本の先駆的な研究者がサーヴェイで苦しんだという話は聞かない。西欧文化のなかですでに着手されている研究の後追い研究をする段階ではサーヴェイの苦労は免除される。

後追い型の研究から、フロント・ランナー型の研究に転化すべしというかけ声はよく耳にするが、その転換には、自力でサーヴェイの開発をすることが含まれる。本書は、「サーヴェイのサーヴェイ」という幅の広さをもっているが、本書の読者のなかからフロント・ランナーとなる研究者が登場することを期待している。

二〇一七年十月二十五日

加藤尚武

田中美子（たなか・よしこ） 1971年兵庫県生。京都大学大学院文学研究科。日本哲学史専修博士課程指導認定退学・流通科学大学、森之宮医療大学ほか非常勤講師。主要論文：「ゆかしさの経験」『理想』第677号、理想社、2006年。

関根清三（せきね・せいぞう） 1950年東京都生。ミュンヘン大学博士課程修了。東京大学名誉教授・聖学院大学特任教授。倫理学・旧約聖書学。*Die Tritojesajanische Sammlung*、『旧約における超越と象徴』、『旧約聖書の思想』『倫理の探索』、*A Comparative Study of the Origins of Ethical Thought*、『旧約聖書と哲学』『ギリシア・ヘブライの倫理思想』、*Philosophical Interpretations of the Old Testament.*

栗原隆（くりはら・たかし） 1951年新潟県生。神戸大学大学院文化学研究科（博士課程）修了（学術博士）。新潟大学人文社会・教育科学系フェロー（名誉教授）。哲学、応用倫理学。主要著作：『ドイツ観念論の歴史意識とヘーゲル』（知泉書館、2006年）、『現代を生きてゆくための倫理学』（ナカニシヤ出版、2010年）、『ドイツ観念論からヘーゲルへ』（未來社、2011年）。

森一郎（もり・いちろう） 1962年埼玉県生。東京大学大学院人文科学研究科博士課程中退。東北大学大学院情報科学研究科教授。哲学。主要著作：『死と誕生　ハイデガー・九鬼周造・アーレント』（東京大学出版会、2008年）、『死を超えるもの　3・11以後の哲学の可能性』（東京大学出版会、2013年）。

ランドル・ショート（J. Randall Short） 1970年アメリカ合衆国アラバマ州生。ハーバード大学神学大学院神学博士課程修了。東京基督教大学大学院教授。旧約神学、正典的解釈、キリスト教・ユダヤ教解釈。主な著作：*The Surprising Election and Confirmation of King David* (Harvard Theological Studies, 2010) などがある。
《訳者》中谷献一（なかや・けんいち） 1988年奈良県生。神戸大学、東京基督教大学大学院修士課程卒業。日本同盟基督教団徳丸町キリスト教会伝道師。

田島卓（たじま・たかし） 1984年群馬県生。東京大学大学院人文社会系研究科博士課程修了。博士（文学）。国際基督教大学教育研究所助手、放送大学埼玉学習センター非常勤講師、埼玉工業大学非常勤講師。倫理学、旧約聖書学。主要論文：「赦しえぬものを赦す？――エレミヤ書における悔い改めと赦し――」日本倫理学会編『倫理学年報』第65集。「世界にあなたと言うこと――マルティン・ブーバーの応答責任論――」日本倫理学会編『倫理学年報』第62集。

シュタイネック羅慈（Raji C. Steineck, Zurich） チューリッヒ大学東アジア・ゼミナール、日本学科教員。

朱坤容（Zhu, Kun-rong） 1978年浙江省生。2010年北京大学哲学学部博士号を取る。広州中山大学人文高等研究院教員。中国、日本近代思想史。

李萍（り・へい） 1965年湖南省生。中国人民大学哲学学院管理哲学科教授。応用哲学、管理倫理、中日比較哲学。

佐藤透（さとう・とおる） 1961年新潟県生。東北大学大学院文学研究科博士後期課程修了。博士（文学）。東北大学大学院国際文化研究科教授。近現代哲学・比較思想。主要著作：『時間体験の哲学』行路社、1999年、『人生の意味の哲学――時と意味の探究』春秋社、2012年、『美と実在――日本的美意識の解明に向けて』ナカニシヤ出版、2016年。

高橋文博（たかはし・ふみひろ） 1948年群馬県生。東京大学大学院博士課程単位取得中退。就実大学教授。倫理学・日本倫理思想史。博士（人文科学）。『近世の死生観　徳川前期儒教と仏教』（ぺりかん社、2006年）、『近代日本の倫理　主従道徳と国家』（思文閣出版、2012年）。

清水正之（しみず・まさゆき） 1947年横浜市生。東京大学人文科学研究科博士課程単位取得退学。博士（人文科学）。聖学院大学教授。倫理学、日本倫理思想史。主要著作：『日本思想全史』（ちくま新書）、『国学の他者像――誠実と虚偽』（ぺりかん社）、『思想間の対話　東アジアにおける哲学の受容と展開』（共著・法政大学出版局）、『生きる意味　キリスト教への問いかけ』（共編著・オリエンス宗教研究所）など。

増田正昭（ますだ・まさあき） 1942年京都府生。1965年工学部電気工学科卒。1965年本州製紙(株)入社。1999年王子製紙(株)執行役員米子工場長。2001年常務執行役員。2004年王子キノクロス(株)代表取締役社長。2006年退任。現在、日本アスペン研究所フェロー。アスペンセミナーにモデレーターとして参加。

《執筆者略歴》

幸津國生（こうづ・くにお） 1943年東京都生。東京大学大学院人文科学研究科博士課程単位取得。ドイツ・ボーフム大学ヘーゲル・アルヒーフ留学（Dr. phil. 取得）。日本女子大学名誉教授。*Das Bedürfnis der Philosophie*, Bonn 1988,『哲学の欲求』弘文堂、1991年、*Bewußtsein und Wissenschaft*. Frankfurt a. m. 1999,『意識と学』以文社、1999年、*Bewusstsein, Idee und Realität im System Hegels*, a. m. 2007,『哲学の欲求と意識・理念・実在』知泉書館、2008年、『「貢献人」という人間像』花伝社、2012年。

宮坂純一（みやさか・じゅんいち） 1948年福井県生。1977年神戸大学大学院経営学研究科経営学専攻博士課程単位取得。1983年経営学博士（神戸大学）。奈良学園大学名誉教授。CSR、企業倫理、HRM。『現代企業のモラル行動』（千倉書房）、『ビジネス倫理学の展開』（晃洋書房）、『ステイクホルダー行動主義と企業社会』（晃洋書房）、『道徳的主体としての現代企業』（晃洋書房）など。

小林朋道（こばやし・ともみち） 1958年岡山県生。公立鳥取環境大学教授、環境学部長。動物行動学。『ヒトの脳にはクセがある――動物行動学的人間論』（講談社）、『先生、シマリスがヘビの頭をかじっています――鳥取環境大学の森の動物行動学』（築地書館）。

大谷卓史（おおたに・たくし） 1967年千葉県生。千葉大学大学院修士課程修了。吉備国際大学アニメーション文化学部准教授。専門：情報倫理学・科学技術史。主要著作：『情報倫理――技術・プライバシー・著作権』（みすず書房、2017年）、『改訂新版情報倫理入門』（編著。土屋俊監修、アイケイ・コーポレーション、2014年）ほか。

眞方忠道（まがた・ただみち） 1938年生。東京大学大学院人文科学研究科博士課程（哲学）単位取得退学。神戸大学名誉教授。『ファンタジーの世界』（共編、九州大学出版会、2002年）、『プラトンと共に』（南窓社、2009年）、『人間観をたずねて』（南窓社、2014年）。

塩尻和子（しおじり・かずこ） 1944年岡山県生。東京大学大学院人文社会科学研究科博士課程単位取得退学。博士（文学）。東京国際大学特命教授、同大国際交流研究所・所長、筑波大学名誉教授。イスラーム神学思想、比較宗教学、宗教間対話、中東地域研究。主要著作：『変革期イスラーム社会の宗教と紛争』（塩尻和子編著、明石書店、2016年）、『イスラームを学ぶ』（NHK出版、2015年）、『イスラームの人間観・世界観』（筑波大学出版会、2008年）、『イスラームを学ぼう』（秋山書店、2007年）、『イスラームの生活を知る事典』（東京堂出版、池田美佐子と共著、2004年）、『イスラームの倫理――アブドゥル・ジャッバール研究』（未來社、2001年）ほか多数。

古田徹也（ふるた・てつや） 1979年熊本県生。東京大学大学院人文社会系研究科博士課程終了。博士（文学）。専修大学文学部准教授。現代哲学・倫理学。著書に、『これからのウィトゲンシュタイン』（共編著、リベルタス出版）、『それは私がしたことなのか』（新曜社）など。訳書に、『ラスト・ライティングス』（ウィトゲンシュタイン著、講談社）など。

加藤尚武（かとう・ひさたけ）
1937年、東京生まれ。
1963年、東京大学文学部哲学科を卒業。東京大学文学部助手、山形大学教養部講師・助教授、東北大学文学部助教授、千葉大学文学部教授、京都大学文学部教授、鳥取環境大学学長、東京大学医学系研究科特任教授を歴任。元日本哲学会委員長。日本学術会議連携会員、京都大学名誉教授。ホモコントリビューエンス研究所所長。

《専門》
ヘーゲル哲学、環境倫理学、生命倫理学。現在は、徳倫理学、貢献心、利他主義の研究開発に従事している。

《受賞》
哲学奨励山崎賞（1979年）、和辻哲郎文化賞（1994年）、紫綬褒章（2000年）、建築協会文化賞（2002年）、瑞宝中綬賞（2012年）

《主な著書》
『ヘーゲル哲学の形成と原理』未來社、1980年
『バイオエシックスとは何か』未來社、1986年
『環境倫理学のすすめ』丸善ライブラリー、1991年
『哲学の使命』未來社、1992年
『ヘーゲルの「法」哲学』青土社、1993年
『21世紀のエチカ』未來社、1993年
『応用倫理学のすすめ』丸善ライブラリー、1994年
『技術と人間の倫理』NHKライブラリー、1996年
『現代倫理学入門』講談社学術文庫、1997年
『20世紀の思想』PHP新書、1997年
『脳死・クローン・遺伝子治療』PHP新書、1999年
『価値観と科学／技術』岩波書店、2001年
『合意形成とルールの倫理学』丸善ライブラリー、2002年
『戦争倫理学』ちくま新書、2003年
『現代人の倫理学』丸善、2006年
『教育の倫理学』丸善、2006年
『資源クライシス』丸善、2008年、中国語（簡体字）に翻訳
『「かたち」の哲学』岩波現代文庫（再版）、2008年
『災害論』世界思想社、2011年

2008 年　社団法人日本広告業協会功労賞「経済産業大臣賞」
2009 年　The Harvard Business School Club of Japan Entrepreneur of the Year Award for 2009
2009 年　財界研究所　経営者賞
2010 年　「情報通信月間」総務大臣表彰
2010 年　第 10 回 ポーター賞
2015 年　第 3 回 技術経営・イノベーション賞 会長賞
2016 年　第 45 回 大倉喜七郎賞

主な著書・論文・寄稿

■著書・編書
『私はこう考える』（瀧語録刊行会）1993 年
『貢献する気持ち——ホモ・コントリビューエンス』（紀伊國屋書店）2001 年
『ぐるなび「No.1 サイト」への道』（日本経済新聞社）2006 年
『HOMO CONTRIBUENS —THE NEED TO GIVE AND THE SEARCH FOR FULFILMENT—』（Renaissance Books, England）2008 年
『奉献心—人之本能』（中央編訳出版社、中国）2009 年
『やらなければならないことは、やりたいことにしよう！』（PHP 研究所）2010 年
『パブリックアートについて語り合う。』（中央公論美術出版）2014 年

■編集・出版
『PUBLIC SPACE』（日本交通文化協会）1982 年～ 1994 年
『国鉄有情 115 年』（日本交通文化協会）1987 年

■論文
「免疫系に関する数理モデル研究」（共著）『生産研究第 62 巻』（東京大学生産技術研究所）2010 年
「利他的行動と再帰的他者推定」（共著）『生産研究第 62 巻』（東京大学生産技術研究所）2010 年

■寄稿等
「あすへの話題」（日本経済新聞　23 回連載）2011 年
「人間発見」（日本経済新聞　5 回連載）2013 年
「直言極言」（日経ビジネス　12 回連載）2012 年～ 2013 年

滝久雄（たき・ひさお）
1940 年　2 月 3 日生まれ
1963 年　東京工業大学理工学部機械工学科卒業

■主な役職
株式会社ぐるなび 代表取締役会長 CEO・創業者 企画開発本部 本部長
株式会社 NKB 取締役会長 創業者
公益財団法人日本交通文化協会 理事長
公益財団法人日本ペア碁協会 評議員・創設者
一般財団法人ホモコントリビューエンス研究所 代表理事・会長
一般社団法人科学技術と経済の会「サービスイノベーションと技術経営」懇談会 委員長
東京商工会議所 1 号議員
在日フランス商工会議所名誉委員
日仏クラブメンバー
経済同友会会員
公益社団法人日展 諮問委員会委員
日本の次世代リーダー養成塾 理事

■大学関係
2004 年　東京工業大学経営協議会委員（～ 2012 年）
2005 年　東京工業大学大学院イノベーションマネジメント研究科客員教授（～ 2015 年）
2008 年　東京大学生産技術研究所顧問研究員（脳科学研究）（～ 2010 年）
2010 年　京都大学大学院工学研究科非常勤講師（～ 2011 年）
2010 年　東京藝術大学経営協議会委員（現任）
2014 年　一般社団法人蔵前工業会理事長（～ 2015 年）
2015 年　お茶の水女子大学学長特別顧問（現任）
2015 年　一般社団法人蔵前工業会相談役（現任）

■省庁関係
2006 年　総務省 ICT 国際競争力懇談会構成員（～ 2007 年）
2006 年　総務省地方の活性化とユビキタスネット社会に関する懇談会構成員（～ 2007 年）
2007 年　総務省情報通信審議会委員（～ 2009 年）
2009 年　国土交通省 YŌKOSO! JAPAN 大使（現 VISIT! JAPAN 大使）（現任）
2013 年　内閣府規制改革会議委員（～ 2016 年）
2013 年　内閣府パーソナルデータに関する検討会委員（～ 2014 年）
2014 年　総務省情報通信審議会 2020-ICT 基盤政策特別部会臨時委員
2014 年　内閣府経済財政諮問会議政策コメンテーター（現任）

■受賞
1999 年　交通文化者賞（運輸大臣表彰）
2003 年　東京都功労賞
2007 年　社団法人蔵前工業会　第一回蔵前ベンチャー大賞

ホモ・コントリビューエンス——滝久雄・貢献する気持ちの研究

発行——二〇一七年十一月二十日　初版第一刷発行

定価——（本体五八〇〇円＋税）

編　者——加藤尚武

発行者——西谷能英

発行所——株式会社　未來社

東京都文京区小石川三—七—二

振替〇〇一七〇—三—八七三八五

電話・(03) 3814-5521（代表）

http://www.miraisha.co.jp/

Email:info@miraisha.co.jp

印刷・製本——萩原印刷

ISBN 978-4-624-01197-0 C0010

加藤尚武著作集（全15巻）

予価五八〇〇円～六八〇〇円

第1巻　ヘーゲル哲学のなりたち　（第一回配本）　五八〇〇円
第2巻　ヘーゲルの思考法
第3巻　ヘーゲルの社会哲学
第4巻　よみがえるヘーゲル哲学
第5巻　ヘーゲル哲学の隠れた位相
第6巻　倫理学の基礎
第7巻　環境倫理学
第8巻　世代間倫理
第9巻　生命倫理学　（第二回配本）
第10巻　技術論
第11巻　経済行動の倫理学
第12巻　哲学史
第13巻　形と美
第14巻　平和論
第15巻　応用倫理学